미주 한인 이민 100주년 기념논집

미주 한인의 민족운동

Korean Americans and their Struggles for National Independence

Commemorating the 100th Anniversary of
Korean Americans' Immigration to the U.S.

연세국학총서 33

미주 한인 이민 100주년 기념논집

미주 한인의 민족운동

연세대학교 국학연구원 편

혜안

간행사

이 책은 2002년 5월 16~18일에 연세국학연구단이 독립기념관, 하와이대 한국학연구소와 함께 개최했던 "북미주지역의 한국인"(Koreans in North America)이라는 국제학술회의에서 발표되었던 글 가운데 미주지역에서 전개되었던 민족운동과 근대국가 수립에 관한 글들을 수정, 보완하여 엮은 것이다.

근대 학문의 성립기부터 우리나라 국학연구의 본산이 되었던 연세대학교는 해방 직후 그 전통을 계승하기 위해 어느 대학보다 일찍이 1948년 동방학연구소를 설립하였으며, 1977년 국학연구원으로 확대·개편하면서 세계적인 한국학 연구기관으로 성장하였다. 그리고 2000년 김우식 총장 취임 후에 힘차게 추진하는 연세대학교의 특성화 사업의 하나로 국학 분야가 선정되어 더욱 활발한 연구와 활동을 진행하고 있다. 작년 미주지역 이민 100주년을 기념하는 학술대회는 특성화 사업을 위해 만들어진 연세국학연구단이 주관하였다.

한국이 미국과 근대적인 조약을 맺은 것은 1882년이었지만, 미주지역으로 한국인이 이민하기 시작한 것은 1902년 12월 22일 121명의 동포가 제물포항을 출발한 때였다. 그 가운데 97명은 1903년 1월 13일 하와이 호놀룰루항에 상륙하였다. 한국에서는 작년이 이민을 시작한 지 100년이 된다면 미주에서는 올해가 그 100주년이 되는 것이다. 그 동안 미주지역에 거주하는 우리 동포는 200만 명을 훨씬 넘어설 정도로 크게 늘어났고, 거주지역도 하와이에서 미주 전역으로 확산되었다. 작년의 학술대회는 바로 이를 기념하기 위해 기획되고 추진되었으며, 다음과 같은 여러 의미를 지닌 것이었다.

첫째, 민족운동과정에서의 미주지역 한민족의 역할을 되돌아볼 수 있는 기회가 될 것이다. 일제 식민지 하의 우리 민족은 고난의 시기를 보냈고, 그 고난은 살고 있던 지역을 가릴 것 없이 모두 동일하였다. 미주지역에 살고 있던 우리 동포들도 민족의 독립을 위해 헌신하였다. 그들이 새로운 국가를 건설하기 위해 노력했던 활동과 이념을 단편적으로라도 살펴볼 수 있는 계기가 될 것이다.

둘째, 미주지역 한인의 민족적 정체성을 다시 한 번 점검하는 기회도 될 것이다. 이미 초기 이민은 많은 경우 미국 사회에 동화되었으나, 여전히 나름대로 민족적 정체성을 유지하려고 노력하고 있고, 또한 1960년대 이후 새롭게 시작된 대규모의 이민 속에서도 여전히 그 문제는 남아 있다. 민족적 정체성의 혼란을 겪는 이민 1.5세대, 2세대의 한인들의 현재와 미래를 돌아볼 수 있을 것이다.

셋째, 이민자 수의 증가와 함께 양국 사이의 정치, 경제, 문화, 군사적인 긴밀한 교류를 돌아보는 계기도 될 수 있을 것이다. 그간 한미관계는 많은 변화를 겪어 왔다. 최근 세계화가 급속하게 진행되고 한반도를 둘러싼 국제관계가 크게 변하면서 두 나라의 관계를 새롭게 정립할 필요성은 더욱 커지고 있다. 한미관계의 수평적 재정립, 남북을 아우르고 미국과 조화하는 공조의 모색, 반미감정의 해소와 주한 미군의 위상 및 역할 재정립 등 한미관계의 발전적 재편이 요구된다고 하겠다.

본서는 이런 문제의식에서 진행된 여러 논의 가운데 특히 한인들의 미주 이민과 정착과정, 그리고 그들이 대한제국의 말기에서 제2차 세계대전의 종전에 이르기까지 꾸준히 추진한 민족운동을 시기별·주제

별로 개관하였다. 초기의 대한인국민회, 무장항쟁운동, 기독교의 역할 등은 물론 재미 한인 유학생의 경제관과 해방 후 남한 정부 수립 사이의 상관관계를 통하여 근대국가 수립 방략과 이승만의 정치노선을 유기적으로 결합시켜 이해하고자 하였다. 이러한 검토 작업은 미주 한인사회의 형성과정과 민족운동, 미주 한인의 실상과 한인사회의 당면과제 등을 심도있게 분석 검토하고, 그 향후 진로를 모색하는 점에서 큰 의의를 지니는 것이라고 하겠다.

본서가 간행됨으로써 우리는 한국근현대사, 한미관계사를 보다 폭넓게 이해할 수 있을 것이며 변화하는 국제정세에 대응하는 한미관계를 정립하는 데 필요한 제반의 정보와 지식을 체계적으로 접할 수 있을 것이다. 나아가 이 책은 해외에 살고 있는 한국 이민자들에게 민족정체성이 어떠한 것인지 알게 하고 또 한국과 현지국과의 진전된 관계를 모색하게 하는 데도 기여할 것이다. 초창기의 한인 선조들이 고된 이민 생활 속에서도 미국의 주류 사회에 진출하고 민족운동에 참여하였으며 한국의 근대국가 수립에 기여하는 점을 재확인함으로써, 이들이 한국인의 정체성을 확인하고 한국과의 관계를 더욱 돈독히 할 수 있을 것이기 때문이다.

본서를 출간하는 데에는 많은 분이 애를 쓰셨다. 먼저 작년 이 학술대회를 기획하고 성대하게 마무리한 당시 국학연구단의 단장 김인회 교수와 간사 김도형 교수, 또한 이 학술대회를 위해 공동으로 힘을 모은 독립기념관의 이문원 관장, 하와이대학교 한국학연구소장인 슐츠(E. Shultz) 교수 등 모두에게 감사를 표한다. 그리고 학술대회의 실무와 그 이후의 원고 정리에 이르기까지 궂은 일을 도맡아 챙긴 국학연구원의 구만옥 연구교수, 영문 원고를 번역한 사학과의 박진빈 박사와 김지민 석사, 그리고 원고의 정리, 교정에 힘쓴 사학과 대학원의 김두향, 송용운, 김재은 등의 석・박사생에게도 고마움을 전한다. 어려운

출판계의 사정에도 불구하고 본 연구원의 총서 출판을 책임지고 간행 해주신 혜안 출판사의 오일주 사장님과 편집진에게도 감사드린다.

2003년 5월

연세국학연구단장
국 학 연 구 원 장 전 인 초

차 례

CONTENTS

미주 한인사회의 성립과 민족운동

윤 병 석*

1. 국외 한인사회

국외 한인사회의 성립은 조선조말 1860년 이래 압록강과 두만강 넘어의 西北間島를 비롯한 남북 滿洲와 러시아 沿海州지역에 영세농민의 이주개척에서 시작되었다. 그후 제국주의 침략으로 말미암아 국내외 정치세력의 변화와 급격한 사회 경제적 변동에 따른 농촌경제의 파탄으로 이들 지역의 이민이 급증하는 한편 중국 대륙과 일본 및 멀리 하와이, 미주 본토, 멕시코 지역에까지 확대되어 1910년 '韓日合倂' 전후에는 그 수가 100만으로 호칭될 만큼 크게 늘어났다. 그들은 각 지역에서 '新天地'를 개척하여 새로운 생활의 터전을 다지며 각기 다른 나라 안에 한인사회를 형성하였다.

그중 가장 규모가 큰 두만강 너머의 北間島 한인(조선족)사회는 1910년 전후만 하더라도 이미 수십만을 칭하게 되었다. 자료부족으로 정확한 통계는 제시할 수 없지만 東洋拓殖會社가 1917년 현재 조사한 한 통계에 의하면 韓人 호구수 36,890가구에 남자 107,650명, 여자 87,961명, 총 인구 195,611명이라고 집계하고 있다. 또한 1910년 전후 그곳 북간도 한·중인의 인구 중 한인의 비율이 7~80%를 점하게 되었으며 경작토지에서도 절반 이상을 실질상 점유, 개척하고 있었다. 따

* 인하대학교 명예교수, 국사학

라서 인구면에서나 농지 경작면에서나 북간도는 실질적으로 한인의 '신천지'가 되어 현재 중국 속에 '延邊朝鮮族自治州'의 터전을 구축하고 있었다. 또한 같은 무렵 압록강 너머의 西間島 지방에서도 수십만을 통칭하는 이주 한인(조선족)이 그곳의 황무지를 개척하고 새로운 생활을 영위하면서 한인사회의 기반을 닦아가고 있었다. 李相龍의 『石洲遺稿』에 의하면 이미 1913년에 西間島를 포함한 현재 遼寧省인 奉天省 관내에 286,000여 명의 한인이 이주하여 거주하고 있다고 기술하고 있다. 그럼에도 불구하고 이들 지역에는 그래도 개척 가능한 광막한 可耕 황무지가 펼쳐져 있었기 때문에 계속하여 한인의 이주를 받아들일 수 있는 여지가 컸다고 하였다.

다음 沿海州 지방은 1863년 이래 러시아의 시베리아 개척에 부응하여 한인(고려인)의 이주 개척이 활발히 전개되었다. 한 자료에 의하면 1863년 13戶의 집단이민이 연해주 남쪽 포시에트(Posiet) 지방 지신허강변의 관유지를 점유 개척하기 시작한 이후 한인의 이주가 연년 증가하여 1864년에는 60호 308명이, 1868년에는 165호가 이민하였다. 그리하여 그곳에 연해주 최초 한인 정착촌인 '地新墟'가 형성되었다. 이러한 연해주지역의 이주는 1869년과 1870년에는 국내의 대흉으로 보다 급증하여 수천 명이 한꺼번에 이민하여 1869년 6월에서 동년 12월 사이에 65,000명에 달하였다. 이와 같이 늘어가던 연해주 지방의 한인이주는 1904~5년의 러일전쟁 이후부터 이주 성격도 변하였다. 그것은 국내에서의 애국계몽운동과 의병항쟁이 일제 군경에 의하여 탄압당하는 과정에서 우국지사들이 일제의 탄압을 피해 서북간도뿐만 아니라 연해주 지방으로 대거 망명, 민족운동이 두드러진 까닭이다. 더욱이 일제의 '한일합병조약' 선포로써 한반도가 명실공히 일제 식민지로 전락하는 과정에서 그동안 항전하다 살아남은 의병, 일제군경의 투옥 학살을 모면한 애국계몽운동자, 그 밖에 일제의 식민지통치를 반대하는 많은 경향민이 두만·압록강을 넘어 망명, 流離의 길로 나섰다. 그 중에서도 많은 지도급 인물들이 블라디보스톡(海蔘威)과 옌차아라고 하는 煙秋(현 크라스키노)를 중심으로 하여 연해주 지역에 몰려들었다. 이들 정치적 망명자들은 그후 연해주 한인사회의 발전과 조국 독립운동에 중요한 역할을 담당하였다. 그리하여 이 서북간도와 인접한 러시아 연해주 지방은 1914년 제1차 세계대전 발발 무렵까지는 실질상 국외 독립운동의 중심지역이 되었다. 특히 블라디보스톡 '新韓村'은 그 중에서도 핵심지역이 되었고 煙秋는 국외 의병의 새로운 항전기지가 되었다. 이와 같은 연해주 이주개척인이 후일 1937년 스탈린에 의하여 크즐오르다와 타시겐트를 중심한 카자흐스탄과 우즈베키스탄공화국 등 중앙아시아 5개국에 강제 이주되어 그곳 한인(고려인)사회의 원조를 이루게 되었다.

식민지 본국인 日本에는 1910년 전후까지는 한인(조선인)의 이주를 크게 규제하여 1,000명 내외로 추산되는 유학생이 주류를 이루고 있었다. 그러나 1914~1918년의 제1차 세계대전 중 전쟁경기를 타고 노동자의 수요가 급증하여 탄광 군수공장 등의 한인 이주 노동자가 급증, 20,000명 내외에 달하여 현재까지도 문제 많은 일본속의 한인(조선인)사회가 형성되기 시작하였다.

특히 미주 한인사회는 1903~1905년 사이에 8,200여 명의 한국인이 하와이의 사탕수수 농장과 멕시코 어저귀 농장에 노동이민하면서 비롯하였다. 이들 미주 이민은 1905년 乙巳五條約 이후는 일제의 제재로 공식적으로는 계속되지 못하였지만 미주 본토와 쿠바 등 중남미 각 지역까지 확산되면서 경제적 토대를 마련, 일제에 의한 민족수난기 중 1만 인을 통칭하는 한인사회를 성립, 활발한 민족운동을 전개하여 조국 독립운동에 크게 이바지 하였다.

2. 미주 한인사회

2003년 1월에 이민 100주년을 맞은 미주 한인사회는 1903~1905년 사이에 하와이 사탕수수 농장에 이주한 7,226여 명의 한인 노동이민과 1905년 멕시코 어저귀농장에 이주한 1,033명의 노동이민자들에 의해 비롯되었다. 이보다 앞서 하와이에 최초의 한인이 來渡한 것은 1899년경 人蔘商이었던 崔東順·張承奉·姜君哲·李在實·朴聖根 등으로 알려져 있다. 그러나 이들은 미국 이민국에 중국인으로 기록되어 있다.[1] 그리고 이민국에 기록된 최초의 한국인은 1901년 1월 9일 香港丸 선편으로 도착한 '류두표'였다.[2] 그후 이와 같은 한국인 이주가 계속되었다 하나, 하와이 사탕수수 농장에 집단 이주할 때까지 그 수는 그리 많지 않았다. 한편 유학생들로는 韓美修好條約 체결 이후 노동이민전인 1902년까지 미주 본토에 처음 망명하였다가 유학했거나 혹은 처음부터 유학을 목적으로 도미한 兪吉濬·徐光範·朴泳孝·徐載弼·金奎植·尹致昊·백상규·李大爲·安昌浩 등이 있었다. 노동이민시대에 들어서도 李剛·신성구·申興雨·朴容萬·李承晩·白一奎·임두화·이원익·鄭漢景·姜永升·강영대·차의석·송헌주·임정구·양주삼 등 40여 명이 있었다. 이들 중 그곳에서 대학졸업생이 75%에 달

1) 김원용, 『재미한인오십년사』, USA : Readly, Calif., 1958, 6쪽 ; 盧在淵, 『在美韓人史略』 上, 羅城, 1951, 2쪽 : 李求弘, 『韓國移民史』, 91~92쪽 ; 玄圭煥, 『韓國流移民史』 下, 三和印刷, 1976, 811쪽 ; 『大韓每日申報』, 「共立協會의 詳報」, 1907년 4월 11일 論說.

2) 盧在淵, 위의 책, 2쪽. 한편 李求弘과 玄圭煥은 위의 책에서 "한인으로서 이민국에 기록된 첫째는 1900년 1월 15일에 상륙 허가된 영백힌(31)과 김이유(34)의 두 사람이었다. 하와이 공문서 기록에도 영씨는 1백 80달러, 김씨는 4백 달러를 가지고 있었다고 하니 인삼장수에 틀림없다. 그들은 차이나호 편으로 1900년 1월 8일 호놀룰루에 입항한 것이다. 그후 같은 1월 12일에는 도리크호 편으로 3인의 한국인이 도착하여 11일 후인 23일에 상륙이 허가되었는데 그들은 김신윤, 김원육, 최신국이었다"라고 밝히고 있어 盧在淵과는 상이한 기술을 하고 있다.

하는 향학열을 보였다. 문명개화를 배우기 위해 도미했던 이들 유학생들은 조국의 식민지화로의 전락을 목전에 보면서 귀국을 포기, 미주를 중심으로 활동하게 되었으며 특히 '한일합병' 이후 1918년까지 新渡學生으로 미국에 건너온 적지 않은 수의 청년들도 동참하여 활발한 민족운동을 벌이게 되었던 것이다.[3)]

하와이에서는 1830년 이래 사탕수수 농업이 크게 발달하여 하와이 경제에서 중요한 몫을 차지하고 있었으나, 이를 경영하는 데 필요한 많은 노동력은 하와이 안에서의 자체 노동력 부족으로 거의 외국인에게 의지할 수밖에 없었다. 따라서 사탕수수 농장에 필요한 노동력을 처음에는 大洋洲圈에서 수입하기도 하였으나 이들은 고된 노동을 견뎌내지 못하고 되돌아가기 일쑤여서 하와이 사탕농장주들은 중국의 廣東지방에서 '꾸리'(苦力)를 수입하는 방법을 강구하게 되었다. 그리하여 1852년에 300명의 중국인을 데려온 이래로 중국인 꾸리의 수는 해마다 증가해 1882년에는 그 수가 5,037명에 이르러 전체 노동자 10,243명 중의 47%까지 차지하게 되었다. 이와 같은 하와이뿐만 아니라 미주 본토에서도 중국인 노동자의 급증은 1870년대에 이르면 중국인 노동자 배척의 여론을 대두케 하였으며, 결국 1898년 하와이가 미국에 병합된 후로는 미국 본토에서 통과된 중국인 입국금지법이 하와이에도 적용되어 중국인 입국이 금지되었다. 그 여파로 1886년부터는 중국인 대신 일본인들이 대거 유입되기에 이르렀다. 그러나 이번에는 일본인 노동자 수의 급격한 증가를 초래하여 1902년에 이르면 전체 사탕수수 노동자 42,242명 가운데 일본인이 31,029명으로서 전체의 73.5%라는 큰 비중을 차지하게 되었다. 이 같은 일본인 중심의 노동자 구성은 급속한 미국화를 서두르는 하와이 사회에 여러 가지 문제를 야기시키게 되었고, 그 결과 사탕수수 농장주들은 일본인 노동자들을 기피하게까지 되었다.

---

3) 김원용, 앞의 책, 29~30쪽.

이와 같이 중국인 입국금지법에 따라 중국인 노동자에 대해 이주금지조치가 취해지고 이어 일본인 노동자들의 격증 및 미본토로의 이주자 발생에 따라 하와이 사탕수수 농장에서는 그 대책으로 한국인 노동자 고용에 착안하여 하와이 정부의 동의까지 얻어냈다.[4] 그리하여 '하와이사탕수수농장주협회'(Hawaiian Sugar Planter's Association)에서는 駐韓美國公使로서 光武皇帝의 신임을 받고 있던 알렌(Horace N. Allen)에게 도움을 청하였다. 마침 휴가차 귀국, 미국에 체재 중이던 알렌 공사는 1902년 3월 하와이 호놀룰루에 도착, 사탕수수 농장측과 한국인 노동자 이민문제에 대해 협의한 뒤 서울로 귀임, 이민문제를 제기하였다.[5]

알렌공사의 협조를 구하면서까지 한국인 노동자 이민을 추진하였던 하와이 농장주측과는 달리 한국정부가 하와이 이민의 요구를 받아들인 데는 몇 가지 또 다른 이유가 있었다. 첫째는 그 무렵 계속되는 가뭄으로 인해 혹독한 기근에 시달리고 있었던 경제적 이유였으며, 둘째로는 중국인도 입국이 금지된 미국과 하와이에 한국인이 갈 수 있다는 데 대한 민족적 자존심도 들 수 있다. 셋째로는 하와이 이민을 '開國進就運動'의 일환으로 간주된 것이다. 더욱이 이민노동자들이 이민을 결행한 데는 빈곤이라는 경제적 요인뿐만 아니라 자녀 교육을 위해서, 그리고 가렴주구의 부패관리들의 압박으로부터 벗어나려던 정치·사

4) 이러한 한국인 노동자의 하와이 이민 경위에 대해 尹致昊는 "糖農及稻農에 노동자가 不足함으로 각국 이민을 권장하나 동양인 중에 淸人은 미국법률에 금하는 바요 韓·日 양국인은 □碍往來하되 일본인은 布哇를 經하여 미국에 轉往하는 자가 夥多함으로 各庄主□言에는 韓民이 每朔 3, 4백 명씩 이주하여도 무방하겠다 云함"이라 설명하고 있다(『大韓每日申報』, 1906년 1월 12일, 「布哇情形」).

5) Wayne K. Patterson, *Korean Frontier in America ; Immigration to Hawaii, 1896~1910* (University of Pennsylvania), 1977, pp.135~143(崔永浩, 「韓國人初期 하와이 移民」, 『全海宗博士화갑기념사학논총』, 일조각, 1979, 703쪽에서 재인용).

회적 요인도 깊게 깔려 있었다.

이러한 배경에서 정부는 이와 같은 외국 이민 추진을 위한 전담기관으로 綏民院을 설치하였다. 또한 알렌공사의 추천으로 하와이 노동자 모집과 파송의 일을 미국인 데쉬러(David W. Deshler)에게 위임하였다.[6] 데쉬러는 東西開發會社(East West Development Co.)를 인천에 설립하고 釜山·元山 등 주로 항구도시에 지점형식의 사무소를 설치, 한국인 책임자를 두어 하와이 이민 홍보사업을 벌였다. 이들의 이민모집 광고는 신문이나 그밖에 사람들의 이목이 집중되는 驛頭나 教會 外國公使館, 기타 사람의 통행이 잦은 거리에 광고문을 써 붙이는 방법도 택하였다.[7]

이 광고문에 의하면 하루 10시간 노동에 한화 57원에 해당하는 미화 15불과 숙식·의료가 지급되는 비교적 좋은 조건이 제시되어 있다. 생활고에 시달리고 있던 일반 노동자들의 호기심을 자극하기에 충분하였다. 그러나 압록·두만강 너머의 내왕이 비교적 수월하던 서북간도를 비롯한 남북만주나 해삼위(블라디보스톡)와 연추(크라스키노) 등지를 중심한 연해주와는 달리 하와이는 태평양을 건너 한번 떠나면 되돌아오기가 용이하지 않고, 문물·풍속 등이 크게 다른 지역이었기 때문에 이민모집에 선뜻 지원하는 자는 드물었다. 따라서 이민모집을 위한 홍보활동으로 이민회사 소속 한국인 사무원이 친지를 통해 구전하는 방식까지 취하기도 하였다. 또한 외국인 선교사를 통한 홍보도 벌였다. 예컨데 仁川의 監理教 內里教會의 존스(George Hebet Jones)목사는

---

6) 데쉬러는 당시 東洋鑛山會社(雲山金鑛) 在仁川港灣社員으로 있었는데 하와이 이민모집을 담당하게 된 데는 하와이 이민을 알선한 Allen공사의 추천이 있었다. 정부로부터 데쉬러가 받은 위임장의 내용은 다음과 같다.
"大韓國役夫 國外雇用事는 米國人 大是羅로 掌理케 할 事.
光武 六年十一月十五日"

7) 李求弘, 앞의 책, 87쪽. 이 광고문은 綏民院이 미국정부를 대리하여 광고하는 형식을 취하고 있다.

한인 신자들에게 그들의 친척이나 이웃에게 하와이 이민을 설득하고, 직접 서울 등지에도 다니면서 교인들에게 하와이 이민에 응모할 것을 권유도 하였다.[8] 이렇게 동서개발회사가 중심이 되어 모집한 이민 응모인들은 수민원의 총재 閔泳煥 명의의 執照(여권)를 발급받아 출국하였다.

하와이 이민은 1902년 12월 22일 121명이 제물포항에서 출발한 것을 시작으로 이후 1905년 후반에 이민이 금지될 때까지 7,200여 명의 이민이 계속되었다. 첫 이민자들의 구성성분은 50여 인의 남・여 기독교 교인과 20여 인의 부두노동자 그밖에 농민들이었다. 이와 같이 시작된 하와이 한인 이민들은 '기독교 교인, 공부를 목적한 학생, 향리의 선비, 光武軍人, 농촌의 머슴, 막벌이하던 역부 및 유의유식하던 건달' 등으로 다양한 계층의 출신 인물들로 구성되어 있다.

최초 이민은 출발 당시의 121명 가운데 97명 만이 실제로 하와이에 상륙하였다. 도중에 신체검사를 통해 질병자 특히 전염병 보균자 등을 색출, 탈락시켰기 때문이었다. 국내에서 이민 응모시 육안으로 식별되는 질병자를 탈락시켜 121명이 인천항을 떠났으나 다시 일본 神戶에서 신체검사를 치뤄 20명이 탈락, 나머지 101명 만이 미국 상선 '겔릭호'로 1903년 1월 13일 하와이 호놀룰루에 도착하였다. 여기서도 보건당국의 검사결과 4명이 탈락, 결국 97명 만이 이민하게 된 것이다.

이처럼 1903년에 97명이 겔릭호로 渡航한 이후, 이어 캅틱호로 63명, 코리아호로 72명이 연달아 도항하면서 계속된 이민이 그 해에는 전부 16척의 선편으로 1,133명이, 1904년에 33척 3,434명이, 1905년에 16척 2,659명이 이주하여 그 총수가 65척 선편에 7,226명에 달하였던 것으로 집계되어 있다. 그 가운데 남자가 6,048명, 부녀자는 637명, 아동이 547명이었다.

그러나 후에 尹致昊가 정부의 파견으로 하와이 시찰 후 보고한 「布

8) 玄圭煥, 앞의 책, 799쪽.

哇情形」에서는 이와는 약간 달리, 1902년부터 1905년 7월 1일까지 하와이에 도항한 인원은 남자 6,546명, 여자 474명, 아이 509명으로 총 7,519명에 달하였던 것으로 기록하고 있다.[9] 그리고 이 총수에 의거하여 이민들의 원적지를 조사한 바에 의하면, 地名不記人 3,170인을 제외한 3,366인의 출신지를 다음과 같이 밝히고 있다.

> "경기도 906, 평안도 696, 경상도 677, 전라도 335,
> 황해도 253, 함경도 196, 강원도 155, 충청도 148."

이 조사에서 볼 때, 하와이 이민은 전국적으로 이루어졌던 것이며, 특히 경기도, 평안도, 경상도가 큰 비율을 차지하고 있다.

한편 멕시코 이민은 1904년 영국인 메이어스(John G. Meyers)가 멕시코 농장주들과 동양인 이민을 계약하고 중국과 일본에 가서 이민을 모집하려다가 실패한 후 한국에 와서 大陸殖産會社를 경영하던 일본인 大庭貫一과 결탁, 노동이민을 모집함으로써 시작되었다. 중국과 일본에서의 이민모집이 실패한 것은 이미 멕시코 노동이민이 불법성을 띤 나쁜 조건의 계약노동임이 탄로되었기 때문이다. 그러나 메이어스와 공모한 大庭貫一은 대륙식산회사를 확장하여 서울·인천·개성·평양·진남포·수원 등 6곳에 대리점을 두고, 그 해 말부터 이듬해 초까지 皇城新聞 등에 그럴듯한 조건을 제시한 '농부모집'의 과대광고를 내는 등 갖가지 방법을 써 가난한 이민자를 전국 18개 지방에서 1,033명이나 끌어모았다.

이들 이민자는 大庭과 통역 權丙淑 인솔 하에 영국선 일뽀드호에 탑승, 1905년 4월 2일경 인천을 출발하여 75일간의 항해 끝에 멕시코 살리나 끄르스(Salina Cruz)에 도착하였다. 그후 이들 노동이민은 원근

---

9) 尹致昊, 앞의 글, 「布哇情形」. 그러나 이상의 파악된 숫자들은 정확한 것이 아니라 대략의 것임을 밝히고 있다.

20여개 여러 어저귀농장에 분산고용되어 4년 계약의 노예노동을 방불하는 강제노역에 복무하였다.

반면 호놀룰루에 도착한 미국이민은 하와이군도의 하와이(Hawaii, 夏倭)・마우이(Maui, 馬位)・오아이우(Oaiiu, 臥后)・카우아이(Kauai, 佳倭) 4도 30여 처 사탕수수 농장에 파송되어 한 곳에 많게는 500~600명, 적게는 수십 명씩 고용되었다.[10] 이렇게 흩어졌던 한인들의 생활상은 농장에 따라 약간의 차이가 있었을 뿐 대부분 비슷한 상황속에서 생활하였던 것으로 보인다. 이러한 생활을 경험한 李鴻基(1971년 현재 95세)의 하와이의 농장생활 회상기에 나타난 한 예증은 다음과 같다. 이홍기는 이민전까지 향리에서 里長을 맡아보다 얼마의 公私錢을 축내고 하와이 노동이민으로 와서 카우아이섬 콜로라(Kolora) 농장에서 일을 했고, 후에 호놀룰루 한인감리교회 권사도 지냈다. 그의 증언은 다음과 같다.

> "나는 4시 30분에 일어나 아침을 먹었다. 5시에 일터로 나가야 했고 5시 30분에 일을 시작했다. 나는 오후 4시 30분에 일을 마치고 중간 30분간 점심을 먹었다. 나는 하루 67센트를 받고 10시간을 일했다. …… 십장은 하와이말로 루나(lunas)라 했는데 나의 십장은 독일인이었다. 그는 내게 매우 엄격했다. …… 그는 우리가 담배 피우는 것이나 일을 일단 시작하면 허리를 펴는 것도 허용치 않았다. 그는 우리를 소나 말처럼 다루었다. 만약 누구나 그의 명령을 어기면 보통 뺨을 맞거나 사정없이 채찍을 맞았다. 우리들은 해고될까 두려워 그의 학대에 대항할 수 없었다. …… 우리들은 증명카드로써 번호표를 내내 달고 있었고 이름은 쓰지 않고 번호를 대신 썼다. 나는 1414번이었다. 난 막사에 살았으며 그곳은 마치 병사들의 막사 같았고 마루바닥과

10) 尹致昊의 「布哇情形」에 의하면 "農庄會의 今年(1905) 七月一日 調査올 據ᄒᆞ면 我民의 夏倭 馬位 臥后 佳倭 四島 三十餘處 農庄에 散在ᄒᆞᆷ이 多則 五六百名 小則 幾十名 計四千九百四十六人이니 各處로 遷轉이 不一하고 往來가 無常ᄒᆞ야 今日調査가 明日 不合ᄒᆞ니"라 하여 그 사실을 전하고 있다.

나무로 된 침상 위에서 담요 한 장을 덮고 잤다. 보통 미혼인 남자 4명이 한 방을 썼다. …… 가끔 나는 찌는 듯한 실내온도로 전혀 잠을 잘 수 없었다."[11]

이와 같이 하루 10시간 노동에 품삯은 남자가 65센트, 여자와 아이들은 50센트 정도로서 한달 평균 25일 중노동에 수입이 16달러였다고 한다.

3. 민족운동

1903년 8월 하와이 新民會와 동년 9월 北美桑港親睦會 결성으로부터 시작된 美洲에서 한인단체 성립은 1907년에 이르는 동안 각 지역에서 20여 개에 달하는 한인 민족운동단체의 성립을 보았다. 그후 1909~1910년 大韓人國民會를 중심으로 통합되면서 해외한인사회의 권익 보장과 조국광복을 위한 활발한 민족운동을 벌여 나가게 되었다. 이와 같이 미주 지역에서 한인의 민족운동이 일찍부터 활발히 전개된 배경에는 몇 가지 조건이 전제되었다. 첫째, 이민지역의 특수성과 이민 구성원의 진취적 성격을 들 수 있다. 만주·노령지역이 한반도와 접경을 이룬 지역으로서 조선 내에 기근이 발생하였을 때 많은 월경자들에 의해 쉽게 한인 촌락을 이루곤 했던 친숙한 곳이었다면 미주 지역은 한번 배를 타고 건너면 다시 돌아오기 어려운 이역만리 낯선 곳이었다. 더욱이 서양인을 금수로 알던 유교적 관념에서 아직 다 벗어나지 못했던 시대에 이 지역으로의 이민은 큰 모험일 수밖에 없었다. 하와이 이민모집 광고가 비교적 좋은 조건을 제시하고 있었음에도 불구하

11) 李求弘, 앞의 책, 95~97쪽 ; 최봉윤, 『미국속의 한국인』, 종로서적, 1983, 95쪽.

고 처음 응모자가 적었던 것은 이러한 이유가 컸다. 그러나 이러한 지역적 특수성은 한편 이민 구성원의 특수한 성격을 형성케 하였다. 이들의 이민 동기는 크게, 가난을 극복하려는 경제적 측면과 신교육을 받으려는 교육적 측면의 두 가지가 두드러졌다. 이주민들의 구성도 보수적 성향을 지닌 시골양반과 농민에 의해서라기보다 비교적 진취적 성향을 띤 중소도시의 다양한 계층으로 이루어졌다. 移民船에 오르기 전에 대다수의 이주민들이 상투를 잘랐다는 사실과 상선을 타고 남녀가 함께 여행하는 과정에서 이미 '男女七歲不同席'의 유교관념에서 벗어나게 되었으며, 또한 전통의 한복을 벗고 항해 중에 지급된 양복을 착용했다는 사실 등은 미주 이주민들의 의식변화의 일면을 엿볼 수 있는 것이다.[12] 이같이 이주민들은 전통적 보수성에서 크게 벗어나고 있었다. 여기에 유학을 목적으로 도미한 지식인과 학생들은 그후 이 이민들을 인도하여 한인단체를 결성하는 데 중추적 역할을 수행하였다.

미주 한인사회가 해외 한인사회들 중에서도 일찍부터 민족운동의 성격을 띤 사회단체들이 성립하여 활발한 활동을 전개하게 된 배경은 무엇보다 1903년 이후 도항한 이민들로 성립된 미주 한인사회가 역사, 문화적으로 전혀 다른 외국풍토에서 생존발전하기 위하여 스스로를 규제하고, 또한 자신들의 권익을 보호해 줄 수 있는 사회단체의 필요성이 절실하였기 때문이다. 그리하여 이민 초기단계의 하와이에서는 10명 이상 동포가 모여 사는 곳이면 거의 자치적 성격의 洞會를 조직하여 공중질서와 친목도모를 꾀하였다. 그러나 이러한 동회는 한인의 권익을 보장하는 데에는 일정한 한계가 있었다. 때문에 점차 정치활동단체들이 성립되었고 1905년 그런 단체는 을사오조약 강제 이후에는 조국의 가속화되는 일제식민지화정책에 저항하는 항일민족운동을 적극적으로 전개해 나가게 되었다.

둘째, 한인단체를 조직하고 활동할 수 있었던 경제력의 성장이다. 비

12) 尹汝儁, 「미주이민 70년」, 『京鄉新聞』 연재물 1~27, 1973년 10・11월.

록 그들의 초기 하와이 생활이 "낮이면 사탕밭에서 살고 밤이면 농막에 들어가 밤을 지낼 때 피곤한 몸의 사지가 아프고 결려서 누웠거나 앉았거나 편치 않아 전전불매하던"[13] 고된 날들이었지만 국내에서보다는 비교적 많은 돈을 벌 수 있었다. 하와이 농장에서 지급받은 노임 69센트는 당시의 환율 2대 1로 볼 때 약 1원 40전에 해당하는 것으로 한국 노동자계층으로서는 비교적 큰 수입이었다. 이민 전 서울 남대문 근처에서 철도역부를 지냈던 池德洙가 하와이 이민 전 벌었던 하루 임금이 백동전 4푼, 즉 미화 10센트에 불과했다고 하는데 비교할 때 본국에서보다 하와이 노임이 7배나 더 많았던 것이다. 이들은 월평균 16달러의 노임 중에 잘하면 절반을 저축할 수도 있었다 한다.[14] 이와 같은 사실은 윤치호의 「포와정형」에서도 "근면절용자 중에는 5~6개월에 미화 50~60달러를 모은 자도 있었다"는 보고를 통해 볼 때 현실적으로 가능했다고 여겨진다. 따라서 비록 사탕농장에서의 고역을 감당해야 되는 어려운 생활이었지만, 그런 과정 속에서도 건실한 생활태도로 점차 경제적 기반을 닦게 되었던 것이다.

그 결과 이러한 하와이 농장 노동자 중에는 몇 년 지나면 농장을 떠나 도시로 진출하였고 나아가 미주 본토로 이주해 가는 사람들이 증가하였다. 하와이 이민국 자료에 의하면 1905년에서 1907년 사이에 미본토로 이주한 한인은 1905년 399명, 1906년 456명, 1907년 148명으로 불과 3년 만에 1,003명에 달하였다. 그 후 『재미한인오십년사』를 쓴 김원용은 1910년 대한인국민회 인구조사에 의거, 미본토로 이주한 남자가 1,999명, 여자가 12명이라고 하여 그후에도 계속 한인이 본토 이주를 결행한 사실을 논증하고 있다.

미주 본토로 이주한 2천여 명의 한인들은 샌프란시스코와 로스앤젤레스 등지를 중심으로 캘리포니아 각 지방에, 그 중에는 더욱 동진하

13) 김원용, 앞의 책, 7쪽.
14) 尹汝雋, 앞의 글.

여 콜로라도의 덴버, 네브래스카의 린컨·헤이팅스 등 중부지방에까지 진출하여 그곳에서 생활의 새 전기를 잡고 한인들의 사회적, 종교적, 정치적 활동의 터전으로 발전시켰던 것이다.

이와 같은 생활터전의 변화는 생업에도 많은 변화가 일어났다. 사탕수수농장의 노동자로부터 도시에 일터로 전업한 사람들은 하와이에서는 거의 시가지에 거처를 옮기고 日雇·세탁·재봉·잡화식료·약종상·여관업 등을 영위하였고, 아예 미본토로 이주한 경우에는 농장·철도역장 등을, 또는 도시에서는 음식점 조역·고용살이, 혹은 영업으로 기숙사·세탁소 등을 영위하였다. 더욱이 1910년 전후부터 이루어진 본국에서 배필감 여자를 데려오는 사진 결혼의 결과 하와이와 미본토 한인들은 가정생활의 안정을 가져와 점차 농촌에서는 사탕·채소·화초 농사를 자작하거나 소작하는 동포들이 늘어났고, 도시에서는 재봉소·가구상·여관업·세탁소·잡화상 등의 영업자가 증가하였다. 이와 같은 이주한인들의 경제적 성장은 그 규모도 1만을 칭하게 늘어나고 여러 한인단체의 활동기반이 되어 강력한 민족운동의 배경이 되었던 것이다.

셋째, 미국사회의 특수성이 작용하였다. 미국은 영국으로부터 독립을 쟁취한지 얼마 안되는 독립국이었지만 세계 유수의 문명부국으로 성장하였다. 이와 같은 사실은 이주 한인들로 하여금 미국독립일을 마치 큰 명절로 삼아 기념할 정도로 조국 독립의 염원을 기리는 자극적 요소로 작용하였다. 게다가 미국정부도 한인들의 조국독립을 위한 정치, 외교적 활동을 비교적 자유롭게 묵인 내지 보장해 주었다. 이렇듯 미주라는 이주지역과 이민구성의 특수성, 이주한인들의 경제적 성장, 미국정부의 한인단체의 비교적 관대한 정치적 활동 보장 등이 미주에서 한인 사회단체 활동을 활발히 전개시켜 민족운동의 큰 동인으로 작용하였던 것이다.

4. 한인결사와 민족운동

미주 한인사회는 이와 같이 그들 한인의 자치와 권익을 신장시키고 효과적인 조국 광복운동을 펴기 위하여 각종 항일단체를 조직, 민족주의를 발전시켰다. 미주 한인단체는 1919년 3·1운동 전후까지 세 단계의 발전을 거쳤다. 첫 단계는 1903년부터 1905년까지로서 이 시기 하와이에서는 각 지방마다 洞會를 설치, 질서와 친목을 유지하였고, 학교를 설립하여 교육을 장려하였고 또한 정치활동을 전개하고자 '新民會'를 조직하였다. 미본토에서는 동포가 많지 않고 널리 산재해 있어서 동회는 두지 않았으나 친목을 위해 상항친목회가 조직되었던 초창기였다.

두 번째 단계는 1905년부터 1907년까지로서 1905년에 일본이 러일전쟁에서의 승세를 타고 을사조약을 강제, 국권 침탈이 본격화됨에 따라 하와이·미주의 한인사회가 다같이 배일을 결의, 각종 항일민족운동단체의 성립을 보았다. 특히 1907년 헤이그밀사사건에 따른 광무황제의 강제 퇴위와 군대해산 등이 계기가 되어 이와 같은 한인의 민족주의 단체가 항일운동 기관으로 발전, 활발한 국권수호운동을 전개하게 되었다.

세 번째 단계는 1907년 이후 한인 단체 통합시기로서 하와이에서 合成協會가 성립되고, 미주 본토에서 1908년 3월 張仁煥·田明雲의 스티븐스 총격의열을 계기로 북미지방과 멕시코, 하와이 지방을 망라한 통합운동이 활발히 전개되어 대한인국민회가 성립되는 시기이다. 그 후 대한인국민회는 미주 본토와 하와이, 멕시코를 중심으로 멀리 시베리아와 남북만주 등 해외지역까지 조직이 미치는 '假政府' 즉 민족운동의 중추기관으로서 활동하여 해외한인의 권익보호와 나아가 국외 항일운동의 구심점이 되었다.

이와 같이 하와이와 미주지방 및 멕시코지방의 한인사회는 신민회로부터 시작하여 대한인국민회로 통합, 활동할 때까지 전후 5년 동안 20여 개에 달하는 단체를 설립, 통합하면서 한인의 권익신장과 일제에 의하여 유린되는 조국의 국권수호를 위한 항일운동을 활발히 전개하였던 것이다. 그 중 신민회와 共立協會·大同保國會·합성협회·대한인국민회로 계보가 이어지는 일련의 단체들이 추구했던 항일운동은 크게 국권회복을 위한 정치·외교 활동과 실력양성·애국계몽운동의 양면으로 파악될 수 있다. 정치·외교 활동은 조국의 국권 침탈에 대한 항일운동으로 주요 국제회의에 대표단을 파송하여 일제의 불법성을 폭로규탄하고 한국인의 독립의지를 천명하는 것이 주류를 이루었다. 한편 실력양성과 애국계몽운동은 한인사회의 근대적 역량의 배양과 조국의 국권수호를 위한 민족운동을 전개하는 것이었다. 그를 위하여『共立新報』를 시작으로『大同公報』,『新韓民報』,『新韓國報』등도 간행하였고 한인의 경제향상을 위하여 태동실업회사 등 주식회사도 설립하였다. 또한 각지에 국어학교와 학생양성소를 설치, 민족주의 교육도 시행하였다. 나아가 遠東지역을 중심으로 추진중인 '독립전쟁론'의 구현을 지원하기 위하여 尙武運動을 일으켜 독립군의 사관 양성을 도모한 네브라스카의 소년병학교(Military School for Korean)와 멕시코 메리다의 崇武학교, 하와이의 국민군사관학교(Korean Military Academy)까지 설립·운영하였고, 朝鮮國民軍團(Korean Military Corporation)의 편성까지 시도하였다.

이와 같이 미주 한인사회는 일본제국주의가 팽창되어 가는 시기에 해외에서 항일민족운동을 전개하며 한국문제에 관한 세계여론을 주도하였다. 특히 대한인국민회는 상해 임시정부 수립 전단계의 민족독립운동의 최고 중추기관으로 해외에서 성립한 임시정부를 뜻하는 '가정부'라 할 수 있는 중요한 위상과 그에 따른 역할을 수행해 갔다. 그와 같은 과정에서 한인사회의 민족주의는 성장하였고 새시대의 사조인 민주주의는 민족주의와 조화를 이루면서 발전하여 갔던 것이다.

초국가적 국가 건설운동*
—집단이주 한인과 한국독립운동—

Richard S. Kim**

1. 서 론

1903년에서 1924년 사이에 미국으로 이민을 떠난 한인들의 사회·정치적 활동은, 1905년에서부터 1945년까지 일제의 식민지배 하에 있던 모국 정치문제에 개입하는 것으로 초점이 맞춰졌다. 그들 중에는 1903년에서 1905년 사이에 계약노동자 모집으로 미국에 가게 된 경우가 많았는데, 이들은 동시에 매일 인종적 차별과 계급적 착취에도 맞서 싸우고 있었다.[1] 이런 상황에서 재미 한인들은 한국과 미국 모두에서 공식적인 정치적 과정에 참여하지 못하고 배제되어 있었다. 일본의 한국 식민지화로 해외 교포들에게는 나라도 국가도 남아있지 않았다.

---

* "Transnational State making : The Korean Diaspora and the Korean Independence movement"의 번역임

** Assistant Professor, Asian American Studies Program, University of California, Davis

1) 한인 이민자들은 미국 내에서 법적 혹은 법이 미치지 않는 범위에서 다양한 형태로 나타났던 악의있는 反동양인 정서의 대상이 되곤 했다. 이는 배제 이민법, 귀화권 거부, 차별적인 경제적 제재, 물리적 폭력 등으로 나타났다. Sucheng Chan, *Asian Americans : An Interpretative History* (New York : Twayne Publishers, 1991) ; Ronald Takaki, *Strangers from a Different : A History of Asian Americans* (New York : Penguin Books, 1989).

그리고 이들은 미국 시민권을 얻을 수도 없었으므로 미국 내에서의 정치적인 권리도 행사하지 못했다. 이처럼 나라도 잃고 망명 중이던 한인들이 자신의 이익과 행복을 추구하고 보호받기 위해 어느 나라에 의지했는가? 그리고 어느 나라가 그러한 책임을 져야 했는가? 한인 이민자들의 정치적 관심사 중에서 핵심적인 것은 국가의 주권과 그 의미에 대한 문제들이었다. 그리고 이 문제들은 1910년에서 1945년 사이의 수십 년 동안 한인사회에서 끊임없는 논쟁과 타협의 대상이 된다.

한국의 식민지화와 망명이라는 상황은, 한인들이 미국뿐 아니라 멕시코, 쿠바, 유럽, 중국 등으로 이주하도록 부추겼다. 이 때문에 어느 학자가 적절히 이름 붙인 것처럼 "초국가적인 공동체상의 민족주의"가 출현할 수 있는 조건이 마련되었다.[2] 1945년까지 총 한국인의 11퍼센트가 해외에 거주하고 있었다. 한국독립운동으로 인해 복잡한 연락망이 형성되었고, 끊임없이 국가적·지역적 범위를 넘나드는 인맥·돈·가치관·이데올로기·정보의 연합관계가 나타났다. 한국민족주의 운동은 그 기원에서부터 내재적으로 초국가적인 성격을 띠었다. 초국가적인 집단이주 한인의 주요 활동 지역에는 워싱턴 D.C., 로스엔젤레스, 샌프란시스코, 호놀룰루, 상하이, 중경, 파리, 런던, 만주, 시베리아, 쿠바, 멕시코 등이 있었다. 이 지역들은 한국독립운동에 대한 지지를 동원하고 정보를 퍼뜨리며 재원을 마련하는 활동을 벌이는 경쟁적인 이데올로기적·정치적 조직들의 본거지가 되었다. 이러한 조직 활동은 지역적·국가적 범주를 초월한 공동체의 초국가적 연락망이 형성되는 데 핵심적인 역할을 했다. 재미 한인들은 전세계에 흩어진 한국인들과 조직적·문화적 상호작용을 연마하면서, 국제적 맥락에서 깊숙이 박혀 있던 집단이주적 의식을 고무시키고자 했다. 결국 해외 한인사회의 형

2) Robert G. Lee, "The Hidden World of Asian Immigrant Radicalism", in Paul Buhle and Dan Georgakas, eds., *The Immigrant Left in the United States* (Albany : SUNY Press, 1996), pp.256~288.

성은, 반드시 영토적인 공간이나 장소로 제한되지는 않는 집단이주적 틀 안에서 개념화될 수 있을 것이다.3)

이주의 경험들을 복합적인 여러 장소와 도착지들의 행렬 속에 배치하는 집단이주에 대한 시각은, 시공을 넘어 어떤 공동체들이 만들어지고 조직되는지를 평가하는 새로운 방법론상의 가능성을 열어줄 수 있다. 미국 이민사 내 사료편찬적인 논쟁들에서는 미국 내 이민자들의 문화적 적응의 연속성과 불연속성에 대한 논의가 중심이 되어 왔다. 오스카 핸들린(Oscar Handlin)은 미국으로 이민 온 유럽인들을 다룬 선구적 연구에서 최초로 이 논의의 윤곽을 잡았다.4) 이 *The Uprooted* 라는 저서는 이제 고전이 되었는데, 저자는 산업적 자본주의 아래 존재한 미국化에 대한 압력이 그 전체주의적 속성 때문에 이민자들이 전통적인 문화적 관습과 가치들을 완전히 폐기하도록 했다고 주장하면서, 이민자들의 문화적 적응을 미국 사회로의 완전하고 전체적인 동화 과정으로 묘사했다. 핸들린은 이러한 문화적 변환 과정을 移轉과 사회

3) 필자는 여기에서 집단이주 문제를 공식화하는 데 있어서 윌리엄 사프란(William Safran)의 연구를 참고하였다. 사프란은 외국으로 이주한 소수민족 공동체에 관련되는 것으로서 집단이주의 개념을 설명하면서 몇 가지 특징들을 들고 있다. 그 중에서도 모국에서부터 최소한 둘 이상의 외국 지역으로의 분산, 모국에 관련해 (집단 내에서) 공유되는 기억과 문화적 가치, 역사적 경험에 대한 집단적 감정, 모국의 복원을 위한 집단적 헌신, 인종적 집단으로서의 의식과 현실적인 것이든 상상된 것이든 모국과의 유대관계에 근거한 단결 등이 언급되었다. 사프란은 집단적 경험이라는 것이 집단이주가 다른 형태의 이주와는 구별되는 위와 같은 모든 측면들과 어느 정도 결합되어야 한다고 주장한다. William Safran, "Diasporas in Modern Societies : Myths of Homeland and Return," *Diaspora 1 : 1* (Spring 1991), pp.83~99. 집단이주 논의에 대한 또 다른 유용하고 본격적인 연구로는 Robin Cohen, *Global Diasporas : An Introduction* (Seattle : University of Washington Press, 1997)이 있다.

4) Oscar Handlin, *The Uprooted : The Epic Story of the Great Migrations That Made the American People* (2nd edition, 1973, Boston : Little, Brown and Company, 1951).

적 해체의 과정으로 생생하게 그려냈다.

1960년대 중반부터 1970년대에 이르러 불연속성과 동화라는 주제는 '新사회사' 학자들의 강렬한 비판을 받았다. 그들은 이민자들이 미국이라는 새로운 환경에서 살아남기 위해 전통적 가치와 문화적 관습들에 의지하고 있었다고 주장했다. 즉 이 역사학자들은 이민자들의 문화는 쇠락했다기보다 지속적이고 연속적으로 존재했다고 평가했다.[5)]

양측은 매우 다른 입장을 취하고 있지만 이민자들의 문화와 적응의 본질에 대한 논쟁들은 전적으로 정체성을 '이민자의' 것 혹은 '미국적인' 것으로 양분하는 제한된 패러다임 안에 놓여 있다. 역사학자 죠지 산체스(George Sánchez)는 *Becoming Mexican American*이라는 저서에서 이민자들의 문화를 양분적으로 해석하고 미국적 문화와 이민자들의 문화가 대개 "개개인들이 계속적으로 어느 한쪽 혹은 다른 쪽으

---

5) 참고문헌이 너무 많아서 여기에 다 소개하기는 힘들기 때문에, 대표적인 다음의 연구들만 인용한다. Rudolph J. Vecoli, "Contadini in Chicago : A Critique of The Uprooted," *Journal of American History 51* (December 1964), pp.404~17 ; Victor H. Greene, *Slavic Community on Strike* (South Bend, 1968) ; Herbert G. Gutman, "Work, Culture, and Society in Industrializing America, 1815-1919," *American Historical Review* (June 1973) ; Virginia Yans-McLaughlin, *Family and Community : Italian Immigrants in Buffalo, 1880-1930* (Ithaca : Cornell University Press, 1977) ; Albert Camarillo, *Chicanos in a Changing Society : From Mexican Pueblos to American Barrios in Santa Barbara and Southern California, 1848-1930* (Cambridge : Harvard University Press, 1979) ; Kerby A. Miller, *Emigrants and Exiles : Ireland and the Irish Exodus to North America* (Oxford University Press, 1985) ; Dino Cinel, *From Italy to San Francisco* (Palo Alto : Stanford University Press, 1982) ; Sucheng Chan, *This Bittersweet Soil : The Chinese in California Agriculture, 1860-1910* (Berkeley : University of California Press, 1986). John Bodnar는 *The Transplanted : A History of Immigrants in Urban America* (Bloomington : Indiana University Press, 1985)에서 이 방대한 양의 참고문헌의 주요 성과들을 솜씨있게 종합, 정리해 놓았다.

로 밀거나 당겨지는 가운데 정적이고, 불침투성이며 항상 서로 반대편에 있다고" 규정짓는 경향을 비판한다.[6] 멕시코계 미국인들의 인종적 정체성 형성에 대한 산체스의 설명은 다중적 정체성과 서로 모순되는 주관적 입장들의 가능성을 입증해준다.[7] 그에 따르면 로스엔젤레스의 멕시코인들의 문화적 적응과정에는 미국적 요소와 멕시코 전통 및 문화적 관습의 요소가 결합되어 있었다. 더 정확히 말하면, 미국화 과정은 인종적 정체성 형성과정에서 없어서는 안될 부분이다.

비슷한 경향의 연구로 인류학자인 제임스 클리포드(James Clifford)는 집단이주의 사례들은 이민을 단선적인 동화과정으로 설명하는 방식을 거스른다고 언급한다.[8] 그는 모국과의 유대관계에 대한 현실적 혹은 상징적 기반 위에서 형성된 문화적 정체성이 집단이주 사회를 규정짓는 중심이 되기 때문에, (이민자들이 정착하는) 주 사회(host societies)가 모국 혹은 분산된 다른 곳에 헌신하고 그들과 실제적 연대관계를 맺고 있는 집단들을 흡수할 수는 없다고 주장한다.[9] 그는 또한 집단이주로 생겨난 초국가적인 연락망들이 정체성 형성에 다원적인 원천을 제공하게 됨을 지적한다. 결국 집단이주 사회의 정체성은 단순히 그들의 개별적인 모국과의 관계에서 나오는 민족주의라고 할 수는 없는데, 이들이 정착하는 나라(host countries)와 그 기준에 저항하기도 하지만 한편으로 그에 순응하면서 관습들을 기호화하기 때문이다.[10]

망명중인 공동체로서 미국 내 한인들의 사회적·정치적 정체성은

---

6) George J. Sánchez, *Becoming Mexican American : Ethnicity, Culture, and Identity in Chicano Los Angeles, 1900-1945* (New York : Oxford University Press, 1993), p.6.

7) Ibid., p.8.

8) James Clifford, "Diasporas," *Cultural Anthropology 9 : 3* (1944), pp.302~336.

9) Clifford, p.307.

10) Ibid.

모국과의 연결관계에 깊이 뿌리를 두고 있었다. 모국의 지위 변동(displacement)과 독립에 대한 주장은 다양한 형태의 집단행동으로 동원되었다.[11] 해외에서 한국의 국가적 정체성을 보호하고 유지하려는 개인적·집단적인 상당한 투자가 이루어지면서, 민족주의 운동의 조직적 활동들은 한국의 역사와 문화의 독특한 측면을 드러내는 데 초점을 맞추었다. 그리고 이러한 집단이주적 정체성은 그들이 망명한 주 사회와의 관계 속에서 중요하게 형성되는 측면이 있었다. 따라서 클리포드의 설명처럼, 한국인들과 같은 집단이주 집단들은 모국의 관념들을 단순히 보호하고 유지하는 것보다는 그것을 복원하고 구상하는 과정을 경험했다.[12] 필자는 산체스와 클리포드의 연구에 입각하여, 한국독립운동의 초국가적인 연락망 속에 존재했던 장소들의 행렬이 재미 한인들에게 정치적 참여와 정체성 형성을 위한 다원적이고 다양한 통로들을 열어 주었고, 그럼으로써 한인 교민들의 민족주의적 활동의 범위와 본질을 확대시켜 주었다고 본다.

이 글에서는 해외에서 한국이라는 국가를 구상하는 과정 혹은 재미 한인들의 (매튜 제이콥슨(Matthew Jacobsen)이 이름붙인) '집단이주적 구상'의 과정을 다룰 것이다.[13] 그 중에서도 특히 미국의 민주주의와 자유 개념을 차용한 것이 한국독립운동의 수사학적·정치적 전략에 어떻게 이용되었는지를 분석할 것이다. 미국의 정치권은 한국 국가 건설계획과 결합된 초국가적 활동들이 접합되는 주요한 무대로 떠올랐다. 한국의 민족주의자들은 미국식의 정치적 가치와 이상으로부터 중대한 영향을 받았으므로, 미국의 한국독립 지원을 이끌어내기 위한

11) Safran, "Diasporas in Modern Societies : Myths of Homeland and Return"과 Cohen, *Global Diasporas*.

12) Clifford, "Diasporas." ; Cohen, *Global Diasporas*, 특히 1장 참조.

13) Matthew Frye Jacobsen, *Special Sorrows : The Diasporic Imagination of Irish, Polish, and Jewish Immigrants in the United State* (Cambridge : Harvard University Press, 1995).

로비활동에 조직적 · 개인적 노력을 기울였다. 그들은 독립되고 민주적인 한국이, 동아시아 내에서 미국이 얻을 수 있는 이데올로기적 · 경제적 · 정치적 이득에 중요하다는 점을 일관되게 강조하면서 이를 호소했다. 이러한 집단이주적 정치 동원과정을 통해 한인 교민들은 미국 내에서 독특한 정치적 존재로 떠올랐는데, 그들이 미국 정치권에서 정부 차원 및 개인적 차원의 통로를 동원해 모국과 관련된 문제들을 끊임없이 밀어붙였기 때문이다. 또한 재미 한인들은 스스로를 한국 내외의 동포들과 뗄 수 없는 연관관계를 가진 집단이주적 정치 운동의 한 일원으로 여기고 있었다. 이와 같이 재미 한인들은 민족주의적 활동을 통해 모국과 중요한 연결관계를 유지하는 가운데 일제 식민지시기와 그 이후에도 한국 국가건설과정에서 불가결한 존재가 되었다. 이 글에서는 재미 한인들이 초기에는 나라를 잃고 망명중인 상태였지만 점차 모국과 미국 모두의 정치권에서 눈에 띄는 정치적 활동 주체로 떠오르게 되는 과정을 논증할 것이다.

2. 필라델피아 한인회의 : 초국가적 정치동원과 집단이주적 국가건설

망명 중이던 재미 한인사회의 활동에 가장 큰 영향을 준 것은 한국 내에서 일어나는 사건들이었다. 1905년 일제가 한국을 보호국화하고 이어서 1910년에 식민지화하면서, 해외 한인들 사이에서 수많은 저항 단체들이 조직되었다. 대부분의 경우 이러한 망명 단체들은 개별적으로 활동했다. 그러나 1919년 중국 상해에 본부를 둔 대한민국임시정부가 세워지면서 느슨했던 망명 운동의 연대는 좀더 단단한 조직으로 통일되게 된다.[14]

14) Carter J. Eckert et al., *Korea Old and New : A History* (Seoul, Korea :

임정이 수립된 것은 1919년 3월 국내에서 일어난 전국적인 일련의 비폭력 시위, 즉 3·1운동의 결과였다. 한반도를 통틀은 시위자들은 우드로 윌슨의 14조약에 포함된 민족자결주의에 고무되어, 한국의 독립과 민족자결권을 부르짖었다. 3월 1일, 시위 주동자들은 새로 작성한 독립선언문 사본을 서울의 일제 관청에 전달했다. 동시에 서울시내 한복판에서 선언문이 낭독되었으며, 이는 일제에 저항하는 전국적인 비폭력 운동에 불을 붙였다. 수백만의 한국인들이 모두 일상으로부터 거리로 뛰쳐나와 "조선독립만세!"를 수없이 외쳤다. 시위대의 엄청난 규모에 놀란 일제는 그들을 잔인하게 진압했다. 일제의 강력한 군경대는 수천 명의 한국인들을 체포해 수감시키고, 고문하고, 살해했다.

3·1운동으로 싹튼 민족주의적 감정과 그에 대한 폭력적인 진압의 결과, 1919년 4월 대한민국임시정부(임정)가 탄생했다. 임정은 그 개념과 시초에서부터 한국독립운동의 초국가적·집단이주적 성격을 명백히 하였다. 상해에 본부를 둔 망명 정부인 임정의 내각은 미국과 만주, 시베리아 등지에 있던 망명 정치 운동가들 중에서 선발되었다. 특히 초기에는 선출된 장관과 내각 요인들 중 아무도 상해에 와 있지도 않았다는 점에서 임정의 초국가적인 성격이 명백히 드러난다. 대통령으로 선택된 이승만은 당시 미국에 있었다. 세간의 소문에 의하면 이승만은 1910년 프린스턴 대학에서 박사학위를 받은 후 우드로 윌슨의 후견 하에 활동하고 있었으며, 하와이에서 몇몇 한인의 정치·우애 단체들을 구성하면서 기반을 쌓았다. 내무장관으로 임명된 안창호는 거의 20년 동안 거주했던 캘리포니아를 떠나 상해로 오는 중이었다. 이승만과 마찬가지로 안창호 역시 전세계에 흩어져 있던 주요 망명 민족주의자들 중 한 명이었다. 그는 샌프란시스코에 본부를 두고 서구 여러 곳

Ilchokak Publishers and Korea Institute, Harvard University, 1990), pp.279 ~280 ; Ki-baik Lee, *A New History of Korea* (Cambridge, MA : Harvard University Press, 1984), p.344.

에 지부를 둔 대한인국민회를 설립했는데, 이는 가장 크고 영향력 있는 해외 정치단체 중 하나였다. 외무장관 김규식은 버지니아의 Roanoke College 출신으로서, 당시에는 파리평화회의에 참석하기 위해 파리에 머물고 있었다. 그 외 내각의 중요한 인물들은 만주와 시베리아에서 각각 독립된 군사 단체들을 이끌고 있었다. 따라서 대한민국 임정의 수립은 이처럼 다양한 망명 민족주의 운동을 통일하고, 이들과 3·1운동의 여파로 조직된 국내 민족주의 단체들을 연결시키려는 계획의 결과였다.[15]

3·1운동과 임정 수립 소식은 해외 한인들 사이에서 빠르게 퍼져나갔다. 대중적인 민족자결운동이 일어났다는 소식은 재미 한인사회를 자극했다. 임정수립이 공표된 직후인 1919년 4월, 재미 한인들은 한국 독립운동과 새로 수립된 임시정부 지원을 동원하기 위해 필라델피아에서 '한인회의'를 소집했다. 회의의 의장은 1890년대 이래 한국 정치계에서 유명한 인물이던 서재필이 맡았다. 서재필은 회의 개최 전에 언론에 발표한 성명서에서 이 회의의 목적은 한국독립의 주장을 널리 알리는 것이라고 설명했다.

> 우리는 미국인들에게 한국이 일본의 희생자라는 것을 알리기 위해 한인회의를 개최합니다. 일제는 한국이 당하고 있는 권리침해를 교활하게 숨겨 왔습니다. 미국이 실상을 알게 된다면 다른 억압받는 민족들에게 했던 것처럼 한국의 주장을 옹호해줄 것이라고 믿습니다.[16]

이 회의가 한국독립을 위한 미국의 지지를 얻으려는 의도로 미국 대중들을 포섭하기 위해 의식적인 노력을 쏟고 있었다는 것은 회의 절차에서도 드러났다. 대부분의 한인 대표들은 영어로 강연 및 토론을 진

15) Chong-Sik Lee, *The Politics of Korean Nationalism* (Berkeley, CA : University of California Press, 1963), p.131 ; Eckert, p.280.
16) Lee, *The Politics of Korean Nationalism*, p.142에서 인용.

행했으며, 회의록이 간행되어 미국인 대중들에게 배부되었다. 저명한 미국인 종교계와 학계의 인사들이 초청되어 한국독립을 옹호하는 강연을 했는데, 그들 모두 자유를 향한 한국민족의 요청에 동정과 지지를 표시하는 한편 폭군적인 일제의 동기와 행위들을 규탄했다. 객원 강연자들은 또한 미국적인 민주주의·자유·기독교의 가치를 칭송했다. 이들은 미국이 정의와 자유를 얻은 승리자로서 한국을 도울 도덕적 의무를 지니고 있다고 주장했다.

이 회의에서 가장 먼저 취한 조치는 "미국에의 호소문"의 초안을 잡는 것으로, 국내에 살고 있는 1천 8백만의 한국인들을 대표한다고 주장하는 한인 대표들은 이 호소문에서 "미국인들 역시 자유와 민주주의를 위해 싸웠고, 기독교 사상과 인류애의 편에서 정의를 사랑한다는 사실을 알기 때문에 우리에게 지지와 동정을 보내줄 것을 요청"했다. 또한 "우리의 주장은 신과 인간의 법 앞에 정당한 것이다. 우리의 목표는 군국주의적 독재정치로부터의 자유이고, 우리의 목적은 아시아의 민주주의화이며, 우리의 희망은 전세계적인 기독교화이다"라고 썼다.[17] 이 회의는 일본을 동아시아 전체를 복종시키는 데 열심인 무자비한 "아시아판 제국"으로 규정지었다.[18] 곤경에 빠진 한국에 대한 미국의 동정을 얻기 위해 회의는 3·1운동에 대한 잔인한 진압을 강조하면서 한국 민족에 대한 일제의 폭력적인 행위들의 연대기를 밝혔다. 그리고 한국의 상황을 국제적인 관심이 요구되는 명백한 인권 침해라는 틀에서 설명했다. 호소문은 더 강한 미국의 지지를 얻기 위해 미국과 한국 간의 관심사와 목적의 일치점을 언급했다. 지도자들은 일관되게 독립되고 민주주의적이며 기독교화된 한국이 동아시아 내 미국의 정치적·경제적·이데올로기적 이익에 중요한 의미를 지닌다고 강조했다.

17) *Proceedings of the First Korean Congress* (Philadelphia, 1919), pp.29~30.
18) Ibid., p.29.

호소문은 1882년 미국과 한국정부 간에 체결된 朝美修好通商條約에 관심을 환기시키기도 했다. 재미 민족주의적 지도자들은 다음과 같은 조약상의 특정 조항에 근거해 미국의 원조를 구하는 것이 정당화된다고 주장했다. 그 조항은 다음과 같다.

> 만약 다른 열강이 일방을 불공평하거나 억압적으로 다룰 경우, 다른 일방은 우방으로서 그 사건에 대해 통지받은 사항을 기반으로 중재 노력을 하고 평화적인 해결을 도모할 것이다.[19]

한국인 민족주의자들은 이 조항을 가지고 한국이 고난을 겪고 있는 당시 미국이 한국을 도울 의무가 있다고 주장했다. 자유회의(Liberty Congress)는 일제의 조선 침략의 "진정한 사실들"을 폭로하고 널리 알리고자 했다. 그 과정에서 여러 개인들이 일제의 잔인성과 억압성을 보여주는 수많은 사례들을 언급했다. 한국 민족주의 운동 지도자들은 한국 내에서 벌어지고 있는 일제의 행위의 진정한 본질에 관심을 불러일으킴으로써, 조약에 명시된 대로 자신들이 일제로 인한 억압적인 상황을 미국에 알리는 의무를 다하고 있다고 믿었다. 그들은 이제 미국이 한국을 도울 책임을 다할 차례라고 호소했다. 서재필과 회의의 다른 지도자들은 이러한 목적을 달성하기 위해서는 임정으로 구체화되는 독립되고 구별된 한국정부 수립—한국 민족의 진정한 이상과 열망을 대변하는—이 미국 그리고 세계 나머지 국가들과의 외교적 관계를 재개하는 데 결정적인 것임을 인지한 것이다. 그들은 임시정부의 첫 번째 임무는 조약 의무사항에 근거해 미국으로부터 공식적 외교 승인을 받는 것이라고 주장했다.[20]

한인회의는 한국인들의 요구사항과 독립열망을 선전한다는 목적이

---

19) Ibid., p.30.
20) Ibid., pp.26~27.

뒤엉킨 가운데 한인 이민자들이 국내와 중국의 독립운동과의 관계를 명백히 하는 공공 광장의 기능도 하였다. 미국 전체와 영국이나 아일랜드와 같이 멀리 있는 한인공동체에서 파견된 대표들이 참석한 한인회의는 그 절차에서 한국 민족주의가 초국가적인 범위에 걸쳐져 있음을 뚜렷이 드러냈다. 대한민국임시정부 지지 결의안 비준을 논의하던 중, 한 대표가 임정의 위치와 위상에 관련된 보다 자세한 정보를 요구했다. 이 회의의 한인들에게 주어진 공식적인 정보는 4월 4일 현순이 샌프란시스코의 대한인국민회 본부로 보낸 전보가 전부였다. 이 전보는 임정이 만주 국경 부근에 수립되었다는 사실만을 알리고 있었으므로, 한인회의상에서 임정의 위치와 존재여부는 애매했다. 이러한 불확실성 때문에 대표들 간에 새로이 수립된 정부의 위상에 대한 논쟁이 일어났다.[21] 대회 의장이던 서재필은 임정이 공간적으로 멀리 떨어져 있다고 해서 재미 한인들의 임정 지지를 막아서는 안 된다고 언명했다. 서재필은 능변으로 다음과 같이 말했다.

> 임시정부 대통령이 수감 중이든 프랑스에 있든 달라질 것은 없습니다. 그는 미국에 있을 수도 있지만, 그 역시 변수가 되지 못할 것입니다. 임정의 위치가 널리 알려지지 않았다고 해서 임정이 존재하지 않는다고 할 수는 없는 것입니다. 정부를 수립하는 것이 대중들의 의지이므로, 대통령이 감옥에 있든지 다른 어느 곳에 있다 하더라도 달라지는 점은 없습니다. …… 미국에서 독립전쟁이 일어났을 때의 역사를 보면, 정부가 어느 한 장소에 있지 않고 여러 곳으로 옮겨다녀야 했다는 것을 알 수 있습니다. 영국군이 그 뒤를 쫓으면, 그들(미국인들)은 수도를 다른 곳으로 옮기곤 했습니다. 처음에는 요크타운을 수도로 하다가, 나중에는 필라델피아로 옮겼습니다. 그렇다고 해서 그 정부가 불법적이라고 할 수는 없습니다. 누군가가 한국말로 잘 표현했듯이, "새로운 대한한국임시정부는 한국 민족의 의지의 구현"인 것

---

21) Ibid., pp.24~28.

입니다. 임정의 위치가 만주이든, 필라델피아이든, 파리이든 그것은 문제가 되지 않습니다.[22]

서재필의 발언은 임시정부 대통령으로 선출된 이승만의 존재를 명백히 존중하는 제스처였다. 이승만은 당시 상해에 있지 않고 필라델피아 회의에 참석해 적극 활동하고 있었다. 그러나 더 중요한 것은, 서재필이나 한인대회의 다른 참석자들에게 있어서 임시정부는 모국 내뿐 아니라 해외에 살고 있는 한국인들의 의지와 정신도 구현한 것이었다는 점이다. 다른 대표인 헨리 정 역시 임시정부는 계급·성·종교적 신념에 관계없이 모든 한국인들을 대표하는 보다 큰 보편적 움직임의 하나라고 주장함으로써 비슷한 시각을 드러냈다. 또한 그는 민족주의적 운동은 "국내와 국외 모두의 한국인들이 이 운동을 뒷받침하는 심장부이자 영혼의 역할을 한다"는 점에서 국제적인 성격을 지닌다고 주장했다.[23] 사실상, 재미 한인들은 스스로를 모국 내외의 동포들과 끊을 수 없는 연결고리를 가진 집단이주 정치 운동의 일부로 여기게 되었다.

3. 해외에서의 국가 구상 : 한국적 민족주의와 미국적 민주주의

국내외 한국인들에게 임시정부 수립은 새로운 한국의 국가가 시작되었음을 의미했다. 이 새로운 국가의 상당 부분은 재미 한인들의 집단이주적 시각과 활동에서 싹텄다. 따라서 3·1운동의 여파로 나타난 한국의 국가재건 운동에서 미국적 경향은 중요한 자리를 차지했다. 서

22) Ibid., p.27.
23) Ibid., p.26.

재필은 임정의 위치와 관련한 감동적인 연설에서 미국의 독립운동을 구체적으로 암시한 바 있는데, 이는 한국임시정부가 직면하고 있던 상황과 초기 미국사와의 유사성을 강조한 것이었다. 이러한 비교는 한인 민족주의 지도자들 사이에서는 흔한 수사학적 전략이었다. 그들은 새로운 한국의 국가수립이 식민지배로부터 성공적으로 해방된 미국의 국가수립과정과 유사하다고 보았다. 한인 민족주의 지도자들은 국제사회의 지지를 호소하는 탄원서에서 단일 정치체제로서 자치를 해 왔던 한국의 길고도 빛나는 역사—세계 어느 나라와도 견줄만한—를 일관되고도 상세하게 거론하곤 했다. 동시에 그들은 독립선언문과 3·1 운동에 반영된 새로운 정치 의식의 발현을 강조했다.

미국의 독립선언문과 윌슨 14조에서 지지한 민족자결주의에 고무되어, 한국의 독립선언문은 "힘을 중시하던 옛 시대는 가고 과거의 진통 속에서 정의와 진실이 중심이 되는 새로운 시대가 탄생했다"면서 새로운 시대를 위한 새로운 한국의 탄생을 선언했다.[24] 지울 수 없는 미국의 정치적 가치와 이상들의 흔적들은 민주주의적 원칙에 근거한 한국임시정부의 구조에 더욱 뚜렷이 나타났다. 임정 수립은 한국의 정치사에 있어 험난한 출발이 되었다. 한국 민족주의운동 지도자들은 4천 년 역사의 전통적인 왕조체제를 복원하기보다는, 특히 미국을 모델로 한 새로운 민주주의적 공화국을 창출하려 노력했다.[25]

미국 내 한국 민족주의자들의 로비 활동은, 자결·민주주의·자유를 중시하는 미국정부의 수사학으로부터 영향을 받았다. 회의 절차 전반을 걸쳐 미국식 정치적 이상과 가치관의 반영이 농후했다. 회의 대표들은 "한국민족의 목적과 열망"이라는 제목의 결의안 초안을 잡았는데, 이는 미국과 하와이에 거주하는 한국인들의 민족주의적 운동 원칙

---

24) *Proceedings of the First Korean Congress*, pp.80~82에 실린 "Korean Declaration of Independence"에서 인용.
25) Lee, *A New History of Korea*, pp.344~345.

을 명시한 공식 성명서의 역할을 했다. 결의안에는 10조항을 두어 신념과 취지를 밝혔다.

1) 우리는 정부가 백성들로부터 나온 정당한 권한을 가진다는 것과, 따라서 정부는 다스리는 백성들의 이익을 위해 운영되어야 할 것임을 믿는다.
2) 우리는 국민들을 교육시킬 수 있는 한, 미국을 모델로 하는 정부를 세울 것을 목표로 한다. 이후 몇십 년 동안은 정부에 권력을 좀더 집중시켜야 할 것이다. 그러나 국민들의 교육수준이 향상되고 자치정부 운영기술의 경험이 쌓이면, 국민들이 정부 업무에 폭넓게 참여할 수 있게 될 것이다.
3) 그러나 국민들이 각 도, 지역의원을 뽑고 지역 의원들이 국회의원을 선출하도록 하는 선거권 부여를 제안한다. 국회는 정부 내각과 동등한 권한을 가질 것이며, 유일한 입법기관이자 유일한 국민 대의기관이 될 것이다.
4) 내각은 국회에서 입법한 바를 수행하는 대통령, 부통령과 장관들로 구성된다. 대통령은 국회에서 선출될 것이고 장관, 각 도지사 및 외국 공사들을 비롯한 정부 내 주요 행정직의 임명권을 가질 것이다. 대통령은 외국과의 조약권을 지니며, 국회 상원의원의 동의를 얻어야 한다. 대통령과 내각은 입법기관에 대한 책임을 진다.
5) 우리는 종교의 자유를 지향한다. 어떤 종교나 주의도 국가 이익이나 법에 저촉되지 않는 한 자유롭게 선포, 전도될 수 있다.
6) 우리는 모든 수교국가의 시민이나 국민들이 그들과 한국민들 간의 상업과 산업진흥에 대한 동등한 기회와 보호를 받는다는 조건 아래 전세계 모든 국가와의 상업의 자유를 지향한다.
7) 우리는 정부의 다른 어떤 업무보다도 중요한 국민 교육을 지향한다.
8) 국민들의 건강이 정부의 가장 주요한 고려사항 중 하나라는 점에서, 과학적인 감독 하에 근대적인 위생 개선을 지향한다.
9) 우리는 연설과 언론의 자유를 지향한다. 실제로 우리는 전 민족의

삶의 조건들을 무한히 발전시킬 수 있도록 하기 위해 민주주의, 기회의 평등, 건전한 경제 정책, 전세계 국가들과의 자유로운 교류의 원칙들을 철저히 따르고 있다.

10) 우리는 다른 사람들의 권리를 침해하거나 국가의 이익 및 법률에 저촉되지 않는 한, 모든 행위상의 자유를 지향한다.[26]

여기에서 지지한 용어와 이상향들은 명백히 미국의 영향을 받은 것이었다. 이 결의문은 회의 참여의 중요성을 강조했는데, 그것이 한국 민족이 지지하는 바를 세계에 드러내는 살아있는 지표가 된다고 믿었기 때문이다. 서재필은 "전체 국가의 생명은 이 결의문에서 체현된 조항들에 달려있다"고 언명함으로써 그 중요성을 강조하기도 했다.[27] 그는 이어서 한인회의 참석자 중 상당수가 언젠가는 한국의 재건에서 주도적 역할을 담당할 것이라고 말했다. 결과적으로 이 결의문에 표현된 구상들은 그것이 해방후 한국 헌법에 반영될 것이기 때문에 한국의 국가건설에 중요한 것이었다.[28]

이런 점에서 "한국인들의 목표와 열망"은 한국인들이 자치를 하는데 필요한 교육수준과 세계정세에 대한 지식을 갖추었음을 입증했다. 한인회의는 한국인들이 자치능력을 결여했다는, 널리 만연한 일제의 선전에 반기를 들고자 했다. 서재필은 일반적으로 미국 대중들은 한국에 대한 지식이 없기 때문에 한국인의 자치능력에 대해 의문을 제기할 것을 우려했다. 그래서 그는 한국인이 자치능력을 지녔다는 모범적인 예로서 하와이의 한인들의 경우를 들어 격찬했다.[29] 그는 하와이 교민들이 "한국의 엘리트계급" 출신이 아니라 "아무 적절한 교육도 받지 못한 채" 한국의 시골에서 온 노동자들이라고 설명했다.[30] 서재필은

26) *Proceedings of First Korean Congress*, pp.33~34.
27) Ibid., p.36.
28) Ibid., p.35.
29) Ibid., pp.14~17.

하와이 교민들이 비천한 출신임에도 불구하고 얼마나 성공적으로 수많은 학교, 교회, 박애적인 단체들을 조직해 유지하고 있는지를 설명했다. 그들은 생계는 궁핍하지만 이런 기관들의 활동을 지원하기 위해 많은 돈을 모으고 있다는 것이었다. 서재필은 그들이 이미 독립이라는 대의를 위해 공채로 총 8만 달러가 넘는 엄청난 기금을 기부했다는 점도 지적했다.[31] 그는 하와이 교민들이 "그 생활방식에서나 엄격한 준법정신에 있어서 전적으로 민주적이고 종교적이며 진실하다"고 결론지었다.[32] 서재필은 한인 교민들이 미국식 민주주의와 기독교 사상에서 영향을 받았고, 따라서 한국인들의 자치능력을 보여주는 살아있는 증거라고 주장했다.

이런 점에서 자유회의(Liberty Congress)는 그 자체로 민주적 의사결정과정을 공개적으로 보여주는 행사였다. 자유회의는 미국 의회의 회의와 상당히 유사하게 조직되고 운영되었다. 대표들은 서재필을 의회 절차의 의장으로 선출했다. 서재필은 의장으로서의 재량권으로 몇몇 위원회들의 책임자들을 임명했다. 이 위원회들은 미국과 해외의 민족주의 운동에서 한인 이민자들이 관여하고 있는 여러 측면들을 설명하는 결의안 초안을 잡게 되었다. 작성된 초안은 회의가 모든 구성원들의 토론, 제안, 논쟁에 공개되었을 때 전체 대표기구에 제출되었다. 첫 토론 후 서재필은 특정 결의안 채택을 위한 동의를 제의했다.

회의 초반에 일어난 한 사건은 그 회의가 스스로를 민주주의적 의사결정 기구임을 보여주기 위한 의도적인 행사였음을 드러냈다. 이승만은 자신이 의장을 맡은 위원회의 결의안을 수정 없이 채택할 것을 제의했다. 의장인 서재필은 그 즉시 그 회의가 민주주의적 원칙들을 따라야 할 것이라고 발언하면서 이를 저지했다. 그는 "국민들의 생각을

30) Ibid., p.15.
31) Ibid., pp.15~16.
32) Ibid., p.16.

알지 못한다면 어떤 중요한 조치도 취할 수 없을 것입니다. 우리는 민족을 대표하는 이 회의의 견해를 듣고 싶습니다. 이는 옛날의 한국이 아니라, 새로운 한국인 것입니다. 우리는 민족의 의지대로, 다수가 원하는 방향으로 가고자 합니다"라고 외쳤다.[33] 대표들이 서재필의 말에 동조한다고 소리쳤다. 그 직후 그 결의안에 대한 토론이 시작되었고, 결의안은 참석자들의 만장일치로 채택되었다.[34]

이러한 미국적 경향을 고려할 때, 필라델피아의 한인회의는 참석자들과 참관자들에게 특별한 상징적 중요성을 띠는 현장이 되었다. 의사록에서는 필라델피아를 "자유의 요람"이라고 언급하고, 따라서 그곳은 새로 수립된 대한민국의 명명식을 거행할 가장 적합한 장소가 되었다.[35] 이러한 상징성을 염두에 두고 한인회의는 회의 셋째 날, 모든 참석자들이 기마 소대와 악단을 앞세운 퍼레이드 행렬에 참여한 가운데 의기양양한 분위기에서 막을 내렸다. 각 참가자들은 태극기와 성조기 하나씩을 들고 있었으며, 행렬은 회의장에서부터 독립회관(Independence Hall)까지 행진했다. 퍼레이드는 미국의 독립선언서와 헌법이 조인된 방에서 모든 참석자들이 모인 가운데 끝났다. 모든 참석자들이 모인 마지막 모임에서 이승만 대통령은 한국독립선언문을 크게 낭독하고 대한민국임시정부의 수립을 선언했다. 군중들은 크게 세 번 대한민국 만세를 외침으로써 독립선언문과 새로 수립된 정부를 열광적으로 지지했고, 미국을 위해서도 세 번 만세를 외쳤다.[36] 이러한 미국주의의 표명은 재미 한인들이 한국의 국가적 정체성을 재건하고 유지하려 노력하던 과정에서는 핵심적인 것이었다.

행사 폐막 전에 한 회원은 한국민족의 주장과 관련된 홍보 업무를 계속하기 위해 상설 정보기관을 설치하자고 제안했다. 서재필은 자신

---

33) Ibid., p.31.
34) Ibid, pp.30~31.
35) Ibid., p.29.
36) Ibid., pp.79~82.

이 샌프란시스코에 있는 대한인국민회 본부로부터 필라델피아에 한국 정보부(Korean Information Bureau)를 세우도록 임명되었다고 발표했다. 정보부의 임무는 계속해서 일제의 조선식민화와 관련된 사실들을 폭로하고 한국 독립이라는 대의에 대한 미국 국민들의 자각을 증대시키는 것이었다. 그러나 서재필은 자신은 위원회의 자문 역할만을 할 것이며, 이승만과 헨리 정이 그 조직의 일상적인 업무들을 주도할 것이라고 밝혔다.37)

4. 이익단체 정치와 미국 정치권

1919년의 필라델피아 자유회의는 미국 내에서 한국독립을 지지하는 강도 높은 정치 활동의 시대를 예고했다. 회의 직후 필라델피아의 종교계·학계·사회 단체의 저명한 인사들이 한국의 주장을 돕기 위해 한국친우회(League of the Friends of Korea)를 설립했다. 1919년 6월 16일 필라델피아에서 결성된 이 모임은 일제 하에 있는 한국의 현실을 대중들에게 알리고 동아시아의 민주주의와 기독교 사상에 대한 미국민들의 지지를 촉발하고자 했다.38) 한국에 파견된 미국인 선교사들과 긴밀히 연결되어 있던 이 모임은 설립 취지문에서 미국은 전세계에 평등과 자유의 원칙을 지탱시켜야 하는 도덕적 책무가 있다고 선언했다. 그 목표의 윤곽은 다음과 같다.

1) 극동의 진정한 상황을 미국 대중들에게 알림
2) 억압받고 있는 한국민족에 대한 동정과 격려를 확장시킴
3) 한국인들이 겪은 것과 같은 잔학한 대우의 재발을 막기 위해 도덕적 영향력을 발휘함

37) Ibid., pp.70~71.
38) *Korea Review* 1 : 4 (June, 1919), pp.12~13.

4) 한국 기독교인들의 종교적 자유를 보장함[39]

친우회는 자신들의 사명은 오직 한국의 기독교인들이 당하고 있는 박해를 종결시키려는 인도주의적 관심사만을 기반으로 한다고 밝혔다. 설립 취지문은 친우회가 한국, 일본, 중국 문제에 정치적으로 개입하려는 것은 아니라고 강조했다. 그들의 목표는 한국 내에서 일본의 잔학한 행위들을 알리는 것이었다. 그들이 정치적 개입을 하지 않겠다고 부인했음에도 불구하고, 친우회 설립취지문에는 한국의 독립을 지지하는 입장이 명백히 드러난다. 취지문은 새로 수립된 대한민국(임시정부)을 한국의 합법적인 정부로 인정했다. 더욱이 친우회는, 미국은 1882년 朝美修好通商條約에 따라 한국이 부당하게 억압받거나 침략당할 경우 한국을 원조해야 할 의무가 있다고 주장했다.[40]

친우회는 한국정보부와 협력하여 독립을 지향하는 한국의 입장을 홍보했다. 두 단체가 함께 서재필이 편집장을 맡은 월간지 *Korea Review*를 발행했다. *Korea Review*는 한국, 중국, 일본의 정치적 문제를 다루는 유일한 영문 발간물임을 자처했다. 이 잡지는 한국친우회의 공식 기관지로서 일제가 한국민족을 잔학하게 대우하고 있다는 증거가 되는 여러 기사와 미국인 선교사들의 보고내용을 실었다. 또한 친우회의 활동과 미국 내 새로운 지부들의 설치 소식을 알리기도 했다. *Korea Review*는 급속히 많은 독자를 확보했는데, 이는 한국의 정치상황에 대한 미국대중들의 관심이 증대되고 있었음을 반증하는 것이었다. *Korea Review*는 1920년 6월 현재까지 보스턴에서 샌프란시스코에 이르는 한국친우회 지부가 총 18곳에 달하며 회원 1만 명을 확보했다고 보도했다.[41]

---

39) Ibid., p.13.
40) Ibid., pp.12~13.
41) *Korea Review* 2 : 4 (June 1920), back cover.

*Korea Review*는 한국 내와 해외에서의 독립운동 현황도 보도했다. 전형적인 기사로는 중국에 위치한 대한민국임시정부의 위상·활동과 관련된 최신 소식, 미국 내 한국인들의 다양한 로비 활동을 다룬 "Washington News"나 "Students' Corner" 등의 칼럼 등이 있었다. 이 잡지는 서재필, 이승만, 헨리 정과 같은 민족주의적 지도자들이 좀더 폭넓은 영어권 대중들에게 접근할 수 있는 발판의 역할을 하였다. 이들은 종종 미국 내의 학교와 교회들을 순회하면서 한국에서 벌어지는 실상과 미국의 한국지원의 필요성 등에 대해 강연했다. 그들의 글과 강연에는 자유회의에서 표출된 것과 동일한 시각이 반영되었는데, 즉 미국식 민주주의와 기독교 사상을 극찬하고 한국 민족이 이러한 이상과 가치에 충실하다는 점을 강조하는 것이다. 그들의 입장이 한국친우회의 입장과 크게 다르지는 않았지만, *Korea Review*에 실린 글들은 한국독립과 이에 대한 미국의 개입을 좀더 강력히 요청했다. *Korea Review*의 기고문들은 때때로 동아시아의 정치적 현황을 날카롭게 분석하는 가운데, 미국이 아시아에서 얻을 수 있는 정치적, 기독교적, 그리고 상업적 이익은 모두 "한국 문제"에 걸쳐져 있다고 주장했다. 이러한 정치문제 전문가들에 따르면 동아시아 전체의 평화와 안정은 전적으로 한국의 해방에 좌우되는 것이었다. 점령당한 한국은 일본의 제국주의적 팽창정책이 아시아 대륙으로 뻗쳐나갈 입구로 작용할 것이며, 또 다른 전세계적 갈등의 위협요인이 된다는 것이었다.[42)]

*Korea Review*의 발간은 재미 한인들이 한인회의 이후에도 계속해서 한국독립운동을 돕는 역할을 맡을 것임을 시사했다. 필라델피아 회의로부터 수개월 후인 1919년 8월 1일, 이승만은 집행명령(Executive

42) 구미위원부 간부였던 Henry Chung은 국제적 안정과 평화에 있어서 "한국문제"의 중요성을 다룬 두 권의 학술저서를 집필했다. Henry Chung, *The Oriental Policy of the United States* (New York : Fleming H. Revell Company, 1919) ; *The Case of Korea* (New York : Fleming H. Revell Company, 1921) 참조.

Order) 제1조를 발행해 구미위원부를 설치했다. 명령사항에서 그는 위원부의 조직과 활동의 대강을 밝혔다. 이승만은 대한민국임시정부 대통령의 자격으로 위원회 관리들을 임명, 감독했다. 그는 위원부 본부를 워싱턴 D.C.에 두고, 구미위원부가 임정의 유일한 외교기관으로 활동할 것을 계획했다.[43]

집행명령에서 이승만은 또한 구미위원부에 독립운동을 위해 공채, 기부금, 세입의 형태로 모인 모든 재정기금을 받아 분배할 권한을 부여했다. 구미위원부의 관리들은 3개월마다 이승만과 임시정부에 위원부의 활동과 예산에 대한 보고서를 제출할 의무가 있었다.[44] 그후 몇 년 동안 구미위원부는 미국의 대한민국임시정부 승인과 한국독립운동 지지를 얻기 위한 엄청난 조직적 로비활동을 벌였다.

미국과 유럽 내 임시정부의 공식 대표였던 이승만은 구미위원부가 미 대륙과 유럽에 살고 있는 한국민들의 이익을 대변하는 유일한 관리기구가 될 것이라고 밝혔다. 구미위원부는 이러한 자격으로 상해 임정뿐 아니라 미국 본토, 하와이, 멕시코, 쿠바와 유럽에 거주하는 한국인들과도 협력해 로비활동을 벌였다. 구미위원부의 기록에는 이러한 여러 지역들의 인물들과 연락한 전보와 편지들이 가득한데, 이는 한국민족주의운동으로 형성된 복잡다단한 초국가적 연락망을 드러냈다. 이러한 연락망은 전세계에 흩어져 있었지만, 모두가 미국내 한국 민족주의적 단체들을 중심으로 연결되어 있었다.

미국 내 한국 민족주의 운동가들의 두드러진 활동으로 미국 정계 또한 한국 국가건설 계획에 협력하는 초국가적인 움직임들이 접합되는 중요한 무대가 되어갔다. 한국독립운동을 지향하는 활동이 무성한 가

43) U.S. National Archives, Records of the War Department General and Special Staffs, Record Group 165, Military Intelligence Division, Decimal File 1766-1391/2b-2c.

44) Ibid. 구미위원부의 이러한 기능은 위원부 설치 후 몇 개월 동안 하와이와 미국 본토에 있는 한국인들에게 엄청난 혼란을 불러일으킬 수 있는 것이었다.

운데, 한국인들의 주장은 충분히 대중성을 획득하여 마침내 워싱턴 D.C.의 미 의회의 주목을 받기에 이르렀다. 1919년 6월 6일, 미주리 주의 셀던 스펜서(Selden Spencer) 상원의원은 외무위원회(Committee on Foreign Affairs)에 상원결의문 101호(Senate Resolution 101)를 제출했다. 이 결의문은 미국 국무장관에게, 당시 한국의 상황에 미국이 1882년 朝美修好通商條約의 조항들 아래 한국의 편을 들어 중재노력을 기울일 필요가 있는지 여부를 알려달라고 요청하는 것이었다.[45] 스펜서가 제안한 결의문은 한국인들과 그 지지자들의 열렬한 요구에 맞아떨어지는 것으로, 이들은 이 상원결의문이 미국 정부의 지지를 얻는 최초의 실질적인 성과가 될 것으로 기대했다. 그러나 이 결의문은 외무위원회의 승인을 받지 못했다. 그 결의문이 상원 내에서 그 이상의 반향을 불러일으키지는 못했지만, Spencer와 다른 의원들은 이후의 회기에서도 계속해서 한국 문제를 다루고자 했다.

1919년 7월 15일, 네브라스카 주의 George Norris 상원의원은 상원에 한국 문제를 다시 소개했다. 한국에 대해 언급한 부분은 당시 형태의 국제연맹 조약에 반대하는 이유를 들던 중에 나온 것이었다. 그는 세계 일각에서 "정의와 정당성에 대한 감각을 흔들어버리는" 심각한 잔학행위가 일어나고 있다고 지적하면서, 국제연맹 조약에 국제연맹의 관할권 밖에 있는 국가들을 보호할 조항이 빠져있음을 비판했다.[46] Norris 의원의 긴 연설은 한국 내에서 행해지는 일제의 잔인한 행위들에 집중되었다. 그는 일제가 다수의 무고한 한국인 남자, 여자, 아이들을 학살하는가 하면 한국의 언어, 문화, 역사의 모든 흔적들을 파괴하고 있다고 자세히 설명했다. 그는 일제가 한국에서 취한 공포 점령정책의 연대기를 생생하게 묘사한 선교사들의 기록을 토대로 한 1919년

---

45) U.S. Congress, *Congressional Record : Proceedings and Debates of the 1st Session of the 66th Congress*, Volume 58, Part 2 (Washington D.C. : Government Printing Office, 1919), p.2050.

46) *Congressional Record*, Volume 58, Part 3, p.2594.

7월 13일자 New York Times의 기사에서 그러한 사례들을 소리내 읽었다. Norris 의원은 한국문제가 국제적 평화와 안정을 위한 공동 노력을 모으는 데 긴요하다고 주장했다. 그는 한국의 경우는 즉시 더 이상의 일본의 침략을 저지하는 조치를 취하지 않는다면 일제가 중국에서도 비슷한 폭력적 정책을 취할 것임을 보여주는 분명한 증거라고 지적했다. 그는, 국제연맹이 성공적으로 국제 문제의 법관으로서의 권한을 행사하려면 모든 민족—약하든지 강하든지 간에—을 보호해야 한다고 강조했다. 그렇게 하지 않는다면, 국제연맹이 지향하는 원칙과 이상들은 표면적인 것에 불과하게 될 것이며, 국제연맹은 자체적인 모순으로 붕괴될 것이라고 하였다. Norris 의원은 New York Times의 기사를 국회 기록(Congressional Record)에 포함시킬 것을 요청했으며, 이는 반대없이 수락되었다.[47]

이틀 후인 1919년 7월 17일, 매릴랜드 주의 William McCormick 상원의원은 미국 기독교회 연방회의(Federal Council of Churches of Christ in America)가 한국 내 일제의 잔학한 행위들에 대해 보고한 내용을 국회 기록에 포함시키는 사안에 대한 만장일치를 구했다.[48] 이 보고서는 미국 선교단체들이 반복되는 한국 내 일제의 잔학행위—특히 3·1운동 직후—를 보고한 것에 응하여 기독교 연방회의의 동양관련 위원회(Commission on Relations with the Orient of the Federal Council of Churches)에서 작성한 것이었다. 보고서를 작성한 William I. Haven과 Sidney L. Gulick은 더 이상의 일제의 잔인한 행위로부터 한국 민족을 보호하는 데 있어서 어떤 영향력이 행사되어야 할 것이라고 요청했다. 두 번째로, 두 필자들은 건전하고 정보력을 갖춘 미국 여론의 필요성을 주장했는데, 이는 한국에 대한 정당하고 공평한 대우를 주장하는 일본 내 진보적이고 反군국주의적 세력의 목소리를 고무시

47) Ibid., pp.2594~2597.
48) Ibid., p.2697.

킬 것이기 때문이었다. 구미위원부도 한국친우회와 매우 유사하게 한국문제에 대한 직접적인 정치적 개입은 피할 것임을 명백히 했다. 그들은 한국독립문제를 해결하자는 입장이 아니라, 어디서 일어나든지 "잔혹 행위, 고문, 비인간적 대우, 종교적 박해, 대학살" 등을 막는 데 도움을 주려는 것이 자신들의 관심사라고 밝혔다.[49] 그러나 한국친우회와 달리 구미위원부는 일제의 한국 식민지화를 비난하거나 한국의 독립 지지를 옹호하지도 않았다. 그들은 일본 내의 자유주의적, 반군국주의적 세력이 한국에서 일어나는 잔혹행위를 종결시키기를 바라는 가운데 폭력적인 측면에 대한 대중적 관심을 환기시키려 할 뿐이었다.

1919년 8월 8일, 셀던 스펜서 상원의원은 또다시 상원에서 한국 관련 문제들을 제기했다. 그는 이번에는 미국인 선교사 호머 헐버트(Homer Hulbert)로부터 온 일련의 편지들을 제시했는데, 헐버트는 1905년 대한제국 황제에게 파견된 특사였다. 스펜서 의원은 이 편지들의 내용은 미국의 조치가 있어야 한다는 더 강력한 근거가 된다고 했다. 그의 발언은 외무위원회(Committee on Foreign Affairs)에도 인용되었다.

헐버트는 미 국무성으로 보내는 편지에서 한국이 독립을 이루도록 미국이 도울 것을 청원했다. 그는 한국은 대한제국(Republic of Korea)의 수립으로 합법적인 독립국이었다고 주장했다.[50] 또한 일본의 對韓 정책은 1905년 보호령으로 절정에 이르렀으며, 보호령으로 한국의 주권은 사실상 일본으로 넘어갔다고 보았다.[51] 그는 한일 관계사를 열거하면서, 1905년 일본이 한국을 보호국화한 것은 불법적이었으며, 한국 민족의 의지를 침해한 것이었다고 주장했다. 헐버트는 한국 정부가 일본에 아무 저항도 하지 않음으로써 국권을 자발적으로 넘겼고, 그것은

49) Ibid., p.2697.
50) *Congressional Record*, Volume 58, Part 4, pp.3924~3925.
51) Ibid., pp.3924~3925.

한국인들이 자치능력이 없고 한국민족은 일제 지배 하에 있는 것이 낫다는 점을 보여준다고 주장하는 일본의 주장을 반박했다. 그는 대한제국의 황제가 미국의 테오도르 루즈벨트(Theodore Roosevelt) 대통령에게 보내는 개인적인 서한들을 자신이 전달하려 했다는 점을 들어 그러한 주장을 부인했다. 그 서한들은 미 대통령에게 일본이 군사적 협박을 이용해 한국을 차지했음을 알리고, 1882년 朝美修好通商條約에 근거해 미국이 도움을 줄 것을 요청하고 있었다. 헐버트는 이 서한들이 한국정부가 저항계획을 준비했으나 일본 관리들에 의해 저지되고 감춰졌다는 증거라고 보았다.[52)]

1919년 9월 19일, 스펜서 의원은 한국인들의 독립주장을 지지하는 또 다른 정보를 소개했다. 그는 워싱턴의 변호사이자 이승만의 절친한 친구인 프레드 돌프(Fred Dolph)가 쓴 "대한민국에 대한 보고(A Statement and Brief of Republic of Korea)"라는 장문의 자료를 소리내 읽었다.[53)] Dolph는 새로 수립된 대한민국과 구미위원부의 법적 고문으로 활동 중이었는데, 한국의 주권 문제를 "국제법상에서 인정된 사실들과 원칙들에 거의 전적으로 의거하고 있는" 법률체제상의 문제라고 설명했다.[54)] 돌프의 법적 논설은 두 부분으로 나뉘었다. 첫 번째는 그가 그 문제에 대한 "공정한" 진술이라고 이름 붙인 부분이었다. 두 번째는 국제법 원칙들의 인용과 논평을 포함한 광범한 논거들을 편집한 것이었다.

돌프는 그의 보고서에서 자신의 주장을 밀어붙임으로써 미국 정부 관리들의 지지를 얻으려 했다. 그는 한국의 상황에 대한 도덕적·인도

---

52) Ibid., Part 4, pp.3924~3926.

53) *Congressional Record*, Volume 58, Part 6, pp.5595~5608.

54) 1921년 4월 11일 돌프가 국무장관 찰스 에반스 휴즈(Charles Evans Hughes)에게 제출한 "Brief for Korea" 사본에서 인용. U.S. National Archives, General Records of the Department of State, Record Group 59, 1910-1929, Box 7146, Decimal File 795.00.

주의적 측면을 강조하기보다는, 미국이 한국의 독립을 도울 법적인 책임이 있다고 주장하면서 한국 문제의 법적인 측면을 부각시키려 했다. 그의 입장은 1882년 체결된 朝美修好通商條約을 근거로 하였다. 돌프에 따르면 미국은 개별적인 국가적 실체로서 조선과 수교를 맺음으로써 이미 조선의 독립과 영토 보전을 인정한 셈이었다. 그는 일본의 조선 합병은 국제법상의 모든 기본적인 원리들을 위반했으므로, 朝美修好通商條約은 폐기된 적이 없음을 강력히 주장했다. 그는 일제를 반박하는 입장을 뒷받침하기 위해 일본이 한국을 보호국화하고 합병하는데 있어서 사기와 강압적인 방법을 사용했음을 보여주는 사건들을 장황히 설명했다. 설명하는 중에 그는 한국의 정부와 국민들은 일제의 지배에 동의한 적이 없으며, 일제는 한국 내에서 반기를 들려는 모든 시도를 무지막지하게 억눌렀다고 주장했다. 그러므로 한국의 주권을 넘겨받았다는 일본의 주장에는 법적 근거가 없으며, 미국은 일본이 반대하는지에 관계없이 계속해서 한국을 개별적이고 독립된 국가 체제로 대우해야 한다는 것이었다. 그는 국제법 혹은 다른 모든 법률상의 근본적인 원칙에 따르면, 계약이나 조약은 원래 그 계약 혹은 조약의 당사자가 아닌 제3자의 주장이나 요구만으로는 폐기될 수 없다고 주장했다. 결론적으로 1882년 朝美修好通商條約은 여전히 효력이 있으며, 미국은 여전히 그 조항에 따라 한국 편에서 한국 문제에 개입해야 할 의무가 있다는 것이었다.

1919년 10월 13일, 죠지 노리스(Goerge Norris) 상원의원은 일본의 한국 침략을 비난하고 한국의 민족적 독립 지원을 요청하는 또 다른 긴 감동적인 연설을 했다. 한국 문제에 대한 그의 연설은 이번에도 국제연맹 조약 비준과 관련된 상원의 논쟁이라는 맥락에서 나온 것이었다. 노리스는 10항이 그가 보기에 유해할 수 있는 암시를 담고 있다는 이유로 비준에 반대하였다. 그 부분은 다음과 같다.

> 국제연맹 회원국은 모든 회원국들의 영토 보전과 정치적 독립에 대한 외부적 침략에 맞서 이를 보호하고 존중할 의무가 있다. 그러한 침략이나 그에 대한 위협 혹은 위험이 있을 경우 위원회는 이 의무를 충족시킬 수 있는 수단을 권고할 것이다.[55]

노리스는 일본이 한국을 식민지배하기 위해 사용한 속임수들을 상술하고, 이 조항으로 일본의 한국 및 중국 침략이 묵과될 수 있다고 주장했다. 일본은 국제연맹의 가입국이고 한국은 공식적으로는 일본의 식민지이므로, 미국이 한국의 독립을 지지한다면 일본의 영토 보전을 존중하고 보호해야 한다는 (국제연맹) 조약을 위반하게 되는 것이었다. 노리스는 사실상 미국이 일본의 포악한 행위에 간접적으로 공모하게 될 것이라고 주장했다.[56]

노리스는 또한 한국독립운동의 활동상황을 검토했다. 그는 한국독립운동이 "전세계 여러 장소에 흩어져 …… 단체들을 조직하고 모두가 한국의 독립을 외치는 한 목소리를 내는" 국제적인 운동이라고 하였다.[57] 그리고 새로 수립된 대한민국의 여러 관리들이 미국에 기반을 두고 있으며, 10항에 의거한다면 미 정부는 미국 내에서 벌어지는 한국독립운동을 저지해야 할 것이라고 지적했다.

> 이런 일이 벌어지지 않는다면, 동맹국들을 존중하는 10항에 따라 우리는 한국인들이 미국 내에서 벌이고 있는 조직활동을 금지시켜야 할 것이다. 그 조약을 따른다면 우리가 다음으로 해야 할 일은, 모국의 자유를 크게 부르짖고 있는 미국 내 한인들을 처벌하는 일이 될 것이다.[58]

---

55) *Congressional Record*, Volume 58, Part 7, p.6812.
56) Ibid., pp.6812~6818.
57) Ibid., p.6817.
58) Ibid., p.6818.

노리스는 미국이 그토록 미국적 가치와 기독교 사상, 민주주의적 가치에 충실한 한국민족의 박해에서 등을 돌린다면 도덕적으로 비난받아 마땅하다고 주장했다. 이를 묵인한다면 일본은 한국에서, 그리고 나아가 중국에서도 反기독교적·反민주주의적 사상들을 계속해서 이식할 것이며, 결국에는 또 다른 반군국주의·반전제정치 세계전쟁의 가능성을 만들어낼 것이었다.[59]

수 개월 동안 압도적인 양의 증거들이 제출되었음에도 불구하고 상원은 한국의 주장을 돕자는 요청에 조심스럽게 응답할 뿐이었다. 1919년 10월 1일, 캘리포니아 주의 제임스 펠란(James Phelan) 상원의원은 상원결의문 200호(Senate Resolution 200)를 제안했는데, 이는 외무위원회에도 인용되었다. 이는 "미 상원은 한국민족이 스스로의 결정으로 세워진 정부를 열망하는 데 대해 동정을 표시한다"는 것이었다.[60] 1919년 10월 24일, 일리노이 주의 윌리엄 메이슨(William Mason) 하원의원도 동일한 내용의 하원결의문 359호(House Resolution 359)를 제안했다.[61] 결의문들이 한국의 독립을 원조하는 정부 차원의 조치를 지지하지는 않았지만, 신중하게 표현된 이 제안들은 실질적인 효력은 없었음에도 한국민족의 의지를 대변하는 새로 수립된 대한민국임시정부를 사실상 인정하고 있었다. 두 결의문은 주로 표면적인 지지를 보낸 상징적인 제스처였으나, 둘 다 외교 및 외무 위원회(Committees on Foreign Relations and Foreign Affairs)에서 심사숙고되는 것 이상의 결론은 얻지 못했다.

미 상원과 의회의 조치들로, 미 입법자들이 한국과 일본에 관련된 미국 외교정책의 극적인 태도변화를 요청하지는 않을 것임이 확실해졌다. 그럼에도 불구하고 미 입법자들은 처음으로 일본의 한국 점령에

---

59) Ibid., pp.6812~6826.

60) *Congressional Record*, Volume 58, Part 6, p.6172.

61) Ibid., p.7476.

반대하는 의견들을 공공연히 개진했다. 재미 한인들은 미 정부 관리들이 한국 문제를 대단히 심사숙고했음을 널리 선전했다. 이런 발전 상황에 고무된 집단이주 한인들은 일본에 저항하는 캠페인을 열렬히 지속하고 한국독립 주장에 대한 국제적 지지를 모으려 했다. 이러한 활동들은 1919년 이후 몇 년 간 미국 상하원 모두에서 심화된 논쟁과 심사숙고를 촉발시켰다.

5. 결 론

한국 민족주의 운동의 집단이주적 측면으로 재미 한인들은 모국의 정치적 사안에 대해 영향력 있는 목소리를 낼 수 있는 기회를 가지게 되었다. 재미 한인들은 한국에서 3·1운동이 일어난 동안 벌어진 일본의 잔혹한 행위들을 폭로하고 한국의 독립 주장을 세계에 알리는 데 중요한 역할을 담당했다. 더욱이 해외 한인들은 대한민국임시정부로 대표되는 새로운 주권국가의 수립을 도왔다. 여러 명의 한인 이민자들이 중국에 본부를 둔 새 정부와 미국 내 지부에서 지도적 임무를 맡았다. 또한 재미 한인들은 새로운 정부와 국가의 전체적인 미래상을 계획하는 데 핵심적인 역할을 맡았고, 그럼으로써 모국의 국가적 정체성의 틀이 다시 잡히는 과정을 도울 수 있었다.

한인 이민자들은 미국 내에서는 시민권을 얻을 자격이 없어서 공식적인 정치적 권리는 갖지 못했지만, 한국독립운동과 연합한 초국가적 정치동원으로 그들도 미국 내에서 어느 정도의 정치적 영향력을 주장할 수 있게 되었다. 한국인들은 미국 정치권의 다양한 정치적 무대에 참여하면서 미국의 대외정책에 영향력을 가하고자 했다. 이러한 집단이주적 정치 동원을 통해 한인들은 한국인으로서의 뚜렷한 국가적 정체성을 확실히 그려낼 수 있었고, 또한 미국적 민주주의 원칙과 제도에 대한 강한 헌신도 표현할 수 있었다. 그럼으로써 한국인들은 미국 내에서 독특한 이익집단으로서 모국의 해방을 위해 로비활동을 벌였다. 실제로 한국인들은 인종적 정체성 형성 과정을 겪고 있었고, 이로서 그들은 미국이라는 자유로운 국가에서 살아남을 수 있는 정치적 실체가 될 수 있었다. 정치학자인 요시 샤인(Yossi Shain)이 제공한 몇몇 관점들은 미국 내 한인의 집단이주적 활동에서 나온 이러한 다층적인 결과들을 이해하는 데 유용하다. 그는 "미국의 대외정책에 인종적으로 개입하는 것은, 선거권이 부여되지 않은 집단이 미국 사회와 정치무대로 들어가는 입장권을 얻게 되는 중요한 수단으로 이해될 수 있다. 진정으로 어느 인종적 집단이 미국 생활에서 존경받는 위치에 올랐다는 신호 중 하나는 미국 대외정책에 대한 의미 있는 발언권을 얻었는지 여부이다"라고 했다.[62] 재미 한인들은 3·1운동 직후 미국 대외정책에서 중요한 변화를 이끌어내지는 못했지만, 한국과 일본에 대한 미국의 정책에 대한 개별적 시민들과 정부 관리들 사이의 광범위한 토론과 논쟁을 불러일으키는 데는 성공했다. 한인 이민자들은 이후 수십 년 동안 이러한 집단이주적 정치동원 과정을 지속시킴으로써, 한국과 미국 모두에서 정치적 사안에 대한 의미 있는 발언권을 점점 더 키우게 되었다.

한국독립운동에서 발생한 초국가적 연락망은 해외 한인들의 정치참여 기회를 점차 증대시켰을 뿐 아니라, 정치참여의 통로가 다양해지면서 집단이주 내에서도 맹렬한 정치적·문화적 논쟁도 일으켰다. 집단이주 내 여러 집단들이 주도권을 잡으려 하고 한국의 국가적 정체성을 규정지을 권한을 얻으려는 분쟁을 일으키게 되면서, 한국독립운동은 국가적 권한을 집중시켜야 할 가공할만한 요구에 직면하게 되었다. 전

62) Yossi Shain, *Marketing the American Creed Abroad : Diasporas in the U.S. and Their Homelands* (Cambridge : Cambridge University Press, 1999), p.x.

세계에 세력 근거지가 흩어져있는 상황에서 집단이주 한인들은 어떻게 모국에 집중된 정책을 만들어냈는가? 다음 장에서 초국가적 정치동원 과정이 어떻게 1919년 이후 한인 이민사회 내의 분파적 논쟁의 본질과 범위를 격렬하게 했는지를 살핌으로써 이 문제를 다룰 것이다.

미주 한인교회와 독립운동

이 만 열*

1. 머리말

미주 지역의 한인사회는 각 지방마다 각종 한인단체가 조직되어 동포들의 친목과 교육을 위해 활동했으며 조국의 독립운동을 지원하였다. 이들 단체의 조직에는 항상 기독교회와 교인들이 관련되어 있었다. 미주 이민사회에서 교회의 역할은 선교활동 못지않게 민족운동에서 큰 위치를 부여할 수 있다. 교회는 첫 하와이 이민사회에서 지친 동포들에게 복음으로 소망을 주었을 뿐만 아니라 민족의식을 심어주었다.

미주 한인사회의 출발은 하와이 노동이민에서 시작되었으므로 초기에 경제적으로 그리고 정신적으로 많은 어려움들이 있었다. 그러나 점차 언어장벽, 문화적 갈등, 인종차별 등의 어려움을 극복하고 경제적으로 최소한의 자립터전을 성취하여 한인사회의 기반을 이룩하였다. 그리고 조국이 일제의 식민지로 전락하는 상황에서는 나라 없는 한을 씻으려는 노력으로 교회와 학교 건설, 정치적 단체의 조직 등으로 근대적인 민족주의 이념을 성장·발전시키고 미주에 또 하나의 굳건한 독립운동기지를 마련했다.[1)]

---

* 숙명여자대학교 교수, 국사학

1) 高珽烋, 「미주지역 독립운동에 관한 연구의 회고와 전망」, 『한국사론』 26, 국사편찬위원회, 1996, 540쪽.

미주 이민에 대한 연구는 대부분의 연구가 주로 하와이 이민의 배경과 이민과정에 대한 것이 많았다.[2] 미주 지역의 민족운동에 대해서는 중국을 비롯한 다른 지역에 비해 간과된 점이 많았다. 그것은 李承晩·安昌浩 등 미주 지역 독립운동가들 사이의 분열상이 민족운동 자체보다도 더 부각되었기 때문이며, 1980년대 이후 반미 의식의 고조와 함께 한국사학계의 민중사 경향 등에 원인이 있다고 평가되기도 한다.[3] 1980년대 중반이 되면서 미주 지역 한인의 독립운동에 대해 점차 관심을 갖기 시작하여,[4] 미주 지역 독립운동의 지도적 인물들이나 단체들이 연구의 대상이 되었다. 인물 및 단체에 대한 연구에 집중하다 보니, 미주 지역 민족운동에서 중요한 역할을 담당했던 기독교 및 교회의 역할이 축소되거나 무시되는 경향이 있다. 인물과 단체의 활동이 거의 교회를 기반으로 이루어졌는데도 말이다. 일부의 연구에서만 교회의 역할이 소략하게 다루어지고 있을 뿐이다.[5]

---

2) 盧載淵, 『在美韓人史略』上·中, 美洲羅城 : 亞美利加印刷會社, 1951·1963 ; 金元容, 『在美韓人五十年史』, 캘리포니아 리들리, 1959 ; 高承濟, 『韓國移民史研究』, 章文閣, 1973 ; 尹汝雋, 「美洲移民七十年」, 『京鄕新聞』 1973. 10. 6~12. 26 ; 玄圭煥, 『韓國流移民史』下, 삼화인쇄, 1976 ; 崔永浩, 「韓國人 初期 하와이移民」, 『全海宗博士華甲紀念 史學論叢』, 1979 ; 李光奎, 「在美 韓人의 移民史」, 『邊太燮博士華甲紀念 史學論叢』, 1986 ; 崔昌熙, 「韓國人의 하와이 移民」, 『國史館論叢』 9, 국사편찬위원회, 1989

3) 金度勳, 「韓末 韓人의 美洲移民과 民族運動」, 『국사관논총』 83, 1999, 78쪽.

4) 吳世昌, 「韓人의 美洲移民과 抗日運動」, 『民族文化論叢』 6, 영남대학교, 1984 ; 尹炳奭, 「美洲地域 韓人社會의 動向과 祖國獨立運動」, 『斗溪李丙燾博士九旬紀念論叢』, 1987/「美洲 韓人社會의 成立과 民族運動」, 『國外 韓人社會와 民族運動』, 일조각, 1990에 재수록 ; 金度勳, 「共立協會의 民族運動研究」, 『한국민족운동사연구』 4, 지식산업사, 1989 ; 方善柱, 『在美韓人의 獨立運動』, 한림대학교 아시아문화연구소, 1989 ; 崔起榮, 「舊韓末 美洲의 大同保國會에 관한 一考察」, 『朴永錫教授華甲紀念論叢』, 1992.

5) 김원용, 『재미한인오십년사』 ; 김택용, 『재미한인교회 75년사』, 생명의 말씀사, 1979 ; 유동식, 「재미한인의 정착과정에서의 종교의 역할」, 『연세논총』 24, 1988 ; 유동식, 『하와이의 한인과 교회』, 그리스도연합감리교회, 1988.

원래 미주이민 100주년이라는 성격에 비춰보면 100년간의 민족운동에서 교회의 역할이 어떤 것이었느냐에 초점에 맞춰져야 했다. 그렇게 하자면 해방 후의 인권·민주화 운동과 통일운동이 포함되었어야 했다. 그러나 이 글의 제목에서 보여주는 바와 같이 '독립운동'에 국한함으로 주로 한말 일제 하의 미주 한인교회의 민족운동에 그칠 수밖에 없었다. 따라서 이 글에서는 지금까지의 학계의 연구경향을 염두에 두고, 하와이와 미주 본토의 교회 창립을 간략히 살펴보고, 미주 한인교회의 민족운동을 교육운동, 민족운동 단체 결성과 군사 양성, 그리고 각 지역 교회를 통한 독립운동 지원 등으로 나누어 살펴보고자 한다.

2. 미주 지역 교회 설립

1) 하와이 지역

미주 이민은 1902년 12월 121명이 하와이를 향해 출발한 것으로부터 시작된다. 이후 1905년 7월 한인의 미주 이민이 중단[6]될 때까지 7,226명의 한국인이 미국을 향해 떠났다.[7] 한인 유학생은 1940년 이전

6) 미주 이민은 1905년 일본에 의한 을사5조약의 체결로 한국이 외교권을 박탈당한 후 이민업무를 전담하던 수민원과 동서개발회사가 폐지되어 이민을 중단했기 때문으로 본다. 그런데 高承濟는 미주 이민 중단의 원인을 첫째 한국인들이 일본 이민의 경쟁자가 되는 것을 두려워한 일본 이민회사의 의지에 따른 것, 둘째 멕시코로 간 한국인들이 노예와 같은 학대를 받고 있다는 소문을 들은 고종이 금지조처를 내린 것, 셋째 1903~1905년 러일전쟁 때 일본인 노동자의 보충공급원으로 한국인 노동자를 보낸 것인데 전쟁 종료후 이용할 필요가 없어졌기 때문이라는 세 가지 설이 있는데, 이 가운데 세 번째를 가장 신뢰할 수 있다고 보았다(高承濟, 『韓國移民史硏究』, 장문각, 1974, 211~212쪽).

7) 1903년부터 1905년까지 미국에 온 한인의 총 숫자는 755명의 부녀자와 14세 이하의 어린이 447명을 포함하여 모두 7,394명이라는 통계도 있다.(유의영, 「재미 한인의 인구 구조와 정착 상황」, 『미국 속의 한인사회』, 뉴욕한인회,

에 9백 명 가량이 정치적 망명 또는 학문을 목적으로 미국에 갔는데, 이 가운데 64명은 1910년 이전에, 약 5백 명 가량이 1910년부터 1924년 사이에, 그리고 1924년 이후 약 3백 명 가량이 일본 여권으로 미국에 유학했다. 이들 유학생 가운데 일부는 공부를 마치고 한국에 돌아갔으나, 대부분은 미국에 남아 재미 한인사회의 지도력을 형성했다.[8)]

초기 하와이 이민자들 가운데 지도적 인물들은 자치단체를 조직하여 교포들의 생활운동을 전개해 나갔다. 우선 자치적인 '동회'를 조직하여 동장, 부동장, 서기, 감찰 등의 임원을 뽑음으로써 집단체제를 이루었고, 둘째, 정치적인 사회단체를 조직하여 동포들의 지식을 계발하고 학교를 설립하여 아동의 국어교육을 장려하였다.[9)] 셋째는 교회운동을 통해 동포들의 정신적·사회적 위기를 극복하고자 했다. 하와이 이민은 특히 교회의 목회자를 중심으로 모집되어 많은 수가 기독교인이었으므로,[10)] 그들은 이민지에서 복음을 전하고 교회를 설립하게 되었다. 미주에 이민 온 자들 가운데 한국에서 전도사업에 종사하던 전도사가 30여 명이었는데, 이민이 자리잡은 지방마다 동포들에게 전도하며 예배당과 학교 설립에 노력하였다.

하와이에 이민간 한인들이 기독교를 수용하게 되는 것은 한국 교회와 깊은 관련이 있다는 것은 이미 필자가 밝힌 바 있지만,[11)] 한국에서 교회의 중진으로 활동하던 평양의 감리교회 勸師 洪治範과 林定洙, 현순 등이 1903년 하와이 오아후(Oahu)島 가후구(Kahuku) 등지에서 동심합력하여 복음의 진리를 전파하고 동포를 위로함으로 미 감리교

1986, 13쪽)

8) 『미국 속의 한인사회』, 뉴욕한인회, 1986, 13쪽.

9) 김원용, 『재미한인오십년사』, 84쪽 ; 유동식, 『하와이의 한인과 교회 - 그리스도연합감리교회 85년사』, 그리스도연합감리교회, 1988, 32쪽.

10) Lee Houchins and Chang-su Houchins, "The Korean Experience in America, 1903-1924", *Pacific History Review* Vol. XLIII, No. 4, 1974, p.548.

11) 이만열, 「하와이 이민과 한국교회」, 『한국기독교와 역사』 제16호, 한국기독교역사연구소, 2002. 2, 35~46쪽.

회의 규례를 따라 이 곳에서도 교회가 설립되었다. 그 후 경기도 남양에서 전도하던 洪承河와 개성 남감리교회에서 시무하던 尹炳求 등이 渡美, 호놀룰루의 미국감리교회 목사 피어슨(Rev. Pearson)과 협력하여 여러 섬에 흩어져 있는 한국 동포에게 전도하게 되었다. 와드맨 목사는 한인들이 거주하는 농경지에 직접 내방하여 전도하면서 한인교회에 힘을 쏟았다. 하와이 각 농장에서는 한인들의 헌금과 농장주의 협조금으로 교회를 짓기 시작했고, 각 지방에 예배당이 설립되었다.[12)] 1906년경 하와이의 한인들은 13개의 예배당과 35개 처의 전도소를 갖게 되었고 목사와 전도사가 수십 명에 이르렀는데, 호놀룰루 지역을 맡은 閔瓚鎬를 비롯하여 金裕淳, 임정수, 金永植, 홍치범, 이경직, 金利濟, 崔鎭泰, 申判石 등이 초기의 하와이 여러 섬의 한인 교회를 이끌어가고 있었다.[13)]

호놀룰루 한인감리교회 2대 담임자로 부임한 閔燦鎬는 교회 발전에 힘쓰는 한편, 한인기숙학교의 교사, 『하와이 한인기독교회보』의 주필로도 활동했다. 그는 또한 공진회를 조직하여 민족의 지도자가 될 인재양성과 항일운동을 전개하기도 했다.[14)] 한편 현순은 1903년 3월에 하와이에 이민하여 통역 겸 교회지도자로 활동하다가, 1907년 5월 서울로 돌아갔다.

한편 1915년 6월 하와이 한인감리교회의 분열로 갈라져나온 교인들

---

12) 호놀룰루 예배당 교역자는 홍승하, 민찬호, 홍한식, 황사용, 현순, 변홍규, 임두화, 정이조, 안창호, 이동진 목사 등과, 윤병구, 홍치범, 방화중, 송헌주, 송치순 전도사 등이었다. 그리고 각 지방 예배당 교역자로는 임준호, 이관묵, 홍한식, 홍치범, 김영식, 김유순, 최진태, 조윤택, 박세환, 한명교, 김이제, 박종수, 현순, 박기홍, 안창호, 송창균, 유경상, 정이조, 구왕도 목사 등과, 임정수, 윤병구, 문경호, 신판석, 백운택, 이경직, 이선일, 김형근, 차윤중, 한영준, 김광현, 이동빈, 최영기, 안시택, 박앤드루 전도사 등이 있었다.(김원용, 앞의 책, 50~51쪽)

13) 현순, 『포와유람기』, 1909, 8~10쪽 ; 김원용, 앞의 책, 47쪽.

14) 유동식, 앞의 책, 52쪽.

이 1918년 7월에 신립교회를 설립했다가, 12월에 한인기독교회라고 교회 명칭을 변경했다. 한인기독교회에서도 국어학반을 설립해 아동의 국어교육을 장려했고, 『한인기독교회보』를 1년에 1~2차 발행하다가 1930년 폐간되었다.15)

1905년 4월에는 하와이 한인성공회가 설립되어 국어학반을 설치하여 아동들에게 국어를 가르쳤고,16) 한일합방 후 배일사상이 강하던 감리교회 교인들과 감회사 와드맨 간의 사상충돌의 결과 하와이 한인자유교회가 1911년 4월 신흥균 · 김유호 · 임봉안 · 유동면 · 정진상 · 이내수 등과 70명에 의해 설립되었는데, 한때는 교인이 352명에 이르렀다. 신흥균 전도사가 예배를 인도한 이 교회는 아동들의 국어교육에 노력했다. 그 후 친일적이던 감회사 와드맨이 해임되고 선교부에서 한인과의 융화에 힘써 1925년 6월 이 교회가 해체되고 다시 감리교회에 합동하였다.17)

교회가 설립된 지 10여 년 동안 하와이 각 지방에 한인 예배당이 39처이고 교인이 3,800명이고, 미주 각 지방에 한인 예배당이 7처이고 교인이 452명에 달했다. 이민 동포의 반 이상이 기독교인이었고 입교하지 않은 동포들도 교회사업을 후원하였으며 자녀들을 교회에 보내기도 했다. 교회마다 주일학교가 있는 동시에 국어학교를 설립하여 아동의 국어교육에 노력했다.18) 그런데 1920년대 미주 한인사회가 기독교인 이승만계 박용만계 등으로 분열되고 서로 비방을 일삼으면서 교회의 좋은 지도자를 구하는 데 어려움을 겪기도 했다. 1910년대까지 감

15) 김원용, 앞의 책, 54~57쪽. 호놀룰루 예배당 교역자는 민찬호, 이명우, 안시흡, 이용직, 김형식, 김창순, 유경상, 김태묵, 김치현 목사 등이고, 각 지방 예배당 교역자는 이종관, 홍치범, 최창덕, 김성기, 이명우, 박동완, 장붕, 송창균, 김치현, 권희상 목사 등과 이영규, 김홍복, 최원숙, 안시택, 김국경 전도사 등이 있었다.

16) 김원용, 위의 책, 52~54쪽.

17) 김원용, 위의 책, 72~73쪽.

18) 김원용, 위의 책, 40~41쪽.

리교 연회에서 하와이 각 섬에 14·15명씩의 교역자를 파송했는데, 1922년에는 10명, 24년에는 9명, 25년에는 7명, 26년에는 황사영·현순·홍한식·임준호·이관묵 등 5명의 목사만을 파송하였다.[19]

한인이 있는 곳에는 언제나 교회가 있었다고 할 정도로, 초기 이민사회에서 교회는 한인들의 신앙공동체일 뿐만 아니라 생활의 중심이 되기도 했다. 이민사회에서의 교회의 역할에 대해 유동식은 다음과 같이 밝혔다. 첫째 신앙생활을 통해 고독과 피곤과 절망적인 상황에 있는 이민 노동자들에게 마음의 안정과 삶의 희망을 주었고, 둘째 예배 후에 모국어로 교제하고 인생문제 등을 함께 의논하는 친교의 매체, 셋째 민족적 정체성을 갖게함으로써 주체적 인격 형성에 도움을 주었고, 넷째 한글과 한국문화를 가르치는 교육센터, 다섯째 교회의 목사는 이민사회의 각종 문제를 해결해주는 역할을 했으며, 마지막으로 교회는 민족운동의 온상 역할을 했다는 것이다.[20]

2) 미주 본토

1905년부터 1907년 사이에 약 천여 명이 미 본토로 이주하였다. 이후 미주 한인사회의 독립운동은 크게 하와이와 샌프란시스코(桑港)를 중심으로 이루어지게 되었다.

미 본토의 교회 설립은 한국인이 가장 많이 진출한 샌프란시스코와 로스앤젤레스에서 가장 활발하였다. 로스앤젤레스 한인감리교회의 시작은 1904년 로스앤젤레스에서 한인들을 기숙시켜 밤에는 영어를 교수하고 전도를 시작하면서부터라고 할 수 있다. 남가주대학의 신흥우가 전도사로 봉사하다 귀국하였고, 1910년 하와이의 민찬호 목사가 인계받았으나 장로교회 전도사로 시무하였으므로 감리교회 사업이 일시

19) 유동식, 앞의 책, 134~135쪽.
20) 유동식, 「在美韓人의 定着過程에서의 宗敎의 役割 - 하와이의 韓人社會와 기독교를 中心으로」, 『연세논총』 24, 연세대학교 대학원, 1988, 76쪽.

중단되었다. 1924년에는 로스앤젤레스 한인장로교회에서 갈라져 나온 교인 일부가 자유교회를 설립하였다가 다시 1930년에 로스앤젤레스 한인감리교회를 설립하게 된다.21)

1905년 10월에는 샌프란시스코 지방에 거류하던 동포들이 한인전도회를 조직하고 문경호 전도사가 예배를 인도하면서 샌프란시스코 한인감리교회가 설립되었다. 이후 방화중·양주삼 전도사가 예배를 인도하였는데, 양주삼은 테네시주로 신학공부를 위해 유학을 가던 도중 한인들의 비참한 생활을 보고 그대로 떠날 수 없어 샌프란시스코에 머물면서 교회를 위해 봉사하게 되었다. 1911년 이대위 목사가 전도회를 한인감리교회로 승격시키면서 한인들의 자치가 시작되었다. 샌프란시스코 한인감리교회에서는 1907년에 『한인연합교보』를, 1908년에는 『대도보』로 변경하여 월간으로 발행하였는데, 내용에 '배일'언론이 과도하다는 선교부의 반대와 경비 곤란으로 정간되었다. 주필은 양주삼, 윤병구, 이대위 등이었다.22) 계속해서 오클랜드, 뉴욕, 시카고 등지에서 한인감리교회가 설립되었다.

로스앤젤레스에 한인장로교회가 설립된 것은 1921년이지만, 그 기원은 1906년 한인들이 전도회를 설립한 것에서 시작된다. 1928년까지는 노회에서 미국인 목사를 파송해 교회를 관리했지만, 1929년 김중수 목사가 피임된 후 자치하게 되었다. 앞에서 언급한 바와 같이, 1924년에 로스앤젤레스 한인장로교회 교인 중에 이승만 후원파와 반대파가 서로 충돌한 결과 교회가 분열되어, 1926년 교회 명칭을 자유교회라고 하였다가 1930년 자유교회를 해체하고 로스앤젤레스 한인감리교회를 설립하였다.23)

---

21) 김원용, 앞의 책, 64~65쪽.

22) 김원용, 위의 책, 57~59쪽. 교역자로는 문경호, 방화중, 양주삼, 양주은, 김창수 전도사 등과 이대위, 황사선, 김하태, 임두화, 안병주 목사 등이 시무하였다.

23) 김원용, 위의 책, 44~45, 65~67쪽. 김원용은 이승만 때문에 교회 분열이 많

로스앤젤레스 한인장로교회는 김중수 목사가 사임한 후 1936년 동지회 일부 인사들과 함께 한인기독교회를 설립하였는데, 특정 교파에는 소속되지 않았다. 뒤에 이들이 다시 분열하여 1943년 일부가 동지회 회관에 예배처소를 마련하고 한인기독교회라고 하면서 명칭이 쌍립되기도 했다.24)

여기서 한인교회들이 동부에서 설립되는 것은 하와이나 서부의 것과는 일면 다른 전통이 있지만 여기서는 생략하겠다.

3. 미주 한인교회의 교육운동

하와이와 미주 각지의 많은 한국인 교회에서는 교회를 설립하면 그 부설로 국어학교를 개설하여 한국인 자제들을 가르쳤다. 이 점은 기독교가 한국에 수용될 때에 교회가 설립되는 곳에는 거의 교회 부설 학교가 세워지고 애국계몽교육이 이뤄진 것과 거의 비슷한 현상이었다. 이민교회의 경우, 한국인 2세들에게 모국어를 가르침으로써 민족의식을 심어주고 조국을 떠난 이역에서도 자신들의 민족문화를 보존하려는 의도에서였다.

호놀룰루 한인감리교회에서는 각 지방 예배당에 국어학교를 설치하여 국어를 가르쳤다. 1906년 9월에는 호놀룰루에 한인기숙학교를 설립해 각 지방으로부터 교인의 자제를 기숙시키며 저녁마다 국어를 교수하고, 연령관계로 소학교에 입학하지 못하는 소년들을 모아 중학교 입학준비의 속성과를 교수했다. 와드맨 부인과 이승만이 학장으로 봉사했다. 한인기숙학교는 이승만 때에 한인중앙학원이라 하고 고등과, 소학과, 국어과, 한문과를 교수했는데, 남학생이 28명, 여학생이 24명이었

이 일어났다고 비판하였다.

24) 김원용, 위의 책, 69~70쪽.

다.[25] 호놀룰루 한인감리교회에서는 1905년 11월 월간으로 『포아한인교보』를 발행하면서, 성경강론과 주일학교 공과를 기재해 성경공부를 장려함과 동시에 좋은 논설을 많이 실어 교포들의 상식을 배양하고 의식을 고양했다. 『포아한인교보』는 1914년 『한인교회보』라고 고쳐 1940년 10월까지 발행하게 되었다.

1914년 7월, 이승만은 교민사회가 분열되는 아픔을 겪었음에도 불구하고, 교육특연을 받아 하와이, 호놀룰루, 부누이 지방에 여학생 기숙사를 설립했다. 1916년에는 기숙사 명칭을 한인여자성경학원이라 하고 학교 인가를 얻어 영어와 국어를 교수했으며, 1918년에는 이것을 폐지하고 한인기독학원을 설립하였다.[26]

교회에서 국어를 가르친 것은 하와이 지역에서만이 아니었다. 미주 본토에 설립된 교회에서도 대다수의 교회들이 부설로 국어학교를 설립하여 국어를 가르쳤다.

1910년 샌프란시스코 윤병구 목사 사저에서 한인소학교 개교식을 거행했다.[27] 1911년 3월 이대위는 미국이나 유럽의 강대국들의 대학교는 항상 회당과 학교를 같이 설립했음을 설명하고, 이러한 이치와 도리를 깨달아 클레어몬트에 예배당 겸 학생양성소를 건축하고 주일과 기도일에는 하나님께 기도하여 도덕을 배양하며 평일에 학생의 기숙을 편리케 하여 학문을 힘쓰고자 함을 밝혔다.[28] 로스앤젤레스 한인장로교회에서도 학생기숙소를 설립해 적은 학비를 가지고 공부하기를 원하는 학생을 모집하였다. 모집요강에서는 사회와 교회의 임무를 힘쓸 것을 강조하였다.

---

25) 김원용, 위의 책, 51~52쪽.

26) 김원용, 위의 책, 242쪽.

27) 「한인쇼학교기교식」, 『신한민보』 1910. 11. 16.

28) 리대위, 「크도다 클릭몬트레비당과 학싱양셩소롤 건축홈이여」, 『신한민보』 1911. 3. 8.

一. 본 기숙소 학생들은 특별히 사회와 교회의 임무를 힘쓸 일
一. 본 기숙소는 대한인중 소학생을 허입하며 연령은 불구할 사
一. 경비는 9개월에 60원으로 정하되 경비를 일차에 지출치 못하면 양자에 분납할 사
一. 상학기에는 35원이오 하학기에는 25원으로 정함
一. 반년 기숙코저 하는 학생은 35원 경비를 지출할 사
一. 본 기숙소는 특별히 유리한 학생을 위하여 국문 한문 교사를 선택하여 두고 매일 오후에 몇시간씩 교수할 일
一. 본 기숙소는 래 9일 개학기한 주일전에 개할 사[29]

한인이 많이 모여사는 새크라멘토 지방에도 교회와 학교를 설립하기로 하고, 우선 주일과 3일 예배시에 황사선 정인과의 인도로 예배를 보며 서양교사를 고빙하여 교우 집에서 매일 야학을 개설하였다.[30] 스탁톤 교회, 로스앤젤레스 교회에서도 국어학교를 설립하여 국문과 국어외에도 아이들에게 우리나라의 지지와 역사를 교수하여 그 아이들이 장차 건전한 국민이 될 것을 기대했다.[31]

미주 지역 교포들은 국어를 민족의 생명으로 여겼으며,[32] 한인 자제의 교육은 "우리 재미동포는 그 자녀를 교육하되 특별히 조국강토를 귀히 여기고 우리 민족의 가장 비참한 정형을 생각하여 잊지 않게 하며 자기가 이러한 국가와 민족에 대하여 어떠한 의무가 있는 것을 알게 하며 자기가 그 국가와 민족에 대한 의무를 다하지 아니하면 곧 죄얼이 자기를 따라서 금생 내세에 불상한 자가 자기요 청사죽백에 맹책을 받을 자도 자기며 하나님 앞에 서지 못할 자도 자기로다 하는 관념

29) 「학싱모집광고」, 『신한민보』 1911. 8. 16 ; 「禮拜堂과 學生所의 落成」, 『신한민보』 1911. 10. 18.
30) 「싹도야학」, 『신한민보』 1913. 11. 14.
31) 「스탁톤국어학교」, 『신한민보』 1924년 9월 18일 ; 「라셩교회와 국어교 - 당국의 열심으로 진취되여」, 『신한민보』 1924년 10월 9일.
32) 「국어가 민족의 싱명」, 『신한민보』 1928년 8월 30일.

을 계발하기로 그 종지를 정함이 가하다"[33]고 하면서 조국애의 고취와 국가와 민족에 대한 의무를 다하도록 해야 한다고 생각하였다.

1929년에는 제2세 국민의 국어교육을 위해 영구적인 교육기관을 설립코자 여러 단체가 협동으로 한인아동교육기관 기성발기회를 조직하자고 하여 신문에 광고하고 모금운동을 하였다. 기성위원들은 라성의 김종림 · 김중수 · 김수권 · 박재형 · 정지영 · 전호택 · 손승조 · 곽림대, 라성동지회의 전진택, 라성국민회의 석대원 · 이영수, 라성여자애국단의 김혜원 · 임메블, 라성장로교회, 라성한인예수교회, 으리들리의 한석원 · 권종흡 · 진영규, 뗄리노의 조울림 · 김진규, 태푸트의 김병연 · 이병호, 라성장로교회청년회, 흥사단 등 교회와 단체를 망라한 것이었다.[34]

4. 민족운동 단체 결성

미주 한인교회는 교민들의 민족운동 단체 결성을 측면에서 지원하였다. 미주 교포들이 조직한 단체들은 각종 집회를 통해 교포사회를 결속시키고 계몽시켰으며 또한 조국애의 고양을 통해 조국광복운동을 지원했다. 대개의 집회는 생활에 폐가 되지 않도록 일요일 저녁에 이루어졌으며, 장소는 많은 사람이 모일 수 있도록 한인교회나 국민회 대례실 또는 흥사단 강당 등이 이용되었다. 미주 지역에는 초창기부터 많은 단체들이 설립되고 연합하는 일이 많았고, 그 단체들의 구성원 가운데는 기독교인이 많이 참여하고 있었다.

1905년 을사조약으로 주미 한국공사관이 철폐되자 해외 한국인은 망국인으로 전락되었고, 1906년 2월에 한국 정부는 해외 한인들은 일

33) 쾌설당, 「在美韓人子弟의 教育方針」, 『신한민보』 1913. 11. 28.
34) 「한인아동교육긔관 긔셩발긔에 대훈 광고」, 『신한민보』 1929년 12월 5일.

본 영사의 보호를 받으라고 선언하였다. 이에 하와이와 미주의 한인사회는 재미한인 공동대회를 개최하고 일본을 배척할 것을 결의하였다. 尹炳求 목사가 조직한 하와이 에와친목회와 미주의 공립협회는 연서로 배일 결의문을 한국정부에 보내고 일본정부의 간섭행위를 배척하며 배일운동을 확대하였다.[35] 이 때부터 기독교계가 주축이 된 하와이와 미주의 한인사회는 국권회복을 위한 항일운동을 본격적으로 해나가기 시작했다.

하와이 한인 교회에서는 초기부터 민족운동을 전개했다. 1903년 하와이로 이민하여 한인교회를 이끌어가던 감리교의 홍승하 전도사는 1903년 8월에 윤병구 등과 호놀룰루에서 동족단결, 민지계발, 국정쇄신 등을 강령으로 한 新民會를 조직하고, 초대 회장으로 활동하였다.[36] 신민회는 일본의 침략행동에 반항하고 교포들에게 구국정신을 고취시키고 조국의 쇄신을 도모하였다. 그러나 신민회는 조직한 지 1년도 못되어 1904년 4월 말에 해체되었다.[37] 신민회가 감리교인들을 주축으로 설립된 것에 불만을 품은 성공회 교인들과 불교인들의 비방, 이민경비 문제 등이 해체의 요인으로 작용하였다.

신민회 이외에도 동포를 도와주고 일제의 침략에 저항하기 위한 기독교계 단체들이 교회를 중심으로 계속 생겨나기 시작했다. 1905년 5월에는 윤병구 전도사에 의해 '에봐친목회'가 결성되어, 항일운동과 일화배척, 동족상애를 목적으로 하였고, 『친목회보』를 발행하였다. 1906년 5월에는 하와이섬에서 신판석 전도사 등이 주동이 되어 '혈성단'을 조직했다. 교회가 있는 곳에는 민족운동 단체들이 조직되어 1907년 말까지 하와이의 각 지방에는 24개의 단체가 결성되었다.

1907년 9월에는 하와이 각 지방 24개 단체의 대표들이 호놀룰루에

35) 김원용, 앞의 책, 310쪽.
36) 김원용, 위의 책, 85쪽 ; 徐光云, 『僑胞政策資料 제15집 - 美洲 韓人 70年史』, 해외교포문제연구소, 1973, 52쪽.
37) 유동식, 앞의 책, 61쪽.

모여 합동발기대회를 개최하고 회의한 끝에 '한인합성협회'를 조직하였다.[38] 한인합성협회는 회장에 林正洙를 선출하고, 호놀룰루에 중앙회관을 설치하고 1907년 10월부터 『한인합성신보』를 발행했다. 한인합성협회는 47지방에 지회 설립, 1,051명의 회원, 일인당 매년 2.25달러의 회비 등을 출연하는 강력한 민족운동 단체가 되었다.[39]

1908년 3월 샌프란시스코에서 기독교인인 張仁煥과 田明雲에 의한 스티븐스 암살사건이 있었다. 한국 외무 고문이었던 스티븐스는 일본의 한국 보호정치를 찬양하는 친일적 언행으로 많은 한국인들의 분노를 샀던 것이다. 전명운은 共立協會 회원이었고, 장인환은 大同保國會 회원으로 샌프란시스코 한국인연합감리교회 초기 교인이었다. 공립협회와 대동보국회는 재판정에 선 전명운과 장인환을 위한 후원회를 조직하고 백일규를 회장으로 선출했다. 해외 각지에서 동포들이 재판 후원비를 보내오기도 했다. 전명운의 총은 불발되었으므로 전명운은 1908년 6월 보석으로 석방되었고, 장인환은 1919년 1월 가석방되었다.[40]

장인환과 전명운의 의거를 계기로 미주의 민족운동이 통합되었고 그 여파가 다른 지역에까지 미치게 되었다. 1908년 10월에는 본토의 공립협회와 하와이의 한인합성협회가 합동을 위해 발기인을 뽑고, 장인환의 공판이 종결된 직후인 1909년 2월 합동하였다. 공립협회는 李大爲 목사, 崔正益 등 6명의 대표를 뽑고, 한인합성협회는 閔燦鎬 목사, 李來洙 등 대표 7명을 뽑아 합동준비를 추진한 결과, 1909년 2월 1일 조국광복운동과 해외 동포의 안녕 보장을 목적으로 한 '대한인국민회'를 조직하고 샌프란시스코와 호놀룰루에서 창립 축하식을 거행했다. 미주 국민총회장에는 鄭在寬이, 하와이 국민총회장에는 鄭元明이

38) 김원용, 앞의 책, 96쪽.
39) 유동식, 앞의 책, 62쪽.
40) 閔丙用, 『美洲移民 100년 - 初期人脈을 캔다』, 한국일보사 출판국, 1986, 8~17쪽.

선출되었다.[41] 특히 하와이에서는 동포 전체가 휴업하고 집집마다 태극기를 달았으며, 호놀룰루에 1천여 명이 모여 경축했다.[42] 국민회는 그 후 멕시코의 한인사회는 물론, 서북 간도를 포함하는 만주와 연해주지방의 한인사회까지 세력을 확장시켜 해외 한인사회의 결속과 조국독립운동을 추진해갔다.[43] 朴容萬과 최정익이 대동단결선언에서 대한인국민회가 대한제국을 계승했다고 선전했는데 여기서 대한제국이 대한인국민회를 거쳐 상해 임정으로 한민족의 국수를 이었음을[44] 읽을 수 있다는 점에서 미주 기독교인 및 그들을 중심으로 결성된 단체들이 민족운동사에 끼친 공헌을 이해할 수 있다.

1919년 국내에서 3·1운동이 일어나자 대한인국민회 중앙총회는 3월 15일 재미동포 전체 대표자 회의를 열고 독립운동 응원방침을 결의했다. 서재필을 외교고문으로 임명하여 필라델피아에 외교통신부를 설치하고, 원동에 대표를 파송하여 대한민국임시정부에 봉사하게 하고 미주와 하와이 각 지방에 특파원들을 파송하여 민중의 여론을 모아 행동 일치를 도모하게 했다. 미주 특파원으로는 김호를, 중국 상해에는 안창호를, 하와이에는 강영소와 황사영을 각각 파송하였다. 그리고 윤병구를 지방 외교원으로 임명하여 각 주에서 미국인 사회에 선전 사무를 담임하게 하고, 이승만을 필라델피아에 보내 서재필을 돕게 했다.[45] 4월 14일 필라델피아에서는 27개 한인 단체 대표가 모여 한인자유회의를 개최하였다. 이곳에는 한인 이외에도 미국인도 참가하였으며 교육, 종교, 정치, 실업계 인사들이 모여 토론회를 갖고 기독교적 양심과 한

---

41) 徐光云, 앞의 책, 69쪽.

42) 김원용, 앞의 책 ; 유동식, 앞의 책, 66쪽.

43) 윤병석, 「歐美에서의 義烈鬪爭 - 李相卨의 遺文과 李儁·張仁煥·田明雲의 義烈」, 『국외한인사회와 민족운동』, 일조각, 1990, 389쪽.

44) 方善柱, 「朴容萬 評傳」, 『在美韓人의 獨立運動』, 한림대학교 아시아문화연구소, 1989, 170쪽.

45) 유동식, 앞의 책, 120~121쪽.

국의 독립을 호소하였다. 한인자유회의는 상해에 있는 임시정부를 국제연맹이 인정할 것을 주장하고 임시정부의 정통성을 확인하였다. 상해 임시정부에서는 이승만을 초대 대통령으로 추대하였다. 이승만은 상해 임시정부를 후원하기 위해 국민회와 별도로 同志會를 조직하여 모금운동을 전개하고 1924년 동지회 종신회장이 되었다.[46]

한편 부인회의 조직도 활발하게 전개되었다. 1919년 3·1운동 이전부터 한인사회 부녀들이 애국애족정신을 진작하고 교포 간의 친목 증진, 자녀들의 국어교육 장려, 교회사업 후원 등을 목적으로 하는 여성단체를 조직하여 상당한 활동을 전개하고 있었다. 1908년 조직된 샌프란시스코 한국부인회, 1914년의 새크라멘토 한인부인회, 1917년의 로스앤젤레스 부인친애회 등이 있었다. 이들 각 지역의 부인회는 동포들에게 한글을 교육하고 한인사회단체들을 지원하였으며, 일본상품 불매운동 등을 전개하였다. 하와이 지역 한인부인회를 지도한 문또라는 국내에서 3·1운동이 일어났을 때는 각 섬의 부인회를 합동하여 독립운동을 후원하는 데 앞장섰으며, 독립운동가의 가족과 자녀들을 도와주었다. 1932년에는 한국선교회를 조직하고 회원들의 월정헌금을 모아 한국의 목회자들과 그 가족을 도와주었으며, 제2차 세계대전 때에는 교회 부인회를 통해 미 적십자사의 일을 돕기도 했다.[47]

1917년 맨테카를 중심으로 조직된 부인전도회가 있었다. 부인전도회는 광복운동을 위해 전도사업을 일시 중단하기도 했다. 새크라멘토에서 가까운 맨테카에서 1917년 3월 5일 기독교 복음을 전파할 목적으로 한신애·김중생·최돈신·전순희·김원도·강유신이 대표 발기인이 되어 여자전도회를 조직하였다. 여자전도회는 하나님이 세상에 남자와 여자를 내신 것은 남녀평등을 허락하신 것이므로, 여자가 항상 남의 뒤에서 아무 일도 하지 않는 것은 천부의 의무를 저버리는 것이니, 여

46) 이광규, 『재외동포』, 서울대학교 출판부, 2000, 55~56쪽.
47) 유동식, 앞의 책, 166~167쪽.

자도 남자와 같이 교회와 학교와 전도회를 조직하고 학문을 배우고 자선사업을 해야 한다[48]는 취지의 발기문을 발표하였다.

여자전도회의 발기문이 신문에 게재되자, 각 지방 부인회가 이에 호응하고 기부금을 보내오기도 했다. 일반 부인회가 종교적 단체에 이처럼 쉽게 향응할 수 있었던 것은 재미동포 대부분이 교인이거나 교회와 밀접한 관련을 갖고 있었기 때문이며, 여성의 평등성을 전제로 사회활동을 해야함을 강조하는 성격을 가졌기 때문이었다. 여자전도회는 회장 양제현, 부회장 김자혜, 서기 강유선, 회계 한신애, 간사 김원도를 선출했다.[49] 적어도 3·1운동 이전 캘리포니아 지역의 부인회 운동은 여자전도회를 중심으로 결집되어지고 있었던 것으로 보인다. 1919년 이후에는 항일 민족운동 역량을 강화하기 위해 각 여성단체들이 대한여자애국단으로 통합되는 과정을 보였고, 여기에 여자전도회의 김자혜·황옥석·우경애 등이 참여하였다.

여자전도회의 중요한 활동으로는 재난 동포에 대한 구제사업이 있었다. 1931년 만주사변으로 헐벗고 있는 재만동포를 위해 시내 각 세탁점과 가정을 탐방하여 의복을 수집하여 보냈고, 1933년 8월에는 조선 삼남지역의 이재동포를 위해 구제금을 모집했고, 1935년에는 부산 동래 실수학교 학생들을 위해 지속적인 지원사업을 하였다.[50]

1917년 새크라멘토 한인부인회가 미국 대통령에게 일본의 죄악아래 고통당하는 한국의 상황을 설명하며 예수교회의 보호와 한국을 인도주의적으로 도와줄 것을 청원하였다.

> 북아메리카 합중국 대통령 각하. …… 우리 압박받는 한인의 무기는 오직 공의의 방패와 정의의 대포뿐이오며 일본 병정의 만행에 대

48) 「여자전도회 발기문」, 『신한민보』 1917년 3월 15일.
49) 「여자전도회 직원 선거」, 『신한민보』 1917년 5월 31일.
50) 박용옥, 「美洲 韓人女性團體의 光復運動 支援 硏究 - 大韓女子愛國團을 중심으로」, 『진단학보』 78, 1994, 275~277쪽.

> 한 보복은 전혀 하느님께 간구할 뿐이외다. 일인들이 한국부녀들을 능욕하며 악행하며 한국예수교도를 학살하며 도륙하는 모든 비인도적 행동은 예수교 세계에 비상한 공황을 주는데 더딘 듯 하니 참으로 명확합니다. 감히 우리는 각하의 대성공하신 시기를 당하여 압박받는 한인의 부르짖는 소리를 들으시며 곧 생각하여 보시기를 간청하나니다. 소위 일본의 보호정책을 사실하여 보시며 또는 인도의 명의로 무삼 방책으로든지 도와주시기를 꾀하시면 각하께서 능히 오늘 넓은 세계가 다 아는 일본의 큰 죄악을 교정하실 수 있나이다. 1919년 7월 9일 대한부인애국단장 양제현 서기 김식은.[51]

1919년 5월 미주부인회 통일운동이 일어나, 8월 미주 지역 최초의 통합된 조국광복지원 여성단체인 대한여자애국단이 결성되었다. 대한여자애국단의 사업은 조국독립운동 후원으로 대한민국임시정부와 외교선전, 군사운동 등에 후원금을 바쳤으며, 지방적 사업으로 자녀 국어교육과 교회와 대한인국민회 후원, 구제사업으로 국내 한재와 수재가 있을 때 구제금 송금, 조국해방 후에는 재미한인전후구제회와 함께 구제품을 수합하여 본국에 보내는 일에 노력했다.[52]

1933년 이후 대한여자애국단의 총부는 로스앤젤레스에 있었는데, 이곳은 한인교포가 가장 많이 거류하는 곳이었고, 기독교 정신에 입각한 부녀단체들이 조직 활동하고 있었다. 대한여자애국단의 주요 임원들이 1930년에 설립된 羅城大韓人女子基督教青年會(YWCA)의 중요 임원으로도 활동하였다. 박경신 · 김혜원 · 윤도연 · 임메불 · 임인재 · 이성례 · 권영복 등이 그들이다. 이 때는 재미 한인 여성들의 운동이 한 단계 높은 수준으로 발전되어, 밖으로는 항일운동을 추진하고 안으로는 기독교 정신으로 병들고 가난한 교포들의 삶을 국제적인 연대 속에서 지원하는 활동을 행하고 있었다.[53]

---

51) 「대한부인애국단은 대통령에게 청원」, 『신한민보』 1917년 7월 12일.

52) 김원용, 앞의 책, 226~229쪽.

해외동포들이 조국광복운동을 지원하는 가장 중요한 방법은 군자금을 모금하여 임시정부에 보내는 일이었다. 또한 중국항일전을 지원하기 위해 1940년까지 지원금을 모금해서 보내고, 미국 적십자사업의 일부분인 군복 짓는 일에 참여하는 등 조국의 광복을 지원하기 위한 활발한 활동을 했다. 재미 애국부녀 단체들의 일본물화 불매운동, 無肉日, 無간장日의 절핍생활은 바로 독립운동 지원을 위한 내핍적인 생활개혁운동에서 출발한 것이었다.[54]

해외 한국인들의 단체 결성과 함께, 1919년 한국의 3·1운동의 소식을 들은 미주의 기독청년들은 한국의 독립과 임시정부를 승인하라는 청원을 자국의 국회와 대통령에게 올렸다.

1919년 6월 6일부터 16일까지 개회한 기독청년회대회는 미주리주, 오클라호마주, 텍사스주, 루이지애나주와 아칸소주 다섯 주에 있는 각 대학교의 대표자들이 모여 10여 일 동안 회의하면서 한국의 참상을 분개히 여겨 미국국회 상의원에 한국의 독립을 청원하였다. 이 때 한인 학생대표는 차의석과 백성빈 등이었다.

> 합중국 국회 상의원 각하
>
> 믿을만한 통신을 경유하여 우리가 다 아는 바 특별히 주의할 것은 현금 공전전후한 한국교회핍박을 일본이 극단으로 진행하는 때문에 한국민족 가운데 예수교회가 놀랍게 자라나며 3천여 곳 예수교당에 37만 예수교도가 발흥하는 동시에 그 공의회 감화력과 고등문명이 저 간휼하고 근원이 없는 일본 정치가들을 놀랍게 함으로 저들이 한인의 독립운동을 진압한다 빙자하고 고의적으로 보복적 수단을 가지고 교회를 여지없이 압박하기 때문에 이와 같은 핍박의 결과로 교당과 학교들을 닫히기도 하며 헐기도 하며 교역자들과 간호부들과 어린 아이들과 심지어 선교사들을 난타하며 그 수족을 끊으며 악형하며 도륙하

53) 박용옥, 앞의 글, 291쪽.

54) 박용옥, 위의 글, 295~302쪽.

며 또는 모든 악형하는 제도의 잔인하고 야만스러운 행동이 저먼이 벨지엄 사람에게 한 것보다도 더 심한 때문에 1만여 명 예수교도가 지난 두 주일 동안에 잔포하고 비인도적 야만 일인의 악형으로 인하여 죽게된 때문에 우리는 이에 의결하기를 우리는 참되고 정성스러운 맘으로 기도하며 하늘님을 경배하며 예수를 따라서는 충성스럽고 선량한 한국민족을 위하여 항의서를 제출하며 또 우리는 우리 정부를 경유하여 일본으로 하여금 그와 같은 야만의 행동을 당장에 끊어버리게 하며 우리는 또한 각 교파에 통신하여 다같이 이러한 일에 반항하여 저 전포무도한 일본의 고압적 폭력으로 무죄한 한국양민의 생명재산을 박멸하는 것을 금하게 할지며 또 우리가 의결하기를 이 의결안의 한 벌을 기독청년회 홀리스터 대회 일기에 기록하여 두게 할 일

1919년 6월 14일 미소리주 홀리스터 기독청년회 대회장 포터[55]

1919년 7월에는 미국 미이미교회에서 워싱턴 주 코스모폴리스 재류 한인의 절원하는 촉탁을 받아 윌슨 대통령에게 임시정부를 승인하라고 청원하였다.

와싱톤주 코스모폴리스에 있는 우리 미이미교우들은 존경하고 엄중한 뜻으로 각하에게 청원하는 바 각하께서 아메리카 합중국 정부의 상당한 권리로서 일본제국정부가 한국교인들을 상당한 법률로 재판하지 않고 학살하는 일을 곧 정지하기로 항의하기를 절원하오며 우리는 우리의 원하는대로 한국의 독립과 그 국민이 새로 조직한 임시정부를 승인하여주시기를 바라옵니다. 1919년 6월 28일 와싱톤주 코스모폴리스 미이미교회 목사 이. 하웰 (서명)[56]

---

55) 「긔독청년회대회에셔 한국독립을 위하야 청원」, 『신한민보』 1919년 6월 28일.
56) 「우리독립을 위하야 대통령에게 청원 - 비도의 학살을 금지하며 림시정부를 승인하라고」, 『신한민보』 1919년 7월 10일.

5. 군사 양성 지원

미주 이민 교회는 미 본토의 네브라스카주와 하와이에서의 군대양성을 일정하게 지원했다. 제국주의 침략 하에서 국권회복을 이룩하기 위해서는 군사를 양성해야 한다는 것이 국외 민족운동가들의 공통된 생각이었다. 이러한 의식은 특히 중국지역에서 활동하는 독립운동가들에게서 많이 나타났으며, 미주 지역에서도 군사를 양성하려는 움직임이 각지에서 일어났다.

미주 지역 군사 양성의 첫 번째 움직임은 한인사회를 기반으로 하고 대한인국민회의 성원 속에 朴容萬·白一奎·朴處厚·李鍾澈 등이 주역이 되어 네브라스카 헤스팅스에 세운 한인소년병학교였다. 그 후 멕시코 메리다 중심지에 崇武學校가 설립되었고, 박용만이 대한인국민회 하와이지방총회에서 간행하던 『新韓國報』의 주필로 간 후 착수한 大朝鮮國民軍團과 그 핵심체인 大朝鮮國民軍團士官學校 설립[57] 등을 1910년대 무장독립노선의 움직임이었다고 볼 수 있다.

1909년 6월 박용만을 비롯한 박처후, 백일규, 鄭翰景 등은 네브라스카 지역 한인사회의 지원으로 미국인 소유의 농장에서 군사교육을 실시하였다. 이듬해에는 헤스팅스대학 학장의 후원을 받아 그 학교의 교실과 운동장을 사용할 수 있게 되면서 兵學校는 보다 확장되었다. 소년병학교는 매년 여름에 개교하여 3개월 동안만 수학하게 되어 있었고, 3년간 계속해야 전 과정을 수료할 수 있었다. 소년병학교 학생들은 낮이면 농장에서 일하고 저녁에는 교련훈련을 받았고, 농장에 일이 없을 때는 군사학을 강습받았다. 1914년 당시 소년병학교에서 배우는 교과목은 국어 국문(문법, 작문, 문학), 영어 영문(문법, 작문, 문학), 한어 한문(한어회화, 한문작문), 일어(문법회화), 수학(산술, 대수, 기하학),

57) 오세창, 「韓人의 美洲移民과 抗日運動」, 『민족문화논총』 6, 영남대학교 민족문화연구소, 1984, 145쪽.

역사(조선역사, 미국역사, 열국혁명전사), 지지(만국지지, 조선지지, 군용지지), 이과학(식물학, 동물학, 물리학, 화학, 화학측량법), 성서(구약, 신약), 병학(연습과 - 도수조련 집총조련 사격연습 등, 병서과 - 보병조련, 육군예식, 군법통용 등)[58]로 구성되어 있다. 당시 박용만을 비롯한 소년병학교 관계자들과 학교를 지원하던 한인사회 인사의 대부분이 기독교인이었으므로, 소년병학교의 교과목에 성서가 포함되어 있는 것은 당연한 것으로 보인다. 평안도 선천에서 선교하던 맥큔(George S. McCune, 尹山溫) 선교사가 1914년 7월에 소년병학교를 심방하고 학생들에게 하나님의 복음을 전하며 부모국의 소식을 전해주기도 하였다.[59]

소년병학교는 학장이었던 박용만이 1912년 11월 하와이 신문 주필로 고빙되어 간 후에 수 년을 계속하다가 폐교되었다. 소년병학교는 미주와 하와이에서 가장 먼저 군사학교를 조직하여 조국광복이라는 목적을 설정하고 교포들의 응집력을 높이는 데 큰 의미가 있고, 이 군사학교를 거쳐 많은 사람들이 만주·노령으로 직접 싸우러 갔다. 그리고 이 학교 출신들이 실질적으로 재미교포 사회의 중견적 지도자들이 되었다.[60]

헤이스팅스의 소년병학교에 이어 멕시코 메리다 지방에 설립된 숭무학교는 1910년 11월 李根永·양귀선·조병하 등의 발기로 사관양성기관으로 건립되었고, 교장으로 군사학에 관한 지식이 풍부한 이근영이 취임하였다. 숭무학교에서도 군사교육이 실시되었다. 그러나 숭무학교는 멕시코혁명의 발발로 1913년 3월 폐교되었고, 학생들은 피난하거나 혁명의 와중에 종군하기도 하였다.[61]

---

58) 「병학교 긔학예뎡」, 『신한민보』 1914년 4월 16일.
59) 「윤목ᄉ의 깁흔 ᄉ랑」, 『신한민보』 1914년 7월 16일.
60) 방선주, 앞의 글, 44쪽.
61) 윤병석, 「1910년대 미주지역에서의 조국독립운동 - 한인소변병학교와 숭무학교·대조선국민군단사관학교를 중심으로」, 『국외한인사회와 민족운동』, 일조

1910년 한국이 일제에 강점된 직후 하와이 지역의 한인들은 농장에서 노동을 하다가 여가만 있으면 들에 나가 퇴직사관들의 호령에 따라 군사훈련을 행하고 독립전쟁을 준비하였다.

> 하와이 군도의 한인은 고국에의 용병을 일으켜 독립전쟁을 준비코저 하여 각처에서 군사를 조련하는 데, 가와이도에서 퇴직사관 수인이 농장교당 안에서 동포를 모아 전술을 교수하며 하마구아 연안 일대에 있는 한인은 노동여가만 있으면 들에 나가 연습을 행하니 일인은 비록 이것을 코웃음하나 그 충정은 실로 헤아릴만 하다.[62]

이러한 한인사회의 군사운동의 전통 속에 1914년 6월에 하와이에서 독립전쟁론을 구현할 민족의 군대로서 大朝鮮國民軍團이 편성되기 시작했고, 그 핵심체로서 大朝鮮國民軍團士官學校가 설치되었다. 이 국민군단의 편성과 사관학교 설치의 주력은 하와이 각 지방의 군사훈련을 추진하던 대한인국민회 하와이지방총회의 練武部가 담당했고 그 주역인물은 박용만이었다. 하와이 군사령부가 한인의 특수한 정치적 입장과 민족적 활동을 고려하여 묵인해 주었으므로 미국 영토 안에서 군사활동이 가능하였다. 운영은 군단에서 기숙하면서 조를 편성하여 농장에 나가 노동을 하는 한편 훈련과 학습을 하는 방식이었고, 사관학교의 교과내용은 헤이스팅스 소년병학교의 교과과정을 발전시킨 것이었다. 그러나 국민군단과 사관학교 역시 1916년을 고비로 점차 쇠퇴하여 1917년 경에는 해체된 것으로 보인다.[63]

이처럼 1910년대 해외의 한국인들은 일본에 강점당한 조국의 현실을 그냥 바라만 보고 있지 않았다. 독립전쟁을 위해 각처에서 군사훈련을 실시하고 전술을 배우고 있었던 것이다. 그러나 이러한 미주 지

각, 1990, 410~411쪽.

62) 「포아 한인의 활발덕운동」, 『신한민보』 1910. 9. 21.

63) 윤병석, 앞의 글, 413~420쪽.

역에서의 무장독립운동 노선은 내외의 정세변화와 박용만과 이승만 혹은 안창호로 대표되는 미주 지역 지도자들간의 민족운동 방략상의 이견과 노선의 차이로 1916년을 전후하여 쇠퇴하게 되었다.[64)]

6. 동족 구제와 민족의식 고취

미주 지역 한인교회는 기독교인뿐만 아니라 일반인들이 함께 모여 정보를 교환하고 교제할 수 있는 가장 대중적인 장소였다. 신앙적인 동기에서 모였다 하더라도 그들은 일주일에 한두 번의 모임을 통해 국내외의 정보를 교환할 수 있었다. 한인교회는 이를 통해 각지에 있는 동족을 도울 수 있었고, 민족의식을 고취하기 위한 각종 연설회, 기념식 등의 한인들의 행사도 개최하는 장소를 제공했다. 샌프란시스코 한인교회에서 교회 건립을 위한 모금을 『신한민보』를 통해 요청했을 때 한 교민은 교회 건립은 바로 한인들이 모여 애국가를 마음놓고 부를 수 있는 공동집회실을 갖게 되는 것이므로 이에 감사해서[65)] 모금에 동참한다고 하였다. 이처럼 교회는 나라 잃은 동포들이 함께 모일 수 있는 곳이었다는 점에서 미주 지역 한인사회에서 중요한 의미를 가진다.

1) 동족 구제

---

64) 윤병석, 위의 글, 395쪽.

65) 「상항례배당에 긔부 - 익국가를 부를 곳이 례빅당」, 『신한민보』 1930년 4월 17일, "매사추세츠 주에 거주하는 정성동씨는 상항예배당 설비에 대해 금화 10불을 보내면서 '동봉하난 十불은 귀보 사설에서 상항한인교회당 설비에 동경금을 도와 일반인에 하소연한 것을 읽고 예수교당이란 관렴보다 어디를 물론하고 우리 한인들이 모혀서 익국가를 한마디라도 맘 놋코 부를 공동집회실을 갓게 디난것이 감사히서 적은 것을 적디 안코 ○○하오니 적다 마시고 유감이 써 주소서' 하였더라."

미주의 한인들은 국내 동포들이 어려울 때마다 힘을 모아 도와주었다.

워싱턴의 한인구제회는 회장 칼릴스 부인, 총무 백목사, 서기 신마실라 여사가 적극적으로 주선하여 발전하였는데, 백목사는 1899년부터 한국에서 복음전도 활동을 하던 선교사이다. 그는 1919년 이후 독립운동을 하는 한국 기독교인들을 위해 각처로 다니며 한국의 실정을 전파함으로써 각 지역에 한인구제회와 한국친구회를 설립하는 일에 힘썼다.[66]

1925년 국내에 기근이 심해 기아에 허덕인다는 소식을 듣고, 새크라멘토 한인예배당 주일학교 생도들은 캔디 사먹는 돈에서 한푼 두푼 절약하여 13원을 보냈고, 캘리포니아주에서는 윤병구 목사 주최로 기근구제회를 조직하여 기근구제금을 모금했다.[67] 샌프란시스코 한인교회에서 성탄헌금을 모아 국내 동포 구휼금으로 보냈고, 로스앤젤레스 한인장로교회는 특별히 한국 대구에 있는 문둥병원을 위하여 성탄 헌금을 보내주었다. 부인전도회는 국내 삼남 이재 동포들의 구휼금을 거두기로 가결하여 즉석에서 수금에 착수하였다.[68]

1945년 샌프란시스코 한인교회 부녀봉사회는 전후 국내의 빈민을 구제하기 위하여 매삭, 매주일에 구제금을 거두어 저축했다. 또한 3월 4일 만두를 만들어 일반 동포를 대접하고 매인 1원씩 받아 경비를 제하고 남는 돈은 구제금으로 저축하기로 하고 교회 사교실에서 만두 만

66) 「한인구졔회의 발젼과 경영」, 『신한민보』 1920년 11월 25일.

67) 「재미동포가 내디긔근에 동졍」, 『신한민보』 1925년 1월 15일 ; 「긔근구졔회 조직 윤병구목사 쥬최로」, 『신한민보』 1925년 1월 29일 ; 「쉬카고교회의 발긔로 긔근구졔금모집, 六셰된 어린애ᄭᆞ지 줌치를 터러내여!」, 『신한민보』 1925년 2월 12일.

68) 「一年一차식 도라오는 예수셩탄의 셩황 - 상항교회에서는 내디동포구휼금 모집」, 『신한민보』 1930년 1월 2일 ; 「부인전도회 구제금을」, 『신한민보』 1933년 8월 10일 ; 「라셩 한인 장로교회 활동사진 十一월 九일 오전 十시에」, 『신한민보』 1941년 11월 6일.

찬회를 열었다. 동포들과 외국인들이 많이 참석하여 만두 만찬회는 성황을 이루었다.69)

만주 지역에 있는 한국인들은 중국인, 특히 중국관헌들에 의한 박해를 많이 받았다. 1928년 길림성에서 재만동포 전부를 구축해버리라는 명령이 내렸다는 소식을 들은 시카고, 뉴욕 등지의 한인들은 '재만동포문제대책강구회', '뉴욕재만동포옹호회' 등을 조직했다. 시카고 재만동포문제대책강구회에서는

1. 길림성장에게 항의문을 보낼 일
2. 와싱톤에 있는 중국공사에게 금번 사건에 대하여 유감의 뜻을 통달하고 동시에 중국중앙정부에 교섭을 요구할 일
3. 내지 재만동포옹호회에 격려문을 보내고 동시에 연락을 취할 일
4. 재미중국인 사회에 언론기관 혹 단체를 통하여 만일의 오해를 피케하고 동시에 여론을 환기시킬 일
5. 재만한인사회의 각 언론기관을 통하여 재미한인 전사회의 여론을 환기시킬 일

등의 5개 조목을 결의하였다.70)

1931년 땔리노 교회에서는 주일학교 영아반 어린이들이 만주의 어린 동포들을 위해 일원 이십오전을 모아 보냈고, 성탄일에 재만동포들을 위해 성금을 모았다. 로스앤젤레스 남감리교회도 성탄일 모든 선물을 일체 없애고 대신 헌금을 모두 모아 재만 동포 구제부로 보내기로 결의하였다.71) 이 때 미국의 많은 한인교회에서 '재만 동포 구제금'을

---

69) 「상항 부녀 봉사회의 만찬회」, 『신한민보』 1945년 3월 15일 ; 「넉디 난민 구제만찬」, 『신한민보』 1945년 3월 22일.

70) 「재만동포문뎨 대칙강구회」, 『신한민보』 1928년 2월 16일 ; 「뉴욕재만동포옹호회」, 『신한민보』 1928년 2월 23일.

71) 「쎌니노 주일학교 성도들」, 「라셩 남감리교회의 결의」, 『신한민보』 1931년 12월 24일 ; 「쎌니노 동포들의 긔부」, 『신한민보』 1931년 12월 31일.

모금하여 보냈다.[72)]

1944년 미주 각 지역에서는 중경의 한인 난민을 위해 특별히 구제예배를 드리고 임시정부 재무부에 성금을 기탁하였다.[73)]

2) 토론회 · 연설회와 민족의식 고취

미주 한인교회에서는 초창기부터 한인들이 모여 토론회를 열고 지식을 교환하고 사상을 발달시키기 위해 청년회를 조직[74)]했다. 청년회에서는 주로 국민의 자격, 근일 한국정형 등의 주제를 가지고 연설회를 개최하여 청년들에게 조국애를 심어주고 독립의식을 각성시켜 주었다. 하와이에서도 동포들이 신학을 연구하고 교우들의 친목을 위해 기독청년회를 조직[75)]하였다.

샌프란시스코 한인교회 청년회에서 1907년 6월 개최한 연설회의 연사로 나선 임치정은 한국이 외국의 불법적인 압제를 받고 있어 2천만 종족이 화를 당하겠다는 우려를 나타냈다. 이에 대해 연설회 참가자들은 비분강개하여 눈물을 흘리기까지 했다.[76)] 샌프란시스코 한국인감리교회는 당시 교포들의 민족운동의 센터 역할을 했다. 1908년 스티븐스 암살사건의 장인환 · 전명운이 이 교회 교인이었고, 재판비용 모금에도 앞장 선 곳이 이 교회이다. 국민회 회관이 바로 샌프란시스코 한국인감리교회였다. 이 교회의 교역자는 梁柱三, 윤병구, 이대위 목사 등이었다.[77)]

1910년 일제에 강점당한 후에는 일본의 한국에 대한 학정을 비판[78)]

---

72) 「재만동포 구제금」, 『신한민보』 1932년 1월 14일.

73) 「쎌례노 한인교회 중경 한인 난민 구제금 모집」, 『신한민보』 1944년 10월 19일 ; 「중경 동포 위문금」, 『신한민보』 1944년 12월 14일.

74) 「청會新設」, 『공립신보』 1907. 6. 7 ; 「靑會演說」, 『공립신보』 1907. 6. 21.

75) 「호항청년회」, 『신한민보』 1909. 7. 7.

76) 「靑會演說」, 『공립신보』 1907. 6. 28.

77) 閔丙用, 『美洲移民 100년 - 初期人脈을 캔다』, 21~23쪽.

하고 망국의 한을 당한 한국인들이 나라를 회복하기 위해 진력해야 한다는 내용의 연설회가 계속되었다. 안창호는 조국정신이 가장 풍부한 자들이 교회 안에 있으므로, 교인들이 나라를 되찾을 수 있도록 노력하자고 하면서 다음과 같이 연설하였다.

> …… 누구누구 할 것 없이 한국민족된 자는 다 망국의 죄가 있소. 나도 한국인종인 고로 내가 곧 망국한 죄인이오. 그러나 전일의 나라를 망한 자는 곧 금일에 나라를 회복할 자이니 이제 여러 방면으로 보건대 현재 활동과 장래 경영에 대하여 무궁한 희망이 있으니 이것이 나의 전코자 하는 기쁜 소식이오. 혹자는 한국에 있는 교인도 모두 일인의 세력범위로 들어갔다 말하나 결단코 그렇지 않으오. 이는 모두 일인의 신문상에 정책적으로 하는 말이오 그 실상은 조국정신이 제일 풍부한 인격을 찾으려면 모두 교회 안에 있소. 그 이들의 하는 일은 모두 나라잃은 자로 하여금 나라찾는 자를 다시 만들기에 진력합니다. 국중에 제일 유공한 자는 교인이라고 나는 담보라고 하겠소이다. 교인중에서 일인의 심복이 된 자 있다 하나 이는 본래 교인도 아니오 장래 교인도 아니오 이는 일인이 교인의 내정을 알고저하여 은밀히 정탐꾼으로 교회의 세례를 받게 한 자이니 그 거동을 보면 참 교인과 같이 찬미를 하며 기도를 하여 남의 이목을 속이되 제 어찌 구주의 뜻을 몸받은 참 교인을 농락할 수야 있겠소.
>
> 참 교인들은 과연 금일에 대단히 유공한 동포들로 아시오. …… 또는 교인은 동족을 건지기에 다른 사람보다 몇 갑절 더 힘쓸 증거를 말해올리다. 향자에 인도사람을 위하여 교회에서 의연을 청할 때에 어떤 부인은 자기의 비녀까지 뽑는 것을 내가 목도하였소. 보지 못하는 인도인을 위하여서도 이러하거늘 눈으로 보는 동포의 도탄을 건지는 일에야 오죽할리가 있겠소. 그런고로 우리 동포 중에 애국심이 제일 많기는 교인이라 합네다 …….[79]

---

78 「량유찬씨의 영어연설 - 일본의 되한정칙을 통론」, 『신한민보』 1918년 1월 17일.

79) 「안챵호씨의 연셜」, 『신한민보』 1911. 10. 4.

서재필은 하와이 미감리교당에서 행한 연설에서, 동포들이 두가지 방면으로 힘을 쓰고 있는데, 하나는 종교방면이고 하나는 국가사업 독립열정이라고 보고, 이 두 가지 목적만 끝까지 계속하면 우리 한민족은 구원받을 수 있음을 믿는다고 하였다. 그러면서 민족끼리 서로 사랑할 것과 지혜로운 공평으로서 대사를 경영할 것, 나라일에 합동하여 당파사상을 일절 버릴 것을 당부하였다.[80] 1933년 갈홍기 목사는 시카고 교회를 사임하면서, "국가와 교회의 잔치 합작 운동과 경제 운동과 사회 운동과 혁명 운동을 우리 한인 교인들은 각각 의무 분담 원칙에 의해 충실히 하여 국가가 종교보다 근본적인 정치사회집단 권력기관이라"는 것을 역설하였다.[81]

이러한 인식 하에 각 지역에서 점차 많은 사람들이 교회로 들어왔고, 이들은 매주일 오후에 예배를 보고 주일날 밤마다 토론하였고, 수요일 밤에도 모여 성경을 공부하고 시국에 대한 인식들을 나누는 시간을 가졌다.[82]

한국 안에서 선교활동을 펼치고 있던 미국인 선교사들은 안식년을 얻어 미국에 올 때마다 각 지역의 한국인 교회를 돌아다니며 한국의 사정을 설명하는 시간을 가졌다. 맥큔 선교사는 1914년에 샌프란시스코 한인교회를 심방하고 "첫째 하나님과 예수씨가 누구인지 알아야 할지며, 둘째 하나님의 교회를 사랑하여야 하며, 셋째 하나님의 말씀을 공부해야 하며, 넷째 자기의 몸을 사사로 쓰지 말고 공익을 위해야 될지며, 다섯째 자기의 나라를 사랑하여야 되겠다"[83]고 역설했다. 또한 교육사업과 선교사업에 힘쓰다가 1919년 3·1운동 당시 주동학생을 숨겨줌으로 인해 옥고를 치렀던 모우리(Eli M. Mowry, 牟義理) 선교사는 미국에 와서 많은 한국인들에게 환영을 받았다. 한인교회에서 연

80) 「셔박사의 연셜」, 『신한민보』 1925년 7월 30일.
81) 「시카고 교회 목사 취임」, 『신한민보』 1933년 2월 23일.
82) 「싹도교회흥왕」, 『신한민보』 1913년 7월 11일.
83) 「윤산온씨의 복음을 환영」, 『신한민보』 1914년 7월 16일.

설한 그는 조선사람들은 조선에 영광되는 일을 많이 하라는 말과 조선에 학교와 교회가 흥왕하여 감을 설명하였다.84)

7. 각종 행사를 통한 독립정신 고양

매년 3·1운동을 기념하는 기념식이 각 지역 교회에서 개최되었다. 이 자리에서 한국독립방안이 논의되었고 아동들에게는 3월 1일이 어떠한 날인지를 가르쳤다.85) 1929년에는 각 지방 한인교회에서 3·1운동 10주년 기념식을 거행했다.86) 으리들리교회 한석원 목사는 「앞으로 우리의 의무」라는 제목의 선언서를 발표했다.

> 압흐로 우리의 의무
>
> 삼월 일일 오날은! 대한 사람이 십년전에 처음으로 독립을 부르지진 긔념할 날이다. 대한 사람아! 틔극긔 날리는 그 아릭 모히라 정신을 살니자! 힘을 모흐자! 일을 하자! 그리하야 써 우리는 자유의 나라를 만들자! 무궁화 뿌리를 튼튼히 박혀 주어라! 우리는 그그늘 아릭서 영원히 살자!
>
> 우리 대한 사람들아! 우리의 웨치는 '대한 독립 만세'의 소릭로 텬별을 뒤집어 놋차! 힘ㅅ 것! 목이 터지도록 만세를 놉히 불너라. 사랑하는 형뎨여! 자밋여! 싸호자!
>
> 우리의 독립이 오는 그 시간까지!-
>
> 민국 十一年 三월 一일
>
> 우레들니교회 목사 한셕원87)

84) 「마위리목사는 안식년을 당해 환국」, 『신한민보』 1925년 7월 23일.
85) 『신한민보』 1925년 3월 5·12일, 1926년 3월 11일.
86) 『신한민보』 1929년 3월 7일, 3월 14일.
87) 「우리들리에 三一긔념 성황」, 『신한민보』 1929년 3월 14일.

3·1절 기념식은 점차 시간이 지나면서 3·1운동에 직접 참가한 당사자가 나와 자신의 경험담을 말하기도 하였고, 국내와 만주 등지에서 독립운동하는 혁명가들을 후원해야 함을 역설하였다.[88] 1940년대가 되면 3·1절 기념식에서 광복후원금을 모금하였다.[89] 한인교회에서는 일본에 강점당한 국치일을 잊지 말자는 의미에서 '국치투억일'로 모이기도 하였다.[90]

한인교회에서는 또한 국민회[91]를 비롯한 많은 단체의 회의[92]와 추도식, 환영회 등 각종 모임이 열렸고, 임시정부를 후원하는 모임과 순국선열을 위한 추도식을 거행하기도 했다.[93] 1931년 손정도 목사가 길림에서 돌아가자, 그를 추도하는 모임에서 최후의 1인, 최후의 1각까지 광복을 위해 힘써야 함을 강조하였다.

> 그의 一평싱을 우리 민족 운동에 희싱하신 것을 늣기난 동시에 우리 민족의 장리를 위하야 그이를 모본하야 싸라가자고 모드인 모듬이엿다. 즉 최후 一인까지 최후 一각까지 광복운동을 위하야 죽은 다음에야 그만두자는 '모토'이엿다. 상항교회의 이 추도회는 사실 의식뎍이 안이고 실지뎍이엇다. 도라가신 손선싱이 국가 민족을 위하야 이역 타방에서 풍찬로숙하시다가 '살아서 민족을 위하시다가 죽어도 민족을 위하야 죽는다는' 그 충의를 사모하자고 그 분투심을 비우자고

---

88) 「미주각쳐동포들의 三一긔념대셩황」, 『신한민보』 1930년 3월 6일 ; 『신한민보』 1935년 3월 7일, 3월 14일, 1936년 3월 5일, 1937년 3월 4일, 3월 11일.

89) 『신한민보』 1941년 3월 13일 등.

90) 「라셩에 국치투억일」, 『신한민보』 1929년 8월 29일, 9월 5일 ; 「각 디방의 국치 긔념」, 『신한민보』 1938년 9월 15일 ; 『신한민보』 1940년 9월 12일, 1944년 9월 7일, 9월 14일 등.

91) 『신한민보』 1934년 2월 1일, 2월 8일, 1935년 2월 7일.

92) 「녀자 익국단 창립 기념」, 『신한민보』 1934년 8월 16일 ; 『신한민보』 1937년 8월 12일.

93) 『신한민보』 1934년 5월 10일, 5월 14일, 1939년 5월 11일, 1940년 5월 16일, 1941년 12월 4일.

모힌 그 모듬이엇다.[94)]

1936년 신사참배 문제로 한국교회가 핍박당하자 하와이의 한인교회에서는 교회연합회를 조직하여 세계의 여론과 종교계에 폭로하고자 하였다. 해외의 활동이 효과를 얻어 하와이 각 교회 및 하와이 기독교회연합회와 하와이 선교회에서도 각각 그 문제를 토의하고 일인의 교회 핍박과 종교자유 침해를 비난하였다. 친일적인 언사로 비판받고 있던 감리교의 웰취 감독이 신도는 종교가 아니고 국가적 의식이라는 성명서를 발표하자, 하와이 한인교회연합회의 총무 한길수는 일본의 신문과 일본 국회에서 통과한 종교단체취체법을 들어 그 성명서를 반박하였다.[95)]

1942년 이후에는 광복군 성립을 축하하는 모임을 가졌다.[96)] 오클랜드 한인감리교회에서는 몇 가지 제목의 감사예배를 드렸는데, 첫째 임시정부 당국의 광복군 건립으로 연합국과 대일 선전포고를 발포하여 세계 민족의 행복과 우리 민족의 자유를 쟁취하는 것이요, 둘째 주미외교위원부와 재미한족연합회가 임시정부의 전시 선전과 재정수요를 도와 동포의 안녕을 보장하였고, 셋째 재미한족연합회 집행부에서 로스앤젤레스에 현기식을 거행한 것 등에 대해 하나님께 감사를 드렸다.[97)]

1942년 한인교회 성탄예배에서 전승을 기원하면서 헌금의 일부를 적십자회에 보내 전쟁 중 상해당한 자 구제에 쓰거나,[98)] 重慶에 보내 어려운 어린이들을 위해 쓰게 했다.[99)] 그리고 뉴욕 한인부인회, 로스앤

94) 「손경도목사의 추도회」, 『신한민보』 1931년 3월 19일.
95) 「하와이 한인 교회 연합회의 활동」, 『신한민보』 1936년 4월 2일.
96) 「각 디방회의 광복군 성립 데2년 긔념 축하」, 『신한민보』 1942년 10월 1일.
97) 「옥글랜드 한인 교회의 감사 례비」, 『신한민보』 1942년 12월 17일.
98) 「상항 한인교회성탄 례식의 셩황」, 『신한민보』 1942년 1월 8일.
99) 「짠유바 장로교회 성탄례시의 셩황」, 『신한민보』 1942년 1월 15일.

젤레스 한인기독교인회, 대한여자애국단 등은 외지와 국내의 출전하는 한인 군인들을 위로하기 위해 모금을 통해 성탄 선물을 준비하여 보냈으며,[100] 시카고 한인 교회와 부인회는 한국 청년으로 일본에 강제 징병되어 종군했다가 전쟁포로가 된 자들을 위로했고, 미국 교인들은 이들을 위해 한글 성경을 보내주기도 했다.[101]

1943년 카이로 회담에서 한국은 적당한 때를 따라 자유독립될 것이라는 내용이 알려지자 한국 독립운동도 이에 따라야 할 것을 각오하고 샌프란시스코, 오클랜드, 새크라멘토 등의 지방을 연락하여 북가주 한인시국대회가 샌프란시스코 한인예배당에서 열렸다. 성명서를 발표하고 5건의 결의문을 통과시키는 동시에 한국 독립운동을 위해서는 군사운동이 꼭 필요하다는 점에 의견이 일치되어 군사비 2천여 원의 허락을 얻었다. 시국대회의 성명서와 결의문은 아래와 같다.

성명서

자유는 인간의 싱명이다 창조주의 은혜로 확보된 인간 기체의 자유는 다른 단체가 구속할 권리가 업는것이며 다만 기체 상호간이나 기체 집단 상호간의 재약에 의하야 규정될 것이다

이러한 민주주의 원리에서 련합국은 대서양 헌장에 '신교 자유, 언론자유, 인권 자유, 경제 자유' 주장하엿고 '카이로' 회의의 션언에 '조선은 적당한 순서를 밟아 자유 독립국이 될것이라' 서약하엿다.

그러나 이 경보는 조선 독립 운동의 종결이 아니오 ᄉᆡ로운 재단의

---

100) 「출전 군인의 성탄 례물 - 뉴욕 한인 부인회의 위로」, 『신한민보』 1942년 12월 24일 ; 「한인 긔독교인회는 군인들에게 셩탄 션물 준비」, 『신한민보』 1943년 9월 30일 ; 「쎌레노 지방 종군 청년 위히 선물 준비」, 『신한민보』 1943년 10월 28일 ; 「쎌레노 한인 교회와 녀자 ᄋᆡ국단은 구주 셩탄 례물을 기증」, 『신한민보』 1945년 1월 11일.

101) 「한인 젼징 포로들을 위문코져 경ᄋᆡ하는 동포들께 고함」, 『신한민보』 1944년 12월 28일 ; 「성경 二천 오백권 - 한인 젼징포로에게 빈급할터」, 『신한민보』 1944년 10월 26일.

출발이며 최임의 전가가 아니오 보다 큰 진력의 요청이다 이에 북가주 조선 동포는 히 지방에 잇는 조선 민족 단체를 총 망라하야 하로밤 시국 대회를 열고 좌긔의 결의건을 우리의 중심 련합체인 련합회에 삼가 진언하고 조선 민족 단체 각 언론 긔관과 동포 제윗게 호소하노라

북가주 한인 시국대회 빅

결의문

제一건. 조선 독립을 위하야 미 포묵규에 지한 조선 민족 각 단체의 통일을 촉진함

제一항. 통일을 하되 신 조직을 부인하고 기포한 조선 민족 련합회를 통하야 할것.

제二항. 한인 사회 단체는 엇던 단체를 물론하고 공동의무와 동등권리 하에 련합회에 가입할 권리가 유할것

제三항. 통일을 위하야 각 단체 대표회를 소집할 것

제二건. 조선 독립운동을 위하야 적극적으로 군사 운동을 후원함

제一항. 히외 한인으로 군사 운동 후원의 최 유효한 방도는 원동 림시정부의 군대 조직에 대하야 경제적 후원을 할것

제二항. 최소 한도의 군사비는 一빅만불을 제 一차 목표로 할것.

제三항. 군사비는 지텨 수랍하야 오는 독립금과 격별 임납키로 할 것. 단 군사비는 군사 힝동 一절에만 사용함

제四항. 군사금 모집 닉용은 여좌함

가. 의무금 '기인 단위로 함'

나. 특연금 '유지 인사로 함'

제五항. 수금급 송금 방법

가. 련합 닉에 '군사금 수집 위원부'를 조직하고 각 지방에는 히부 지부를 셜치하야 수금케 할것.

나. 군사금은 수집 안차 하엿다가 적당한 시긔에 적합한 조건하에 요구가 유할 시는 히 위원부에서 결의하야 송금하되 미국

경부 혹은 중국 정부등 절대 위신 잇는 권위 긔관을 통하야 송금할것

제三건. 외교활동에 통일을 촉진함

제一항. 각 외교활동단체 혹은 외교 활동 긔인은 림시 경부 에서 임명한 정식 긔관으로 일원화 할것.

제二항. 정식 외교 긔관은 히의 조선 민족 련합회의 총 의사와 림시정부 간에 련합 일치된 규정에 의하야 활동 긔능을 발휘할 것.

제四건. 젼시 조선에 관한 사경과 젼후 국가계획에 대하나 연구를 촉진함

제一항. 기존한 련합회 연구부에 인지를 총 망라하야 션젼과 연구 긔능을 확장할것

제二항. 연구 긔관은 특별 단체, 혹은 긔인은 젼속 젼용을 거졀하고 독립운동을 중심으로 상호 융통활용 할것

제五건. 이상 四건은 련합회에 공식으로 진언하고 조선 민족 각 단체와 각 신문에 성명서를 보니기로 함.

一九四三년 十二월 十二일. 북가주 한인 시국 대회

참가단체 : 상항 지방 국민회, 옥글런드 지방 국민회, 사크라멘토 지방 국민회, 상항 지방 녀자 익국단, 옥글런드 지방 녀자 익국단, 상항 지방 학싱회102)

1945년 뉴욕 한인교회에서 시무하는 김준성 목사는 애국가를 미국인 사회에 보급되기를 희망하는 동시에 선교사 측의 요구에 의해, 애

102)「북가주 대한인 시국 대회」,『신한민보』 1943년 12월 23일.

국가를 영어로 번역하고 안익태의 새 곡조를 붙여 출판하였다.[103)]

8. 독립운동 지원

1) 구국 기도회

미주의 한인교회에서는 나라를 위해 끊임없이 기도하였다. 샌프란시스코 한인교회에서는 1914년 1월부터 매일 저녁 8시 30분부터 1시간 동안 1주일간을 기도하였는데, 제1일 교회 위하여, 제2일 나라 위하여, 제3일 국민회 위하여, 제4일 옥에 갇힌 지사 위하여, 제5일 외국유학생 위하여, 제6일 세계 한족 위하여, 제7일 만국선교회를 위하여 기도하였다.[104)] 이 때 한국내에서는 윤치호 · 양기탁 · 임치정 · 안태국 · 옥관빈 · 이승훈 등 6인이 옥중에 갇혀 있었고 또한 뒤에 오보로 밝혀졌지만 윤치호가 세상을 떠났다는 소식을 접한 상황이었으므로, 한인교회에서 이들 애국지사들을 위해 기도회를 열고 저녁마다 기도하였다.[105)]

1919년 3 · 1운동 이후에는 모든 미주 동포들이 나라의 독립을 위해 기도하였고, 북미한인교회공의회는 신문에 광고를 내어, 매일 세 번씩 아침 여섯시, 정오 열두시, 저녁 일곱시에 각각 어디에서 무슨 일을 하던지 30분 이상씩 기도할 것과, 기도제목은 독립운동에 희생된 동포, 감옥에 갇혀 고생하는 동포, 우리 운동에 힘쓰는 동포, 세계평화를 위하여 시급히 기도하기를 요청하였다.

> 북미한인교회공의회는 간곡한 정성과 끓는 맘을 열어 우리 한인교

---

103) 「애국가 영문으로 출판 김준셩 목사의 노력」, 『신한민보』 1945년 1월 4일.
104) 「신년긔도회」, 『신한민보』 1914년 1월 8일.
105) 「지ᄉᆞ를 위ᄒᆞ야 긔도」, 『신한민보』 1914년 3월 12일 ; 「청년긔도회」, 『신한민보』 1914년 7월 23일.

우 동포 전에 경고하옵나니 이 때가 곧 우리의 은혜를 받은 때요 자기가 깰 때로다 호랑이와 사자같이 악독하고 잔인한 원수의 압박 가운데 10년 동안을 아무 말도 못하고 눈물과 한숨으로 세월을 보내었더니 신성하고 활발한 민족자결주의의 양춘가절이 우리에게 돌아왔나이다. 2천 5백만 동포의 만구일성으로 높이 부르난 대한독립만세 소리가 천지를 진동하고 반 공중에 날리난 태극기가 우리의 정신을 쇄락케 하는도다. 철혈정신을 깊이 간직하였던 배달민족은 남녀노소를 물론하고 자유독립을 위하여 생명을 희생하고 용맹스럽게 나서 독립운동을 기묘히 진행하니 얼마나 감사하고 기쁘며 얼마나 장쾌한 감동이 일어나는지 헤아려 말할 수 없도다. 이 때에 우리가 한편으로는 우리 몸을 희생하여 독립운동을 진행하는 동시에 한편으론 우리 운동을 위하여 전능하신 하나남께 간절한 열성으로 기도하는 것이 가한줄로 아나이다. 미국인 교우들도 벌써 우리나라를 위하여 기도하는 사람이 많이 일어났다 하나이다. …… 우리가 자유와 생명을 위하여 희생하면서 혈성으로 기도하면 굽어보시는 하나님이 도우실 줄 믿나이다. 우리 동포는 한맘 한뜻으로 기도하되 매일 세번씩 아침 여섯시에, 정오 열두시에, 저녁 일곱시에 각각 어느곳에서 무슨 일을 하던지 30분 이상씩 기도하옵소서. 기도하는 제목은 독립운동에 희생되는 동포, 감옥에 갇혀 고생하는 동포, 우리 운동에 힘쓰는 동포, 세계평화를 위하여 기도하옵소서.

우리 공의회는 특별히 4월 11일을 독립기념일로 정하였사오니 그날은 예배당과 또한 모이는 곳곳마다 모여서 기도하시기를 바라나이다. 이 때는 바쁜 때이옵기에 각처에 각각 통신을 보내지 못하고 이 신문에 광고로 대신하오니 각 교회인도하시는 제위께서는 이대로 광고하시오며 이글 보시는 여러 동포는 만나는대로 말씀을 전하여 주시기를 바라나이다. 북미한인교회공회회 회장 민찬호, 서기 한승곤[106]

이후 각 지방 교회에서 나라를 위하여 기도하기를 계속하였다.[107]

106) 「독립위하야 긔도」, 『신한민보』 1919년 3월 22일. 이 광고는 4월 3일까지 계속 게재되었다.

1926년 뉴욕대한인연합교회는 대한민국의 독립완성을 위해 2월 21일부터 1주간을 '대한독립완성 기도주일'로 정하고 "1. 대한독립이 1일이라도 속성키를 위하여 기도할 것, 2. 대한독립 대업을 위하여 옥중에 신고하는 형제자매, 병고에 신음하는 형제자매, 해외에 표박유리하는 형제자매의 건강과 화평을 위하여 기도할 것, 3. 독립대사를 위하여 우리 민족의 대동단결을 기도할 것, 4. 우리 제 인도자의 건강 화평과 협심 합력을 위하여 기도할 것, 5. 우리 독립운동 각 단체의 건전발전을 위하여 기도할 것"을 정하였다. 그리고 3·1절 전 주일인 2월 28일을 '대한독립 완성기도주일'로 정하고 각 교회에서 예배를 드렸다.108)

1940년대 미국과 일본 간에 전쟁이 일어나자, 각지에서 전승기도회를 열어 미국과 한국이 반드시 최후에 승리를 얻게 되기를 기도했다. 로스앤젤레스 한인장로교회에서는 약소국을 위해 연합기도회를 열었는데 장소를 한인교회로 정한 것은 한국에 대한 동정이 깊은 까닭이라고 하였다.109)

2) '합방' 반대 운동 : 애국동맹단 선언서 발표

1910년에 들어서면 일본이 한국강점을 노골화하고 있는 데 대해 샌프란시스코 한인교회에서 간행되는 『大道』110)는 일제의 침략적 야욕

---

107) 『신한민보』 1919년 4월 8일.

108) 「뉴욕한인교회에셔 대한독립완성 긔도쥬일」, 『신한민보』 1926년 2월 11일.

109) 「상항 한인 교회 전승기도」, 『신한민보』 1942년 1월 8일 ; 「쇼약국을 위한 련합 긔도회」, 『신한민보』 1942년 7월 30일 ; 「쎌레노 셩탄졀 츅하 - 승젼긔도회를 겸하여」, 『신한민보』 1944년 1월 6일.

110) 『大道(The Korean Evangel)』는 1908년 12월 21일 샌프란시스코의 한인감리교회당에서 창간된 월간지로, 창간 당시에는 사장 李德, 주필 梁柱三, 인쇄인 田成德, 인쇄소 공립신보사였다. 현재 제3권 10호(1912. 7)까지 발견되는 이 잡지에는 주필이었던 양주삼·尹炳九·李大爲 등의 글 뿐만 아니라 서재필, 朴容萬, 李承晩, 민찬호, 홍언(東海水夫), 신흥우, 정재관, 최정익, 방화중, 백일규, 양주은, 황사용, 하상옥, 홍종표, 조성학, 백신구, 손정도, 김성권, 장혜

을 간파하고 사설에서 일제에 대해 한국의 독립을 삼키고자 하는 야욕을 삼가라고 다음과 같이 경고하고 있다.

> 일본 정부는 근래 속으로 주선하며 백성은 드러내놓고 소리를 질러 왈 한일합병 한일합병 하니 묻노라 그대들이 한국을 합병할 권리를 어디서 얻었나뇨 그대들이 주먹귀힘을 믿고 공의와 조약은 배반하며 우리의 원치 않는 일을 억지로 하랴 하니 아지못게라 일본은 만세무궁토록 부강하며 우리는 영원히 약한줄 만 생각하느뇨? 아라 마러라. 우리의 억울한 일말어라 생각좀 하오 생각좀 하오 일본이 올챙이 되었을 때 생각좀 하오 우리를 삼킬 생각만 두지 말고 한 충딕(직)한 친구의 자격으로 우리를 독립케 하여 동양이 공진케 하면 피차에 행복이 되려니와 우리를 삼키고자 하는 욕심을 방종하다가는 필경 토하는 후환과 손해를 면치 못하리니 일본 당국자는 삼갈진뎌.111)

이것은 당시 이 『대도』가 미국 남감리교회 소속의 상항한인감리교회에서 간행되고 있었다는 점에서 기독교인은 물론 한인들의 의견을 대변하는 것이라고 할 수 있다. 종래 복음전파를 목적으로 논설과 교회소식·시사잡문을 다루던 이 잡지가 사설을 통해 일제의 침략을 폭로하면서 독자에게 경고하고 있는 것은 이례적이라 하지 않을 수 없다. 이 잡지의 사설은 '백만명신교인 얻기' 운동을 "장차 한국 정치와 사회상에 큰 혁신을 이루게 될 것"으로 보았고,112) '不忘故國'이라는 제하의 주필 윤병구의 글은 '한일합방'에 앞장 서고 있는 일진회와 정탐꾼들에 대한 회개를 외쳤으며,113) 靑萍이라는 필자는 일본의 잡지

순, 김동성, 문양목, 박종은, 박여삼, 백형련 등의 필자들이 보인다. 『大道』는 미주뿐만 아니고 원동지역과 국내에도 독자를 갖고 있었다.

111) 『대도』 2권 4호(1910. 3), 42쪽.

112) 『대도』 2권 4호(1910. 3), 41쪽. 제 2권 6호(1910. 5)에 실린 장혜순의 '대한예수교인의 집'이라는 글도 백만 영혼을 구하는 것이 '좋은 사회를 조직하기 위하여 힘쓰는 것'이라고 같은 취지로 설명하고 있다.

『太陽報』에 실린 「한국문제」를 번역하면서 '일인의 한국에 대한 경영이 어떠함을 요해'할 것을 경계하고 있다.114) 이 잡지는 「시사잡문」에서 7년 동안 옥고를 치루면서 저술한 이승만의 『독립정신』(2권 5호, 46쪽)을 소개하는가 하면, 「슬프다 안의사여」라는 제하에

> 작년 10월 25일 만주할빈 정거장에서 일본 이등박문을 격살한 의사 안중근씨는 원주의 사형을 면치 못하고 여순구에서 3월 25일에 이 세상을 영별한 슬픈 소식은 기시 천하에 공포된 바이어니와 씨가 한국 동포에게 결고한 뜻이 좌와 같더라.
>
> 내가 한국독립을 회복하고 동양평화를 유지하기 위하여 3년간 해외에서 풍찬로숙하다가 필경은 목적을 도달치 못하고 이 따에서[여순구] 죽노니 오직 나의 2천만 형제자매는 각각 스스로 분별하여 학문을 힘쓰며 실업을 진흥하고 나의 기친 뜻을 이어 자유독립을 회복하면 죽은자라도 한이 없으리로다 하였더라.115)

고 『매일신문』의 내용을 전재하면서 독자들에게 경고하고 있다.

'한일합방'을 전후한 시기의 『대도』는 민족의 위난을 알리고 해내외 동포들의 경각심을 고취시켰다. 제2권 8호(1910. 7)에서 「우리 민족의 장래 일」, 「반석같이 단단한 마음」, 「견디고 참고 일만」, 「합방을 반대하는 선언서」 등을 실은 『대도』는 2권 9호(1910. 9)에서는 양주삼의 「한국의 기도」, 윤병구의 「嗚呼舊韓已倒矣必有復建者乎」116)와 「외교

113) 『대도』 2권 5호(1910. 4), 7~8쪽.
114) 『대도』 2권 5호(1910. 4), 29쪽.
115) 『대도』 2권 5호(1910. 4), 42~43쪽.
116) 그 내용을 요약하면 이렇다. '嗚呼舊韓已倒矣必有復建者乎'의 내용을 간추리면 이렇다. "4천년로구한 우리 조국이 오늘에 망하고 단기 유족이 삼도왜만의 노예가 되메 이제부터 우리는 나라도 없고 역사도 없으며 말망할 참상을 생각하니 하늘이 무너진 듯하고 땅이 꺼진 듯하여 우리의 슬픔과 분함과 부끄러운 뜻을 설명할 만한 글자나 말을 찾지 못하겠도다. …… 진심갈력하여 할 일은 우리 민족을 보존함과 오늘날 망한 나라를 회복하여 중흥케 하기

의 필요」, 시사난에서는 「위력으로써 성립한 합병조약」, 「합병조약을 배척」, 「한일합병에 대한 각국여론」 및 「한국에 대한 구라파 태도」 등을 실었으며, 2권 10호(1910. 10)에서는 「우리 대한의 금일 형편」(韓國民書)117)을 싣고 있다. 모두 민족과 나라를 걱정하면서 울분과 각오를

를 도모함에 종사하는 것 밖에 없나니. 첫째 우리민족 보존할 일과 잃은 자유권을 찾자면 교육부터 힘써야 할 것이니, …… 둘째 우리는 [특별히 내지에 있는 동포는] 원수로 더불어 다툴 것은 우리 민족이 내는 부세로써 우리 동포를 위하는 일에 쓸 재정권리를 찾아 ……, 셋째 우리 민족을 위하며 우리 민족으로써 될 국회니 이는 우리 민족 중에 명망있고 한국혼을 영영히 버리지 아니할 애국지사들을 택하여 국회를 조직하고 그 국회에 참석케 하여 우리 민족이 만드는 법률로 우리는 다스릴 권리를 찾도록 워수와 다투되(32) …… 이상에 진술한 몇가지 권리를 회복하도록 우리가 일하려면 허구한 세월을 요구할 터이요 일군 중에 혹 피살도 하며 혹 구류와 금고도 당하며 기타 만고풍상을 다 당할 터이나 끝까지 견디고 그 주의를 반포하는 이는 우리가 우리 뜻대로 교육할 권리와 우리 가 우리를 다스리는 권리와 우리의 재산을 우리 일에 쓸 권리를 회복할지니 회복하면 다시 독립할 날이 필경 있을 줄 믿노라."(2권 9호(1910. 9), 33쪽)

117) 우리 대한의 금일 형편(韓國民書)은 식민지 하의 일제 통치와 한국인의 정형을 잘 쓴 내용으로 요약하면 이렇다. "오늘날 우리 대한이 당한 것은 애굽이나 파란이나 월남이 당하고 겪어오는 것과 대상부동하게 심하고 참혹하도다. 저 극악한 일인은 영국이 인도에서 쓰던 식민지법과 법국이 월남에서 쓰던 학정과 아라사가 파란에서 이용하던 사람을 생금하고 재정과 권리를 낙시질하며 인명을 파리보다 더 우습게 알고 학살하다가 실수되어 피를 보고 다른 수단으로 안 것들을 일인이 다 알고 신출귀몰한 정택으로 민족을 멸명시키고 나라를 삼키니 듯이 있고 혈기가 성성한 한국민족은 누가 뼈가 아프고 살이 스리며치가 떨리지 않으리요. …… 해외에 계신 동포여, 그대들은 허수히 듣지 말으시고 삼가 깊이 기억하소서 …… 구미각국과 일본급 청국으로 건너가서 각식학과를 배호는 자 통계 만여명에 달하니 …… 일본이 명치유신할 때에는 몇몇이 되지 않는 인물로 약간 학문과를 안 것으로 유신하여 지금보다 낳은 시대를 탄 고로 이제 저렇게 될 기회를 얻었음으로 우리 한국도 넉넉히 중홍하는 지경까지 나아갈 수 있는 것을 일인이 아는 고로 시골서 일인 헌병과 병정이 다니며 각 고을 각 촌에 있는 학자님들을 잡아내어 구 학문의 유무를 안 되에 뜻있는 자는 억지로 죄명을 씨워 총살하기도 하고 모해하여 징역도 시키고 의병의 머리가 될까하여 한문자가 좀 있는자는 잡아가고 도 한

새롭게 하고 있다.

이 중에서 「합방을 반대하는 선언서」로서 「愛國同盟團宣言書」(영문번역)를 수록해 놓고 있다. 「합방을 반대하는 선언서」는 일본의 無信과 제국주의적인 침략야욕을 비난하는 한편 나라를 빼앗기고도 그냥 앉아 있을 수 없어 상항 거류 통포가 "3, 4차 공동회를 열고 일본이 하고자 하는 한일합방 사건과 흉악무쌍한 진상을 반대하기"로 하고 지난 7월 4일에 「애국동맹단선언서」를 다음과 같이 결의하였다.118)

愛國同盟團宣言書(영문번역)

성내와 각도로 다니며 각국 언어를 아는 자를 조사하고 문추하여서 영어나 법어나 아어나 덕어나 혹 청어 아는 이는 주목하며 하다못해 문자로 학문이나 있게 배운 일어를 아는 자라도 우의하여 모해하고 충돌시키며 의병의 간연이라 배일당이라 폭도라 지목하여 달달 복가서 죽게하며 반포도 없이 감옥에서 죽이며 일인이나 정탐객을 보내어 사람을 꾀이며 그 뒤로 다른 사람을 보내어 먼저 보낸 자의 말을 미리 아는 것 같이 얽어 잡아서 그여히 지목한 자는 해코말며 그 외에 한인중 큼직한 자에게는 감히 건드리지 못하고 신문상으로나 정탐으로나 거짓말로나 뜬 말로 넘거집펴서 무근지설로 명예를 손상하고 권리와 세력을 정항하며 행동을 엄찰하니 안창호 윤치호 이동휘 김규식 이상재 최병헌 김정식 정춘수 잇으만 정재관 이범진 이갑 등 여러 백명이니 저들은……"(2권 10호, 1910. 10, 26~28쪽).

118) 『대도』 제2권 8호, 16~17쪽, "일본이 한국과 성립한 모든 조약을 배반하고 일아전쟁시에 일본이 세계에 공포한 바 한국독립을 공고케 하며 강토를 존중히 여기겠다든 선언서도 저버리고 저희의 주먹이 힘만 믿어 우리의 자유를 탈취하며 독립을 폐지하고 우리 민족과 정부를 위력과 압제로써 공갈하여 가짐즉한 물건과 지위와 토지와 권리는 모두 빼앗아가더니 오히려 부족하여 금일에 이르러는 한국이라는 이름까지 없이하려고 소위 합방이라는 의사를 세계에 공포하며 일변으로는 저희 목적을 이루려고 많은 군사를 우리 나라에 파송하는지라. 조국을 사랑하는 우리가 저 소식을 들을 때마다 피가 끓고 마음이 찢어지도록 애통하는 바 우리가 애통만 하며 눈물만 흘리고 앉았는 것은 차마 하지 못할 일이라 그런고로 본항 거류 동포가 3, 4차 공동회를 열고 일본이 하고자 하는 한일합방 사건과 흉악무쌍한 진상을 반대하기를 지난 4일에 결의하였는데 그 결의문이 여좌하더라".

우리가 깨닫건대 이날(7월 4일)은 미국이 독립한 날이요 자유와 행복을 누리는 미국백성이 무한히 즐거운 마음으로 경축하는 날이라 이 때를 당하여 우리가 5천 년 생장한 조국을 사랑하여 도움을 부르짖지 아니치못하겠고 부르짖드라도 자유를 사랑하는 저 미국 백성들은 우리의 행동을 경솔히 보거나 모시지 아니하리로다. 저 무도하고 강포한 일인이 합방을 예비하니 이는 미국이 독립선언서에 영국의 압제와 강포함을 탄핵한 것보다 몇백 배나 더욱 흉악한 일이요 일본정부와 군사의 토격과 강포를 생각하면 말이 부족하여 못할지라 우리의 사랑하는 조국형편이 이같이 비참함 가운데 각처 신문 잡지와 전보를 볼 지경이면 한국황제와 백성은 합방문제를 심상히 녁이며 일본의 멍에를 메고 압제받기를 오히려 즐긴다 하는 황언망설이 비비유지한지라. 그러나 우리가 우리나라 각처에서 종종 래도하는 통신과 우리나라 정형을 자세히 하는 바에 우리가 일인의 종되기를 즐긴다 하는 말같은 것은 온전히 황당한 무근지설인 줄 아는 바이며 일본의 혹독한 압제가 우리 황제와 동포를 얼마나 누르는지 실상 깨달은 즉 이 때에 우리가 모든 힘을 다하고 성의를 다하여 저 무도한 일인의 거짓과 무소를 어찌 반대하지 아니하리요. 그런고로 이에 우리가 좌개한 사건을 결의함.

1. 미국에 거류하는 우리가 마땅히 조국을 사랑하며 위하여 위급한 이 때에 미국 사람들의 동정을 얻도록 힘쓸(지)이니 미국은 이왕에 회랍과 파란과 아일란드와 헝가리와 및 기타에 압재받든 나라히 정한 원조를 거정치 아니하였은즉 이제 우리 조국이 저 흉악무쌍한 일본을 죽기로써 반대하며 다투는 일에 동정할 백성이 많을 줄 믿음.

1. 세계 렬강국의 공론과 여론의 장대한 권력을 우리가 믿는 바 우리 한국 사정을 세계에 파전하고 먼저 합중국의 공론에 우리나라 사정이 달하도록 힘쓸 일.

1. 일본이 일아전전할 때에 선언하기를 한국독립과 강토를 존중히 여기겠다고 세계에 맹서한 바를 이제 일일이 위반하고 짐짓 우리 한국을 강포와 노략질로 탈취하니 이 억울한 사정을 넙히 전파하여 세계에 문명한 인사들이 일본의 만행을 성토케 할 일.

1. 우리의 수효가 많지 못하고 조국을 떠나 원방 이곳에 와 있으나 우리의 사랑하는 조국을 구원하기 위하여 모든 힘과 마음과 성의와 열심을 다함은 곧 우리의 거룩한 본분이라 그런고로 우리 마음과 재력을 의연하여 일본이 우리나라를 압제하며 인민을 살육하며 재산을 탈취하는 것과 합병하려는 준비를 반대하는 뜻을 넓히 전하하여 문명한 나라 백성들의 여론에 우리나라 참상이 미치도록 힘쓸 일이라 하였더라.119)

이 선언문의 내용과 성격에 대해서는 다른 기회에 언급하는 것이 적절할 것이다. 1910년 당시 해내외에서 합방을 반대하여 발표된 선언문에 대해서는 별도의 검토를 요하는 것이지만, 「愛國同盟團宣言書」는 그 주장하는 내용도 내용이거니와 합방이 이뤄지기 전인 1910년 7월 4일, 미국의 독립기념일에 맞춰 결의되었다는 점도 그런대로 의미를 부여하려고 했던 것 같다. 이 선언서가 상항 감리교회를 중심으로 한 상항거류 한인들의 의사를 집약하여 『대도』를 통해 발표했다는 것은 교회의 독립운동을 이해하는 데에 상징적인 의미를 준다고 할 것이다.

3) 독립금 모금

미주 한인들의 독립운동 후원에서 가장 뚜렷하게 드러나는 것은 독립자금 후원일 것이다. 특히 상해 임시정부가 건립된 후 임정을 유지하기 위한 경상비의 조달이나 특무공작을 수행할 때에도 하와이를 비롯한 미주 한인들의 재정적인 뒷받침이 있었던 것은 익히 알려진 바다. 가령 1919년 4월 임시정부를 수립할 때에 안창호가 중심 역할을 할 수 있었던 것은 재정적인 힘이 있었기 때문이었다. 그것은 바로 미주 한인들이 보조한 독립자금을 말하는데, 그는 이것으로 정청을 마련하고 초기의 임정조직을 다질 수 있었던 것이다. 김구가 1932년의 몇 차

---

119) 『대도』 제2권 8호, 17~18쪽.

례에 걸친 특무공작을 펼 수 있었던 것도 미주 한인들의 자금 지원이 약속되었기 때문에 가능했던 것이다.120)

상해 임정에 대한 독립자금을 지원한 대부분이 미주 한인들이었는데, 이들의 대부분이 기독신자들이었다는 점에서 우선 독립자금 모금에는 교회가 일정하게 역할을 했을 것이라는 점은 췌언을 요하지 않는다. 미주 한인교회의 목회자들은 3·1운동을 기념하는 등, 각종 기념일을 주재했을 뿐만 아니라 임정을 위한 모금에도 앞장을 섰던 것이다. 특히 현순이 앞장 섰던 것을 알 수 있다.

1925년 하와이에서 개최된 임시정부후원회에서는 현순 목사의 인도하에 약 30여 명의 유지인사들이 모여, 임시정부의 관청도 유지하지 못하는 것을 개탄하고 우선 인구세 1원씩을 거두어 보내기로 결의하였고, 현순 목사의 노력으로 임시정부를 후원하기 위한 단체가 조직되어 상해 임시정부에 지원금을 계속 보냈다.121) 1930년대 하와이 한인사회의 분열로 임시정부 재정 후원이 점차 미약해져 갔다. 이에 1931년 4월에는 가와이섬의 현순, 이홍기 등이 발기하여 '단합회'를 조직하고 임시정부를 재정적으로 후원했다. 또한 오아후 와히아와 지방에서도 '하와이애국단'을 조직하여 임시정부를 돕기 시작했다.

상해에서 윤봉길의 의거가 있은 후 현순은 또 임정을 돕기 위해 모금에 나서서 6백여 원을 모은 적이 있었는데 신한민보 기사는 이렇게 전한다. "가와이 미 감리교회 목사 현순씨의 전설을 듣건대 지방 동포들도 임시정부 후원목적으로 이미 한인 단합회를 조직하고 과거 2년 동안 상해로 부친 금액이 6백 원에 달하였는데 이번 그곳 위급한 소문을 듣고 3백 원을 또 보냈다한다. 동회원 총수는 40명이며 리사원은 현순, 리홍기, 김상호, 정원현, 정준영, 정호영 제씨라더라."122)

---

120) 김구, 이만열 옮김, 『백범일지』, 역민사, 1997, 304쪽, 311쪽.

121) 「정부후원회」, 『신한민보』 1925년 3월 12일 ; 「가와이 후원회」, 『신한민보』 1932년 6월 2일.

122) 『신한민보』 1932. 6. 2. 가와이 후원회.

현순의 독립자금 모금은 한두 해에 그쳤던 것이 아니다. 현순 자료[123]에 의하면, 慰問金捐助記를 비롯하여 1938년도 1월부터의 카와도 특연금, 일자미상의 人口稅 144.00달러, 일자미상의 '臨政納付 豫定後援金' 191.00달러, World Service Money 205.00달러, 14년도·15년도·18년도 남자부 여자부 인구세, 軍事後援金 上納 1722.67달러, 1940년 1월 26일자에는 各種上納金 중 金九先生治療金 100달러도 보인다. 또 이 자료에는 임시정부 재무장 宋秉祚가 재정지원을 요청하는 서신과 후원금 영수증도 들어있어 앞으로 이 방면 연구에 큰 도움이 될 것으로 보인다.

독립자금 모금은 1940년대에도 계속되고 있었다. 예를 들면, 1944년에도 라셩장로교회 三十八원 十八전의 독립금을 모금하였다.[124] 독립금뿐만 아니라 重慶 재류 동포를 위한 동정금도 계속되고 있었다. 「중경 동포 위문금」이라는 제하의 다음의 기사는 이를 잘 보여주고 있다. 즉

> "상항 지방 상항 통신에 의지하면 상항 한인 교회를 중심하고 모집한 동졍금이 三빅 八十五원에 달하엿는데 동 지방은 금번 장로교 선교 총부의 서명으로 중경 지류 동포를 위하야 교회 사업을 목적하고 출발하는 원한경 박사에게 그 동졍금을 부송하며 중경에 잇는 곤난한 동포에게 분비하여 주기를 부탁하엿다고 하잇다."[125]

는 것이다. 뿐만 아니라 교회에서 보이는 중요행사 집회에서는 그 순서의 하나로 '성금모집'이라는 것이 있었는데 이것은 모두 독립성금이거나 동포들을 위한 것이었다고 추측된다.

---

123) Soon Hyun, *VI. Resettlement in Hawaii(1) : Independence Movement 1923-1941*ⓒ-Second Edition (1998, KIHAI).

124) 『신한민보』 1944년 12월 28일.

125) 『신한민보』 1944년 12월 14일.

독립금을 비롯한 모금운동은 비단 하와이나 미국의 서부 지역에서만 있었던 것이 아니다. 미국 동부의 뉴욕 한인교회에서도 나타났다. 뉴욕 한인교회 부인회에서는 임시정부 후원을 주력삼아 광복운동을 촉진하기 위해 노력하였다.[126] 그들은 자기 교회에 필요한 사업에 쓰려고 4년 동안 푼푼이 모아 둔 40원을 연합회에 보태어 독립금으로 사용하게 되었다는 것이다. 이렇게 미주 지역의 임시정부 자금 지원에는 일정하게 교회나 교회지도자를 통해 이뤄지고 있었다고 하겠는데, 이 점에 대해서는 여러 자료들을 종합하여 정리해야 할 것으로 생각된다.

9. 맺는말

미주 한인교회는 그들의 이민의 역사만큼 같은 100년의 역사를 갖고 있다. 그들의 이민에는 한국 교회가 관여했고 한국 교회의 지도자들이 일부 동행하기도 했다. 따라서 한국 기독교가 갖고 있던 애국충군적인 성격을 가지며 성장했다고 할 수 있을 것이다. 미주 이민교회

126) 『신한민보』 1942년 10월 01일, 「뉴욕 한인 교회 부인회의 후원 - 련합회 공작을 위하야」, "직미 한족 련합회는 셩립이후 七대 강령의 뎡한 계획을 다힛고는 할수 업지마는 작년 十二월 七일 이릐 직류 동포의 신분증명으로부터 안령을 보장한것과 림시정부 후원을 주력삼아 한국 광복운동을 촉진 하는것과 밋 대의 션전에 노력을 더하얏슴이 량심에 잇는 대로는 다한 것이다 그러나 아즉도 정돈되지 못한 환경의 포위 중에 잇는 정형이 압록강 당수 중에 잇는 돈대와 갓고 직미 한인은 자신을 위하거나 국가를 위하거나 갓치 살려는 목덕하에 이 돈대 우에 모혀 잇 스믜 이 ㅣ긔에 잇셔 민족적 공의를 가진 인사는 누구나 이단결레를 익호 하는 것이다. ㅈ ㅏ ㅣ미 한족 련합회 집히 뫄 당국으로부터 젼하는 쇼식을 듯건되 뉴욕 한인 교회 부인회는 동교회 필요한 사업에 쓰려고 사년 동안 푼푼전전이 모아 두엇든 사십원을 가져 련합회에 보닉며 부탁하기를 귀회 사업에 보틱 쓰기를 바란다 하얏고 련합회에셔는 이 돈을 독립금으로 밧고 말하기를 四十원은 四년 동안 모힌 성심이오 이성심을 가져 련합회를 후원하는 것이 진실로 고마운 일이라고 한다".

가 민족운동의 바탕이 될 수 있었던 것은 바로 이러한 역사적 맥락 위에서 이해될 수 있다고 본다. 이민교회가 민족운동의 바탕이 되었던 또 하나의 배경은 초기에 이민 사회를 바탕으로 활동한 지도자들이 대부분 기독교 신자들이었다는 점도 고려될 수 있을 것이다. 그들은 때로는 교회의 지도자가 되기도 하였고 기독교적인 소양 위에서 교회를 배경으로 민족운동에 나설 수 있었던 것이다.

교회와 민족운동과의 관계에 대해 유동식은 다음 다섯 가지로 유형화하여 설명한 적이 있다. 첫째는 교회 활동을 종교적인 영혼 구원과 개인의 안정에 치중하는 보수적 정통주의자들의 입장으로, 민족운동이 교회의 책임이라고 생각하지 않는 초기 선교사들에게서 많이 나타나는데, 한국 교회의 경우 프라이 감리사가 여기에 속한다. 둘째는 기독교적 정신을 중요시하기는 하지만 기독교와는 관계 없이 민족의 독립과 구원운동을 전개하는 유형으로, 안창호, 박용만의 입장이다. 셋째 기독교를 민족운동의 기초로 삼아 기독교를 통한 서구 제국과의 교류나 교회와 학교 조직의 힘을 민족독립 보존의 중요한 수단으로 보는 입장으로 이승만이 대표적이다. 넷째 교회운동 안에서의 민족운동, 즉 전인적인 인간 구원을 위한 선교의 일환으로 민족의 위기를 극복하고 독립을 획득하려는 민족운동으로 이 때 민족운동은 어디까지나 교회운동으로 귀착될 수밖에 없는데, 현순 목사가 이 경우이다. 다섯째 민족운동과 교회운동을 하나로 겹친 입장 또는 그 중간에 선 입장으로 윤치호를 들 수 있다는 것이다.[127] 여기서 미주 이민교회의 민족운동이 어떤 고정된 유형에 대입되기는 힘들지만, 대체로 하와이 이민 초기의 지도자의 한 사람이었고 뒷날 구미위원부의 일원으로 활동한 바 있는 현순의 노선이 이들의 민족운동을 대변해 주고 있지 않나 생각된다.

미주 이민들은 이민과 동시에 교회와 학교를 세우고 교육운동에 나

---

127) 유동식, 앞의 책, 139~140쪽.

서는 한편 민족운동을 위한 단체 결성에 나서게 되었다. 그들은 잃어버린 조국을 되찾기 위해서는 군사력을 양성하지 않으면 안 된다는 신념아래 군사양성에 나섰다. 박용만이 그 대표적인 인물인데, 그의 생애의 초기에 해당하는 미주에서의 생활은 기독교적인 터 위에 서 있었다. 그는 같은 기독교인으로 이승만이 취했던 방식과는 다른 전략을 취했던 것이다.

미주 한인교회는 동족구제를 통해 민족의식을 고취시키고 있었다. 또 그들은 각종 토론회와 연설회를 통해서도 민족의식을 고취시켰다. 이민으로 와서 자칫 흐트러지기 쉬운 민족적 정체성을 잃지 않으려고 노력했던 것이다. 또 3·1운동 기념식이나 8·29 국치일을 반성하는 모임을 통해 독립정신을 고양하고 있었다. 이런 바탕 위에서 그들은 독립운동을 지원할 수 있게 되었다.

기독교인들의 독립운동에는 구국기도회 등을 통한 소극적인 측면이 없지 않았으나, 적극적으로는 일제가 강점을 노골화하는 때에 '합병'반대운동에 나서기도 했던 것이다. 그들의 독립운동은 교회의 독립운동 자금 모금에서 가장 뚜렷이 드러난다고 할 것이다. 임시정부 운동이 미주 한인동포들의 독립성금에 크게 의존했고 1932년 특무공작의 성공 뒤에는 성금지원이 한층 활발하게 되었는데, 이것은 그 뒤에 교회가 있었기 때문에 가능했던 것으로 보인다. 교회는 이민자들의 정신적 생활공간을 넓혀주었을 뿐 아니라 독립운동 지원을 통해, 비록 일제 강점하에 있었던 조국이었지만, 조국과의 유대감을 유지시켜 갔던 것이다.

한말·일제초 재미한인의 민족운동론

김 도 훈*

1. 머리말

1904년 러일전쟁 이후부터 1910년대까지 민족운동은 啓蒙運動과 義兵戰爭으로 대별되어 왔다. 계몽운동과 의병전쟁의 이념과 논리는 1910년 國亡을 전후한 시기에 합일되어 獨立戰爭論으로 정립·체계화되었으며, 이 독립전쟁론은 1910년대 민족운동론으로 자리매김되었다.[1] 이후 독립전쟁론은 "국외에 독립운동기지를 설치하여 독립군을 양성한 후 적당한 시기에 일제와의 혈전을 통해 빼앗긴 국권을 되찾는다는 운동론"이자, 기존의 "비무장 실력양성론의 한계점과 무장투쟁론의 비현실성을 절충·보완한 준비론적 독립전쟁론"으로 규정되었다.[2] 이러한 독립전쟁론의 성격규정에 따라 학계에서는 국내의 新民會, 국외의 독립군기지개척운동을 연구함으로써 독립전쟁론이 어떻게 구현되었는가 하는 점을 규명해왔다.

그러나 이 독립전쟁론의 개념은 일찍이 재미한인들이 제기한 민족운동방략의 일환이었고, 『共立新報』의 배포와 재미한인의 지도자였던 안창호 등이 국내에 신민회를 창건하는 과정 속에서 널리 확산되었다.

* 국민대 강사, 국사학

1) 尹炳奭, 「1910년대 韓國獨立運動試論」, 『史學硏究』 27, 1977, 77쪽.

2) 尹慶老, 「1910년대 독립운동의 방략과 특성」, 『한국독립운동사사전』 1, 259~261쪽.

이와 더불어 재미한인들은 일찍부터 국민단합론과 통일연합론을 제창하여 그 결과로서 해외한인의 최고기관인 大韓人國民會를 조직하였고, 1911년에는 한인 최초로 臨時政府建設論(無形國家論)을 주창하여 국민국가 건설인식을 확산시키는 데 선도적 역할을 하였다.

이와 같이 1904년부터 1910년대까지 재미한인들이 구상한 민족운동 방략은 국내외 민족운동을 指南함과 동시에 임팩트로서 작용하였다. 따라서 재미한인의 민족운동론을 살펴보는 것은 기존에 간과되었던 한말 일제초기 국내외 민족운동론의 형성과 전개양상을 구명하는 데 반드시 필요한 작업으로 여겨진다.

2. 일제의 국권침탈에 대한 인식

1904년 러일전쟁 직후 제기된 계몽운동은 "정치·경제·사회·문화적으로 국민적 역량을 축적하고 신장하기 위한 실력양성운동"이었다.[3] 특히 사회진화론에 바탕한 지식인의 경우, 근대화를 추구하기 위한 文明自强論 입장에서 계몽운동을 전개하였다. 이러한 문명자강론적 인식구조는 재미한인의 경우에도 예외는 아니었다.

1902년부터 1905년까지 약 7천여 명의 노동이민으로 형성된 재미한인사회는 소수의 유학생과 다수의 노동자로 구성되었다. 이 중 소수의 유학생들은 "우리나라가 미개하고 민멸하는 것을 분히 여겨 미국에 문명하고 부강한 것을 배우고 본받아 가지고 우리나라도 미국과 같이 문명부강하게"할 목적으로 도미하였다.[4] 후일 재미한인사회의 지도자로 활동하는 유학생들은 문명자강론적 인식 하에 한일의정서에 명시된

3) 趙東杰, 「韓末 啓蒙主義의 構造와 獨立運動上의 位置」, 『韓國民族主義의 成立과 獨立運動史硏究』, 知識産業社, 1989, 108쪽.

4) 『共立新報』 1906년 4월 14일 別報.

'한국의 독립보전'이라는 문구를 굳게 믿고 러일전쟁에서 일본의 승리를 기원하였으며,[5] 이러한 인식틀은 1904년 8월 제1차 한일협약 당시까지 지속되었다.[6]

이러한 對日認識에 변화를 가져온 것은 1905년 1월부터였다. 하와이 한인들은 하와이 한인사회 보호를 위해 대한제국정부에 영사관 설치를 요청하였다.[7] 하와이 한인들의 영사관 설치요구를 계기로 일제는 해외 한인들마저 그들의 통치권 하에 두기 위해 대한제국정부에 압력을 가해 호놀룰루주재 일본총영사를 대한제국 명예총영사로 위임하게 하였다.[8] 이 소식을 전해들은 하와이 한인들은 대한제국정부에 장서를 보내 "정부명령을 거역하는 죄는 달게 받을지언정 일본영사와 간섭하라는 명령은 시행치 못하겠다"고 통보하였으며, 北美의 桑港親睦會 역시 뜻을 같이하였다.[9] 이 사건으로 재미한인들은 자국민조차 보호할 능력이 없는 대한제국정부의 명령을 거부하는 한편, 해외한인까지 지배하려는 일제에 대응하기 위한 조직 결성이 절실히 필요하게 되었다.

---

5) 『共立新報』 1905년 12월 6일 別報, "일아 개전할 처음에 한인이 일본군대를 위하여 수고를 불고하고 편리토록 도와주기에 성력을 다하고 존숭유지하다 하는 자들은 일본이 승전하기를 귀를 기울여 기다렸으니 이것은 다름이 아니라 일본황제의 조칙에 한국의 독립을 보전이라고 성언함을 의심없이 믿음이러니".

6) 「我 大韓이 存耶아 亡耶아」, 『共立新報』 1907년 8월 2일 論說, "갑진년분에 한국의 독립을 완전케 하며 동양에 평화를 부지코자 하여 아라사와 개전한다고 천하에 광포하였으며 광무 8년 8월 22일에 한국의 독립을 담보한 약조를 체결한 고로 우리 2천만 인구가 한 마음으로 일본의 대의를 축수하며 천하에 보고 듣는 사람이 다 일본의 대의를 칭찬하였더니".

7) 「請派領事」, 『皇城新聞』 1905년 1월 25일 雜報. 하와이 한인들은 대한제국 外部에 영사 파견을 청원하면서 대한제국의 재정이 부족하니 영사를 파견하면 하와이 한인 6천여 명이 各出義金하여 영사관 경비를 보조할 것을 제의하였다.

8) 金度勳, 「韓末 韓人의 美洲移民과 民族運動」, 『國史館論叢』 제83집, 1999, 92~93쪽.

9) 『共立新報』 1906년 6월 30일 雜報.

“시기의 절박함과 나라가 傾覆됨을 분통히” 여긴 재미한인들은[10] 4월 5일 安昌浩를 비롯하여 鄭在寬·李剛(본명 李正來)·金成武 등 주로 關西地方 출신들을 중심으로 共立協會를 창립하였다.[11] 공립협회는 7월 회장 安昌浩를 샌프란시스코로 파견하여 회무를 정비하고 10월 共立館을 설치하였다. 공립관의 설치는 200여 회원과 재미 한인들을 위해 노동주선소와 구제소로의 역할을 목적으로 설치된 것이었다. 뿐만 아니라 해외한인까지 지배하려는 일제의 간섭을 배제하고 한인 스스로 재미한인사회를 지키려는 자치기관을 염두에 둔 것이기도 하였다.[12]

그러던 중, 1905년 11월 을사조약 체결소식이 전해졌다.[13] 을사조약 제1조에 명시된 “외국에 나가있는 한인들을 각국에 주차한 일본공사와 영사가 대리 보호할 것”이라는 조항은 1904년 이후 일제가 끊임없이 시도한 해외 한인에 대한 지배권을 사실상 확보하였음을 뜻하는 것이었다. 따라서 재미한인들은 을사조약을 계기로 한국이 일제의 준식민지로 편입되었음을 명확히 인식하게 되었다.[14] 이러한 망국상황 인식은 11월 27일 미국 외무장관이 일본정부에 대한외교 일체를 일본정부와 교섭할 것이며 주미 한국공사관과 주한 미국공사관 철폐를 정식 통보하면서 더욱 확고해졌다.[15] 이후 일제는 해외한인에 대한 일제의 통

---

10) 「제국신문기자 깨닫게 할 일」, 『共立新報』 1906년 11월 23호 論說. 이하 『共立新報』 石版印刷本 중 날짜를 확인할 수 없는 경우에는 號數로 대체하였다.

11) 『共立新報』 1905년 11월 22일 協會事蹟.

12) 공립협회에 관한 것은 金度勳, 「共立協會의 民族運動研究」, 『한국민족운동사연구』 4, 지식산업사, 1989 참조.

13) 공립협회가 일제의 을사조약 강제체결의도를 접한 것은 12일 헐버트가 공립협회를 방문하면서 확인되었다(「敎師渡美」, 『共立新報』 1905년 11월 22일 雜報).

14) 『共立新報』 1905년 12월 6일 別報.

15) 「美認日攬韓權」, 『共立新報』 1905년 12월 6일 雜報. 공립협회는 미국이 한미조약에 의거해 거중조정을 해 줄 것이라는 기대감이 좌절되자, 미국에 대

치권 확립절차를 밟아나갔다. 1906년 1월 샌프란시스코 주재 일본영사가 샌프란시스코 한인명예영사의 인장과 문부를 전정하고 재미한인의 사무 총괄을 선언하자,[16] 주미한국공사서리 김윤정은 주미한국공관과 문부를 일본공사에게 이양한 후 귀국하였다.[17] 이렇듯 을사조약을 계기로 재미한인에 대한 일제의 지배가 구체화되자, 공립협회에서는 재미한인의 자치기관 설립과 더불어 국권회복방략을 모색하기 시작하였다.

3. 국민단합론과 통일연합론

1905년 12월 이후 공립협회는 국권회복운동의 전단계로서 먼저 망국사태의 원인을 규명하기 시작하였다. 공립협회는 망국사태로 이른 가장 큰 원인으로 전제정치로 인한 폐습을 꼽았다. 따라서 망국사태를 극복하기 위해서는 유림과 양반들을 革去해야 하며, 그것은 곧 유림과 양반의 존립기반인 신분제사회 타파를 뜻하는 것이었다. 따라서 재미한인들은 계급타파와 함께 공화제에 입각한 국민주의 실시만이 국권회복의 지름길이라고 인식하게 되었다.[18] 이러한 인식 속에 관심은 자연히 국민과 사회단체로 이어졌다. 재미한인들은 독립협회기부터 계몽운동기까지 정부관인과 각종 사회단체들의 파당, 그리고 '國民의 團合不在'가 망국사태요인으로 작용했음을 지적하였다.[19] 특히 공립협회

한 강한 불신을 표명하는 한편, 그 원인으로 미국의 선교사업을 꼽고 있다(「韓人失望」, 『共立新報』 1905년 12월 6일 電報抄要).

16) 「日領事兼理韓事」, 『共立新報』 1906년 1월 8일 雜報.

17) 『共立新報』 1906년 2월 13일 雜報 「公使撤歸」.
김윤정은 귀국 전 공립협회를 방문한 후 2월 6일 몽고리아선편으로 환국하였다.

18) 金度勳, 「共立協會의 民族運動研究」, 앞의 책, 47~48쪽.

19) 『共立新報』 1905년 12월 21일 論說.

총회장 안창호는 독립협회 이래 민권운동의 실패가 그 뿌리를 심지 않은 데 있다고 비판하면서 문명과 부강의 원천은 민족자주와 단합에 있음을 강조하여 영웅주의를 배격한 국민단합론을 제창하였다.[20)]

재미한인이 단합의 주체로 '국민'을 설정한 것은[21)] 독립협회 이후 계몽운동기까지 대다수 지식인들이 지녔던 정부 관인 중심적 사고와 지식인을 변혁주체로 설정하는 이른바 서구의 초기 부르주아적 사고를 비판·극복하는 인식이었다. 즉 독립협회 이후 계몽운동기 문명개화론자들은 민권론을 거론하면서도 민중불신의 愚民觀에 입각하여 국민들을 계몽의 대상으로만 파악하여 국민을 통한 정치변혁이 아닌 계몽주의자 중심의 정당정치를 추구하고 있었다. 따라서 계몽주의자들은 國家有機體說에 바탕하여 인민주권을 반대하였으며, 주권을 통치권으로 이해하는 등 국민을 변혁의 동력으로 파악하지 못하였다.[22)] 이에 비해 공립협회는 주권이 군주 또는 정부에 귀속되는 것이 아니라 국민에게 있음을 천명하면서 "국가 일에 몸을 바쳐 국가의 독립과 자유를 회복하고 백성이 국가의 주인에 되어 헌법을 정하고 대의정체를 실행한 연후에야 가히 참 국민이 될 터이니 오늘 우리의 목적할 바는 국민주의"라고 하였다.[23)] 이러한 공립협회의 인식은 앞서 언급한 국내 계몽주의자들과 인식의 차별성을 갖는 주요한 요소로 작용한다.[24)]

---

20) 『共立新報』 1906년 4월 14일 別報.

21) 『共立新報』 1906년 4월 14일 寄書 ; 「대성질호 국민동포」, 1907년 6월 7일 기서.

22) 金度亨, 『大韓帝國期의 政治思想硏究』, 지식산업사, 1994, 84~107쪽 참조.

23) 金度勳, 「共立協會의 民族運動硏究」, 앞의 책, 47~50쪽.

24) 「大夢誰覺」, 『共立新報』 1907년 6월 14일 논설. 이러한 사고는 공립협회 지도부가 대부분 평안도 출신의 기독교 인사들로 구성된 점과 관련이 있을 것이다. 공립협회는 후일 일본의 태극학회, 국내의 서북학회와 신민회 등 주로 관서지방 인사 및 기독교 계열을 중심으로 민족운동을 전개하였다. 이는 조선후기 이래 평안도 세력의 시민층으로의 성장과 맞물려 민권운동을 축으로 부르주아적 헤게모니를 구현하려는 인식을 반영한 것으로 보인다.

이에 따라 안창호는 공립협회를 조직한 목적이 '문명과 부강의 씨'를 구하려는 데 있다고 하면서 그 씨는 바로 國民團合이며, 국민단합의 기초는 공립협회로부터 비롯된다고 언급하였다.[25] 따라서 공립협회는 '문명과 부강의 씨'를 퍼트리고자 북미지역뿐만 아니라 하와이는 물론 모든 한인까지 포함한 조직으로 공립협회를 확대할 것을 결정하였다.[26] 그러던 중, 1906년 2월 15일 대한제국정부가 해외 한인에게 일본영사의 보호를 재차 명하였다. 이는 을사조약으로 외교권마저 박탈당한 대한제국정부가 취하는 당연한 수순이었다. 그러나 재미한인사회에서 이 명령을 이행하는 것은 을사조약과 일제의 통치를 인정하는 셈이었다. 따라서 이를 거부한 공립협회와 하와이의 에와친목회는 在美韓人共同大會를 개최하고 한국정부에 排日決議文을 발송하는 등 항일운동을 본격화하였다.[27]

이후 사실상 망국민으로 전락한 재미한인들은[28] 공립협회를 대한제국을 대신하는 한인보호기관으로 인식하기 시작하였다.[29] 이에 따라 1906년 5월 11일부터 4일 간에 걸쳐 총회 평의회를 개최한 공립협회는 평의회를 대의회로 개정하고 학무부 · 사법부 · 구제부를 설치하는 등 조직을 개편하였다. 이와 함께 하와이까지 공립협회 조직을 확대하기로 의결하는 한편, 미국정부의 보호 아래 한인자치기관으로 역할할 것을 결의하였다. 이를 위해 공립협회는 법률사 고빙과 더불어 『共立新報』 확장에 필요한 활판소 설치, 유망인사의 주필 초빙을 결의하였다.[30] 이러한 결의사항은 일제의 통치를 거부하는 한편, 미주 내 한인

---

25) 『共立新報』 1906년 4월 14일 別報.

26) 「共立協會不拘遠近」, 『共立新報』 1905년 12월 21일 雜報.

27) 金度勳, 「韓末 韓人의 美洲移民과 民族運動」, 앞의 책, 93쪽.

28) 「力斥日本之陰謀」, 『共立新報』 1906년 4월 14일 雜報.

29) 「徐氏寄書」, 『共立新報』 1906년 10월 22호 雜報, "우리를 보호하여 주는 공사와 영사가 없이 외로운 백성으로 다만 공립협회만 믿고 동서남북으로 내왕하는 중".

30) 『共立新報』 1906년 5월 12호. 자치기관의 모델은 미국내 일본인협의회와 이

영사관의 대체조직으로 공립협회를 상정하면서 삼권분립에 의한 자치기관을 실험적으로 운영하려는 것이었다.

그러던 중, 1906년 6월 한국정부에서 桑港大震災[31]로 피해를 입은 재미한인들을 위해 구휼금을 발송하였는데 그 분급처가 샌프란시스코의 일본영사관이었다. 이에 공립협회는 일본영사관을 통해 구휼금을 받는다는 것은 사실상 일제의 해외한인통치를 인정하는 것으로 규정하고 공립협회 총회 및 지방회의 의결을 거쳐 구휼금 거부를 천명하였다. 또한 6월 24일에는 일본영사의 간섭행위에 대해 통고문을 발표하고 總代를 파견하여 일본영사의 행위에 항의함으로써 한인사회에 대해 간섭하지 않겠다는 일본영사의 확약을 받아냈다.[32] 이 사건으로 공립협회는 미국의 묵인 하에 미국 내 한인자치기관과 대표외교기관으로 자리하게 되었다.[33]

이러한 일련의 사태 이후 공립협회는 1906년 7월 재차 국권회복의 선결과제로 國民團合論을 제창하였다. 이와 더불어 모든 한국민을 단합하기 위한 전제조건으로 前近代敎育인 노예교육론을 배격하고 "자유의 정신과 단합하는 성질과 공번된 이익의 사상과 활발한 기운을 배양"하기 위한 國民敎育論을 설파하였다.[34] 공립협회에서 제창한 국민

태리의회, 청국인의 중화회를 염두에 둔 것이었다. 또한 주필초빙의 경우, 락스프링스지방 한인들이 재정의연을 하면서 본국에서 초빙할 것을 언급한 내용이 있다(「石泉同胞美擧」, 『共立新報』 1906년 10월 21호).

31) 「桑港大地動大火災」, 『共立新報』 1906년 4월 11호. 샌프란시스코에서는 4월 18일 오전 5시부터 대지진이 일어나 약 8백여 명의 사상자가 발생하는 대참사를 입었다. 이 때 공립협회 역시 다음 날인 19일 오후에 본부건물인 共立館이 소실되는 등 많은 피해를 입었다.

32) 자세한 것은 「拒日人干涉」·「質問日領事」·「可痛文耿鎬之大罪」·「質問文耿鎬」, 『共立新報』 1906년 6월 30일 雜報 ; 「還退恤金」, 1906년 6월 30일 협회요록 ; 「公言日領事見欺」, 「文牧師避身」 1906년 7월 14일 雜報 참조.

33) 金度勳, 「共立協會의 民族運動研究」, 앞의 책, 14쪽.

34) 「교육에 분별이 특별히 있음」, 『共立新報』 1906년 9월 19일 論說. 여기서 말하는 국민교육론은 "태서문명제국이 새로 발명한 국민교육제도"를 모본한 것

단합론은 먼저 미주와 하와이 한인사회를 단합한 후 국내 한인까지 단합하는 것이었다.[35] 따라서 공립협회는 국민단합의 주체로 재미한인을 설정하였다. 이는 재미한인의 기본적인 인식이 "장차 우리나라에 문명이 미국에 있는 동포로부터 수입될 것을 생각"하고 있었으며, "우리나라와 동포의 대표되는 책임"의식을 지니고 있었기 때문이었다.[36] 특히 1906년 12월 하순에는 일제의 施政改善을 정면 비판하고 "대한독립은 대한 국민의 담책"이라고 하여 국권회복의 주체가 국민임을 표명하였다.[37] 그러나 당시 국내상황은 지식인을 중심으로 한 계몽운동이 전개되고 국민 스스로 각성하지 못하는 현실이었다.[38] 이에 따라 공립협회 회원들을 중심으로 지속적으로 논의되던 국권회복방략은[39] '國民'을 국권회복의 주체로 내세우면서 그 매개고리로써 국내와 미주, 일본과 해삼위의 한인단체를 먼저 통합하려는 統一聯合論에 입각한 전망을 제시하였다.[40]

이상에서 본 바와 같이 을사조약 이후 1년간 국망사태의 원인과 국권회복방략으로 國民團合論을 제기한 공립협회는 1907년 1월에 이르러 통일연합론에 입각한 통일연합기관 설치를 방략으로 결정하였다.

이었다.

35) 『共立新報』 1906년 7월 30일 寄書 ; 1906년 8월 25일 黃氏寄書 ; 「在美國留學生 黃思鎔氏가 韓人共立新報社에 寄書如左하니」, 『大韓每日申報』 1906년 10월 20일 雜報. 『大韓每日申報』의 기사는 『共立新報』에 기재된 黃思溶의 순한글 寄書 내용을 한문투로 바꿔 게재한 것이다.

36) 『共立新報』 1906년 11월 24호 論說. 이러한 인식을 바탕으로 공립협회는 국내청년들에게 미국유학을 권유하며 도항방법과 절차, 학비조달방법 등을 상세히 소개하고 있다(『共立新報』 1906년 11월 24호 雜報 「渡美指南」).

37) 「告別舊歲」, 『共立新報』 1906년 12월 26호 論說.

38) 위와 같음.

39) 「同胞喜聞」, 『共立新報』 1906년 12월 26호 加州南方喜聞.

40) 『共立新報』 1907년 1월 27호 寄書. 이 때 언급된 단체로는 미주의 공립협회, 일본의 태극학회, 해삼위의 홍학회, 국내의 대한자강회와 서우학회 및 기독청년회 등이었다.

1907년 1월 초순, 安昌浩·李剛·林俊基 등은 미국 캘리포니아주 리버사이드에서 '大韓新民會'를 발기하였다. 이들은 대한신민회 발기문에서 "우리 한인은 내외를 막론하고 통일연합으로써 그 진로로 정하고 독립자유로써 그 목적을 세우고, 신정신을 喚醒하여 신단체를 조직한 후 新國을 건설"하기 위한 통일연합론을 선포하였다.[41] 공립협회의 통일연합론은 당시 해외 한인단체가 미국을 비롯해 러시아·만주 등지로 산재된 점을 고려하여 국내외 각 지역에 공립협회 지회를 설치한 후 이를 연합·통일하여 국권 회복과 '自由文明國'을 건설하는 것이었다.[42] 공립협회가 건설하고자 한 自由文明國이란 共和政府를 뜻하는 것이었다.[43]

---

41) 「大韓新民會趣旨書」, 『韓國獨立運動史(資料篇)』 1권, 國史編纂委員會, 1027쪽. 흔히 「대한신민회취지서」와 「대한신민회통용장정」은 국내 신민회원들의 인식으로 파악해왔다. 그러나 이 문건들은 안창호 등이 1907년 1월경, 미국 리버사이드에서 대한신민회를 구상하면서 작성한 것이다. 따라서 이 문건들은 재미한인의 민족운동론을 반영하는 것이다. 다만, 이 문건이 일제에 노출된 것은 그로부터 2년 뒤인 1909년 3월이었고, 이 시기는 국내에서 신민회의 민족운동이 활발히 전개되고 있을 때였다. 따라서 재미한인의 인식이 반영된 이 문건은 신민회 창건과정 속에서 서서히 확산되었을 것이다. 그러나 이 문건에 나타난 인식을 국내 신민회에서 활동한 인사들이 그대로 수용했는지는 면밀한 검토가 필요하다. 또한 일제가 105인사건을 계기로 美洲의 大韓人國民會를 주목하면서 국민회와 신민회의 관계를 파악하고 있는 점 또한 고려되어야 할 것이다.

42) 「大韓新民會通用章程」 제1장 제1절에 "본회의 목적은 我韓의 부패한 사상과 관습을 혁신하여 국민을 유신케 하며 쇠패한 발육과 산업을 개량하여 사업을 유신케 하며 維新한 國民이 統一聯合하여 自由文明國을 성립케 함"이라고 하면서 그 실행방법으로 10개 조항을 거론하고 있다. 이 실행방법 중 8조의 "海內海外를 막론하고 愛國誠이 有한 동포로써 一體團合할 사"와 9조의 "會員散在한 각 區域에 聯合機關을 分置하여 교통방편을 專히 힘쓸 사", 그리고 10조의 "실력을 확장하여 國體를 完全케 할 사"라고 하여 통일연합기관 설치와 국권회복을 계획하고 있다.

43) 金度勳, 「共立協會의 民族運動 硏究」, 앞의 책, 17~26쪽 ; 愼鏞廈, 「新民會의 創建과 그 國權回復運動」, 『한국민족운동사연구』, 을유문화사, 1985, 27쪽

1907년 1월 8일 대한신민회 창건을 위해 샌프란시스코를 출발한 안창호는[44] 일본의 서북출신 유학생단체인 太極學會를 방문한 후 2월 20일 국내로 귀국하였다.[45] 귀국후 안창호는 대한매일신보계열 인사, 상동교회 등 기독교 인사, 西友學會 등 주로 관서지방과 기독교 출신 인사들의 단체를 중심으로 신민회를 조직하고자 하였다. 당시 계몽주의자들은 대한제국기에는 입헌군주제를 통한 민권운동을, 통감정치기에는 통감정치를 인정한 바탕 위에 정당정치를 추구하는 등 현실을 인정한 바탕 위에 민권운동을 전개하는 속성을 보이고 있었다.[46] 따라서 계몽주의자들이 광무황제가 재위하고 있는 당시에 신민회 문건에 제시된 共和政府 樹立問題를 선뜻 수용하기는 어려웠을 것이다. 더구나 1907년 단계에서도 여전히 동양주의적 관점을 지향하고 있던 계몽주의자들과[47] 동양주의의 기만성을 비판하는 공립협회와의 인식 차이,[48]

에는 신민회가 共和政體를 주장하였다고 하였으나, 문건에는 "문명국을 성립케 함"이라고만 명시되어 있다. 다만, 1909년 3월 12일 警視總監 若林賚藏이 外務部長 鍋島桂次郎에게 「在米大韓新民會之件」이란 제목으로 보고할 당시, "자유문명국을 성립한다고 云하는 …… 그 深意는 共和政體의 獨立國으로 함에 목적이 있다고 云함"이라고 한 것이나, 후일 신민회원들이 105인사건으로 신문받는 과정에서 신민회가 "국권을 회복해서 공화정부 수립"을 지향하였다는 진술을 통해 자유문명국이란 공화정부를 의미하는 것으로 파악된다(尹慶老, 「105人事件 訊問調書上의 新民會 性格」, 『105人事件과 新民會研究』, 일지사, 1990, 249쪽).

44) 「安氏歸國」, 『共立新報』 1907년 1월 12일 잡보. 공립협회는 2회 대의회 의결사항인 공립협회 하와이지회 설치를 위해 안창호를 파견하려 하였다. 그러나 1906년 12월에서 1907년 1월 사이 무슨 까닭인지 몰라도 국내지역으로 방향을 선회하였다(「安到玉蘭」, 『共立新報』 1906년 12월 25호 雜報).

45) 「會函照謄」, 『共立新報』 1907년 3월 19일 雜報.

46) 정숭교, 「한말 안창호의 인격수양론 - 사상사적 위치를 중심으로 -」, 『도산사상연구』 6, 2000. 이러한 실례로서 崔錫河 등이 安昌浩와 伊藤博文과의 만남을 주선한 사실을 들 수 있다. 이 때 안창호는 伊藤博文이 제의한 안창호 중심의 내각제를 거절하였다(朱耀翰, 『安島山全書』 (上), 범양사출판부, 1990, 65~67쪽).

47) 金度亨, 「대한제국기 계몽주의계열 지식층의 '삼국제휴론'」, 『한국근현대사연

서북파와 기호파의 사상적 기저의 차이 등은 신민회 문건에서 언급한 政體문제를 놓고 대립되었을 것이다. 이에 대해 105인사건을 진두지휘한 朝鮮總督府 警視 國友尙謙은 "(서북파와 기호파가 : 필자) 설령 獨立回復의 목적은 동일해도, 西北人이 共和政治를 열망함에 반하여 南方人(畿湖派 : 필자)은 왕의 존재가 필요하다고 여겨 사상이 애초부터 일치하지 않는다. 만약에 일치하여 회복의 목적을 달할 수 있다고 가정하더라도 국가의 조직에 임하게 되면 홀연 충돌하여 와해되고 말 것"이라고 설명하였다.49) 그러던 중, 헤이그 만국평화회의 밀사파견을 계기로 광무황제가 강제퇴위 당하자, 계몽주의자들은 국왕이 사라진 현실여건 속에서는 안창호가 제의한 신민회 창건문제를 수용하여 신민회에 합류했을 것이다.50) 이 때 신민회에 가입한 출신인사들의 지역은 황해도와 평안도 등 주로 서북출신이 대다수를 이루고 있었다. 이는 기호파 중심의 계몽주의자들이 신민회 창립과정 속에서 배제되었음을 의미한다.51)

究』 13, 26~27쪽.

48) 「각국이 일본을 대한 태도」, 『共立新報』 1906년 12월 25호 論說.

49) 國友尙謙, 『不逞事件ニ依ツテ觀タル朝鮮人』, 高麗書林, 1986, 399쪽/姜在彦, 「신민회의 활동과 105人事件」, 『韓國의 開化思想』, 비봉출판사, 1984, 364쪽에서 재인용.

50) 신민회의 창건과정은 金度勳, 「공립협회의 민족운동연구」, 앞의 책, 17~26쪽 참조. 바로 이즈음 『대한매일신보』가 7월 29일 桑港電에 의거하여 "캘리포니아 한국보호협회가 …… 한국신정부를 반대하고 군사를 모집하여 한국에 있는 일본인을 몰아내고 전 황제를 다시 세울 목적으로 그회 회장이 귀국하기로 결정하였다"고 게재한 바 있었다. 이러한 보도에 대해 공립협회는 부인하면서도 일본의 불의행동을 공격하는 것은 금일 한국사람의 당연히 할 일이라고 언급하고 있다(「낭설무익」, 『共立新報』 1907년 8월 30일 잡보).

51) 姜在彦, 「신민회의 활동과 105人事件」, 앞의 책 참조. 여기서 주의할 것은 1907·8년 당시 공립협회와 신민회 관련인사들이 공화제를 지향하였을 지라도, 이 시기 공화정부 수립문제를 선결과제로 내세우지는 않았을 것이라는 점이다. 공화정부 수립문제는 국권회복 후 건설될 국가정체이기 때문에, 이 시기는 국권회복을 둘러싼 방략이 시급한 과제로 떠올랐을 것이다. 이는 후

한편, 이 때부터 미주 한인사회에서도 국권회복을 위해 국민단합론과 통일연합론에 대한 여론이 고조되기 시작하였다.[52] 그리하여 하와이에서는 1907년 9월 24개의 한인단체가 통합하여 하와이 한인통일기관인 韓人合成協會를 창립하였다.[53] 이와 함께 북미지역에서는 1907년 11월부터 공립협회를 중심으로 한인단체 통합논의가 본격적인 紙上課題로 떠올랐다. 이에 따라 공립협회는 1908년 1월경 통일연합기관 국내지부인 신민회 조직이 일단락되자, 2월 20일 총회에서 하와이와 海參威에도 통일연합기관 설치를 의결하는 등 해외지부 설치에 주력하였다. 공립협회는 李剛 · 金成武 등을 전권위원으로 임명하고 만주와 해삼위에 파견하여 1908년 9월 해삼위 水淸地方會와 1909년 1월 海參威港地方會를 설립하였다. 이후 공립협회는 1908년 3월경부터 추진해 오던 하와이 한인의 통일기관인 韓人合成協會와 통합을 적극 추진하였다. 그리하여 1909년 2월 1일 4,000여 명의 회원을 거느린 國民會가 창립되면서 국민회는 미주 한인의 최고기관으로 자리잡게 되었다. 국민회 탄생 후 공립협회 시절부터 추진하였던 통일연합기관 설치사업은 국민회로 승계되었다. 국민회는 1909년 4월 특파원 黃思溶과 邦化重을 멕시코로 파견하여 지방회를 설립하는 한편, 동년 5월에는 총회장 鄭在寬과 李相卨을 滿洲 및 露領地域 특파원으로 임명 · 파견하여 金成武 · 李剛 등과 함께 통일연합기관 설립을 매듭짓게 하였다. 그 결과, 국민회의 遠東支會 설립운동은 1909년 말 노령과 만주 일대에 10,000여 명의 회원을 확보한 13개 지방회의 건설로 나타났다.[54]

일 안창호 · 정재관 · 이강 등 공립협회 인사들이 이상설과 유인석 등 복벽주의자들과도 전략적 제휴를 통한 국권회복을 모색하고 있는 점에서도 알 수 있다.

52) 「미국타임스보 譯謄」, 『共立新報』 1907년 8월 30일 잡보.

53) 『共立新報』 1907년 9월 6일 하와이소문.

54) 金度勳, 「1910년대 초반 미주한인의 임시정부 건설론」, 『한국근현대사연구』 10, 1999, 247~253쪽.

4. 독립전쟁론과 군인양성운동

공립협회가 통일연합론에 입각한 통일연합기관 설치에 주력하던 1907년 4월경 국내에서는 '대동합방론'이 제기되었다. 이 소식을 전해들은 공립협회는 "민족주의"에 입각한 "완전무결한 독립론"을 주장하면서[55] "국가의 패망과 민족의 진멸"에서 벗어나기 위해 "부패한 정부를 파괴"하고 "國民이 사전 自保하는 방책"을 강구하고자 하였다.[56] 더구나 한국황제가 일본 화족에 열입한다는 풍설이 나돌자, 공립협회는 "오늘 우리나라 인사들이 국권회복할 방책을 말함에 혹은 교육확장이라 하며 혹은 상무확장이라 하며 혹은 군무확장이라 하니 이것이 다 필요치 않은 것은 아니나 나로 하여금 말하라면 국민의 노예성질을 도태하고 독립사상을 환발케 하는 것이 제일 급무라 …… 나라의 독립이 强弱衆寡에 있지 아니하고 그 나라 국민의 자립할 사상이 있고 없는데 있는지라"고 하여 실력양성론을 비판하면서 국민의 독립사상을 통한 국권회복을 강조하였다.[57] 이 국민의 독립사상 환발은 곧바로 '國魂'을 제창하는 것으로 나타났다. 1907년 6월 초, 헤이그 만국평화회의에서 한국에 초청장을 발송하였다는 외신보도가 전해지자, 공립협회에서는 이를 세계 각국이 한국을 독립국으로 인정한다는 판단 위에 "한국이 만국정치가와 외교가의 주목하는 큰 문제"가 되었으므로 일본의 불법행위를 세계에 광포할 절호의 기회로 포착하였다.[58] 이에 따라 공

---

55) 「賊又賣國」, 『共立新報』 1907년 5월 10일 本國所聞 ; 「樽井逐送」, 『大韓每日申報』 1907년 4월 24일 雜報. 여기서 언급하는 대동합방론은 樽井藤吉이 주창한 것으로서, 『共立新報』에는 배종무관장 이근택과 일진회장 송병준이 樽井藤吉과 더불어 연방조직운동을 전개하였다고 소개하고 있다.

56) 「弄筆一談」, 『共立新報』 1907년 5월 10일.

57) 「朝鮮의 亡國原因」, 『共立新報』 1907년 6월 7일 論說. 한국황제의 일본 화족 열입소식은 샌프란시스코 중국계 신문인 『中西日報』에 실린 것이다.

58) 「唯一大機」, 『共立新報』 1907년 6월 7일 別報. 이는 서울서 발간하는 『대한매일신보』 영자보에 의거한 보도이다. 즉 "지나일보를 거한즉 4월 10일 런던

립협회는 만국평화회의에 대표 파견을 논의하는 한편,「國魂喚起趣旨書」를 발표하는 등 만국평화회의 개최를 국권회복의 호기로 파악하였다.[59] 더구나 이 시기 송병준 등의 합방운동과[60] 만국평화회의에서 일본이 한국을 합병할 것이라는 보도가 전해지자,[61] 공립협회는 한국이 일제의 식민지로 전락한 것은 "大韓國魂이 없는 까닭"이라고 하면서 "2천만 국민의 國魂이 오는 날에는 한 곡조 한 걸음에 원통한 소리로 곡호를 삼고 흐르는 피로 날카로운 병장기를 삼고 죽는 것으로 승전을 삼아 죽어서 대한국의 충혼이 될지언정 살아서 원수의 노예가 되지 않겠다라고 하는 목적으로 獨立戰을 시작하면 원수의 강한 군사와 힘있는 대포가 봄날에 눈쓸 듯 가을바람에 낙엽같이 우리의 합한 국혼 앞에는 삼쓸 듯 할 터이라"고 하여 '國魂'을 통한 독립전쟁론을 주창하였다.[62] 공립협회에서 언급한 "대저 국혼이라 하는 것은 일반 국민의 사상이 나와 나라 사이에 관계된 것을 확실히 깨달아 내가 곧 나라이오 나라가 곧 내라 나라가 흥하면 나도 흥하고 나라가 망하면 나도 망하는 이유를 뇌수에 인각하여 나와 나라 사이에 관계된 것이 일호라도 용납할 틈이 없는 것을 확연히 안 연후에 차라리 몸을 죽일지언정 나라에 터럭같은 수치라도 돌아오지 않게 할 마음으로 죽는 것 보기를 돌아가듯이 하는 고로 국혼이 있는 그 나라에는 자유와 독립을 누리고 국혼이 없는 그 나라에는 노예와 어육을 면치 못하는지라"고 하였

에 운하였으되 하란국 해아부 만국평화회에서 4월 8일에 각국에 청첩을 발송하였는데 남미 각국과 한국에도 보내였다 하니"라고 되어 있다.

59) 「삼씨제의」·「國魂喚起趣旨書」, 『共立新報』 1907년 6월 21일 잡보 ; 1907년 7월 19일 협회요록.

60) 「이포역포」, 『共立新報』 1907년 6월 21일 별보.

61) 『共立新報』 1907년 6월 28일 별보. 일제의 한국합병 소식은 샌프란시스코 이그재미너 신문에 논설로 보도된 것이었다. 한편, 이 소식을 접한 공립협회는 "어찌하여 독립제국을 완전히 보전치 못하고 오늘날 대한 2자가 판도에 없어지게 되었는가"라고 하여 대한제국이 존망지추에 있음을 인식하고 있다.

62) 「大呼國魂」, 『共立新報』 1907년 6월 28일 논설.

다.[63] 즉 공립협회에서 천명한 國魂은 국민주의를 동력으로 설정하면서도 개인을 국가와 등치시켜 이해한 것이었다.[64] 공립협회의 國魂 주창은 국내외를 통틀어 가장 먼저 제기한 것으로서, 후일 『皇城新聞』을 비롯한 국내 언론 등에도 영향을 미쳤다.[65] 이러한 國魂喚起는 자연스럽게 독립전쟁론으로 이어졌다.[66]

이후 1907년 7월 재차 "독립격문을 13도에 광포하고 …… 한번 당당한 독립전쟁 시작"을 주창한 공립협회는[67] 연이어 광무황제의 강제퇴위와 정미조약 늑결소식이 들려오자,[68] "나라를 위하여 몸을 버릴 때가 오늘이오 피흘릴 때가 오늘이라"고 하면서 "경성에 있는 수천 인사가 나라가 망하고 임금이 폐함을 보고 통분함을 이기지 못하여 강약과 중과를 불고하고 저 일인 총검 아래 몸으로 나라에 순장하였으니 …… 우리 국민은 참으로 독립과 자유를 원하거든 먼저 피흘린 동포에 뒤를

---

63) 「大呼國魂」, 『共立新報』 1907년 6월 28일 논설.

64) 공립협회의 국혼제기는 梁啓超의 영향 또한 적지 않았을 것이다. 공립신보는 1907년 12월부터 양계초의 『中國魂』을 연속하여 번역·등재하고 있다.

65) 국내언론 중 國魂이라는 용어가 가장 먼저 보이는 것은 1907년 7월 31일 『皇城新聞』 別報 2면과 3면이었다. 그러나 2면은 일제의 검열로 인해 '벽돌신문'으로 처리되었고, 3면에 「大呼國魂」이라는 제목과 그 좌측에 '桑港 共立報照謄'이라고 병서한 뒤 『共立新報』의 「大呼國魂」을 한문투로 역문하여 등재하였다. 이것은 『共立新報』 1907년 8월 30일 잡보 「부득자유」에도 언급되어 있다. 한편, 공립신보는 국혼을 '무형적 정신' 또는 '국가정신', '대한혼' 등으로도 표현하고 있다.

66) 「일본당국자를 경성함」, 『共立新報』 1907년 9월 27일 논설, "다만 할 바는 급급히 기회를 지어 복수할 마음만 우리 흉중에 가득하니 아무리 잔폭을 더한들 무형적 정신(國魂)이야 제 어찌 빼앗으리오. 2천만 중을 진멸하기 전까지는 일본으로 더불어 혈전하기를 말지 아니할 것이오 자유를 찾기 전까지는 또한 쉬지 아니할 것이니".

67) 『共立新報』 1907년 7월 5일 寄書 ; 1907년 7월 19일 別報. 이와 함께 공립협회에서는 만국평화회의에 대표 파견이 시기상 늦었다는 판단 하에 대신 12일 만국평화회의 각국 대사 앞으로 한국독립문제에 관한 전보를 타전하였다(『共立新報』 1907년 7월 5일 寄書 ; 1907년 7월 19일 협회요록).

68) 『共立新報』 1907년 7월 19일 별보 및 전보.

이어 오늘 경성에서 싸우고 명일 평안도에서 싸우고 우명일 경상도에서 싸워 13도가 모두 이같이 향응하면 8년 전쟁이 되기 전에 3백만 명의 피가 흘리기 전에 독립과 자유를 가히 회복"할 수 있다고 하였다.69) 즉 공립협회는 만국평화회의에서의 일제의 합병의도와 광무황제 퇴위를 계기로 사실상 대한제국이 소멸되었다고 인식한 것이다. 따라서 공립협회는 국내에 이미 독립전쟁이 시작되었으니 즉시 독립전쟁을 전개할 것을 강력히 주장한 것이었다.70)

이와 같이 공립협회가 독립전쟁을 주장하던 즈음, 1907년 8월 국내에서 의병전쟁이 일어나자, 공립협회는 "대저 약한 나라가 강한 나라를 대적하는 도리는 군사를 양성하는 데 있지 아니하고 실력을 배양하는 데 있다 하나 이것은 화단이 생기기 전에 하는 말이라"고 하면서 "금일 본국정형을 들으매 애국지사와 충용한 군인이 일시에 분기하여 적병의 총과 대포를 무릅쓰고 목숨을 버리는 동포가 많았으니 어찌 이것이 독립전쟁이 아니리오"라고 하여 정미의병전쟁을 '獨立戰爭'으로 명명하면서 獨立血戰을 재촉하였다.71) 특히 공립협회는 1907년 7월 17일을 獨立戰爭開戰日로 파악하면서 국민의 직분으로 독립전쟁 수행을 거듭 촉구하였다. 그리고 공립협회가 헤이그 만국평화회의를 독립의 최적기로 파악한 것은 세계의 공론을 얻어 독립한 이탈리아와 미국의 독립전쟁을 염두에 둔 것이었다.72) 이러한 공립협회의 독립전쟁

---

69) 『共立新報』 1907년 7월 26일 論說.

70) 「我 大韓이 存耶아 亡耶아」, 『共立新報』 1907년 8월 2일 論說. 이 논설에서 공립협회는 1775년 3월 25일 미국 버지니아 회석에서 패트릭 헨리가 연설로 미국 13주 식민을 격동시켜 미국이 독립전쟁을 일으켜 독립했다는 사실을 환기시키면서 그 내용을 싣고 있다. 따라서 공립협회 역시 독립전쟁의 주창과 더불어 한국의 독립전쟁을 고동시켜 종국에는 국권을 회복하고자 하는 의도를 엿볼 수 있다.

71) 『共立新報』 1907년 8월 2일 寄書.

72) 「韓國之今日」, 『共立新報』 1907년 8월 9일 論說 ; 「독립전쟁 시작하세」, 寄書.

인식을 잘 드러내는 것은 1907년 8월 16일 「國의 存亡은 國民活動 與否에 在함」이라는 논설이다.

> 오호라 한국의 위태한 운명이여 조석을 안보치 못할 비참한 지경에 이르렀으되 국민의 활동은 보지 못하고 잠자듯 말할 뿐이니 삼천리 대한에 국민이 있는가 없는가 만약 국민이 있으면 어느 때를 기다리고 활동이 없느뇨 …… 몇백 년 부패한 정치 밑에 국가 원기가 쇠잔하여 국민 두뇌 속에 국가정신(대한혼)이 없어진 지가 오랜 것은 지금 논술키 불황하거니와 …… 지어금일에 대한 판도가 빛을 변하고 일본의 속국이 되어 우리 무고한 이천만으로 일본의 노예가 되게 하였으되 남의 일 보듯 하여 여하한 활동이 없으니 아무리 교육없는 국민이라 한들 어찌 이와 같이 피가 썩었느뇨 다시 이천만 동포에게 묻노니 대한 강토를 회복할 자 누구며 독립주권을 회복할 자 누구뇨 눈을 들어 이십세기에 생존한 독립국을 살펴볼지어다 어느 나라가 국민의 피를 흘리지 아니하고 귀중한 독립을 얻었는가 미국의 독립전쟁은 팔년 동안을 백성이 피흘려 금일 이 같은 복락을 누리고 세계에 일등부강국이 되었으니 이 어찌 한 워싱턴의 힘이리오 그때 미국백성의 독립정신으로 팔년 동안을 쉬지 않고 피흘린 결과라 할지니 금일 대한에 워싱턴이 부생한 들 그 국민이 활동치 아니하며 피 흘리지 아니하면 결단코 독립을 회복한다 할 수 없으니 …… 세상만사가 시세와 완급이 있나니 교육이니 양병이니 실업이니 정치니 종교니 하는 것은 태평시대에도 예비할 바이어니와 시기가 급박한 경우를 당하면 한갓 무예적 행동 밖에는 방책이 없다 할지라 …… 종금 이후로는 우리 동포가 앞뒷집 출입이라도 마음대로 하지 못하며 수삼 인이라도 한 곳에 모이지 못하는 속박을 받을 터이니 13도 인민이 일시에 일어나 군인은 선봉이 되고 백성은 후원이 되어 독립의 기를 높이 들고 독립전쟁을 시작할지어다.

즉 공립협회는 독립전쟁이 일어났음에도 수수방관하는 국내 계몽주의자들의 실력양성론에 대해 "유지신사 사회당 국민발달한다고 말만

할 뿐이로군 가증하여 못 볼 것"이라고 비판하면서[73] 독립전쟁을 국민전쟁으로 전화시켜 국권을 회복하려는 인식을 갖고 있었다.

공립협회가 이 시기 독립전쟁론을 강력하게 주창하는 이유 중 하나는 미일전쟁설에 바탕한 국제정세인식을 토대로 한 것이었다. 미일전쟁설은 1882년 이후 입국한 일인들이 캘리포니아 일대에서 백인들의 노동시장을 잠식하는 것에 대한 반일감정과 함께 만주의 문호개방 및 태평양의 제패권문제를 둘러싸고 미국과 일본이 충돌하면서 확산되었다. 그 결과 1904년 말부터 샌프란시스코를 중심으로 캘리포니아 지역에서는 일본인배척회가 조직되고 일본인 아동의 취학거부, 일본인의 이민금지 등 일본인배척운동이 하나의 주요한 이슈를 이루고 있었다.[74] 이러한 미국내 일본인배척운동이 전개되면서 1906년 8월부터 미국과 일본간의 전쟁 발발을 예견하는 미일전쟁설이 세계 각국으로 유포되기 시작하였다.[75] 더구나 1906년 11월 이후 일본인 배척과 일본아동 취학금지를 둘러싼 문제가 정치쟁점화되면서 미일전쟁설은 더욱 고조되기 시작하였다.[76] 따라서 1906년 8월 이후 미일전쟁설은 국제정치계의 기본적인 관심으로 자리잡고 있었으며, 공립협회 또한 미일전쟁설에 관해 관심을 보이고 있었다.

이와 같이 미일전쟁설이 정치사회적 이슈를 이루는 가운데 만국평화회의 개최와 밀사파견 소식이 전해지자, 공립협회는 미일전쟁설에 입각한 독립전쟁론을 주장하기 시작하였다.[77] 그 대표적인 논설이

---

73) 「장타령(근일 동요)」, 『共立新報』 1907년 8월 30일.

74) 미일전쟁설에 관해서는 金度勳, 「共立協會의 民族運動研究」, 앞의 책, 44~47쪽 참조.

75) 『共立新報』 1906년 8월 25일 雜報 「日美關係」 및 電報撮要 「主筆夢談」. 예를 들어 위의 보도는 러시아신문의 보도를 인용한 것이다.

76) 「同學不許」・「日人抗議」・「日美交涉」・「日人大會」・「大臣着桑港」・「美疑英國」・「黃人排斥會」・「美外部電駐日使」, 『共立新報』 1906년 11월 23호 雜報 ; 「日報攻美」, 「報界大會」, 外報 ; 「각국이 일본을 대한 태도」, 1906년 12월 25호 논설 참조.

1907년 9월 6일자 「미일전쟁이 한국에 기회」이다.

> 오늘날 미국과 일본의 흔단이 점점 극렬하여 태평양 위에서 한 큰 전쟁이 일어 양국이 군함으로 서로 볼 것은 세계 만국이 다 주목하는 바라 …… 양국 국민의 거동을 살피건대 일본이 재작년 포츠머드 일아강화담판에 미국 대통령 루즈벨트씨의 저희로 배상금을 받지 못하였다고 일본 전국인민이 미국에 대하여 악한 감정이 생겼고 또 금년 봄에 상항서 일본 학생과 일본 노동자를 배척하는 일에 미국을 미워하고 경홀히 여기는 마음이 일층 더하여 미국 내지에 있는 일인이 군대를 암성하여 사처 산림에서 연습하고 또 정탐꾼을 밀파하여 각 항구 포대를 그리는지라 …… 이러므로 처처에서 일인을 구축 협박이 무쌍하며 캐나다와 멕시코 접경에서 몰래 들어오는 일인을 날마다 수십 명씩 포착하여 일본으로 축출하며 대서양함대를 태평양 연안으로 돌려오며 상항 등지 각 포대에서 연습하는 포성이 전쟁을 이룬 듯 한지라. 두 나라가 이같이 격분하고 평한 것은 자고로 없나니 미일전쟁은 금년이 아니면 명년이오 명년이 아니면 내명년이라 삼년이 지나지 아니하리니 기회로다 기회로다 한국의 독립을 회복할 일대 기회로다 …… 일조에 미일전쟁이 되면 일본의 세력이 한국과 만주에 미치지 못할 뿐더러 전제정치를 쓰는 아라사는 이기었으나 八千萬口가 다 병정이오 八千萬口가 다하는 애국 민주공화 미국을 어찌 당하리오 이 때를 우리 2천만 동포가 합심분기하여 한 번 옳은 기를 들면 …… 우리의 독립을 회복하리로다 이는 …… 보법전쟁에 이태리를 통일한 기회와 같은지라 만나기 어렵고 사지 못할 기회라 …… 만일 미일전쟁에 미국이 이기고 도와주기를 바라고 가만히 있으면 범을 보내고 사자를 맞는 것 같이 일본의 노예를 면하나 미인의 노예가 되리니 의뢰할 마음을 아주 단절하고 분발자강하기를 힘쓸지어다.

위의 논설에서 보듯이 재미한인들은 조만간 미국과 일본간의 전쟁

77) 『共立新報』 1907년 7월 5일 기서.

발발을 예견하면서 미일전쟁을 독립전쟁의 최적기로 포착하여 독립전쟁을 수행하여 국권을 회복한다는 내용이다. 물론 미일전쟁설 외에도 러일전쟁설, 중일전쟁설 역시 보도되고 있었다. 주지하듯이 이러한 내용은 우리에게 1910년 독립전쟁론으로 익히 알려진 바다. 따라서 독립전쟁론의 원형은 바로 공립협회의 민족운동론이 공립신보의 유통 또는 신민회 창건과정 속에서 국내외로 널리 확산되어 자리잡게 된 것이었다.

그러나 1908년 13도 창의대진소의 서울진공작전 실패 이후 의병전쟁이 점차 게릴라전 양상을 띠면서 쇠퇴되자, 공립협회에서는 大同保國會와 함께 1908년 3월 스티븐스를 처단하는 의열투쟁을 전개함으로써 쇠퇴해가던 의병전쟁의 국면을 전환시키는 커다란 역할을 하였다. 공립협회가 의열투쟁을 민족운동방략으로 결정한 것은 1907년 6월경이었다. 이는 독립전쟁론을 주창하던 시기와 동시에 제기되었던 것이다. 즉 헤이그 만국평화회의 소식 이후 공립협회는 의열투쟁을 '自由戰爭'으로 규정하고 독립전쟁방략으로 채택하여 국내로 李在明 등을 파견하였다. 이는 국권회복의 걸림돌이 되는 伊藤博文과 李完用 등 賣國敵을 처단함으로써 독립전쟁의 효율성을 극대화시킴과 동시에 미주라는 공간적 원거리성을 극복하려던 전략적 결정이었다. 그리하여 공립협회가 직간접으로 전개한 의열투쟁은 스티븐스 처단, 이재명의 이완용 등 매국적 처단, 공립협회 해삼위지회 회원 安重根과 공립협회 특파원 李剛 등의 伊藤博文 처단 등으로서 의열투쟁이 독립전쟁의 일환이라는 인식의 시원을 이루었다.[78]

한편, 공립협회는 1908년 9월 해삼위지역에 수청지방회 설립을 계기로 1908년 10월 21일 亞細亞實業株式會社를 발기하였다. 공립협회는 아세아실업회사 발기시 해삼위에 본부를 둘 것을 명시하였다.[79] 이는

78) 金度勳, 「共立協會의 民族運動硏究」, 앞의 책, 36~42쪽.

79) 아세아실업주식회사는 본사를 미국이 아닌 해삼위에 설립하고 미주 · 하와이

공립협회가 해삼위를 독립군기지 건설의 최적지로 파악하고 해삼위를 중심으로 한국·미국 등지에서 殖産興業으로 독립전쟁 수행에 필요한 재정을 마련하고자 한 것이었다. 즉 공립협회는 의병전쟁의 쇠퇴와 더불어 1908년 10월경 독립군기지 개척운동으로 인식이 변모해 갔던 것이다. 이렇게 볼 때, 獨立戰爭論과 國魂論은 공립협회 등 재미한인들에 의해 이미 1907년 6월경 형성되었으며, 1908년 10월을 기점으로 독립군기지 개척운동으로 그 인식이 전화해 갔던 것이다. 따라서 흔히 독립군기지개척운동의 근거로 제시하는 1910년 청도회담이나 신민회의 좌파적 성격논의는 이러한 재미한인들이 추구해 왔던 독립전쟁론이나 독립군기지개척운동의 흐름을 무시한 발상인 것이다.

또한 재미한인의 독립전쟁론과 독립군기지 개척운동은 柳麟錫이 선택한 '去守之行'의 방법인 의병전쟁론과도 전략적인 면에서는 맥을 같이하기도 하였다. 안창호·정재관·이강·김성무·한사교 등이 만주와 노령지역에서 유인석·이상설 등 복벽주의자들과 함께 十三道義軍 등에 참여하는 것이 그 예이다.[80] 이러한 복벽주의자들과의 합류는 국민국가 수립을 포기하는 것이 아니라 국권회복을 선결하기 위한 전략적 제휴로 파악해야 한다.

공립협회의 독립군기지 개척운동은 1909년 2월 국민회가 창립되자, 국민회로 자연 이관되었다. 국민회는 1909년 4월 亞細亞實業株式會社를 泰東實業株式會社로 개칭하고 5월부터 자본금 모집에 착수하였다. 해삼위에 본부를 둘 것을 명시한 태동실업주식회사는 자본금 5만 원을 확보한 뒤, 국민회에서 파견한 특파원 이강·정재관·김성무 등으로 하여금 1911년 북만주 密山府 峰密山 지역에 2,430에이커의 땅을 구매하여 한인 200여 호를 이민시켜 개간하였다. 그러나 노령한인사회의

·한국에 지점을 설치하기로 하였다(「亞細亞實業株式會社趣旨書」, 『共立新報』 1908년 10월 21일 시사).

80) 朴敏泳, 『大韓帝國期 義兵硏究』, 한울아카데미, 1998 참조.

분열과 계속되는 흉년, 개척자금 부족 등으로 인해 독립군기지 개척운동은 미완되었다.[81]

한편, 국민회 창립 직후 '합방' 움직임이 일기 시작하자, 국민회는 대한제국정부가 "난신패적의 도당붕배"이므로, "우리 인민이 불가불 공론을 제창하며 위엄을 가다듬어 저 난신패적의 처치함을 실행하여서 우리 국가와 민족을 보호"할 것과 "우리 인민의 권리를 주장하며 의무를 진력하여 그 처리할 수단을 다할 날이 오늘"이라고 제창하였다.[82] 이에 따라 1909년 2월 19일 국민회 하와이지방총회는 共同會를 개최하고 李完用과 宋秉畯에게 전보를 보내 경고하는 한편, 24일에는 日皇에게 정의와 인도에 입각하여 동양평화를 위해 '합병' 계획 철회를 요구하였다.[83]

이러한 분위기로 말미암아 미주 한인사회는 국민회 창립 직후부터 독립전쟁론에 바탕한 軍人養成運動이 제기되었다.[84] 1909년 6월 朴容萬의 韓人少年兵學校와 동년 8월 멕시코 崇武學校, 국민회 솔트레이크시티[鹽湖]지방회의 학생양성소 등이 바로 그것이었다.[85] 이에 따라 『新韓民報』 주필 崔正益은 1909년 8월 본격적인 군인양성운동 전개를 촉구하였다.[86] 그러나 당시 국민회는 해삼위지역의 독립군기지 개척에 주력하였던 까닭에 재미한인의 군인양성운동은 1910년 5월 이후 본격화하였다. 1910년 5월 대한인국민회 북미지방총회는 산하 클레어몬트 학생양성소에 軍事訓鍊班을 설치하고 매주 3일씩 야간군사훈련을 실

81) 金度勳, 「1910년대 민족운동의 전개 : 해외민족운동 - 미주」, 『한국사』 47, 2001, 국사편찬위원회, 245~246쪽.

82) 「宋賊人人得而誅之」, 『新韓民報』 1909년 2월 24일 論說.

83) 「제1차 공동회 기사」·「제2차 공동회 의결」, 『新韓民報』 1909년 3월 10일 하와이특보.

84) 「우리나라를 구할 방책은 鐵血에 있음」, 『新韓民報』 1909년 3월 17일 論說.

85) 「쏠렉에 학생양성소 경영」, 『新韓民報』 1909년 6월 23일 雜報.

86) 「무기배양」, 『新韓民報』 1909년 7월 28일 雜報 ; 「大呼國民」, 1909년 8월 4일 寄書.

시하였으며, 동년 6월 롬폭에서도 義勇訓練隊를 조직하여 군사훈련을 실시하였다.87)

1910년 7월 그 동안 지속적으로 들려오던 일제의 '합방'이 사실화되자, 대한인국민회 북미지방총회에서는 7월 4일 새크라멘토에 지방대표자들을 소집하여 공동대회를 개최한 후 愛國同盟團을 조직하고 9개조의 항일운동방침을 결정하였다. 이 항일운동방침은 합방 반대, 국내연락기관 설치, 선전문 발표를 통한 국제여론 환기, 외교선전 및 군사인재 양성사업 등이었다. 또한 같은 시기, 하와이지방총회도 호놀룰루에서 공동대회를 개최한 후 大同共進團을 조직하고 6개조의 항일운동방침을 결정하였다. 대동공진단은 북미지방총회 결의안을 지지하면서 외교와 선전사업은 대한인국민회, 군인양성사업은 대동공진단이 擔責하여 각 지방에 군인양성소를 설립하고 의무적 兵式訓練 실시를 결의하였다. 즉 국민회는 외교선전과 더불어 군인양성운동을 민족운동방략으로 정식 채택한 것이었다.

이에 따라 1910년 7월 6일 애국동맹단과 대동공진단은 연서로 한국황제와 일황, 그리고 '駐韓統監' 데라우치에게 전보를 발송하여 '合邦' 거절과 취소를 요구하는 한편, 일본을 상대로 宣戰布告하였다. 그리고 애국동맹단은 세계 각국에 통고문을 발송하여 일제의 한국강점을 비난하는 외교선전사업과 遠東地域에서 사관생도 양성을 결의하는 등 본격적인 무장투쟁체제로 전환하였다. 또한 두 단체가 「武藝奬勵文」 발표와 『體操要旨』 출판·分給으로 청년들의 군사훈련을 장려함에 따라 미주 한인사회는 군인양성을 위한 '崇武主義'가 하나의 대세를 이루었다.

---

87) 「병법연습의 풍조」, 『新韓民報』 1910년 5월 18일 論說 ; 「조련을 힘씀」, 雜報 ; 「롬폭에 독립군」, 1910년 6월 29일 雜報. 대한인국민회 북미지방총회에서는 군인양성운동 지원차 클레어몬트 학생양성소, 네브라스카 한인소년병학교, 멕시코 숭무학교, 하와이 마우이 기럭구지방에 『體操提要』란 서책을 발송하였다(「북미총회보」, 『新韓民報』, 1910년 5월 25일, 會報).

이에 따라 북미지역에서는 이미 조직된 클레어몬트 학생양성소의 군사훈련반, 롬폭의 義勇訓練隊를 비롯하여 11월 캔자스의 少年兵學院, 12월 와이오밍 슈페리오의 青年兵學院이 조직되어 매일 군사훈련을 실시하는 등 군인양성운동은 활발히 전개되었다. 또한 하와이에서도 각 지역에 軍人養成所를 조직하고 군사훈련을 시작하였다. 특히 대동공진단은 석 달 후인 1910년 11월 군인양성소를 大韓人國民會 하와이지방총회로 이관하였다. 이에 따라 하와이지방총회에서는 산하에 練武部를 설치하고 각 지역 한인들을 대상으로 매일 저녁 군사훈련을 실시하는 등 체계적인 독립군 양성훈련을 실시하였다. 이 하와이지방총회 연무부의 군사훈련은 후일 朴容萬을 중심으로 한 大朝鮮國民軍團 및 大朝鮮國民軍團士官學校로 명맥을 이어갔다.[88]

5. 임시정부건설론

이러한 군인양성운동과 더불어 국민회에서 주력한 활동은 임시정부 건설이었다. 國民會는 "渙散한 민족을 통일하며 분립한 사회를 연합"한 통일연합론의 결실로 탄생하였다.[89] 따라서 1909년 초부터 '합방' 움직임이 본격화되자, 국민회는 동년 3월 대한제국정부와 황실을 부인하면서 국권회복의 주체가 '민족'임을 언급하였다.[90] 국민회에서 주체로 내세운 민족은 근대 '국민'을 상정하는 것이었다.[91] 이에 따라 국민

88) 「謹告我愛國同志諸君」・「決議文」・「合邦反對會議事錄」・「委員會議事錄」, 『新韓民報』 1910년 7월 7일 호외 ; 「救國策在外交軍事」, 1910년 7월 13일 논설 ; 「서페리오연무회」, 1910년 11월 2일 잡보 ; 金元容, 『在美韓人五十年史』, 339~343쪽.

89) 「賀國民會成立」, 『新韓民報』 1909년 2월 10일 논설.

90) 「書籍購覽의 必要」, 『新韓民報』 1909년 3월 3일 논설.

91) 「국민회를 축하함」, 『新韓民報』 1909년 2월 10일 기서.

회는 1909년 3월부터 대한제국을 대신하여 국권을 회복하고 국민주의에 바탕한 근대국가를 건설하고자 하였다.[92] 그리하여 1909년 3월 24일 국민회는「國民會章程」을 발표하면서 모든 해외 한인을 관장할 國民會 中央總會 설립을 규정하였다.[93] 이 중앙총회의 설립은 공립협회 시절부터 추진해 오던 통일연합기관의 완성과 더불어 대한제국을 대신하여 해외 한인을 총괄할 최고기관의 설립을 뜻하는 것이었다.[94]

그 후 1909년 11월경 통일연합기관의 일환으로 추진된 지방회가 만주와 노령 일대에 70여 개에 달하고 회원이 3,000여 명에 이르자,[95] 국민회는 1909년 10월 중앙총회 결성을 재삼 촉구하였다.[96] 이에 따라 1910년 1월 북미지방총회와 하와이지방총회에서는 遠東地域에 중앙총회 설립을 의결하였다.[97] 국민회가 중앙총회 설립을 미국이 아닌 원동지역에 설립하려 한 것은 독립전쟁 수행거점으로 원동지역을 중시하였기 때문이었다.[98] 이와 더불어 국민회는 삼권분립에 의한 국민국가 건설을 제창하였다.[99]

그 후 1910년 6월 '合邦'이 기정사실화되자, 대한인국민회는 사실상 일제에 투항한 隆熙皇帝를 대한제국 군주로서 부정하는 한편, "우리는 인민의 정신을 대표하여 우리의 복리를 도모할 만한 정부" 수립을 천

92) 「告閟有志諸君」, 『新韓民報』 1909년 4월 28일 논설.
93) 「國民會報」, 『新韓民報』 1909년 2월 24일 ; 「國民會章程脫稿」, 1909년 3월 24일 ; 「國民會章程」, 1909년 3월 31일.
94) 『新韓民報』 1909년 6월 2일 國民會報. 그러나 당시 형편상 중앙총회를 정식으로 조직·운용할 수 없게 되자, 北美地方總會가 임시로 중앙총회를 대리·관장하였다.
95) 「任員與會員의 責任」, 『新韓民報』 1909년 11월 10일.
96) 『新韓民報』 1909년 10월 13일 國民會報.
97) 「북미지방총회보」, 『新韓民報』 1910년 1월 26일 국민회보.
98) 「태동실업회사」·「양차내전」, 『新韓民報』, 1910년 2월 2일 잡보. 이즈음 국민회에서 파견한 이강·김성무 등이 봉밀산지역에 농토를 매입하였다는 소식은 이러한 결정을 더욱 촉진시켰다.
99) 「국민설」, 『新韓民報』 1909년 11월 17일 논설.

명하였다.[100] 명목상이나마 대한제국이 존속하고 있는 상황에서 대한제국과 황제를 부정하고 새로운 국민국가를 건설하려는 이러한 인식은 당시로서는 혁명적 인식전환이었다. 1910년 8월 식민지로 예정된 대한제국이 강점당하자, 대한인국민회는 동년 9월 "우리는 마땅히 마음을 합하여 대한민족의 단체를 공고히 하며 우리 손으로 자치하는 법률을 제정하며 公法에 상당한 假政府를 설시함이 목하에 급무라"고 선언하여 국민주의에 입각한 임시정부 수립을 촉구하였다.[101] 국민주의에 바탕한 임시정부 수립 촉구를 계기로 대한인국민회는 먼저 해외한인을 총괄할 대한인국민회 중앙총회 설립을 더욱 서두르게 되었다.[102] 이는 해외한인의 자치기관으로 대한인국민회 중앙총회를 설립한 후, 이를 바탕으로 '임시정부'로 전환하려는 인식의 발단이었다.[103]

그리하여 1910년 10월 5일 대한인국민회 기관지 『新韓民報』 주필 崔正益은 「大韓人의 自治機關」이란 논설을 통해 다음과 같은 견해를 피력하였다.

> 오늘 우리는 나라가 없는 동시에 정부도 없으니 …… 오늘에 나라가 없어진 것도 우리의 자치제도가 완전히 못하였던 연고이며 내일에 국가를 회복함도 우리의 자치제도가 완전한 연후의 일이라. 그런고로 우리의 급급히 할 바는 일반 국민의 자치력을 배양하며 자치제도를 실행하는데 있도다 …… 내가 돌아보건대 국내국외를 물론하고 순전한 대한정신으로 대한 민족의 복리를 도모하며 대한국가의 명예를 회복하기를 독일무이한 목적을 정한 자 대한인국민회 밖에는 없을지니 …… 오늘에는 대한인의 국민단체를 위하여 헌신할지며 …… 대한인

100) 「噫死而不知其痛乎」, 『新韓民報』 1910년 7월 6일 논설.
101) 「嗚呼舊韓已死矣」·「新韓國을 建設乎否」, 『新韓民報』 1910년 9월 21일 논설.
102) 「중앙총회대표원」, 『新韓民報』 1910년 9월 28일 잡보.
103) 「대한인국민회 제공은 기회를 이용하라」, 『新韓民報』 1910년 10월 26일 기서.

의 국민단체에 마음을 기울여 완전한 자치기관을 정할지어다 ……

미주에 있는 동포는 국가에 대한 세납의 의무를 대신하여 사회에 공헌하기로 의논이 일치하며 하와이에 있는 동포는 국민회의 중앙기관을 속히 설립하기로 제의가 되어 유지제공의 의견이 일치하니 이로써 보건대 대한인국민회는 국가인민을 대표하는 총기관이 확연히 되었도다. 이제 형질상의 구한국은 이미 망하였으나 정신상의 신한국은 바야흐로 울흥하기를 시작하니 어찌 희망이 깊지 아니함이요. 고로 본 기자 이에 대하여 두어가지 의견을 제공에게 제창하여 연구하는 재료를 삼게 하노라.

一. 중앙총회는 대한국민을 총히 대표하여 공법상에 허한 바 假政府의 자격을 의방하여 입법·행정·사법의 삼대기관을 두어 완전히 자치제도를 행할 일.

一. 내외국인이 신앙할 만한 명예있는 이를 받들어 총재를 삼아 중대사건을 고문케 할 일.

一. 회원과 아님을 물론하고 각국 각지에 있는 대한국민에게 그 지방 생활정도를 따라 얼마씩 의무금을 정하여 전체 세입·세출을 정관할 일.

一. 일체 회원은 병역의 의무를 담임할 일. 다만 연령에 따라.

위 논설은 북미지방총회와 하와이지방총회에서 대한인국민회 중앙총회를 설립하여 '국가인민을 대표하는 총기관'으로 삼을 것을 의결한 것이다. 그런데 여기서 언급하는 '국가인민을 대표하는 총기관'은 한인자치기관과 임시정부라는 이중적 의미가 내포되어 있다. 따라서 위 논설은 대한인국민회 중앙총회를 국가인민을 대표하는 한인자치기관으로 설립한 후, 입법·사법·행정 등 삼권분립에 의한 자치제도를 실시하며 향후 여론을 수렴하여 임시정부로 전환할 것을 계획한 것이었다. 국내외 모든 한인들을 대상으로 '국민의무금'이란 이름으로 수세를 하려는 계획이 이를 반증한다. 다시 말해 이 논설은 비록 여론수렴을 위한 제안에 불과하지만, 대한제국 멸망을 공식화하고 국내외를 막론하고 한인 최초로 국민국가에 바탕한 임시정부 건설을 염두에 둔 혁명 선언이었다.

이에 따라 대한인국민회는 1911년 3월 해외 한인의 통일기관이자 자치기관인 중앙총회를 설립하였다.[104] 그러나 이 중앙총회는 중앙총회장 崔正益과 부회장 韓在明을 선출하는 데 그쳤다.[105] 따라서 대한인국민회는 중앙총회를 임시정부로 조직하기 위한 국민여론 수렴과 더불어 國是를 통해 정치 · 법률로 조직을 구성할 것을 결정하였다.[106] 이에 대한인국민회 중앙총회장 崔正益은 각 지방회를 순행하는 한편, 정치적 식견이 있는 朴容萬을『新韓民報』주필로 초빙하여 일반 국민회원들을 대상으로 임시정부 수립에 대한 당위성을 고취하고자 하였다.[107]

1911년 2월『新韓民報』주필로 부임한 박용만은[108] 美日戰爭說을 "朝鮮의 독립기회"로 포착하고, "조선독립을 회복하기 위하여 無形한 국가를 먼저 설립"할 것을 주창하였다.[109] 뿐만 아니라 해외 한인을 통일 · 결속시키기 위해서 헌법을 제정한 뒤 無形國家 또는 임시정부로 개편해야 한다고 주장하였다.[110] 이어 박용만은 본격적으로 임시정부

---

104)「新韓建設策在國民團體完全而已」,『新韓民報』1910년 11월 2일 논설 ;「國民團體完全策」, 1910년 11월 9일 논설 ;「새한국은 우리청년에게 있음」, 1910년 11월 23일 논설 ;「진보를 하는가 퇴보를 하는가」, 1911년 1월 25일.
대한인국민회에 중앙총회 임원선출과정은「북미총회보」,『新韓民報』1910년 10월 12일 회보 ;「북미총회보」, 1910년 11월 2일 회보 ;「북미총회보」, 1910년 11월 9일 회보 ;「拭目而待其人－중앙총회장 선거에 대하여－」, 1910년 11월 16일 논설 ;「중앙총회장 선거」, 잡보 ;「북미총회보」, 12월 21일 회보 ;「북미총회보」, 1911년 1월 25일 회보 ;「북미지방총회보」, 1911년 3월 22일 회보 참조.

105)『新韓民報』1911년 3월 29일 회보「중앙총회보」.

106)「일반동포에게 물질적 사상을 요구함」,『新韓民報』1910년 1월 11일 논설.

107)「이 글을 쓰는 자의 회포」,『新韓民報』1911년 1월 11일.

108)「본보주필 안착」,『新韓民報』1911년 3월 1일 잡보.

109)「조선민족의 기회가 오늘이냐 내일이냐」,『新韓民報』1911년 3월 29일 논설.

조직론을 전개하여 ① 외국에 나온 조선민족을 마땅히 무형한 국가와 무형한 정부 앞에 통합할 일, ② 완전한 헌법을 정하여 일반 한인이 법률상 공민이 될 일, ③ 사람마다 의무를 담당하고 권리를 이용하게 할 일, ④ 정치적 구역을 나누어 행정기관이 효력을 얻게 할 일, ⑤ 중앙총회로 권리를 모아 법률을 의지하여 호령이 실행케 할 일 등 임시정부 組織大綱을 제창하였다.[111]

그러던 중, 1911년 만주와 시베리아 지역에 건립된 각 지방회에서 지방총회 설립을 요청해오자,[112] 대한인국민회는 1911년 8월 대표원들의 승낙을 얻어 중앙총회 임원을 선정하고 중앙총회를 출범시켰다.[113] "우리 민족의 역사상 처음되는 단체기관"으로 대한인국민회 중앙총회가 탄생하자,[114] 국민회 회원들은 대한인국민회를 "우리 국민의 假政府의 총기관"으로 인식하게 되었다.[115]

1912년 11월 8일 대한인국민회 중앙총회 제1회 代表員議會가 개최되었다. 이 중앙총회 의회 소집은 대한민족의 자치기관인 대한인국민회가 사상 최초로 입법회의를 개최하는 것이었다. 이 중앙총회 대표원의회에서는 ① 憲章 제정 ② 조국역사 편찬 ③ 교과서 제정 ④ 미주와 하와이 두 지방총회 기관지의 중앙총회 讓與 ⑤ 會旗 제정 ⑥ 張仁煥 의사의 감형운동 전개 ⑦ 실업과 외교기관 설치안의 중앙총회 의결 ⑧ 遠東 각 지회 자치규정은 그 나라 政體에 저촉이 없도록 따로 제정·

---

110) 「정치적 조직에 대하여 두 번째 언론」, 『新韓民報』 1911년 5월 3일 논설.

111) 「정치적 조직의 계획」, 『新韓民報』 1911년 5월 17일·24일·31일 논설.

112) 「국민회 대흥」, 『新韓民報』 1911년 8월 9일 잡보 ; 「중앙총회보」, 1911년 8월 16일 회보.

113) 「중앙총회보」, 『新韓民報』 1911년 8월 16일 회보. 이 때 선정된 중앙총회 임원은 총회장 崔正益, 총무 金聲權, 서기 姜永韶, 재무 朱元, 학무원 邦化重, 법무원 李秉瑚, 외교원 이순기 등이었다.

114) 「고난을 참지 못하면 성공이 없음」, 『新韓民報』 1911년 8월 30일.

115) 「집필 초일의 소감」, 『新韓民報』 1911년 11월 8일 논설 ; 「국민회의 신서광」, 1911년 12월 11일 논설 ; 「국민회 3회기념」·「論慶節」, 1912년 2월 5일 논설.

시행할 것 등을 의결하였다.[116] 그리고 며칠 뒤인 11월 20일 대한인국민회는 정식으로 中央總會結成宣布式을 거행하였다. 이 선포문은 "우리는 나라가 없으니 아직 국가자치는 의론할 여지가 없거니와 우리의 단체를 무형정부로 인정하고 자치제도를 실시"하자고 하면서, ① 대한인국민회 중앙총회를 해외 한인의 최고기관으로 인정하고 자치제도를 실시할 것 ② 각지에 있는 해외동포는 대한인국민회의 지도를 받을 의무가 있으며 대한인국민회는 일반동포에게 의무이행을 장려할 것 등을 선언하여 사실상 대한인국민회를 한인의 대표기관으로 설치하였다.[117] 이에 대한인국민회 중앙총회는 12월 7일 "우리 국가를 대표하던 태극국기는 이제 세상에 자취가 끊어지게 되었으니 통분함을 이기지 못하여 이제 우리 민족을 대표하는 國民會旗를 새로 제정하기로 대표회에서 작정"하였음을 공고하면서 새로운 깃발 제정을 천명하였다.[118]

그 후 대한인국민회는 1914년 4월 미국정부로부터 재미한인의 대표기관이자 한인자치정부로 인정받아 활동하였다. 그러나 1차 세계대전의 발발과 함께 일본이 연합국의 일원으로 활동하자, 러시아와 중국에 조직되었던 대한인국민회 시베리아지방총회와 만주지방총회는 탄압으로 인해 해체되고 말았다. 따라서 대한인국민회에서 추진하던 임시정부건설론은 1917년 大同團結宣言으로 맥을 잇게 되었으며, 이는 1919년 대한민국임시정부로 결실을 맺게 되었다.

이러한 1910년대 재미한인의 인식구도를 단편적으로 보여주는 것은 안창호의 '독립운동구상안'이다. 도산은 국권회복의 단계를 크게 기초, 준비, 결과의 3단계로 구분하고, 기초단계로서 단결(신애, 충의, 용감,

---

116) 「대표회 의사초록」, 『新韓民報』 1912년 12월 9일 잡보. 이 때 대표원의회에서 선출된 임원은 중앙총회장 尹炳求, 부회장 黃思溶, 총무 鄭七來, 서기 姜永韶, 재무 朴永淳, 학무원 閔燦鎬, 법무원 朱元, 외교원 박용만이었다.

117) 金元容, 『在美韓人五十年史』, 캘리포니아 리들리, 1959, 107~110쪽.

118) 「會旗圖案合格者 현상금 25원」, 『新韓民報』 1912년 12월 9일 광고.

인내)과 정신력(주의통일, 직무분담, 행동일치)을 언급하였으며, 준비단계는 다시 진행준비와 완전준비로 구획한 다음, 진행준비로서는 실업단과 학업단, 완전준비로서는 재정(군기, 군재, 군량, 건설비, 외교비)과 인원(독립군, 장관, 정치가, 공학가, 의원, 실업가, 학술가)을 설정하였다. 그리고 최종단계인 결과는 진행결과와 완전결과를 목적하고, 진행결과는 獨立戰爭과 新政體 組織, 완전결과는 國權光復과 祖國增進을 구상하였다.[119] 즉 도산을 비롯한 재미한인들이 추진한 민족운동은 계몽주의적 사고 속에서도 독립전쟁구현론 실현과 국민국가 건설이라는 웅지 속에서 끊임없이 추구된 것이었다.

6. 맺음말

이상에서 1904년부터 1910년대 재미한인들의 민족운동과 인식론을 살펴보았다.

문명자강론적 인식에 기초한 재미한인들은 1905년 1월 호놀룰루 주재 일본총영사가 대한제국 총영사로 위임된 사건을 계기로 한인보호기관을 목적으로 공립협회를 조직하였다. 그 후 일제가 을사조약을 늑결하고 대한제국영사관을 철폐하는 등 해외한인에 대한 통치권을 확립해가자, 공립협회에서는 1906년 6월 이른바 桑港大震災사건을 계기로 미국의 묵인 하에 한인자치기관이자 대표외교기관으로 자리잡았다.

이후 공립협회는 망국의 원인으로 '국민단합부재'를 꼽고, 1905년 12월경부터 국권회복의 선결과제로 국민단합론을 제창하였다. 이 국민단합론은 재미한인이 국민단합의 주체가 되어 먼저 미주와 하와이 한인사회를 단합한 후 국내외 한인을 단합하는 것이었다. 따라서 국민단합론은 1907년 1월을 기점으로 통일연합론으로 발전하여 해외한인의 최

119) 『島山安昌浩全集』 1권, 160~162쪽.

고기관인 大韓人國民會를 탄생시키면서 국내에 신민회, 해외에 하와이 · 멕시코는 물론 노령 · 만주지역까지 망라하는 지부를 건설하였다.

또한 1907년 6월을 기점으로 國魂을 통한 독립전쟁론을 제기했던 공립협회는 미일전쟁을 독립전쟁의 최적기로 포착하여 독립전쟁을 수행한다는 이른바 독립전쟁론의 원형을 확립하였다. 따라서 우리가 흔히 알고 있는 독립전쟁론은 공립협회의 민족운동방략이 공립신보의 유포 또는 신민회 창건과정 속에서 국내외로 널리 확산되어 자리잡게 된 것이었다. 그러나 1908년 13도창의대진소의 서울진공작전 실패 등으로 의병전쟁이 점차 쇠퇴되자, 공립협회는 의열투쟁을 '자유전쟁'이라는 방략하에 채택하여 스티븐스 등을 처단함으로써 수세에 빠졌던 의병전쟁에 활기를 불어넣었다. 이와 더불어 1908년 10월을 기점으로 해삼위지역을 독립군기지의 최적지로 파악하고 이에 필요한 재정을 마련하는 등 독립군기지개척운동을 전개하였으며, 국망 후에는 재미한인사회를 중심으로 군인양성운동을 전개하기도 하였다.

이와 더불어 1907년 1월 이후 재미한인들은 국민국가 건설을 주요 목표의 하나로 설정하였다. 이러한 국민국가건설론을 바탕으로 신민회 결성을 주도하였고, 이후 1909년 3월에는 대한제국을 대신하여 국민주의에 바탕한 국권회복운동을 선언하였다. 그리고 1910년 6월에는 사실상 대한제국정부와 융희황제를 부정하면서 국민주의에 입각한 국가건설을 천명하였다. 이 국민국가 건설은 1910년 10월 이후 임시정부건설론으로 이어졌으며, 1911년 8월 대한인국민회 중앙총회 결성을 계기로 일단락되었다. 특히 1910년 10월 임시정부건설론은 1917년 대동단결선언의 문장이나 내용면에서 거의 흡사하다. 따라서 재미한인사회의 임시정부건설론은 대동단결선언에 반영되어 나타났으며, 이는 1919년 대한민국임시정부 수립의 내면적 흐름을 주도하는 역할로 귀결되었다.

이승만과 하와이 한인청년교육*
(1913∼1923)

안 형 주**

1. 서 론

이 글의 목적은 이승만이 하와이에 도착한 1913년에서부터 하와이 한인학생들이 모국을 방문한 1923년에 이르기까지, 한인청년교육이라는 이름으로 나타난 일련의 사건들을 밝힘으로써 초기 하와이 한인사회의 깊은 분열을 조명하려는 것이다. 또한 이 글에서는 하와이의 저명한 한인 지도자였던 이승만이 어떻게 한인청년교육문제를 이슈화하여 스스로를 선구적인 교육자로, 하와이의 한인사회와 큰 규모의 백인사회를 위해 헌신하는 기독교인으로, 그리고 국내 한국인들 사이에서는 망명중인 애국자로 스스로를 내세워 자신의 정치적 목적들을 영속시키고자 했는지를 다룰 것이다. 1922년 워싱턴 회의 이후 미-일 관계가 새로운 안정적 국면을 맞음에 따라 이승만은 그의 학교 학생들과 교사들을 고국으로 보내 한국사회의 분위기를 느끼고 평가하게끔 하였다. 당시 일제는 조선에서 식민지하 자치를 제안하는 '문화정치'라는 새로운 정책을 펴고 있었다. 그의 학교 학생단의 모국방문은 1925년

* "Syngman Rhee and Education of Young Hawaii Korean(1913-1923)"의 번역임

** Asian American Studies Center, UCLA

이승만을 지지하는 흥업구락부가 조직되는 선구적인 계기가 되었다. 이승만은 흥업구락부 활동을 통해 국내 한국인들 사이에서 망명중인 독립투사로서의 자신의 이미지를 유지할 수 있었다. 이승만은 1945년 8월 해방 당시 국내에서 가장 지지도가 높은 지도자로 떠올랐다.

2. 초기 하와이 한인사회에서의 교육적 필요성

1903년부터 1905년까지 7000명 이상의 한인 이민자들이 하와이의 사탕수수 농장에 도착했다. 그런데 한인사회는 당장 두 가지의 교육적 필요성에 직면했다. 첫 번째는 그들 중 3분의 2에 가까운 동료 문맹 노동자들에게 한글을 가르치는 것이었다. 그들은 한국에 있는 가족과 친지들에게 문안 편지를 쓰고 하와이에 안전하게 도착했다는 것을 알리고 싶어했기 때문이다. 두 번째는 이민자 자녀들을 편입된 새 국가의 준법적인 시민으로 양육하는 동시에, 중국인들과 일본인들이 자체적인 언어 학교를 운영하는 것과 같이 자녀들에게 한글과 한국문화를 가르침으로써 그들의 정체성을 유지하도록 하는 것이었다.

이러한 한인 교육의 필요성은 부분적으로는 지역의 젊은 한국인 전도사들과 권사들이 채웠다. 이들은 여행경비를 부담하지 않고 서구 교육을 받을 수 있는 하와이로 와서 공부하려는 사람들이었다. 하와이감리교단선교회(The Hawaii Mission of Methodist Episcopal Church, 이하 감리교 선교회)는 다른 소수민족들을 지원했듯이 하와이에 새로 도착하는 한인들을 기독교로 개종시키는 운동을 전개하는 한편, 각 지역 한인 전도사들이 이후 한인감리교 선교회와 교회가 되는 수십 곳의 예배처소(worship station)를 세우도록 지원해주었다.[1] 하와이 전체의

1) 1995년 7월 호놀룰루의 은퇴자 아파트에서 이동진 목사와의 인터뷰. 예배처소는 시골지역에서 일요일에 몇몇 가족들이 모이는 곳으로, 목사들은 말을

이러한 한인 전도관들과 교회들은 감리 선교회와, 한국인들이 사탕수수농장에 정착하기를 바라는 농장주들로부터 어느 정도의 재정적 지원을 받았다. 1906년까지 하와이 섬에는 13곳의 한인 감리교 교회와 30곳의 한인 감리교 전도관들이 세워졌다.[2] 이러한 감리교 선교단체와 교회에서 목사, 전도사, 한학자들이 가르치는 성인학교와 한글학교의 시설을 제공했다.

한인 노동자들이 한글을 읽고 쓸 수 있게 되자, 전도사들과 한글학교 교사들은 그들에게 왜 한국인들이 모국의 독립을 위해 싸워야하는지를 가르치고, 그러한 동기유발을 위해 격주로 한글신문을 간행했다.[3] 성인 교육을 시작한지 10년이 지난 1915년에 이르러서는 모든 성인 한인들이 한글신문을 읽을 수 있게 되었다. 이는 각 해외 한인단체들을 연계하던 대한인국민회(Korean National Association, K.N.A.)가 자랑하는 성과 중 하나였다.[4] 이러한 한인 이민자들은 점차 해외 독립운동을 열렬하게 지지하게 되었고 독립운동의 주요한 재정적 원천이 되었다.

비교적 간단했던 성인 교육과 달리, 20세기 초반의 하와이에서 한인 자녀들을 교육하는 것은 좀더 복잡한 과제였다. 영어를 하지 못하는 교포의 자녀들이 공립학교에서 다른 일반 학생들처럼 공부하기 위해

타고 이곳에 들러 일요일 예배를 진행했다.

2) 현순, 『포와 유람기』, 서울 : 현공렴, 1909, 9~10쪽.

3) Arthur L. Gardener, *The Koreans in Hawaii : An Annotated Bibliography*, (Honolulu : Social Science Research Institute, University of Hawaii, 1970), pp.12, 13, 14, 19, 53, 57. 하와이에서 간행되다가 없어진 한글신문들로는 격주인 신조신문(1904년 3월~1905년 5월), 진목회보(1906년~?), 격주 한인시사(1905년 6월~1906년 9월), 협성신보(1907년 10월~1909년 1월), 월간 전홍회보(1908년~1909년 3월), 월간 재신보(1909년 9월~1910년 1월), 주간 독립산문(1911년 7월~?) 등이 있었다.

4) 김원용, 『재미한인오십년사』, Reedley, California : Charles Ho Kim, 1959, 242쪽.

서는 언어적·문화적인 장벽을 극복해야 했기 때문이다. 다음 두 종류의 학생들이 한인 학교를 필요로 했다. 초등교육을 받지 못했지만 나이 때문에 공립 초등학교에 들어가지 못한 나이 많은 학생들과, 자녀들에게 공립학교와 동일한 영어 정규교육과 더불어 한글교육도 시키고 싶어하는 부모들의 어린 학생들이 그들이다.

자녀들의 교육문제를 염려한 교민 지도자들은 기숙사가 딸린 학교를 설립하기 위해 1905년 7월 호놀룰루에서 교육회를 조직하고, 회장으로 감리 선교회의 한인담당 감리사인 John W. Wadman 목사를 선출했다. 교육회의 호소로, 하와이 전체의 많은 교민들이 기부금을 내 총 2천 달러가 모였다. 감리교 교회의 Hamilton 감독은 Congressional Church 소유의 학교 부지를 1만 8천 달러에 매입하는 데 자신의 기부금 1만 달러를 포함해 1만 6천 달러를 모금했다. Beretanica와 Punchbowl Street에 기숙사가 딸린 새로운 남학교 시설이 들어섰고, 학교시설을 매입하자마자 한인 감리교회가 인근으로 자리를 옮겨와 이곳이 '한인구역'으로 불리게 되었다. 이 학교에는 영어와 한글을 가르치는 교사 6명이 있었다. 그들은 미국인 남자교사 한 명, 미국인 여자교사 두 명, 한국인 남자교사 세 명이었는데, 한국인 부모들이 남자교사를 선호한 데 따른 것이었다.[5] 1909년 봄까지 이 학교에는 구두제작과 사진촬영 같은 직업훈련과정이 있었다. 한인구역에 있던 이 학교는 기숙사시설이 딸려 있었으며 미국 본토와 멕시코뿐 아니라 하와이의 한인 교포자녀들에게 8학년까지 정규 교육과정을 가르치는 유일한 학교였다.

3. 이승만의 하와이 도착

이렇게 하와이의 한인교육 프로그램이 발달하는 동안, 이승만은

5) 현순, 앞의 책, 10~11쪽.

1910년 7월 프린스턴 대학에서 박사학위를 받았고, 서울 YMCA에서 행정간부로 일하기 위해 일년 반 동안 한국에 머물렀다. 그는 1912년 5월 미네소타 미네아폴리스에서 열린 감리교 회의에 평신도 대표 자격으로 참석하기 위해 미국에 돌아왔다. 회의에 참석한 뒤 그는 한국인의 大義를 촉진하는 외교적 사업과 출판사업에 매진하기 위해 한국에 돌아가지 않고자 했다.[6] 이승만과 의형제로 하와이에 있던 박용만은 하와이 국민회에 이러한 이승만의 계획을 알리고 그를 하와이로 초청할 것을 제안했다. 그러나 국민회는 그처럼 장기적인 사업을 재정적으로 원조할만한 준비가 되지 않았다는 이유로 이를 거부했다. 박용만의 끈질긴 요청에 국민회는 이승만을 하와이로 초청하는 데 마지못해 동의했다.[7]

1913년 2월 27일 이승만이 미국 동부에서 호놀룰루에 도착하자, 박용만은 그와 함께 다니면서 그를 지역 한인사회에 소개했다. 하와이 전체에서 많은 환영인파가 이승만을 따뜻하게 맞이하였다.[8] 이승만을 환영하는 한인 군중들을 본 Wadman 감리사는 이승만에게 1년 넘게 자신과 한인사회 간에 격렬한 논쟁이 되어 온 문제를 해결해주도록 요청했다. 그것은 호놀룰루 주재 일본영사관으로부터 한인 기숙학교를 위한 기부금 750달러를 받았다는 지역 일본어신문 기사를 둘러싼 논쟁이었다. 이승만은 하와이의 각 지역 교민단체들을 방문해, 자녀들의 교육을 돕기 위한 Wadman 목사의 선한 의도를 이해해달라는 설득작업을 벌였다.[9]

1913년 8월에 John W. Wadman은 이승만을 한인학교 교장으로 임명했다. 이승만은 이 학교가 한인청년교육의 중심임을 강조하기 위해 교명을 한인기숙학원(Korean Boarding Boys School)에서 한인중앙학

6) 유영익, 『이승만의 삶과 꿈 : 대통령이 되기까지』, 중앙일보사, 1996, 100쪽.
7) 김원용, 앞의 책, 137쪽.
8) 유영익, 앞의 책, 109쪽.
9) 김원용, 앞의 책, 42~43쪽.

원(Korean Central School)으로 개칭했다. 이번에는 새로운 남학생 기숙사를 짓는 것이 한인중앙학원의 새로운 문제로 떠올랐다. 1913년 9월 Honolulu Star-Bulletin지는 커다란 이승만의 사진과 함께 "한인학교가 교육분야의 중요한 요소"라는 제목의 기사를 실었다. 이 기사는 한인기숙학원의 교장이, 자리가 없어서 공립학교에 들어가지 못한 여러 섬의 남학생들을 모아 가르침을 베풀고 있다고 묘사했다. 이 기사는 이승만의 이력을 길게 서술하면서, 그를 하와이의 백인 상류사회에 선구자적 교육자이자 기독교적 헌신자로 소개했다.[10]

이승만은 하와이에 도착한지 2개월 정도 지난 1912년 4월 호놀룰루에서 『한국교회의 핍박』이라는 한글 책자를 발행하였다.[11] 이 책자에서 1911년 국내에서 일어난 '105인 사건'에 대한 이승만의 기독교적 해석과 시각이 드러났다. 여기에셔 그는 고난을 당하고 있는 조선의 교회를 로마제국 하에 시련을 겪었던 초대교회에 비유하면서, 이러한 시련으로 한국이 아시아의 첫 기독교 국가로서 나머지 아시아 국가들을 기독교로 개종시킬 수 있도록 연마받고 있다고 하였다. 1913년 9월 이승만은 한글 월간지인 『태평양잡지』 창간호를 내고 한인 이민자들을 계몽하는 교육적 효과를 노렸다. 그는 1913년 10월 자신이 교장으로 있던 학교를 남녀공학으로 바꿔 교육범위를 넓혔다.[12]

같은 해 12월 이승만은 윌슨 대통령의 딸 Jessie의 결혼식에 참석해달라는 백악관의 초청장을 받았다.[13] 이는 교포사회에서 화제가 되었으며 호놀룰루의 백인들 사이에서도 한인사회의 지도자로서의 그의 이미지를 끌어올려 주었다. 아마도 몇몇 백인들은 이승만이, 하와이의 Iolani School 출신으로 1912년 중화민국의 첫 총통이 된 손문처럼 될 인물이라고 여기기 시작했던 듯하다.[14]

---

10) *Honolulu Star-Bulletin*, 20 Sep. 1913, p.15.
11) 이승만, 『한국교회의 핍박』, Honolulu : Han Chai-myong, 1913, p.108.
12) *Honolulu Star-Bulletin*, 25 Oct., 1913, p.7.
13) 『국민보』, 1913년 12월 13일, 1쪽.

그러는 동안 이승만은 보수적인 한인 교포사회에서 여성교육을 장려하고 여학생기숙사 설립운동도 시작하였다. 과거에 그는 과격한 반동적 정치활동 때문에 총 5년 반 동안 투옥생활을 하면서, 19세기 말부터 20세기 초반 서민과 여성을 대상으로 서울에서 발행된 순한글신문 『제국신문』에 사설을 실어 이름이 알려진 바 있었다.15)

이승만은 목표 달성을 위해 한인들 사이에서 "Emma 부지"로 알려진 호놀룰루 Emma Street의 국민회 소유지를 여학생 기숙사 부지로 내줄 것을 끈질기게 요청했다. 마침내 국민회가 "Emma 부지"를 여학생 기숙사 부지로 내놓기로 하자, 이승만은 제약 없이 일을 진행하기 위해 그 땅을 자신의 명의로 변경해야 한다고 주장했다. 국민회가 공공 재산을 개인의 명의로 변경할 수 없다는 이유로 그의 요청을 거절하면서 이승만과 국민회 간의 갈등이 시작되었으며, 이는 하와이 내 교민사회의 분열의 시작이었다. 또 한 가지 이승만이 못마땅하게 여긴 점은, 국민회가 회비로 총 1만 달러 이상과 새로운 국민회빌딩 건립기금으로 5천 달러 이상을 모았다는 것이었다. 이승만은 국민회가 자신의 교육적 헌신에 관심을 기울이지 않는 데 대해 불만을 터뜨렸다.16)

1914년 6월, Wadman 목사 후임으로 부임한 감리사 William H. Fry 목사는 이승만 박사가 교회와 재정적 문제들에 관여하는 것을 제지하고, 그가 교장 자격으로만 학교 업무를 관리하도록 제한했다. 이 때부터 이승만은 "한인학교는 한국인 손으로"라는 캠페인을 시작했다.17) 1914년 7월 이승만 지지자들은, 다른 섬에서 교육을 받기 위해 찾아오는 여학생들을 위해 호놀룰루 Puunui에 여학생 기숙사를 짓는 데 쓰일 특별 기부금을 이승만에게 전달했다. *Honolulu Star-Bulletin*지에 이

---

14) 2002년 3월 호놀룰루에서 Roberta W. Chang과의 인터뷰.

15) 유영익, 앞의 책, 242쪽. 조선총독부는 과격한 정치활동을 했다는 이유로 이승만을 1899년 1월 9일부터 1904년 8월 9일까지 수감시켰다.

16) 김원용, 앞의 책, 138쪽.

17) 김원용, 위의 책, 44쪽.

승만의 사진과 함께 "한인 학교가 새로운 기숙사 헌당식을 할 예정"이라는 제목의 기사가 실렸다.[18] 1914년 이승만이 하와이 교민사회에서 기금을 모아 호놀룰루에 Y.M.C.A. 한인 지부를 설치하자, 이사단의 저명한 인사들은 직장이 없는 동료 한인들에게 직장을 마련해준 그의 업적을 칭송했다. 그는 Y.M.C.A. 이사단의 인사들과 협력하는 가운데 이후 자산관리와 그의 후원 조직들을 지원하게 되는 영향력 있고 부유한 백인들과 친밀한 관계를 발전시켜 가게 된다.[19]

4. 이승만과 하와이 국민회의 갈등

1915년 1월 15일 국민회 회계장부를 감사하던 감사단은 간부 두 명이 국민회빌딩 기금을 횡령한 위법사실을 밝혀냈다. 국민회 이사단은 그 두 명을 재판에 부칠 수도 있었지만 소송은 제기하지 않기로 결정했다. 법적인 절차는 국민회의 이름에 손상만 가할 뿐이며 장래의 기금모금사업에도 지장이 되리라는 판단에서였다.[20]

이 때 국민회는 새 빌딩을 짓기 위한 모금운동 중이었고, 이승만은 여학생 기숙사 건립기금을 마련하던 중이었다. 이승만은 자신이 호놀룰루에 도착했을 당시에 국민회가 그의 일에 간섭하지 않겠다고 약속했으면서도 자신의 사업을 방해하고 있는 것으로 여겼다.[21] 이승만은 한인중앙학원의 교실을 짓기 위한 또 다른 부지를 요청했지만 국민회 회장인 김종학은 이를 거절하고, 한인중앙학원이 좀더 상세한 재정보

18) *Honolulu Star-Bulletin*, 24 Oct. 1914, p.18.
19) *Honolulu Star Bulletin*, 5 Jan. 1914, p.3 ; 19 May 1914, p.6 ; 5 Jun 1914, p.8 ; 20 Jul. 1914, p.4 ; 국사편찬위원회, v.
20) 김원용, 앞의 책, 139쪽. 고발된 두 명은 831.17달러를 상환하기로 했던 박상하와, 1,548.17달러 반납을 약속받았던 홍인표였다.
21) 김원용, 위의 책, 139~143쪽.

고서를 제출할 것을 요구했다.[22] 이에 대해 불만을 가지게 된 이승만은 자신이 발간하는 『태평양잡지』에 부정을 저지른 두 사람을 법적으로 처벌하지 않기로 한 국민회 이사단의 결정을 비난하는 글을 쓰고, 대다수의 사람들이 자신과 뜻을 같이 하기 때문에 자신의 의견에 반대하는 사람은 국민회를 반대하는 것과 마찬가지라고 언급했다.[23]

이러한 이박사의 공언은 하와이 교민사회를 교란하여 이승만 지지자와 국민회 지지자의 두 그룹으로 분열시켰다. 이승만 지지자들은 주로 각 지역 전도사들, 이승만과 같은 배재학당 출신의 한글 교사들, 이승만이 한국인 최초로 박사학위를 받았고 모국의 독립운동을 위해 거의 7년 동안 수감생활을 했다는 점 때문에 이승만을 높이 사는 사람들이었다. 국민회 지지자들은 이전 대한제국 정부군 출신의 박용만 지지자들과 전통 유교교육을 받은 개혁적 성향의 지역 지식인들, 그리고 하와이 내 도산 안창호 지지자들이었다.

1915년 6월 이승만은 한인중앙학원 교장 자리에서 물러나고, 각 지역의 한인 공동체들을 찾아다니며 감리교회를 신뢰할 수 없으므로 한인학교와 교회를 독립시켜야 한다는 캠페인을 벌였다.[24] 이제 국민회 논쟁은 국민회 간부들의 손을 떠나 하와이 교민사회를 깊이 분열시키고 있었던 것이다. 이를 염려한 Oahu 네 지부의 대표들은 이 문제 해결을 위한 특별 대표자회의 소집을 공식 요청했다.[25]

국민회 회장 김종학은 1915년 5월 1일 호놀룰루에서 회의를 소집했다. 총 76개 지부 중에서 31개 지부만이 대표를 파견했으므로 정족수가 모자라 회장이 개회를 선언할 수 없었다. 그러나 감정적으로 격해 있던 대표들은 지연되는 것을 기다릴 수 없으므로 대표자회의를 연기

22) 國史編纂委員會, 『大韓人國民會와 李承晩』, 국사편찬위원회, 1999, ii.
23) 김원용, 앞의 책, 138~144쪽 ; 「공표」, 『태평양잡지』, 1915년 5월과 6월호.
24) 김원용, 위의 책, 54쪽.
25) 김원용, 위의 책, 144쪽. 이들은 Wahiawa 소속 대표 두 명과, Kunia와 Waipawau 대표 각각 한 명씩이었다.

할 수 없다고 주장했다. 이러한 보기 드문 상황을 맞아 김종학은 불법이지만 대표자회의의 개회를 선언했다. 이승만 지지자들은 공금을 횡령한 두 간부를 처벌치 않은 국민회 이사단을 교체할 새로운 선거를 치르자고 주장했고, 국민회 지지자들은 각 지역 지부의 불만 사항을 경청하기 전까지는 아무 조치도 취할 수 없다고 주장했다.

7일 간의 격론 끝에 한인중앙학원의 학생들이 김종학과 다른 국민회 지지자들을 폭행하는 심각한 물리적 폭력사태가 일어났다.[26] 이렇게 되자 회장은 휴회를 선언했으나, 이승만 지지자들은 회장 김종학을 비롯한 현재의 간부들을 해임하기 위해 대표자 회의를 재개했다.[27] 이승만 지지자들은 국민회 회계장부를 압수하고, 지역 경찰에 김종학을 엄청난 사기꾼으로 신고했다. 결국 1915년 5월 14일 김종학은 경찰에 체포되었다. 1915년 6월 25일 김종학은 이승만 지지자들을 주도한 홍한식 목사를 고소했다.[28] 이것이 이후 약 20년 간 하와이 내 국민회와 이승만 사이에서 일련적으로 벌어진 열 번의 주요 법적 소송사건들 중 첫 번째의 것이었다. 국민회의 신임 총간사(manager general)인 안현경은 김종학과 19명의 국민회 지지자들이 횡령 혐의로 체포되었다는 허위 기사를 지역 신문에 실었다.[29] 김종학은 공격을 당한 것과, 그가 소송을 취하했다는 신문보도로 심하게 모욕을 당하고 분하여 자살을 기도하였다. 1915년 7월 3일, 신임 국민회 회장 홍한식 목사와 안현경은 이승만을 여학생신학교의 피신탁인으로 하는 양도증서에 서명했다.[30] 3개월 간의 조사가 끝나고 김종학은 결백이 밝혀졌고 법원이 원고의 소송취하를 처리함에 따라 감옥에서 풀려났다.[31]

---

26) 국사편찬위원회, 앞의 책, ii.
27) *Honolulu Advertiser*, 7 Jul. 1915, p.1.
28) Ibid., 17, 25 Jun. 1915, p.1 ; 국사편찬위원회, 앞의 책, 4~10쪽.
29) *Honolulu Star-Bulletin*, "Warrants out for Nineteen High Koreans", 7 Jun. 1915, p.1.
30) 국사편찬위원회, 앞의 책, ii.

국민회 회장이 체포되었다는 소식을 들은 하와이 곳곳의 회원들이 국민회 본부에 문의 서한을 보냈으나, 국민회는 물리적인 힘에 의해 이승만 지지자들에게 넘어간 상태였다. 국민회 지지자들과 박용만은 더 이상 교민사회 내에서 분열과 파괴적인 현상을 막기 위해 더 이상 이승만 지지자들에 맞서 싸우지 않았으며, 결과적으로는 세력을 잃게 되었다.[32)]

1915년 7월, 이승만은 국민회의 재정적 원조로 교실 신축을 세우기 위한 3에이커의 부지를 매입했다. 그는 학교 이름을 '한인여자기독학원'(Korean Girls Seminary)으로 변경하고 하와이 準州의 공기관 교육청장(Superintendent of the Public Institute of the Territory of Hawaii)으로부터 학교설립허가를 받아냈다. 1915년 9월에 한인여자기독학원이 문을 열자, *Honolulu Advertiser*지는 전면을 할애하여 이승만의 사진과 함께 그에 대한 기사를 실었다.[33)]

1916년 홍한식 목사가 국민회 회장이었을 당시, 이승만은 자신이 운영하는 남학교를 염두에 두고 남학생 기숙사를 세울 부지를 국민회에 요청했다. 홍한식 목사는 또 다른 재산을 이승만에게 넘기는 데 반대했다. 그가 김종학처럼 공격당할 것을 우려한 감리교 선교회는 홍한식 목사를 다른 섬에 부임시켰다. 회장이 없는 가운데 국민회 부회장은 남학생 기숙사의 수탁자 자격으로 이승만에게 재산을 양도하는 데 서명했다.[34)]

1918년 2월 11일 기금의 재정적 처리에 문제가 있다는 점이 논의되던 중, 회의장에 몽둥이를 든 남자들이 나타나 방청인들과 다른 국민

---

31) 국사편찬위원회, 위의 책, 10쪽.

32) 김원용, 앞의 책, 146쪽.

33) *Honolulu Advertiser*, 28 Sept. 1915, Sunday Section 1. 그의 개량주의적 성향의 동료들이 1898년 서울에서 발간한 한글신문 『협성신보』 창간호의 오금선의 한글 사설이 함께 실렸다.

34) 국사편찬위원회, 앞의 책, iii.

회 회원들에게 얼굴과 머리에서 피를 흘릴 정도로 폭력을 행사했다. 이승만은 회의장에 다른 대표들을 살해하려는 무기를 지닌 몇몇 대표들이 있었다고 신고했다. 경찰이 현장에 도착하자 안현경은, 그 동안 장부를 철저하게 감사하여 말썽을 일으키는 자들을 체포시키자고 주장해 온 네 명의 대표들을 고발했으며, 1918년 2월 지방 법원에 소송장이 접수되었다.[35] 배심원들이 배석한 재판에서 이승만은 증인을 세워 피고들이 한국인 훈련부대를 만들고 반일운동을 벌여 온 박용만의 지지자들임을 밝히도록 했다. 또한 그는 지역 신문기자들에게 일본 전함 '춘양호'가 호놀룰루에 들를 때 박용만이 전함을 공격할 계획을 세웠으며, 그러한 그들의 행동은 미-일 관계에 심각한 손상을 입힐 것이라고 말했다.[36] 재판은 네 명의 피고가 '무죄'인 것으로 종결되었다.[37]

교민사회 내부에서 벌어진 사건들에도 불구하고, 1918년 초 하와이에서 금주가 사회적인 문제가 되었을 때 이승만은 한인들이 '절대 금주'가 하와이를 이롭게 할 것이라는 믿음 아래 하나로 뭉쳐있다고 선언함으로써 하와이의 훌륭한 기독교적 지도자로서의 자신의 이미지를 관리하고 있었다.[38] 이승만이 백인 사회에서 전반적인 명성을 얻고 있었으므로, 샌프란시스코에 있던 대한인국민회 행정위원회는 1918년 12월에 열리는 파리평화회의에서 한국문제를 호소할 대표로 정한경, 민찬호 목사와 함께 이승만을 파견하기로 했다.[39] 그러나 이승만은 미국 본토를 거쳐 파리로 떠나기 전에 한인여자기독학원과 한인 여학생기숙사로 사용되던 두 부지를 매각했다.[40] 1918년에 그는 개칭된 자신의

35) 국사편찬위원회, 앞의 책, 39~104쪽. 이 사건의 이름은 '하와이 準州 대 김승열, 김한경, 유동면, 이장숙' 사건이다.
36) 국사편찬위원회, 위의 책, iv ; 김원용, 앞의 책, 151쪽.
37) *Honolulu Star-Bulletin*, "Korean Strife Aired in Court", 5 Mar. 1918, 2쪽.
38) Ibid., 18 Feb. 1918, p.1.
39) 고정휴, 「이승만과 구미위원부」, 유영익 편, 『이승만 연구』, 연세대학교 출판부, 2000, 140쪽.
40) 국사편찬위원회, 앞의 책, v.

한인기독교회를 감리교단 아래 두도록 했다.[41]

5. 3·1운동과 이승만

일제의 가혹한 식민지배 하에서 고통받던 한국인들은 우드로 윌슨 대통령이 유럽의 소수민족을 위해 제창한 민족자결주의를 열렬하게 환영했다. 1919년 3월 1일 고종의 장례식날 한민족 33인의 대표가 독립선언문을 읽은 후 조선 민중의 저항이 시작되었다. 3월 14일 상해에 있던 현순이 국내에서 대중적인 저항이 일어나고 있다는 사실을 미국의 한인사회에 알린 최초의 전보에서 샌프란시스코의 도산 안창호에게 이승만의 소재를 물은 것은 상징적인 일이다.[42] 그 배경은 이승만의 스승이었던 이상재를 비롯한 이승만 지지자들 중 핵심 인물들이 이 3·1운동에 계획 단계에서부터 관여하고 있었고, 이승만을 행정부 수반으로 하는 임시정부를 세우려 했다는 것이었다. 이 임시정부는 한성정부로, 이후 상해의 망명 대한민국임시정부가 되었다.

국내에서 이승만의 명성이 높았던 이유는 독립협회 활동 경력과 수감생활, 프린스턴 대학에서 박사학위를 받았다는 것, 윌슨 대통령과의 교분, 재미 한인사회에서의 명성, 한국인 지도자들 중에서 비교적 나이가 많다는 점, 카리스마적인 면, 그리고 자금을 모으는 능력 등이었다.[43] 국내 이승만 지지자들에는 다음 세 그룹이 있었다. 첫 번째는 양반 출신이자 개혁적 성향의 행동가들로, 이승만과 긴밀한 협력관계를

---

41) 국사편찬위원회, 위의 책, iii ; 김원용, 앞의 책, 44쪽.

42) The Hei Sop Chin Archival Collection of UCLA Special Collection, Folder 2 of Box 2. 1919년 3월 1일 한국에서 일어난 대중적 저항운동은 3·1운동이라고 불리운다.

43) 정병준, 「이승만의 독립노선과 정부수립 운동」, 서울대학교 박사학위논문, 2000, 109쪽.

유지하고 있었다. 대체로 이들은 독립협회에 참여하고 조선총독부에 의해 수감되었으며 옥중에서 기독교로 개종하여 서울 Y.M.C.A.의 회원으로 활발하게 활동하였다. 두 번째는 그가 1910년에서 1912년까지 서울 Y.M.C.A.에서 가르칠 당시의 학생들로서, 이후 하와이에서 미국식 교육을 받은 이들이었다. 세 번째 그룹은 미국 유학생 출신들이었다.

국내 이승만 지지자들 중에서 신흥우는 거의 매년 기독교와 교육에 관련된 여러 국제회의에 참석하러 가는 도중 호놀룰루에 들러 이승만을 방문하곤 했다. 그는 이승만과 국내의 이승만 지지자들간의 연락사항을 전달했을 뿐 아니라, 이승만과 박용만을 포함한 한인사회의 동정을 호놀룰루 주재 일본영사관에 전달하기도 했다.[44] 신흥우는 1919년 5월 오하이오의 클리브랜드에서 열린 감리선교회 100주년기념대회에 참석하러 가던 중에 이승만을 방문해 이승만이 한성정부의 집정관총재로 추대되었다는 문건을 전달했다.[45] 신흥우는 3·1운동에서 전면에 나서지 않았고 대신 기독교와 교육사업, 말하자면 개량적인 문화적 접근을 통해 조선독립을 위한 실력양성과 자강운동을 강조하던 국내 이승만 지지자의 전형적인 인물이었다.

1919년 8월, 이승만은 자신의 수하에 조직을 두어 외교사업을 벌이고 독립기금의 활로를 모색하기 위해 워싱턴 D.C.에 구미위원부를 세웠다. 1919년부터 워싱턴 회의가 종결된 1922년까지 구미위원부는 약 15만 달러를 모았지만 상해의 임시정부에는 1만 6천 달러만을 보냈다.[46] 그러는 동안 상해의 한국인들은 이승만이 일년 반 이상 임정에

---

44) 1917년 6월 22일 신흥우가 호놀룰루의 일본영사관에 쓴 영문편지. 오타가 많은 이 편지에서 신흥우는 이박사와 박용만은 그들이 받아들일만한 기회가 주어진다면 한국으로 돌아가려 할 것이라고 했다. 그는 또한 두 지도자는 그 지지자들이 묘사하는 것처럼 서로 적대적인 관계는 아니라고 하기도 했다.

45) 고정휴, 「대한민국임시정부 구미위원부연구」, 고려대학교 박사학위논문, 1991, 78~84쪽 ; 전택부, 『인간 신흥우』, 기독교서회, 1971, 31쪽.

서의 직무를 다하지 않고 임정의 독립운동에 대한 아무 해결책이나 제안도 제시하지 않은 채 1921년 5월 상해를 떠난 것을 비판적으로 보게 되었다.[47] 당시 미국 이민국은 이승만이 Y.M.C.A.와 Y.W.C.A., 그리고 감리교 회의에 참석하기에 앞서 강연활동 때문에 젊은 여대생 김노디(Nodie Dora Kim)와 여행하고 미국 여성들에게 마음껏 돈을 쓰고 있음을 주목하고 그를 조사하였다.[48]

3·1운동 이후 이승만은 개인적인 외교활동을 통해 독립운동에 전념하고 있었다. 그는 1919년 2월에 미국의 보호국이 된 필리핀처럼 조선도 위임통치해줄 것을 요청하는 청원서를 윌슨 대통령에게 보내는 한편, 1919년 초부터 미국 대중들에게 한국 문제를 널리 알리기 위해 서재필, 정한경 등과 함께 한국통신부(Bureau of Korean Information), 한국친우회, 구미위원부 등을 조직했다.[49] 1921년 세계 5개 열강의 워싱턴 회의가 열리게 되자 국내 지도자들은 373명이 서명한 청원서를 보냈고 재미·在하와이 교민들은 2만 1천 달러 이상을 모금해 이승만을 전격 지원했다. 그러나 그는 워싱턴 회의에서 한국문제를 의제로 상정하는 데 실패했다.[50] 그가 주창해 온 외교적 독립운동은 실질적인 성과는 얻지 못했던 셈이다. 그가 워싱턴 회의에서 발언 기회도 얻지 못한 채 재원만 써버렸기 때문에, 재미 교민사회에서 이승만의 명성은 하락하기 시작했다. 1922년 2월 워싱턴 회의가 끝나자 구미위원부에는

---

46) Robert 김형찬, 「이승만과 안창호 : 갈등을 겪은 애국인사들」, 유영익 편, 『이승만연구』, 615~616쪽.

47) 한시준, 「이승만과 대한민국임시정부」, 유영익 편, 『이승만 연구』, 216쪽.

48) 미국 노동부 이민국, 1920년 6월 23일 이승만에 대한 보고서. 1920년 8월 20일 Nodie Dora Kim의 서명이 있는 진술. Pacific Sierra Region Archives, San Bruno, California의 "Syngman Rhee Folder".

49) 방선주, 『재미한인의 독립운동』, 한림대학교 출판부, 1986, 235~239쪽 ; *Korea Review*, 再版, 서울 : Ministry of Patriots and Veterans Affairs, 1986, pp.83, 124, 147, 158, 187, 209, 227.

50) 김원용, 앞의 책, 388쪽.

자금이 거의 남아있지 않았다.[51] 이승만은 호놀룰루로 돌아와 1918년 9월에 자신이 개칭했던 한인기독학원(Korean Christian Institute)의 교장으로 복귀할 수밖에 없었다. 그는 1922년 9월 7일에 호놀룰루로 돌아왔다.

6. 한인기독학원

이승만은 호항한인여자학원(Korean Girls Seminary)과 Emma Street의 부지를 통합해 Kaumuki의 부지 9에이커를 매입하고 80여 명의 학생들이 공부할 수 있는 교실을 신축하고자 했다. 1921년 2월 Kaimuki의 부지를 만 달러에 매각하고 Klihee 계곡의 4000에이커 부지를 사들였다. 자금이 부족했기 때문에 낙성식을 하기까지는 1년 반이 걸렸다.

본래 한인기독학원 설립 예산은 84,815달러로 책정되었다. 감리교회와 미국인들로부터 총 5만 달러, 하와이 한인들로부터 3만 5천 달러의 기부금을 모을 수 있을 것으로 예상했다. 그러나 실제로 하와이 교민들이 기부한 금액은 5천 달러 뿐이었다. 깊이 분열된 하와이 교민사회에서 3만 달러를 모은다는 것은 불가능했다. 이에 부족한 기금을 모으기 위해 한인기독학원 학생들의 모국으로의 모금여행이 구상되었다.

그러는 동안 이승만과 하와이의 이승만 지지자들은, 일제의 '문화정책'이라는 새로운 對조선정책의 기회를 최대한 활용하려던 국내 여러 그룹들과 접촉해 의견을 교환하고 있었다. 1921년 8월, 신흥우가 범태평양교육회의에 한국 대표로 참석하기 위해 호놀룰루를 방문했다.[52] 역시 미국 유학생 출신의 언론인 김동성은 1921년 10월 워싱턴 D.C.에

---

51) 『신한민보』, 1921년 11월 24일. 워싱턴 회의에서의 외교운동을 위해 미국과 하와이의 교포들이 두 달 동안 2만 달러 이상을 모금했다.

52) *Honolulu Star-Bulletin*, 8 Aug., 1921, p.8.

서 열리는 워싱턴 회의에 참석하러 가는 길에 호놀룰루에서 열린 만국기자대회에 참석했다.[53] 하와이의 이승만 그룹과 국내 한국인 그룹들이 계속 접촉할 수 밖에 없었던 것은 민립대학설립운동과 물산장려운동이 일어났고, 상해 임시정부 지원을 위한 해외 동포들의 단결이 강조되고 있었기 때문이다.

이렇듯 새로이 활력을 얻게 된 국내 자강운동은 일제의 새로운 정책의 영향을 받은 것이었다. 1922년 10월 한인 대표 2명이 호놀룰루에서 열린 범태평양상업회의에 참석했다. 개량주의자들에게 있어서 하와이 교민사회와의 경제적인 유대를 발전시키는 것은 새로운 사업자본을 축적하기 위한 조선물자 장려운동인 것으로 이해되었다. 동시에 이러한 교포사회 간의 새로운 교류관계는 일제 문화정치의 범주 안에 놓여진 자강운동의 하나였다.[54]

민찬호 목사는 상업회의에 참석한 두 한국 대표자를 만나 한인기독학원 학생들이 모국으로 기금모금방문을 할 때 국내에서 환영위원회를 조직하는 데 도움을 달라고 요청했다. 이 때는 이미 호놀룰루의 일본영사관에 그들의 방한계획 신청서를 제출해놓은 상태였다. 일본 영사는 하와이 한인학생들의 방문신청서를 받고 아주 기쁜 현상이며, 이번 방문으로 한인들에게 조선의 실황을 소개하는 좋은 기회가 될 것이라고 일본 외무성에 보고했다.[55] 1922년 하와이의 조선독립운동은 일련의 법적 고소사건과 물리적 충돌, 박용만이 하와이를 떠나 중국으로 간 것과 이박사가 한인기독학원에 관여하게 된 일 등의 일련의 사건 이후 활력을 잃은 상태였다.

3·1운동 이후 일제의 조선통치정책은 헌병통치에서 '문화통치'로 바뀌었다. 그러나 이는 이름만 바꾸었을 뿐 이전과 목적과 내용이 같

---

53) 『동아일보』, 1923년 10월 13일, 3면.

54) 정병준, 앞의 글, 126쪽.

55) 정병준, 위의 글, 123쪽 ; 김정주, 『조선통치사료』, 東京 : 韓國史料硏究所, 1971, 8권, 323쪽.

은 기만적인 정책이었다. 표면적으로 일제의 새로운 정책은 한글신문 발간을 허용하고 조선인에게도 동등한 교육 기회를 부여하는 등 관대해진 것처럼 보였다. 심지어 일제는 조선인들이 직접 선거로 통치자를 뽑는 자치정책을 제시하기도 했다. 일제는 새로운 정책의 세 가지 원칙—자치, 실력양성, 민족성 개량—을 통해 무저항주의적 타협과 실질적인 독립포기를 한국인들에게 설득시키려 했던 것이다.56)

그러나 그것은 조선인들이 독립운동을 포기하도록 설득하고 장기적으로 일본 문화에 동화시키기 위한 고상한 기치에 불과했다. 국내 이승만 지지자들과 일제의 새로운 정책은 한국문제에 대한 접근방법에 있어서 유사한 개념적 요소를 가지고 있었는데, 즉 비폭력적 개량·문화적 방법이 그것이었다. 이러한 접합점에 있어서 이승만은 다른 대안 없이 국내에 거주하는 지지자들의 노선을 따랐다. 워싱턴 회의 이후 새로운 안정단계에 들어선 미－일 관계 하에서 그의 외교적 협상노선은 효력을 잃었기 때문이다.

7. 하와이 한인 학생들의 모국방문

1923년 2월 초, 국내 최대 한글신문인『동아일보』는 돌아오는 여름에 신설학교 기금 모금을 위해 모국을 방문하는 하와이 한인학생들을 환영하는 최초의 기사와 사설을 실었다. 이 사설에서는 한인기독학원이 하와이의 교포 2세들에게 한글과 조선역사를 가르친다는 점을 높이 사고 모국방문으로 학생들의 민족주의가 고취될 것이라고 격찬했다.57) 하와이 한인학생단을 환영할 준비위원회가 구성되어 서울 YMCA에 본부를 두고 이상재가 회장을 맡았다. 1923년 5월에 한 후원자는 하와

56) 강동진,『일제의 한국침략정책』, 한길사, 1980, 391쪽.
57)『동아일보』, 1923년 2월 2일, 3면.

이에서 오는 학생들의 여행경비로 일본화폐로 4천원이라는 만만치 않은 액수를 준비위원회에 기부했다.[58]

1923년 6월 20일, 학생 20명과 교사 3명으로 구성된 총 23명의 방문단이 호놀룰루를 떠나 요코하마로 향했다. 『동아일보』는 이 때부터 방문단의 매일의 스케줄과 활동상황을 보도했다. 7월 5일 방문단이 서울역에 도착하자 수많은 군중과 기독교계열학교 학생들이 그들을 맞이했다.

방문단은 서울 외곽의 고종의 묘를 참배하고 나서 두 달 동안의 바쁜 모금운동 일정을 시작했다.[59] 방문단의 야구팀은 서울의 배재학당 운동장에서 원로 1912년 국가대표팀과 친선경기를 가졌고, 여기에서 74세이던 이상재가 시구했다.[60] 하와이 야구팀은 지역 팀들과 몇 번의 경기를 가졌으며 전국 고등학교 야구대회에서 우승했던 휘문학교팀에 7대 1로 진 것을 제외하고는 거의 모든 경기에서 승리했다.[61]

야구경기 외에도 하와이에서 온 남학생들은 서울 YMCA팀과 시범 배구경기를 가졌다.[62] 많은 관중들이 합주와 합창 공연, 그리고 세 교사의 강연—하와이 교민들의 고난에 대한 김용우의 강연, 조선 여성 해방과 교육에 대한 김노디의 강연, 하와이 내 한인청년교육에 대한 민찬호 목사의 강연—을 들으러 모였다. 그들의 공연 중 하와이 한인 '망향가'는 낭만적인 가사와 멜로디로 가장 인기가 좋았고 많은 사람의 심금을 울리기도 했다.[63] 방문단은 인기가 좋아서 방문하는 도시에서 강연과 합주, 합창 공연이 열릴 때마다 열렬한 환영인파가 넘쳐났다.

---

58) 『동아일보』, 1923년 2월 12일, 3면 ; 1923년 5월 24일, 19면.
59) 두 주요 일간신문인 『동아일보』와 『조선일보』는 8월 3일부터 7일까지 만주 방문을 제외하고는 매일 하와이 학생단의 활동 기사를 실었다.
60) 『동아일보』, 1923년 7월 7일, 3면.
61) 『동아일보』, 1923년 7월 11일, 3면.
62) 『동아일보』, 1923년 7월 12일, 3면.
63) 『동아일보』, 1923년 7월 15일, 3면.

심지어는 일본인 경찰청장과의 점심식사에도 초대되었고, 함경남도의 조선인 지사는 그들을 함흥시 구치소 견학에 초대하기도 했다.[64)]

하와이 학생단은 조선 내 30개 이상의 도시와 10여 마을을 순회하고 나서, 9월 2일 대규모 인파의 환송을 받으며 서울역을 떠났다. 공제금액을 제하고 한인기독학원으로 전달된 금액은 총 16,157원으로 미국돈으로는 3,600달러 정도였다.[65)] 이는 방문단의 목표액 1만 5천 달러의 3분의 1에도 못미치는 액수였다.

기부금이 적었던 가장 큰 이유는, 조선이 수천의 조그마한 농촌으로 구성된 농촌사회였기 때문이다. 농민들은 농작물을 시장에 내다 팔아 돈을 벌기보다는 자급하고 있었다. 또 다른 이유는 사람들이 기부금보다는 젊은이들을 호기심어린 눈으로 보러 오는 데 더 관심이 있었다는 것이었다. 또 일본 돈으로 50센트 이상의 가격을 매길 수 없어서 공연티켓 판매로 수익을 올릴 수 없고 일제의 감시에 민감한 부유한 사람들로부터도 기부금을 받기 힘들었기 때문에 방문단의 활동이 잘 인식되지 못했다는 것도 이유 중 하나였다. 이에 실망한 이승만은 이상재에게 편지를 보내 3천만 조선인들을 위해 국내에 조선인 손으로 최초의 민립대학을 건립할 자금 3천 달러를 보내달라고 요청했다.[66)] 학생들의 모국방문 이후 이승만의 관심은 교육문제에서 동지촌과 동지식산회사로 옮겨갔다.

8. 모국 기금모금여행의 효과

처음부터 몇몇 사람들은 기금 마련을 위한 모국방문에 의문을 제기

64) 『동아일보』, 1923년 7월 20일, 3면.

65) 김원용, 앞의 책, 246쪽. 환율은 1 : 2.23였다.

66) 유영익 편, 『우남 이승만 문집』 東文篇 16권, 우남이승만문서편찬위원회, 중앙일보사, 1998, 193~197쪽.

했다. 3만 달러 때문에 일제에 투항하는 격이라는 비판도 있었고 한인기독학원 동창회조차 그 계획에 반대했다.[67] 모국에서 학생들이 얼마를 모을지에 관계없이, 일본정부가 발행한 비자를 가지고 여행한다는 것은 독립운동을 포기하고 일제 해외동포로서의 지위 수용을 시사하는 것이었다. 국내의 일부 학생들도 국내 경제사정이 좋지 않고 평균적인 조선인들은 경제적인 여유가 없기 때문에 하와이 학생단이 목적을 달성하기 힘들 것이라고 공개적으로 말하기도 했다.[68] 가장 논란이 된 문제는 한국을 방문하려면 일본영사관에서 발행하는 비자를 받아야 한다는 것이었다. 이는 3·1운동 이후 재미한인들의 독립운동 열기가 고조되는 것을 저지하려는 일제의 포섭정책이었다.[69] 러시아 연안지역의 한인학생들이 2년 연속으로 한국을 방문한 이후 일제가 그 지역의 모든 한국인들이 일본시민으로 귀화할 것을 요구했기 때문에, 하와이 한인학생단의 모국방문은 공적 관계상으로는 일제의 처분에 좌우될 수 있었다.[70]

일부 한국인들은 하와이 학생단의 모국방문을 미심쩍어 하면서 그 진짜 의도에 의문을 제기했다. 이승만이 상해 임시정부의 대통령이었으며 학생단의 세 명의 보호자들은 해외독립운동의 활동가로 명성을 얻고 있는 이승만 계열의 핵심인물들이었기 때문이다. 방문단장인 민찬호 목사는 1918년 파리평화회의 파견대표 중 하나로 뽑힌 바 있었고, 1919년 윌슨 대통령에게 조선의 위임통치를 요청하는 청원서에 서명했으며, 1921년 하와이교민단 회장, 동지회 회장을 지냈다. 여성인 김노디는 이승만이 매우 신뢰한다고 알려진 인물로 자신이 일본 수사관의 감시 하에 있다고 주장했다. 김용우는 『태평양잡지』의 편집자였다.[71] 의심의 여지 없이 방문단은 일제의 허가 없이는 조선과 만주의

67)『신한민보』, 1923년 4월 26일, 5월 17일.
68)『신한민보』, 1923년 5월 17일, 3면.
69)『신한민보』, 1923년 6월 28일 ; 김원용, 앞의 책, 245쪽.
70)『신한민보』, 1923년 6월 21일.

경계인 압록강을 건널 수 없었다.[72] 하와이 방문단은 1923년 8월 10일 남만주 기린시 외곽의 조양이라는 작은 마을을 비롯한 몇몇 한인 마을을 방문했다.[73] 방문단은 조양에서 이승만의 열렬한 지지자였던 손정도 목사를 비롯한 한국인들과 기념촬영을 했다.

이 방문단의 목적이 단순히 모금운동뿐 아니라 미-일 관계를 예민하게 주시하는 한편 문화정책이라는 일제의 새로운 정책과 그에 대한 반응을 알아보고, 일제와 거래할 기회를 노리던 국내 이승만 지지자들과의 관계를 돈독히 하려는 것이었음을 짐작할 수 있다. 요컨대, 하와이 학생단의 모국방문은 일제의 조선 자치정책에 대한 이승만의 관심이 간접적으로 표출된 것이었다. 또한 이승만은 하와이 학생단에 대한 국내의 열렬한 환영이 사실상 자신에 대한 조선 민중의 지지라고 주장할 수 있었다.[74]

9. 결 론

20세기 초 한인 이민자들이 하와이에 도착했을 때, 그곳의 공교육은 언어와 인종, 국적에 따라 구별되는 하와이 주민들의 환경 변화에 대응하지 않음으로써 제도상의 인종주의를 드러냈다. 공교육제도에 문제

71) 김노디가 선서한 진술서, "Syngman Rhee Folder" at Pacific Sierra Region Archives in San Bruno, California.

72) 국내 최대 일간지인 『동아일보』와 『조선일보』는 고의적으로 하와이 학생단의 만주방문에 대한 기사는 싣지 않았다.

73) 하와이 방문단이 만주의 조양에서 찍은 사진이 2002년 호놀룰루에서 발견되었다. Stephanie Han, "Salome Choi Han : A Korean Woman in Hawaii", Conference at Center for Korean Studies, University of Hawaii, January 2000의 발표논문, p.22. Salome Choi는 1923년 당시 하와이 학생방문단의 일원이었다.

74) 고정휴, 앞의 글, 24쪽.

가 있었다면, 그것은 주로 공립교육제도 그 자체에서 비롯된 문제였다. 즉, 일반적으로 정원이 모자라고 교실이 부족했기 때문에 "공립학교 학생들의 학습부진"이 나타났으며, 융통성 없는 등급제도와 후진적인 수업도 여기에서 비롯되었다. 사실 학생들의 학습부진은 학교에서 이민자 자녀들이 부딪히는 언어적 · 문화적 장벽 때문이었다. 사탕수수농장에서 일꾼들을 모집하면서, 이와 같이 영어를 못하는 부모의 자녀들에게 무관심한 조건의 무료 교육을 보장하는 것은 가능했지만 좀더 받아들일만한 대안이 필요했다. 이러한 교민 자녀들의 교육 문제를 해결하기 위해 이승만은 한인사회 내에 한인기독학원을 마련했다. 당시 미국 본토에서는 투표권 있는 시민들의 요구에 발맞춰 州정부가 공립학교를 운영했고 제도적으로 안정되어 있던 반면, 하와이의 공교육은 명목적으로만 존재하고 제도상으로 확실히 자리잡지도 못한 상태였다.

교민들의 자녀교육 문제를 통해 이승만은 생계를 유지할 수 있었을 뿐 아니라 자신의 정치적 목적들을 영속화할 수 있었다. 즉 혁명적 · 급진적 민족주의자들에 비해 개량주의적 · 문화적 민족주의자들이던 국내 보수적 기독교인들에게는 망명중인 애국자로서의 이미지를, 동시에 일제에게는 비폭력적인 독립운동을 주창해 온 인물로서 일제 하 조선인 자치정부를 이끌 수 있는 바람직하고 잠재력 있는 지도자라는 인상을 심어주었다.[75)]

한인기독학원 학생들의 모국방문은 목표액을 달성하지는 못했지만, 이후 1925년 이승만 지지자들의 국내 비밀독립운동조직인 흥업구락부가 세워지게 되는 데 교두보를 마련했다. 이승만은 흥업구락부 활동을 통해 자신의 실제 업적에 비해 한국 대중들 사이에서 훌륭한 망명 독립투사로서의 이미지를 유지할 수 있었다. 1945년 8월 한국이 연합군에 의해 해방되었을 때 이승만은 국내 한국인들 사이에서 가장 지지도

---

75) Wayne Patterson, *The Ilse : First Generation Korean Immigrants in Hawi'l, 1903-1973,* (Honolulu : University of Hawaii, 2000), p.108.

가 높은 지도자였다.

1913년 이승만이 하와이에 도착한 뒤부터 1923년 한인기독학원 학생들이 모국을 방문했을 때까지 그가 이룬 업적이라면, 최초의 한인 남녀공학학교를 세우고 전통적인 남성위주 유교사회에서 자라 보수적인 부모들 아래에서는 학교교육을 받지 못했을 여학생들에게 교육을 장려하고 도운 것이다. 미국 내 유일한 한인학교였던 한인기독학원은 몇몇 유명한 한인사회 지도자들을 배출했다. 의사이자 주미 한국대사를 지낸 양유찬, 건축가 박관두, 토목기사 김찬제 등이 그들이다. 이승만이 자신의 고문이자 미국 내 이승만의 공보를 담당했던 Robert T. Oliver에게 "나는 일생동안 선동가였으며 좋은 경영자는 못되었다"고 고백했듯이, 그는 하와이 교민사회에 깊은 분열과 아직도 제대로 평가되지 않은 여러 논쟁점들을 남겼다.[76]

---

76) 최영호, 83쪽.

미주 지역에서의 무력양성운동
-일제초기를 중심으로-

반 병 률*

1. 머리말

미주 한인지역에서 무력양성운동이 시작된 것은 1910년의 국치를 전후로 한 시기였다. 오랫동안 주권을 지켜왔던 우리 민족으로서 국망이란 현실에 대한 미주한인들의 분노와 애국심이 이 군인양성운동의 배경이 되었던 것이다. 이른바 '급진론'의 의병투쟁이 일제의 탄압으로 무력화되고 그 잔여세력이 중국 만주와 노령연해주지역으로 이동하여 후일을 도모하게 되면서, 해외 한인사회에서는 '완진론'의 교육문화운동론자들에 의하여 독립전쟁론이 우리 독립운동계의 중심적인 독립운동방략으로 자리잡아 나갔다.

국망이란 현실 앞에서 국내에서는 양분되어 진행된 의병투쟁과 애국계몽운동이 해외지역에서는 인적·이념적 활동에서 자연스럽게 결합되어갔던 것이다. 이제는 종래 항일투쟁 방식에 의한 급진론, 완진론으로의 구분이 무의미해진 대신에, 북간도 지역에서의 新派, 舊派의 대립 또는 러시아 지역이나 미주 지역에서와 같은 국제정세에 대한 인식의 차이에서 비롯된 구체적인 활동내용에 있어서의 차이가 발생하

* 한국외국어대학교 국제지역대학원 교수, 국사학

게 된 것이다. 군주제와 공화제를 둘러싼 신구파간의 갈등이 거의 없었던 미주 지역의 독립운동가들간에 한인사회를 상대로 한 교육언론 문화운동과 한인사회의 자치권 확대 운동은 이들의 공통적인 활동이었고, 다만 독립전쟁 개시의 시기가 될 일본과 중국, 러시아, 미국 등 열강간의 전쟁발발 시기에 대하여 서로 다른 전망을 취하고 있었던 것이다.

이 글은 이러한 문제의식으로부터 출발하여 일제초기인 국치전후시기로부터 1920년대 전반에 이르는 시기에 미주 한인사회에서 전개되었던 무력양성운동과 군사후원활동을 다루었다. 만주지역에서는 지속적인 항일무장투쟁이 전개되었던 것과 달리 미주 한인사회는 1920년대 내내 그리고 1930년대 중반까지 무력양성운동과 군사후원활동 분야에서 주목할 만한 움직임이 없었다. 중일전쟁, 미일전쟁이 가시화되면서 미주 한인사회에서 무력양성운동과 군사후원활동이 다시 활발해지는 1930년대 후반 이후 해방까지의 시기는 다루지 못하였다.[1)]

이 글에서는 특히 이들 운동에서 핵심적인 역할을 수행했던 박용만의 활동을 주목할 수밖에 없었고, 이 글의 주제를 다룬 바 있는 윤병석 교수, 방선주 박사 등에 의한 선구적인 연구성과에 크게 의존하였다.

2. 國恥 전후의 군인양성운동

1907년 9월 2일 하와이제도의 24개 단체 대표 30명이 호놀룰루에 모

---

1) 이 시기 미주한인사회에서 전개된 무력양성운동과 군사후원활동에 대하여는 다음의 연구성과가 참조된다. 정용욱, 「태평양전쟁기 임시정부의 대미외교」, 『대한민국임시정부 수립 80주년 기념논문집』 하, 한국근현대학회편, 국가보훈처, 1999, 275~294쪽 ; 최기영, 「조선의용대와 미주한인사회」, 『한국근현대사연구』 11, 1999, 80~107쪽 ; 정병준, 「李承晩의 獨立路線과 政府樹立運動」, 서울대학교대학원 국사학과 박사학위논문, 2001. 2 ; 홍선표, 「재미한족연합위원회 연구(1941~1945)」, 한양대학교 대학원 박사학위논문, 2002. 2.

여 하와이 한인 전체를 망라하는 통일단체로서 韓人合成協會를 조직하였다. 합성협회는 국권회복운동 후원과 동포들의 안녕과 교육증진 등의 목표를 포함한 4개항의 결의안을 통과시켰는데, 이 합동에 참여한 24개 단체 가운데 주목할 만한 단체는 국민공동회(1907. 3. 22, 회장 채극여), 신간회(1907. 7. 18, 회장 김성옥), 실지회(1907. 7. 20, 회장 박승렬)의 3개 단체이다. 김원용에 따르면, 이들 단체는 모두 '무예장려'와 일화배척 등 항일운동을 목표로 내세운 단체들이다.[2] 이들 단체의 조직자들은 대체로 농장 노동자들로 보여지지만, 하와이 이민 이전의 경력은 알 수 없다. 그러나 이들 가운데는 초기 하와이 이민자들 가운데 섞여 있던 '광무'군인들이 포함되었을 것으로 짐작된다.

이와 같이 1907년에 조직된 일부 하와이의 한인단체들이 '무예장려'를 표방하기는 하였지만, 미주 지역에서 체계적인 무력양성운동의 선구는 역시 朴容萬의 네브라스카 소년병학교이다. 박용만의 구상은 둔전병식에 따라 사관을 양성하여 독립전쟁의 무대가 될 원동으로 옮겨가서 독립군부대 편성에 참여하자는 것이었다. 박용만에 의하면 그가 소년병학교 설립을 구상한 것은 1908년 5월로 朴處厚, 林東植, 鄭翰景과 의논하여 "청년동지의 무육을 인도하기로" 결심하였고, 2개월후 콜로라도주 덴버에서 개최된 애국동지대표회(1908. 7. 11~15)에 의제로 제출하여 통과시켰다는 것이다.[3] 박용만에 의하면, 소년병학교 설립안은 애국동지대표회 참석자들간에서도 반대의견이 만만치 않았으나, 의안제출자인 박처후, 李鍾喆, 김사형 3인과 박용만, 김장호 등 다섯 사

2) 김원용, 『재미한인오십년사』, Reedley, California, 1959, 92~93쪽, 95~96쪽.
3) 애국동지대표회에 출석한 대표들은 박용만(덴버), 이관용(덴버), 윤병구, 이상설(아령위임대표), 이승만(아령위임대표), 상항대동보국회의 김용덕, 이명섭, 김성근(하와이위임대표), 김사현(캔사스), 오홍영(콜로라도), 박처후(네브라스카, 커니), 김사형(네브라스카, 오마하), 이종철(네브라스카, 링컨), 김장호 등이었다(방선주, 『在美韓人의 獨立運動』, 한림대학교 아시아文化研究所, 1989, 175쪽의 사진 설명 ; 윤병석, 「國外 韓國人의 歷史와 文化, 社會에 관한 基礎的 研究」, 『한국학연구』 2권 별집, 인하대 한국학연구소, 1990. 3).

람의 '억지'와 '고집'으로 통과되었다고 한다.[4] 방선주 박사는 박용만의 회상에 근거하여 한인소년병학교의 설립결정이 애국동지대표회의"가장 큰 소득이자 박용만이 노린 것"이라고 평가했다.[5] 이 점은 부연설명이 필요할 것 같다. 박용만의 소년병학교 설립안이 대회의 공식 결의안에 포함되지 않았던 것이 분명하기 때문이다. 즉, 샌프란시스코 주재 일본총영사의 보고에는 애국동지대표회 참가자들이 각 지방 각 단체의 단결, 각지 연락을 위한 통신소 설치, 그리고 국민교육을 위한 서적의 저술과 번역 등을 결의하였다고 되어 있고,[6] *Daily Mail*지의 기자로서 *The Tragedy of Korea*(1908)의 저자인 맥켄지(Frederick A. McKenzie) 역시 그렇게 파악하고 있었던 것이다.[7] 그리하여 대외적으로는 이 같은 "온건-점진주의적 결의"가 채택됨으로써 박용만의 노선 대신에 이승만의 독립운동노선이 채택되었던 것이다.[8] 그럼에도 불구하고, 대회의 핵심인물이었던 박용만의 회상을 받아들인다면, 한인소년병학교 설립안은 대회 참가자들간에는 내부적으로만 합의되고 대외적인 결의안에는 포함하지 않기로 했는지도 모르겠다.[9]

---

4) 『新韓民報』, 1911년 4월 27일(방선주, 앞의 책, 22쪽에서 재인용).
5) 방선주, 위의 책, 21쪽.
6) 방선주, 위의 책, 21쪽.
7) 유영익, 『이승만의 삶과 꿈 - 대통령이 되기까지』, 중앙일보사, 1996, 66쪽.
8) 유영익, 위의 책, 66쪽. 유영익 교수에 따르면, 맥켄지는 런던에서 이승만에게 보낸 축하와 격려 편지에서 이승만과 박용만 등 대회 지도자들의 용기있는 독립수호 노력을 칭찬하였으며, 덴버회의의 참여자들이 한민족의 정신력 강화와 서양학술의 독립과 보급을 행동목표로 설정한 것을 매우 현명한 처사였다고 치하함과 동시에 스티븐스를 저격한 일부 한국 인사들의 행위는 바보짓이라고 평했다고 한다.
9) 국민교육을 위한 서적을 출판한다는 애국동지대표회의 결의는 이후 참가자들에 의하여 추진되었다. 즉, 이승만의 『독립정신』(1910. 3. 28, 대동공보사), 『체조요지』(1910. 9. 18, 신한민보사), 박용만의 『국민개병설』(1911. 4. 10, 신한민보사), 박용만의 『군인수지』(1912. 6. 24, 신한민보사), 이승만의 『교회핍박』(1913. 4. 20, 신한국보사), 박용만의 『아메리카혁명사』(1914. 6. 25, 국민보사)가 차례로 출판되었던 것이다(김원용, 앞의 책, 274~275쪽 참조).

애국동지대표회에 참가한 후 박용만, 박처후, 임동식, 정한경은 기숙사 마련, 군총 구입, 네브라스카주 당국의 허가 획득 등 소년병학교의 설립을 준비하는 한편, 曺鎭贊을 농장경영자로, 구한국 장교 출신의 김장호를 교관으로 끌어들여 1909년 6월 마침내 커니농장에서 제1기생 13명으로 소년병학교를 개교하였다. 이후 한인소년병학교는 링컨을 거쳐 다음해인 1910년 6월 헤이스팅스 대학의 교실과 운동장을 사용하게 되어 확장하여 자리를 잡았다. 6월 16일 개학한 2기 소년병학교에는 28명의 학생이 입학하였다. 학생들은 학교기숙사에 머물며 미국 군사학원의 인정된 과정을 밟았는데, 방학을 이용하여 6월에서 9월까지의 3개월 코스로, 오전에는 공부와 노동, 오후에는 군사조련과 낭독, 저녁에는 저녁과목과 문예활동을 했다. 학교의 재정은 박용만이 서부 각지를 순방해 모금한 600달러와 네브라스카 한인공회에 소속된 네브라스카 한인공회 회원들에게 부과한 인두세(1년 3달러)로 충당하였다.[10] 박용만은 1911년 2월 대한인국민회중앙총회의 기관지인 『신한민보』의 주필로 취임하여 그 해 11월까지 활동하였다. 1912년 9월 소년병학교 제1회 졸업식이 거행되었는데 첫 회 졸업생은 13명이었다.[11] 박용만은 네브라스카 대학에서 정치학으로 학사학위를 취득한 후인 1912년 말 대한인국민회 하와이지방총회의 기관지인 『신한국보』의 주필로 활약하기 위해 하와이로 갔다.[12]

한인소년병학교는 커니지방에서 1년, 헤이스팅스에서 5년간 존속하다 없어졌다.[13] 네브라스카 한인소년병학교의 졸업생들에 관한 기록은 알 수 없다. 대체로 정한경, 백일규, 유일한, 김현구, 정태은 등의 경우처럼, 대부분은 미국에서 공부를 계속하여 미주 한인사회의 지도자로 성장해 나갔다. 또 한인소년병학교의 간부들이었던 박처후, 김장호, 이

10) 방선주, 앞의 책, 23~26쪽.
11) 김원용, 앞의 책, 344쪽.
12) 방선주, 앞의 책, 68쪽.
13) 방선주, 위의 책, 32쪽, 37쪽.

종철 등은 자신들이 세웠던 무장투쟁론에 입각하여 국내, 만주 또는 러시아 연해주로 가서 항일무장투쟁에 참여하려고 시도하기도 했고, 박장순처럼 1차 세계대전에 참전하여 전사한 인물도 있다.[14] 이 가운데 주목을 끄는 인물은 박처후인데, 3·1운동 이후 노령 연해주에서 조직된 대한국민의회의 외교원으로 초빙되어 블라디보스톡으로 갔다. 1920년 3월 당시 그는 부인과 함께 블라디보스톡 주둔 미군사령부와 미군적십자사에 출입하고 있었고, 부인은 부인병원 설립을 위해 애국부인회의 원조로 의연금을 모집하고 있었다.[15] 박처후가 워싱턴의 이승만에게 보낸 편지가 블라디보스톡 일본헌병대의 우편물 검열에 걸려 압수되어 남아있는데, 대한국민의회를 비롯한 노령의 독립운동상황을 설명하며, 이승만에게는 “국가를 위하여 죽는 날까지 百魔 百難을 불고하고 諸賢들을 격려하여 初志를 관철케 하는 일을 할 것을 간절히 바란다”고 쓰고 있다. 같은 편지에서 박처후는 한인무장세력에 의한 국내진공작전 방안을 소개하고 있다.[16] 박처후는 당시 간도에서 옮겨온 朴永彬의 무기구입 활동에도 관여하고 있었다.[17]

네브라스카 한인소년병학교는 박용만이 지니고 있었던 독립운동방략의 실천적인 모델로서 매우 중요한 의의를 지닌다. 농장은 학생들의 생활비와 학교운영의 자금원으로서, 네브라스카 한인공회는 주변의 한인들을 회원으로 확보하여 인두세를 내는 일종의 자치기관으로서, 그리고 병학교는 앞으로 있을 독립전쟁의 주력인 독립군단에 필요한 사관 양성기관으로서의 기능을 갖고 있었던 것이다.

---

14) 방선주, 위의 책, 38~43쪽.

15) 국사편찬위원회 소장, 『不逞團關係雜件 朝鮮人의 部 在西比利亞』, 日本外務省史料館 所藏, 9권.

16) 姜德相, 『現代史資料』 27, みすず書房, 1977, 192~193쪽 ; 국사편찬위원회 소장, 『不逞團關係雜件 朝鮮人의 部 在西比利亞』, 日本外務省史料館 所藏, 9권,

17) 姜德相, 『現代史資料』 27, 279쪽 ; 방선주, 앞의 책, 38쪽.

네브라스카 소년병학교에서 시도된 박용만의 둔전병식 군인양성운동은 그만의 독창적인 방안은 아니었다. 그의 방략과 맥락을 같이 하는 계획이 북미의 국민회에 의해서도 시도되었던 것이다. 즉, 국민회는 독립전쟁의 주무대가 될 원동에 독립근거지를 건설하기 위한 장기적인 계획을 수립하고, 1910년 3월 1일에 태동실업주식회사를 설립하였다. 태동실업주식회사는 자본금 총액을 5만 달러로 정하고 매주 50달러씩 1천 주 모집을 시작한 후에 만주에 있던 정재관으로 하여금 봉밀산현에 미개간지 2,430에이커를 매득, 개간하여 만주와 노령에 있던 2백 호의 농민들을 이민하려던 계획이었으나 실패하였다.[18] 대한인국민회 하와이지방총회 역시 한인농상주식회사를 설립하였는데, 1911년 3월 4일에 한인동포들의 농업과 상업에 융자하여 실업을 발진시키고 거기서 나오는 이익을 사관양성비로 제공하려던 계획이었다. 자본금 10만 달러로 정하여 매주 10달러씩 1만 주 모집하기로 하였으나, 국민회를 둘러싼 당파싸움으로 실패하고, 남은 재산은 청산하여 대조선국민군단에 기부하였다.[19]

1910년 여름 일본에 의한 '합병'계획이 내외에 알려지게 되면서, 미주에서도 각계의 여러 단체들을 망라한 투쟁조직으로서 미주 지역의 애국동맹단 그리고 하와이 지역의 대동공진단이 결성되었다. 우선 대한인국민회 북미지방총회는 1910년 7월 3일 각 지방의 대표자들로 공동대회를 개최하고 "일본을 원수로 인정하고 적대행동을 취하기로 맹약"하고, 외교선전과 군사인재 양성사업에 착수하자는 내용의 9개 항의 결의안을 통과시켰고, 이를 추진할 애국동맹단을 결성하였다. 애국동맹단은 외교선전과 군인양성을 최우선의 과제로 내세웠다.[20] 대동공진단은 대한인국민회 하와이지방총회가 소집한 7월 5일의 하와이 각 지방대표회의에서 결성되었는데, 미주 지역의 애국동맹단과 같이 "사

18) 김원용, 앞의 책, 286쪽.
19) 김원용, 위의 책, 288쪽.
20) 김원용, 위의 책, 333~334쪽.

관인재를 양성하여 원동에 보내서 독립군편성을 협조"하는 데 그 목적이 있었다.[21] 미주와 하와이가 달랐던 것은, 미주의 애국동맹단이 외교선전과 군사인재양성사업 모두를 담당하였으나, 하와이의 대동공진단은 군인양성사업만을 담당하고, 외교와 선전사업은 국민회가 담당하기로 한 것이다.[22] 북미와 하와이에서의 군인양성운동은 國恥를 전후한 시기 한인들간에 고양된 애국심과 항일의식을 배경으로 일어난 운동으로, 미국정부 당국의 양해를 얻어 추진되었다. 애국동맹단과 대동공진단은 '무예 장려문'을 발표하여 동포의 무예 정신을 고취하였고,[23] 군사교육에 필요한 교재로서 『체조요지』(신한민보사, 1910. 9. 8), 『국민개병설』(박용만 저, 신한민보사, 1911. 4. 10), 『군인수지』(박용만 저, 신한민보사, 1912. 6. 24) 등을 출판하였다.[24]

1910년 국치를 전후하여 계속된 북미와 하와이지방에서의 군사양성운동은 구한국군 출신의 이민자들이 교련을 담당함으로써 가능했다.[25] 미주의 경우, 클레어몬트의 '훈련반'(10월 3일이후), 롬폭의 '의용훈련대'(10월 8일이후), 그리고 캔자스의 '소년병학원'(11월 10일이후)이 각각 설립되어 청년동포들을 상대로 야간에 군사훈련을 실시하였다. 하와이의 경우 당초 각 지방에 양성소를 설립하여 청년들에 대한 의무적 군사훈련을 실시키로 하였으나, 계획을 변경하여 국민회 안에 연무부를 설립하여 각 지방에서 저녁에 군사훈련을 실시하였는데 사관학생이 200여 명에 달했다.[26]

---

21) 김원용, 위의 책, 342쪽.

22) 김원용, 위의 책, 340쪽. 대동공진단의 간부진은 단장 정원명, 재무 안원규, 서기 이내수, 외교원 민찬호였다.

23) 김원용, 위의 책, 342쪽.

24) 김원용, 위의 책, 274~275쪽.

25) 김원용에 따르면, 당시 미주와 하와이에는 구한국군 출신이 500여 명이 있었으며, 멕시코에는 200여 명이 있었다고 한다(김원용, 위의 책, 342~343쪽 참조).

26) 김원용, 위의 책, 343~344쪽.

한편, 멕시코 메리다 지방에서도 농장주와의 계약이 끝난 1909년부터 200명 가량의 구한국군 출신들이 군인양성운동에 참여하였으며, 1910년 11월 헤스팅스 병학교와 유사한 사관양성기관인 숭무학교가 이근영을 비롯하여 양귀선, 조병하, 이순근 등의 발기로 설립되어 118명의 학생이 교육을 받았는데, 멕시코 혁명이 발발하여 폐교된 1913년 3월까지 운영되었다. 교장인 이근영은 '광무군인 출신'으로 수년 동안 공병하사를 역임했으며, 『軍務要領』을 저술한 인물이었다.[27)]

일제측 첩보자료에는 국치 전후에 전개된 군인양성운동과 관련하여 주목되는 단체에 관한 기록이 있다. 즉, 일본의 조선주둔 헌병대사령부에서 1912년 11월 작성한 일제 첩보자료에 나오는 '布蛙八十聯合會'라는 명칭을 가진 단체인데, 동포들에 대한 '군사훈련과 한국건설'을 목적으로 하고 있었다. 하와이 제도의 마우이섬에 위치하였던 이 단체는 설립시기가 밝혀 있지 않은데, 그 산하에 '키푸르뉘 군무부'라는 일종의 사관학교를 두었는데 교장은 崔光一, 교사는 宋基俊이었고, 김부르트, 韓永鎬 등 "志氣潑潑한 少年軍人" 50여 명을 贊成員으로 두고 있었다고 한다.[28)] 국치 전후 하와이국민회에서 추진했던 군인양성운동과 관련이 있는 단체가 아닌가 한다.

3. 대조선국민군단과 '산넘어 병학교'

1912년 11월 8일 샌프란시스코에서 북미, 하와이, 시베리아, 만주의

27) 김원용, 위의 책, 345쪽 ; 윤병석, 『國外韓人社會와 民族運動』, 일조각, 1990, 410쪽.

28) 국사편찬위원회 소장, 『不逞團關係雜件 朝鮮人의 部 在西比利亞』, 日本外務省史料館 所藏, 4권. '포와팔십연합회'의 간부는 회장 백상근(白相根), 부회장 김광옥(金光玉) 총무 윤계상(尹計商), 재무 최성문(崔成文), 학무원(學務員) 박원백(朴元白), 외교원 김현균(金鉉均), 구제원(救濟員) 김성배(金成培), 경찰원 주용한(朱龍漢) 등이었다.

지방총회 대표자들이 참석한 대표회에서 대한인국민회 중앙총회가 성립되었는데, 박용만은 북미지방총회 대표로 참석하였다.[29] 자신이 기초하여 11월 20일 발표된 중앙총회 결성선포문에서 박용만은 대한인국민회중앙총회는 해외한인의 자치기관임과 동시에 '해외한인의 최고기관'으로서 '민주주의' 이념에 입각한 "無形 정부"로 인정할 것을 촉구하였다. 이 결성문은 대한인국민회 중앙총회가 미국식의 선진적인 민주주의 이념에 입각한 국민국가를 제시하며, 해외한인들이 자치제를 바탕으로 단결할 것을 선언한 것이다.[30] 대회후 박용만은 하와이대표인 박상하의 요청에 따라 하와이지방총회 기관지인『新韓國報』의 주필로 초빙되어 하와이로 갔다. 박용만은 네브라스카 소년병학교에서 시도한 자신의 독립운동방략을 하와이라고 하는 미주 지역 최대의 한인사회를 기반으로 보다 본격적으로 추진할 수 있는 기회를 선택한 것이다.

박용만이 하와이에 온 직후 대한인국민회 하와이지방총회는 의무금제도와 자치제도를 강력히 추진하였다.[31] 샌프란시스코에서의 대표회를 마친 후 하와이로 돌아온 하와이지방총회장 박상하가 소집한 보고회에서 국민회는 종래 매월 3불씩 모으던 것을 폐지하고, 1913년부터는 의무금으로 1년에 5불씩 내고 그 10분의 9(4.5불)는 지방총회에, 10분의 1(50센트)은 중앙총회 경비로 쓰기로 한 것이다.[32] 이로써 국민회의 재정이 윤택해졌으며 자치제도도 크게 정비되어 특연수납이 효과적으로 되었다. 그리하여 1914년에 들어와 총회장 김종학, 부회장 박

29) 김원용, 앞의 책, 107쪽. 당시의 대표는 다음과 같다. 북미지방총회 대표 이대위, 박용만, 김홍균, 하와이지방총회 대표 윤병구, 박상하, 정원명, 시베리아지방총회 대표(통신) 김병종, 유주규, 홍신언, 만주지방총회 대표대리 안창호, 강영소, 홍언이었다(김원용, 위의 책, 110쪽).

30) 김원용, 위의 책, 107~109쪽.

31) 방선주, 앞의 책, 79쪽.

32) 金正柱,『朝鮮統治史料』7, 東京 : 韓國史料硏究所, 1971, 952쪽.

원규 등 새로운 간부진으로 구성된 국민회는 대조선인국민군단 성립(6월 10일), 병학교 막사와 軍門 낙성(8월 29일), 이승만의 중앙학원 여자기숙사 건축(10월 24일), 국민회관의 건축(12월 19일) 등의 사업을 추진할 수 있는 기반을 확보하게 되었다.[33]

이들 사업 가운데서도 가장 야심찬 사업은 대조선국민군단과 병학교의 창설이었다. 박용만은 박종수 목사, 구종곤, 이호, 김세근, 이정권 등을 설득하여 대조선국민군단을 창립하였는데, 안원규와 박종수가 리비(Libby)회사와 계약한 1,360에이커의 파인애플 경작지를 물려받고 또 일부 한인 농업경영자들이 기부한 농사수입을 군단의 재원으로 확보하여 6월 10일에 군단을 창설하고, 8월 29일에는 병학교 막사와 營門의 낙성식을 거행하였다. 낙성식에는 약 500명이 참석하였고, 이승만은 '믿음'이라는 주제로 전도했다. 박용만은 대조선독립군단의 군단장 겸 병학교 교장으로 취임했는데, 병학교의 생도는 180여 명이었다.[34] 대조선독립군단 병학교의 위치는 호놀룰루시 동북쪽 큰 산을 넘어 카할루지방의 아후이마누(Ahuimanu)농장에 있었는데 '산넘어 병학교'라 불리웠고,[35] 생도들은 '산넘어 아이들' 또는 '우리 독립군'이라고 불렸다.[36] 대조선독립군단과 병학교 사업은 하와이지방총회 연무부의 사업을 확장한 것으로,[37] 국치 전후 대동공진단이 시작했던 군인양성운동의 연장선상에 있는 것이었다. 병학교 학생들은 1914년 8월 29일의 군영낙성식을 비롯하여 12월 9일의 국민회관 낙성식, 그리고 매년 2월 1일에 개최된 대한인국민회 창립경축식, 그리고 김종학 등 국민회

---

33) 방선주, 앞의 책, 82~83쪽. 이와 아울러 박용만은 한인중학교 설립을 추진하여 국민회 주도로 건축비 응모총액이 9만여 달러에 달하였으나 2천여 불만 모금되어 실현되지 않았다(金正柱, 위의 책, 952쪽 참조).

34) 방선주, 위의 책, 80쪽 ; 金正柱, 앞의 책, 952쪽 ; 윤병석, 앞의 책, 414~420쪽.

35) 김원용, 앞의 책, 345쪽 ; 윤병석, 위의 책, 417~418쪽.

36) 곽림대, 「안도산」, 『한국학연구』 4(별집), 1992. 3, 228쪽.

37) 김원용, 앞의 책, 345쪽.

총회장 취임식 등에서 분열식을 담당하였으며, 이들 행사를 위해 누우아누 팔리(Nuuanu Pali) 고개를 거쳐 11마일이나 떨어진 호놀룰루까지 행군하기도 하였다.[38] 이처럼 의기양양하게 출발한 대조선독립군단 병학교는 와이엘루아 사탕농장을 거쳐 가후쿠(Kahuku) 농장으로 옮겼다가 1916년 여러 가지 복합적인 이유로 마침내 해체되고 말았다.[39] 병학교 생도들의 대부분은 박용만의 주선으로 주둔 미군 공사의 역부 또는 군복재봉공 및 세탁직공 등으로 전업케 하고, 일부는 조선에 돌아가 후일을 기약케 하였다.[40]

박용만이 추진했던 대조선독립군단 병학교가 이처럼 해산된 배경에 대하여는 여러 가지 해석이 있다. 방선주 박사는 경작계약이 만료되었고 농토의 질이 좋지 않았다는 설, 이승만 박사의 박용만에 대한 질투설, 병학교 장교들에 대한 병사들의 질투설, 군단지도부의 재정 부정사용설 등을 제시하면서 박용만의 기반이었던 국민회가 이승만 세력에 의하여 장악된 사실과 아울러 일본측의 미국정부에 대한 압력을 들고 있다. 즉, 1915년 여름 주미 일본공사가 미국무장관에게 박용만의 활동에 대하여 강력히 항의하였고, 국무장관은 내무부에 엄중조사를 요구하고, 내무부는 다시 하와이총독에게 공문을 보내 박용만과 그 일파의 무기소유 여부, 일본내정에의 간섭과 반란 선동 여부를 조사해 달라고 지시하였다는 것이다. 이러한 상황에서 농장주가 미국정부 당국의 압력을 의식하여 계약연장을 반대함으로써 병학교의 존속이 어렵게 되었다는 설명이다.[41] 윤병석 교수 역시 하와이 한인사회내에서의 독립운동방략을 둘러싼 이승만계열과 박용만계열간의 대립과 분열, 병농일치의 둔전제를 근간으로 하는 국민군단과 사관학교의 재정악화와 함께 제1차 세계대전 이후 국제정세의 변화를 지적하였다. 특히 제1차

38) 윤병석, 앞의 책, 418쪽.
39) 방선주, 앞의 책, 82쪽.
40) 金正柱, 앞의 책, 953쪽, 955쪽 ; 방선주, 앞의 책, 88쪽.
41) 방선주, 위의 책, 85~88쪽.

세계대전 이후 미국과 일본이 밀접한 유대관계를 형성해가고 있던 사정을 주요한 원인으로 제시하였다. 즉, 워싱턴 주재 일본영사 마쓰오카가 미국 극동지구사령관에게 박용만의 국민군단의 활동을 중지시켜줄 것을 요청했다는 것이다.[42] 이상을 종합하면, 결국 미일관계가 제1차 세계대전의 발발을 계기로 호전되면서 하와이에서의 사관양성이 어렵게 된 외부적 요인, 그리고 국민군단과 병학교의 재정적 인적기반이 될 자치기관으로서의 국민회가 자신의 노선을 반대하는 이승만에게 넘어가면서 세력이 약화된 내부적 요인으로 정리할 수 있다. 다만 이 가운데 국민군단의 재정악화는 논의의 여지가 있다고 판단된다. 즉, 1916년 해산 당시 국민군단의 기금 잔금 20,200달러를 향후의 '원동사업자금'으로 적립하였는데, 2년 동안 사용한 경비가 58,442달러였다고 한다. 이는 국민군단을 최소한 1년은 더 지속할 수 있었음을 시사하고 있어,[43] 재정악화가 결정적인 요인이 아니었음을 짐작케 한다.

한편, 곽림대에 의하면, 당시 박용만은 병학교 생도들에게 멀지 않은 장래에 미일전쟁이 일어나 "미국군함이 와서 우리 독립군용사들을 싣고서 동양으로 갈터이라"고 말했다고 한다.[44] 박용만은 멀지 않은 장래의 미일전쟁을 전망하고 있었던 셈이다. 한편, 같은 무렵 노령 연해주 지역에서 활동하고 있던 이동휘, 이종호 등은 1914년을 제2의 노일전쟁의 해가 될 것이라고 예상하고, 대한광복군정부를 조직한 바 있으며, 중국으로 도피한 후인 1915년에는 중국과 일본간에 발생한 21개조를 둘러싼 갈등을 계기로 중일전쟁을 예상하고 거사를 계획하였다. 흥미로운 점은 당시 이동휘, 이종호의 이러한 거사계획이 미주에 있던 안창호의 비판을 받았다는 점이다. 박용만의 계획 역시 이승만의 비판을 받았던 것이다. 여기에서 우리는 독립전쟁 개시의 시기로 상정했던

---

42) 윤병석, 앞의 책, 420~421쪽.
43) 방선주, 앞의 책, 81~82쪽 ; 윤병석, 위의 책, 422쪽.
44) 곽림대, 앞의 글, 226~228쪽.

미일전쟁, 노일전쟁 또는 중일전쟁의 발발에 대한 독립운동 지도자들의 전망이 이들이 추진했던 독립운동방략 설정에 커다란 차이를 가져다주고 있었음을 확인할 수 있는 것이다.

4. 3·1운동 이후의 무력양성운동

미주 및 하와이에서의 무력양성운동은 박용만의 대조선국민군단 및 '산넘어 병학교'의 해산으로 사실상 종결되었다. 1919년 3·1운동을 계기로 미주 한인사회의 무력양성 및 군사활동 후원 운동은 대한민국임시정부 군무총장 노백린의 군단과 비행사양성소 설립, 상해의 대한민국임시정부에 대한 후원, 그리고 원동으로 이동한 박용만의 국민군단 창설계획에 대한 하와이 대조선독립단의 후원활동을 들 수 있다.

우선 3·1운동 이후 미주 지역에서 추진된 군인양성운동으로 주목할만한 것은 임시정부 군무총장 노백린이 캘리포니아에서 창설한 군단과 비행사양성소 운영이다. 곽림대에 따르면, 대한민국임시정부의 군무총장에 임명된 노백린은 워싱턴으로 가서 미국정부와 교섭하여 한국민병을 모집하여 시베리아출병 미군원정군에 참여케 하는 방안을 검토하였으나 성공하지 못하였다고 한다.[45] 이후 노백린은 캘리포니아로 가서 대한인국민회의 후원을 받아 군단설립과 비행사양성에 착수하였다.[46] 이 군단의 명칭은 護國獨立軍이었는데,[47] 1920년 2월 20일 노백린과 김종림의 발기로 캘리포니아 윌로스 지방에서 창설되었고, 부속기관으로 한인비행사양성소를 병설하였다.[48] 이 군단은 둔전병식으로 운영되었는데 노동을 하면서 매일 일정한 시간의 군대교련을 하

45) 곽림대, 위의 글, 236쪽.
46) 위와 같음.
47) 金正柱, 앞의 책, 417쪽.
48) 김원용, 앞의 책, 350쪽.

였다. 1920년 7월 7일 비행사양성소 제1회 졸업식이 거행되었데, 졸업생은 禹炳玉, 吳臨夏(吳宗鉉), 李容植, 李初의 4명이었다. 1921년 3월 당시 비행사양성소에 재학중인 학생은 25명이었다. 학교에는 무선전신 장치가 있는 비행기 5대를 보유하고 있었고, 미국인 경영의 비행학교를 졸업한 미국인과 한인비행사 6명으로 교수진을 구성하였다. 간부진을 보면 총재 김종림, 총무(또는 교장) 노백린 이하 서기, 재무, 연습생 감독, 간사를 두었다.[49] 재정은 당초 캘리포니아 스탁톤에 거주하는 부호 김종림이 충당하였지만, 1920년 6월 30부터 7월 8일까지 샌프란시스코에서 개최된 대한인국민회 북미지방총회에서의 결의에 따라 회원들이 1개년 수입의 5%를 소득세로 납부하여 후원하기로 하였다.[50]

미주 한인사회의 상해 임시정부에 대한 후원을 검토할 차례이다. 초기 임시정부의 지도자들은 자신들에게 들어온 독립운동자금을 재무부과 같은 공식기관에 집중하여 통일적으로 사용하지 않고, 독립운동자금을 별개로 관리, 사용하고 있었다. 1919년 미주의 대한인국민회에서 보낸 애국금 정도가 그나마 안창호를 통하여 임정예산으로 활용되고 있었다. 이동휘와 안창호의 반대의견을 극복하고 1920년 3월부터 이승만과 기호파 총장들의 주장이 채택되어, 대한인국민회 중앙총회에서 수집해오던 애국금을 폐지하고 1919년 9월 이후 구미위원부에서 발행해온 공채로 바뀌게 되었다. 그리하여 이승만과 서재필(구미재무관)의 구미위원부가 미주 한인사회에서의 재정수입을 독점하게 되면서 임시정부에 대한 미주로부터의 재정적 지원은 사실상 끊어졌다. 고정휴 교

---

49) 金正柱, 앞의 책, 417쪽 ; 김원용, 위의 책, 350~351쪽. 그외의 간부들은 서기 강영문, 재무 이재수, 재무 신광희, 감독 곽림대, 간사 진영규, 윤응호, 양순진, 임치호, 이암, 마춘봉, 이운경, 한성준, 이진섭, 비행사 노정민, 박낙선, 우병옥, 오림하, 이용선, 리초 등이었고, 비행학생은 최영길, 김태선, 박유대, 조기호, 최능익, 박대일, 신영철, 조종익, 정이용, 정홍성, 정몽용, 홍종만, 조진환, 신형근, 임상희, 이영기, 김전, 손리도, 박희성 등이었다.

50) 金正柱, 위의 책, 417쪽.

수의 분석에서 밝혀졌듯이, 당시 초기 임시정부 시기(1918~1922)에 대한 미주 한인사회로부터의 직접적인 재정지원은 국민회중앙총회 46,454달러와 구미위원부의 16,732달러를 합한 63,186달러로 지원총액 약 30만~35만 달러의 20~23%에 달하는 7만 달러 내외였다. 그나마 이 가운데서 군사부문에서의 지출은 미미했다.[51] 특히 통합정부의 첫 활동연도이자 임시정부가 독립전쟁의 해로 선포하여 군사비용이 크게 필요하였던 1920년의 경우[52] 구미위원부에 의한 미주독립운동자금의 독점으로 그 허탈감과 좌절감이 심했다. 3·1운동 이후 만주와 노령지역에서 항일무장투쟁이 고양되고 있던 데 비하여, 절실히 요구되던 이들 무장세력들에 대한 임시정부의 지도력과 후원은 북간도와 노령 연해주지역 무장세력에 대한 국무총리 이동휘를 통한 통일노력, 그리고 서북간도지역에 대한 안창호의 노력이 있었을 뿐이다. 결국 만주와 노령지역에 대한 미주 한인사회의 후원은 관심 밖에 있었다. 예외적으로 이승만을 후원하고 있던 하와이의 대한인부인구제회가 북간도지역의 북로군정서에 송금을 한 예처럼, 개별적인 차원의 군사운동 후원이 있었다고는 하여도 주목할만한 규모의 것은 아니었다.[53]

---

51) 고정휴, 「대한민국임시정부와 미주지역 독립운동」, 『대한민국임시정부 수립 80주년 기념논문집』 상, 한국근현대학회편, 국가보훈처, 1999, 503~504쪽. 이승만과 구미위원부에 지출된 금액은 15만 달러였다.

52) 상해의 임시정부는 국무총리 이동휘의 취임으로 종래의 외교중심노선에서 벗어나 적극적인 독립전쟁노선을 채택하게 되는데, 1920년초 안창호가 국무회의에서 마련한 대정방침을 정리하여 연설한 「우리 국민이 단정(斷定)코 실행할 6대사(六大事)」에서 군사, 외교, 교육, 사법, 재정, 통일의 6대사 가운데 군사문제를 제일 먼저 언급한 데서도 잘 알 수 있다. 특히 국무원이 처음 발표한 포고 제1호는 독립전쟁의 주무대와 담당주체가 될 만주와 노령의 동포들에게 내린 것이었다(반병률, 『성재 이동휘 일대기』, 범우사, 1998, 223쪽 참조).

53) 「장붕이 이승만에게 보낸 편지」, 1921년 6월 24일, 중앙일보사·연세대학교 한국학연구소 편, 『梨花莊所藏 雩南李承晩文書 : 東文篇』 18, 1998, 129쪽 ; 반병률, 「이승만과 이동휘」, 『이승만연구 : 독립운동과 대한민국 건국』, 연세

미주지역에서 3·1운동 이후 만주와 노령지역에서 고조되고 있던 항일무장투쟁에 관심을 기울인 이는 역시 박용만이다. 이에 앞서 1915년 국민회는 이승만이 장악하고, 급기야는 외국인 주재국에서 자치제와 군대양성의 방략을 실현할 수 있었던 대조선국민군단과 병학교가 해산된 후, 박용만은 1918년 7월 김현구, 정두옥 등 27명과 함께 연합회를 발기함으로써 자파세력을 결집하였다.[54] 1919년 3월에 국내에서의 독립선언의 소식에 접하고 박용만파는 연합회를 확장하여 3월 3일 호놀룰루의 한인자유교회에서 大朝鮮獨立團을 조직하였다. '대조선독립단'은 국내와 원동의 각단체로 조직된 대조선독립단의 하와이 지부를 자임하며 군사운동 후원과 출판, 외교사업의 전개를 목표로 하였는데 단원의 수는 350여 명이었다. 조선독립단 하와이지부는 이후 원동으로 활동근거지를 옮긴 박용만의 군사활동을 후원하였다.[55] 원북경지역을 근거로 했던 박용만의 활동은 기본적으로 하와이에서 실패했던 둔전병식의 조선국민군단을 원동에 창설하기 위한 것으로, 북경군사통일회, 흥화실업은행 설립, 대본공사 설립 등은 모두 같은 맥락에서 추진된 계획들이었다.

박용만은 1919년 5월 19일 하와이를 떠났으며, 마닐라를 거쳐 러시아연해주 블라디보스톡으로 갔다. 이곳에서 박용만은 '시베리아원정미군사령부'에 출입하며 정보활동에 종사하는 한편,[56] 니콜리스크-우수리스크에서 曺成煥, 李敏馥, 白純 등과 협의하여, 서북파를 배제한 기호파 인물들을 중심으로 조성환과 자신을 총사령과 총참모로 하는 '조선국민군단' 결성을 추진하였다. 이와 아울러 50만 엔을 목표로 '조선국민군단'의 군자금 모집을 위해 국내외 각지에 모금원들을 파견하였다. 그러나 金性洙, 閔泳達 등 부호들을 접촉하기 위해 국내로 파견

대출판부, 2000, 318쪽.

54) 김원용, 앞의 책, 154~156쪽.

55) 김원용, 위의 책, 188~189쪽.

56) 방선주, 앞의 책, 112쪽.

된 朴祥煥, 金炳僖, 李昇馥 등이 체포되는 등 여의치 않아 실패하였다.[57]

이어 박용만은 1920년 가을 신채호, 신숙 등과 함께 만주의 항일무장세력들을 통합하기 위한 북경군사통일회 소집에 착수하였으나, 당시 서북간도의 독립군부대들은 일제가 자행한 庚申慘變을 피해 노령 아무르 주로 이동한 상태였기 때문에 1921년 4월 20일 북경교외에서 軍事統一籌備會를 소집하였다. 이 군사통일회의 목표는 노령지역의 통일된 독립군부대로 하여금 후일의 국내대진공을 준비케 하고, 만주의 독립군부대들은 통일된 지휘체계를 확립하여 국내진공작전을 감행하는데 있었다.[58] 그러나 1920년말 이후 서간도의 주력부대들과 연해주에서 활동하던 한인 빨찌산부대들이 아무르주로 이동하여 통일된 단일지휘체계로의 재편을 모색하는 과정에 있었고, 더구나 이들 무장세력들이 마침내 동족상잔의 자유시참변(1921년 6월)에서 치명적인 타격을 입게됨으로써 실현되지 못하였다.

북경군사통일회의 실패후 박용만은 金復 등과 북경 및 만주방면에 토지를 조차하여 水田농장을 경영하는 한편, 만주방면의 각군사단체를 통일한 둔전병식의 국민군단 창설을 도모하였다. 그러나 자금을 대출해줄 한중합작의 興華實業銀行에 대한 한인측의 출자금 부족과 홍화실업은행으로부터의 농장경영 융자금을 박용만이 개인적으로 私用함으로써 역시 실패로 돌아갔다.[59] 이후 박용만 등 북경군사통일회의 중심인물들은 1923년에 개최된 국민대표회에서 창조파로 활약하면서 국민위원회를 조직하고 연해주 블라디보스톡으로 이동하여, 국제공산당(코민테른)의 지원을 받아 한국혁명운동의 주도권을 장악하고자 노력하다가 실패하고 만주 각지로 분산되었다.[60] 1925년 이후에는 하와이

---

57) 姜德相, 『現代史資料』 27, 628~631쪽 ; 방선주, 위의 책, 113쪽.
58) 申肅, 『나의 一生』, 日新社, 1957, 86~87쪽 ; 방선주, 위의 책, 117쪽.
59) 金正柱, 앞의 책, 396~397쪽.
60) 반병률, 앞의 책, 388~394쪽.

조선독립단의 후원을 받아 대본공사의 설립에 의한 둔전병식의 국민군단의 근거지 창설운동 역시 실현되지 못했다.[61] 결국 박용만이 1919년 이후 원동에서 조선독립단 하와이지부의 지원을 받아 추진하던 국민군단 창설운동은 결실을 맺지 못하고, 1928년 박용만은 의열단원인 李海鳴 등 2명에게 암살되고 말았다.[62]

5. 맺음말

일제통치 초기인 1910년대와 1920년대 초에 미주한인들이 전개했던 무력양성 및 군사후원운동의 전통은 1930년대 말, 1940년대 전반 일제말기에도 계승되어졌다. 즉, 독립운동 지도자들이 독립전쟁의 호기로 상정했던 중일전쟁, 미일전쟁이 발발하게 되면서 한국독립의 희망이 가까워오고 있다는 전망에서 미주 한인사회의 군사후원운동이 매우 적극적으로 추진되었던 것이다. 이 때의 군사후원활동은 항일무장투쟁의 주무대였던 만주와 중국 관내지역 가운데서 미주의 한인사회는 중국 관내 그 중에서도 중국국민당 통치지구에서 활약하던 조선의용대와 한국광복군에 한정하였다. 만주지역에서의 동북항일연군이나 중국공산당 관할구역에서의 조선의용대-조선의용군에 대한 후원은 전무하였다. 특히 일본의 진주만공격 이후 제2차 세계대전 시기에는 캘리포니아와 하와이에서 결성된 한인경위군부대, 전시공채 구매와 한미승전후원금 모집등을 통한 미국국방후원운동이 전개되었다. 미국시민권을 소유한 한인청년들은 미군에 입대하여 참전하였고, 전쟁말기인 1945년에 들어가서는 미국의 전략국(OSS, Office of Strategic Services)이 전

61) 김원용, 앞의 책, 189~190쪽.

62) 방선주, 앞의 책, 141~169쪽에 박용만의 암살에 대한 자세한 경위설명과 관련 자료들이 인용, 소개되어 있다.

개했던 냅코(NAPKO)작전, 독수리작전, 101부대에 의한 북중국작전 등 미군의 첩보, 선전작전에도 한인들이 개별적으로 참여하였다.

국치를 전후로 한 시기에 시작되었던 미주지역에서의 군인양성운동은 사관을 양성하여 항일무장투쟁의 무대가 될 원동에서의 독립군편성에 기여한다는 목적을 갖고 추진된 것이었는데 이는 기본적으로 올바른 노선이었다. 지리적으로 떨어져 있어 대대적인 무력양성운동이 어려웠던 조건에서 뿐만 아니라, 1910년대 서간도지역의 신흥무관학교나 북간도의 나자구무관학교에서 배출된 청년들이 3·1운동 이후 폭발적으로 성장한 대중적 혁명역량을 기반으로 만주와 노령지역에서 전개된 독립군활동에서 크게 활약한 사실에서도 그 타당성을 확인할 수 있는 것이다.

미주 지역의 경우 동포사회가 만주나 노령 연해주지역의 동포사회에 비하여 경제적으로 안정을 이루어 재정적 뒷받침이 될 수 있는 여건이 상대적으로 좋았다고 할 수 있었다. 그러나 자치와 둔전병식 군단을 효과적으로 운영하기 위하여 필수적으로 통일되었어야 할 동포사회가 분열되면서, 더구나 무장투쟁론에 소극적이었던 이승만에 의하여 한인사회로부터의 독립자금이 장악되면서부터는 군인양성운동은 거의 불가능한 일이 되고 말았다.

노령연해주와 북경에서 계속된 박용만의 활동은 군정서 등 기호파 중심의 무장세력 통일과 결집이라는 한계를 지니고 있었다. 이 지역은 지역적으로 함경도와 평안도 출신 주민들이 한인사회의 다수를 점하고 있었던 점에서 그가 추진했던 기호파 중심의 국민군단 창설과 군사통일계획은 일시적이나마 자치적 성격을 확보했던 국민회를 배경으로 가능했던 하와이에서와 같은 성과를 기대할 수 없었던 것이다.

앞으로 박용만이 중심이 되었던 네브라스카 소년병학교, 하와이의 대조선독립군단과 병학교 등을 비롯하여 초기의 군인양성, 사관양성운동에서 배출된 인물들의 향후 거취를 추적하는 일이 과제로 남아있다.

특히 이들이 만주와 노령지역에서 활동하던 독립군부대에 얼마나 참가하였는가를 확인하는 것은 박용만 등 독립전쟁론자들의 활동이 갖는 운동사적 의미를 평가함에 있어서 매우 중요한 연구과제라 생각된다.

하와이의 한글 언론, 1904～1970*

이 덕 희**

하와이에서 1904년에서 1930년까지 20개의 한글 신문과 시사지가 발간되었는데 그 중 현존하여 초기 한인 이민사회의 정황을 보여줄 수 있는 것은 극히 일부에 지나지 않는다. 현존하지 않는 초기 간행물들은 제호와 발행일 등만이 알려져 있으나 이런 정보조차 부정확한 경우도 있다. 따라서 이 글의 목적은 하와이의 한글언론의 역사를 재조사하여 정확하게 누가 언제 어떤 간행물을 발행했는지, 또 편집인은 누구이며 그 형식과 내용은 어떠했는지 등을 알리는 것이다. 또한 지금까지 발행사실이 알려지지 않았던 신문에 대한 새로운 정보와 분실된 것으로 알려진 간행물들 중 새로 찾아낸 것들에 대한 내용을 소개하며 이들의 소재지를 밝히려 한다.

1. 1903년 이전의 한국 내 근대 신문들

한국 근대 신문의 역사는 1883년 10월 서울에서 간행된『한성순보』의 등장으로 시작되었다. 한성순보는 한자로 쓴 관보로, 조선왕조가 일

* "The Korean Press in Hawaii : 1904-1970"의 번역임

** Associate member, Center for Korean Studies, University of Hawaii at Manoa

주일에 3회 발행했다. 1884년 12월까지 주3회 발행을 지속하다가 1886년부터는 한자와 한글을 병용한 주간 『한성주보』로 발행되기 시작했으며, 출판기관인 박문국이 폐쇄된 1888년까지 발행되었다. 이런 관보들의 발행부수는 알려지지 않았으나, 확실한 것은 일반 대중의 구독을 목표로 발행된 것은 아니라는 것이다.

그 후 8년간 조선에서는 신문이나 관보가 발행되지 않았다. 이런 상황은 1896년 4월 민족주의적 개혁지도자들이 『독립신문』을 발행하면서 바뀌게 되었다. 『독립신문』은 한글판과 영어판이 각각 발간되었고 조선왕조가 개혁 정치조직을 불법화한 1899년까지 계속되었다. 『독립신문』은 처음에는 300부씩 인쇄되었는데, 나중에는 발행부수가 500부로 늘었다가 마침내 3,000부까지 증가했다. 이 신문은 우편으로 배달됐고, 일부는 조선에서 처음으로 거리에서 팔리기도 했다.

1897년 2월 2일, 미국인 감리교 선교사인 Henry Appenzeller가 한글 주보인 『조선그리스도인회보』를 출간했다. 조선왕조의 이름이 대한제국으로 바뀌었을 때, 이 주보의 이름도 『대한그리스도인회보』로 바뀌었다. 이 회보에는 성경강의, 교회 소식, 국내 소식과 세계 소식, 교회 청년회의 글, 그리고 광고 등을 실었다.

감리교회보가 발행된 지 두 달 후인 1897년 4월 1일, 장로회 선교사인 미국인 Horace Underwood가 한글 주보인 『그리스도신문』을 발간했다. 이 장로회 신문도 감리교회보와 유사한 사설과 주제들을 실었으며 이외에 농업과 산업의 발전에 대한 기사도 게재했다.[1] 1900년 당시 조선의 장로회 신도가 13,569명이고 감리교 신도는 4,512명이 있었으므로,[2] 정부 발간의 관보와 비교했을 때 이 두 주보의 구독자 수가 훨씬 많았을 것으로 추정된다.

교회보 외에도 배재학당 학생회인 협성회가 1898년 1월 1일자로 학

1) 최 준, 『한국신문사』, 1990, 86~90쪽.
2) 최 준, 위의 책, 81쪽.

생회 주보인 『협성회회보』를 발간하기 시작했다. 비록 이 주간지는 14회 발행 후 중단됐지만, 발간에 관계했던 학생들에게는 특별한 경험이 되었다. 회보를 발간했던 학생들 중에는 후에 한국 최초의 기자로 알려진 이승만도 들어 있었다.[3)]

고종황제가 『협성회회보』의 발간을 중단시키자,[4)] 협성회 회원 중 일부는 1889년 4월 한국의 최초의 일간지인 『매일신문』을 발행했다. 그러나 매일신문은 재정난 때문에 1899년 4월 30일 278호를 마지막으로 종간되었다.

이 밖의 주요 신문으로 『황성신문』(1898~1910), 『제국신문』(1898~1910), 『대한매일신보』(1904~1910) 등 세 일간지가 있었다. 『황성신문』은 매회 2,000~3,200부를 발행했고, 『제국신문』은 3,000부(이후 대한매일신보가 막강해지자 1,000부로 줄었다), 그리고 『대한매일신보』는 한글판, 국한문 혼용판, 영어판으로 모두 13,400부를 발간했다.[5)] 이 세 가지 신문 모두 서울에서 발간되어 독자들에게 우편으로 배달되었다.

2. 하와이의 한국 신문

초기 이민자들 중 일부는 조선에서 초기 신문들을 보거나 들어본 적이 있었을 것이며 특히 교회를 다녔던 사람들은 교회보를 접했을 것으로 보인다. 따라서 카우아이, 오아후, 마우이, 하와이 섬 등에 있는 30여 개의 사탕수수농장에 흩어져 일하던 7,000여[6)] 한인 이민자들이 그

3) 대한언론인회, 『한국 언론 인물 사화』 1, 서울, 1992, 182쪽.
4) 최 준, 앞의 책, 71쪽.
5) 최 준, 위의 책, 101쪽.
6) 1903년부터 1905년 여름까지 약 7,200명의 한인 이민자들이 하와이에 도착했다. 이 중 2,000여 명 이 미국 본토로 재이민을 떠났고, 1,000명 가량은 이민

들의 생각을 표현하고 서로 교신하기 위해 한글 신문을 이용하는 것은 자연스러운 일이었을 것이다. 각종 사회단체들이 결성되자마자 단체 지도자들은 신문을 발행하기 시작했으며, 1930년까지 20개 신문이 발간·폐간되었다.

불행하게도 이 신문들이 모두 현존해 있지는 않고, 대부분은 이 신문들에 대해 설명한 기록만 있을 뿐이다. 한편, 현존하는 두 가지 주요 신문인 『신한국보』와 『국민보』는 남아있는 신문들이 한국에서 영인본으로 발간되었다. 하와이의 한글 신문들에 관한 설명의 대부분은 김원용의 『재미한인오십년사』에 기록되어 있으며, 많은 연구자들이 이를 인용한 바 있다. 이 밖에도 노재연의 『재미한인사략』, Arthur L. Gardner의 *The Koreans in Hawaii : An Annotated Bibliograph*, 김형찬과 Wayne Patterson이 편집한 *The Koreans in America 1882-1972* 에 한글 신문에 관한 정보가 일부 실려있다. 이들 문헌자료가 서로 일치하지 않는 부분이 있지만, 대부분의 신문이 현재 남아있지 않아 책 내용의 정확성을 따지는 것은 어렵다. 여러 문헌과 신문 기록들을 비교 검토하고 또 몇몇 간행물들을 새롭게 찾아내어서 1904년부터 1970년까지 하와이에서 발행된 간행물에 관한 내용을 창간일 연대순으로 정리하면 다음과 같다.

『신조신문』(1904년 3월 27일~1905년 4월 : 현존본 없음)

김원용에 따르면, 하와이 한인 신문 제1호인 『신조신문』은 1904년 3월 27일부터 14개월간 한 달에 두 번씩 호놀룰루에 살던 최윤백의 등사기로 찍어냈다. 김원용은 『신조신문』 덕분에 하와이 한인들의 문맹률이 낮아졌다고 설명했다.[7]

온 지 몇 년 후 한국으로 돌아갔다. 1910년 미국 인구조사에 따르면, 하와이에 한인 4,533명이 살고 있었다.

7) 김원용, 『재미한인오십년사』, Reedley, California, 1959, 260쪽.

현재 남아있는 『신조신문』은 없지만, 1905년 11월 4일 한국에서 발간된 『제국신문』에 하와이의 『신조신문』을 칭찬하는 사설이 실려 그 존재를 확인할 수 있다. 사설에 따르면, 『신조신문』은 1904년 3월 27일부터 매달 두 번씩 호놀룰루의 Fort Street에서 필사본을 등사한 신문이 만들어졌다고 한다. 발행인에 최인백, 편집인은 김익성, 번역인은 최영만이었다. 『신조신문』은 논설, 해외 소식, 기타 제반 소식, 광고로 구성됐다. 『제국신문』은 논설을 통해 하와이의 한인들이 한글로 신문을 발간한다는 것을 높이 평가했으며 『신조신문』의 발간 목적이 이윤을 내기 위함도 아니고 발간에 관계한 이들의 이름을 높이기 위한 것도 아님을 밝혔다. 제국신문은 『신조신문』 발간이 조국 사랑의 표현임을 언급하고 『신조신문』이 하루빨리 한글 식자기를 구하기를 바라면서, 비록 『신조신문』이 손으로 써서 등사한 형식의 신문이라 하더라도 본국의 동포들도 "서로 아는대로 소식을 알리고 지식을 서로 늘리면 국가에 다행할 줄로 안다"고 했다.

1905년 9월과 10월에 오아후, 카우아이, 마우이, 하와이 섬을 여행했던 윤치호도 자신의 일기에 『신조신문』에 대한 글을 남겼다. 윤치호는 일기에서 "나는 다른 무엇보다도 …… 『신조신문』이라는 작은 신문에 이 사람 저 사람 사이의 혹은 이 종파 저 종파 사이의 다툼이나 매양 보도할 것이 아니라 사람들에게 유익한 것들, 이를테면 섬의 역사, 은행의 이용 등을 알려주는 데 지면을 할애해야 한다고 한인들에게 말했다."[8]라고 기록했다.

『포와한인교보』와 후신 『한인교회보』 (1904년 11월~1945년 1월 : 6개 호 현존)

신문의 정확한 이름은 알려져 있지 않지만, 1904년 11월에 감리교

8) 윤치호, 『일기』, 국사편찬위원회, 1973, 153쪽.

감리사 George Pearson이 러일전쟁의 소식을 전하기 위해 등사판으로 교회소식지를 발행하기 시작했다.[9] 뉴스 외에도 성경 공부를 장려하기 위해 주일 성경 공과가 실렸다. 이것이 『포와한인교보』의 전신이었다. 『포와한인교보』[10]는 필사본을 등사한 것으로 1905년 11월 하와이 감리교회 소속의 호놀룰루 한인 감리교회에 의해 발간되었다. 1905년 12월 하와이 감리교회의 첫 연회에서 윤병구가 편집장에, 그리고 송헌주가 발간인에 각각 임명되었다.[11] 1906년 5월부터 한국에서 한글 식자기를 들여와 "좀더 알맞은 형태의" 본문이 짜여지게 되었다. 이 식자기는 해외에서 쓰인 최초의 한글 식자기였다.[12] 교보는 매년 감리교 본부의 출판부(the national Methodist Book Concern)로부터 후원금을 받았으나,[13] 대체로 자력으로 유지하고 있었다. 교보는 1910년부터 "1급 인쇄기"를 이용하기 시작했고, 1912년에는 하와이의 여러 섬에 살고 있던 한국인들에게 월 700부 배포되었다.[14]

---

9) 노재연,『재미한인사략』, Los Angeles, 1951, 1963, 1 : 20. 한편 현순은『포와유람기』, 서울, 1909, 13쪽에 교회 소식지가 피어슨과 홍승하 목사에 의해 시작되었다고 적었다. 그러나 호놀룰루에 도착한 선객의 명단에 따르면 홍승하 목사는 1904년 2월에 도착했다. 그러므로 이 교회소식지의 창간일이 잘못 기록됐던지, 아니면 홍목사의 소식지 관련 부분이 틀렸을 가능성이 있다. Duk Hee Lee Murabayashi, "Korean Passengers Arriving at Honolulu, 1903-1905"(http://www.koreancentennial.org).

10) 이 신문의 초기 모습은 표지면의 복사본이 축소 기재된 *World-Wide Mission* (New York : Board of Foreign Missions of the Church, July 1906), p.11에 실려있다.

11) *Journal of the Hawaiian Mission of the Methodist Episcopal Church* (이후로는 Methodist Journal), 1905, p.7.

12) *World-Wide Mission* (July 1906), p.11.

13) 교보의 감독 (발행인)이 1917년 10월 17일 호놀룰루의 우체국장에게 쓴 편지에 의하면 출판부로부터 900달러를 기부받았다. 이러한 관행이 얼마나 지속되었는지는 확실치 않다. 이 편지의 사본이 하와이 감리교 사무소 "1917년" 파일에 있다.

14) *Methodist Journal*, 1912, p.17.

당시 한글로 만든 주일학교 책자가 없었기 때문에 교보의 주요 발행 목적은 세계적으로 사용되고 있는 주일학교의 교육내용을 한글로 만들어내는 것이었다.[15] 교보는 사설, 기고, 하와이 교회 소식, 한국 역사, 청년회(Epworth League) 소식, 그리고 주일학교 교육공과 등으로 구성되었다.[16] 1914년 4월에 교보의 제호가 『한인교회보』로 바뀌었다.

1929년부터 교회보는 한글과 영어로 인쇄되기 시작했다. 영어판 신문의 첫 주필은 John Hedley였고, 1943년에 Alice R. Appenzeller가 영어판 주필이 되었다.[17] 교회보는 1945년에 종간했다.[18]

캘리포니아대학 로스앤젤레스 캠퍼스(UCLA)의 특별문서소장부서(Department of Special Collections)에 『포와한인교보』 1907년 9월 30일자 (제2권 9호) 1부, 그리고 1925년 2월, 1925년 5월, 1925년 7월, 1929년 4・5월, 1929년 7월에 발간된 한인교회보 1부씩이 보관되어 있다.[19] 이 두 교회보의 크기는 8.5×11인치 지면을 반으로 접은 크기로 30쪽이 넘었다.

1907년 9월호는 Punchbowl Street(이 곳에 한인감리교회가 있었다) 사서함 669호에서 발행되었다. 표지를 포함 총 40쪽이 발행되었다. 발행인 및 편집인은 John Wadman, 부편집인은 민찬호 목사였다. 이 교회보는 한 부에 10센트, 1년 구독료가 1달러였다.

1925년 2월호는 Fort Street 1520번지(한인감리교회의 주소)에서 발간되었고 표지를 포함해 총 46쪽이었다. 1년 구독료는 2달러(선불제)였고 광고료는 1년에 한 면(7×4) 광고료가 20달러, 반면 광고료는 12달러, 1/4면 광고료는 8달러였다. 임직원은 다음과 같이 구성됐다.

---

15) 호놀룰루 우체국장에게 보낸 편지, 1917년 10월 17일.

16) *Methodist Journal*, 1912, p.18.

17) *Methodist Journal*, 1929, p.13과 1943, p.23.

18) *Methodist Journal*, 1945, p.29 ; 김원용, 앞의 책, 52쪽에는 교보의 마지막 호가 1940년 10월에 나왔다고 잘못 기록되어 있다.

19) Hei Sop Chin Archival Collection, Collection #367, Box 6, Folder 4 and Folder 2.

발행인 : Dr. William Fry
편집인 : 현순 목사
부편집인 : 김이제 목사

1925년 5월과 7월에 발행된 교회보는 Lusitana Street 1448번지(이 주소에서 발행된 이유는 설명돼 있지 않다. 영어판 표지에 여전히 주소가 Fort Street 1520번지로 명시되어 있다)에서 발행되었다. 1925년 5월과 7월에 발행된 교회보는 표지를 포함해 46쪽이며, 1년 구독료는 여전히 2달러였다. 광고비도 같았다. 임직원 명단은 아래와 같다.

발행인 : Dr. William Fry
편집인 : 김영직 목사

1929년 4·5월호와 7월에 발행된 교회보는 Fort Street 1520번지에서 발간되었다. 표지를 포함, 각 34쪽(이 중 12쪽은 영어)과 36쪽(이 중 12쪽은 영어)으로 구성됐다. 구독료와 광고료는 전과 동일했다. 임직원 명단은 아래와 같다.

발행인 : Dr. William Fry
한국어 편집 : 홍한식 목사
영어 편집 : John Hedley 박사

이 교회보는 사설, 토론, 주말 성경 공부, 기타 소식, 교회 소식, 한국 소식, 호놀룰루 소식, 그리고 상업 광고를 담고 있었다. 1907년 9월호에는 광고가 세 개뿐인데, 호놀룰루 한인유숙학교와 King Street에 있는 이내수 소유의 해동여관, 그리고 기차역 건너에 위치한 정기운 소유의 여관에서 광고를 냈다. 1925년 2월부터는 캐나다 선 라이프 보험, 퐁 콴의 호놀룰루 찹수이, 중국계 미국인 은행, 리버티 하우스, 그리고 한국인을 많이 고용했던 코인 가구회사 등 비한인계 기업의 광고도 많이 실렸다. 교회 소식지에 비한인 기업의 광고가 실렸다는 것은 1925년경이나 혹은 그보다 일찍 호놀룰루 사회 내 한국인들이 재정적으로 안정되었다는 것을 보여준다. 동시에 한인감리교회들이 호놀룰루 내 한국 사회의 주류를 이루었다는 사실도 알 수 있다. 그러나 일본 기업들은 한인사회와 공개적으로 사업 관계를 맺을 수 없었거나 맺지 않은 것으로 보이며 일본기업의 광고도 게재되지 않았다.

이 교회보는 1929년에 발간 중단에 관한 논의가 있었던 것으로 짐작되는데, 이러한 논의가 제기된 특정 상황은 알려지지 않았다. 그러나 4·5월 합본호에서 새 편집인이 된 홍한식 목사가 "3월호에서 밝힌 대로 우리는 교회보의 출판을 지속하기로 결정했다"고 알렸다. 홍 편집인은 교회보가 다루는 내용을 확장시키기 위해 거주지별 구역을 맡아 소식을 전할 "스템 멤버"를 임명했다. 이들은 아래와 같다(16쪽). 이들 중 신국겸과 강희주를 제외하고 나머지는 모두 감리교 목사들이었다.

팔라마, 호놀룰루 : 신국겸
와히아와, 오아후 : 안창호
와이알루아, 오아후 : 이동빈(헨리)
와이파후, 오아후 : 강희주
카우아이 : 현순
힐로, 하와이 : 이관묵
호노카아, 하와이 : 한명교
마우이 : 임준호

『시사신보』 혹은 『한인시사』 (1905년 6월~1906년 9월 : 현존본 없음)

김원용에 따르면, 『한인시사』는 1905년 6월 10일에 창간되어 15개월간 발간되었다.[20] 호놀룰루의 감리교회 신도들의 지원으로 매달 2회 발간된 이 신문은 한인의 문맹을 없애고 사람들의 소식을 전하는 데에 집중했다. 편집인은 우병길(후에 윤병구로 알려진)[21]과 김종한이었다.

그러나 현순에 따르면, 윤병구는 1906년 5월『시사신보』를 발행하여 "한인의 귀와 눈을 열어주었으나" 재정난으로 폐간하고 말았다고 한다.[22] 한인과 미국인들의 도움으로 윤병구는 발간을 재개했지만, 그 후 그가 본토로 떠나자 아무도 발행을 대신할 수가 없었다.

『한인시사』와『시사신보』에 대한 정보가 서로 맞지 않은 점을 비교하면서 반드시 염두에 두어야 할 요소들이 몇 가지 있다. 첫째, 1904년 11월 이래 교회 소식지와 그 후속인『포와한인교보』를 발행하던 한인 감리교회 신도들이 또 다른 교회 관련 신문을 지원할 능력과 의지가 있었을까? 두 번째, 윤병구는 1905년 12월에 이미『포와한인교보』의 편집인으로 임명되어 있었는데 그 기간에 또 다른 신문을 펴낼 수 있었을까 하는 점이다. 더욱이 1905년 8월 초, 윤병구는 하와이 한인 대표로 뉴욕에 가서 루즈벨트(Theodore Roosevelt) 대통령을 만났고[23] 10월 17일에 하와이로 귀환한 직후『포와한인교보』의 편집인으로 임

---

20) 김원용, 앞의 책, 260쪽.

21) Dae-Sook Suh, ed., *The Writings of Henry Cu Kim* (Honolulu : University of Hawaii Press, 1987), p.107. 윤은 어려서 고아가 되어 고모 가족에게 입양되었다. 어릴 때 이름은 고모의 남편의 성을 따 우봉길이었다. 윤은 1903년 10월 5일 호놀룰루에 도착했다. 탑승자 신고에는 그의 이름이 Pyeng Kil Woo로 되어있다. 하와이에 도착한지 얼마 되지 않아 그의 이름을 바꾸었던 것 같다. 그는『협성회회보』를 만들었던 배재학당의 첫 졸업생 가운데 한 사람이었다.

22) 현순, 앞의 책, 13~14쪽.

23) 윤병구와 이승만 박사는 루즈벨트 대통령에게 한국인의 문제를 호소하기 위해 8월초 뉴욕으로 갔다. 그러나 루즈벨트는 그들에게 중요한 사안은 정부의 공식적 경로를 통해 전달되어야 한다고 말했다. 유영익,『이승만의 삶과 꿈 : 대통령이 되기까지』, 1996, 38~44쪽. 이승만 박사와 윤병구는 배재학교 동창이었다.

명되었다.

『친목회보』(1906년 5월~1907년 5월 : 현존본 없음)

『친목회보』는 1906년 5월부터 1년간 에바(Ewa) 사탕수수 농장의 친목회가 석판 인쇄를 이용하여 월간으로 발행했다. 편집인은 김성권과 김규섭이었다.[24] 이 신문은 식자기를 이용했는지 필사되었는지 알려져 있지 않다.

『자신보』(1907년 10월~? : 1부 현존)

김원용에 따르면[25] 『자신보』는 자강회의 월간지로 카우아이의 마카벨리에서 1907년 9월 30일부터 5개월간 간행되었다. 원고를 한국으로 보내 인쇄했으며, 편집인은 홍종표였다. 김형찬과 Wayne Patterson은 『자신보』가 카우아이 하나페페(마카벨리와 하나페페는 불과 4마일 정도 떨어져 있다)에 있는 이홍기의 가게에서 매달 출판되었다고 적었다. 그러나 실제로는 『자신보』는 자강회의 기관지로 자강회 회장은 송곤이었고 편집인은 고석주였다.[26] 자강회는 교육과 지식을 증대하기 위해 한국에서 만들어진 자강회의 지회로 하나페페에서 조직되었다.[27]

유일하게 남아있는 『자신보』의 1908년 3월 27일호(제1권 3호)는 UCLA에 보관되어 있다.[28] 이것은 식자기로 인쇄된 37쪽 분량에 8.5

24) 김원용, 앞의 책, 261쪽.
25) 김원용, 위의 책, 262쪽.
26) Hyung-Chan Kim and Wayne Patterson, *The Koreans in America, 1882-1974 : A Chronology and Fact Book, Dobbs Ferry* (New York : Oceana Publication, 1974), p.8.
27) 정두옥, 「재미한족독립운동실기」, 『한국학 연구』 특집 3, 인하대학교 한국학센터, 1991, 45쪽.
28) Hei Sop Chin Archival Collection, Collection #367 Box 6, Folder 4.

×6.5인치 크기의 잡지이다. 제1면에 적혀 있는 출판의 목적에서 한국인의 문명을 고양시키기 위해서라고 명시했다. 이를 위해 『자신보』는 유명 작가의 작품과 서양 학문을 한글로 번역하는 것을 포함한다고 적혀 있다. 『자신보』는 영어 제호를 Korean Clarion으로 하여 1907년 10월부터 카우아이의 마카벨리에서 발행되었다. 제3호가 발간되었을 때 발행 관계자들은 다음과 같았다.

회　장 : 주인상
편집인 : 홍종표
발행인 : 홍종훈
재　무 : 손창희

「본사광고」란(37쪽)에 따르면, 손창희는 처음에는 발행인겸 재무담당이었는데, 과중한 업무로 인해 홍종훈을 발행인으로 임명하고 손창희의 임무를 재정으로만 국한시켰다고 한다. 또한 「본사광고」란에는 "사원" 열 여덟명의 이름이 적혀 있는데, 이들의 역할은 명시하지 않았다. 사원 명단에는 전내윤, 박성문, 이형기, 지동혁, 홍종훈, 이관묵, 김철순, 이경직, 정인수, 이천여, 강대근, 임평순, 고석주, 박인양, 임봉안, 정몽룡, 최춘여, 박일삼 등이 있다.

제3호는 사설과 민사 및 형사법에 대한 기사, 정부의 책임, 성경 신학(조원시 씀29)), (한국의)섬과 해안, (한국의)지질, 마한의 역사, 물리, 나비, 동물, 수학, 조국의 경제, 위생, 식생활과 영양, 베트남의 역사, 카우아이, 한국, 세계 소식, 그리고 사고(社告) 등의 내용을 담고 있었다.

한 부에 10센트였고, 반년 구독료는 55센트, 1년 구독료는 1달러였다. 구독료를 보면 발행인이 매달 출간하려 했음을 알 수 있다. 그러나

29) George Jones 목사의 한국 이름. 존스는 제물포(현 인천)의 내리감리교회의 목사였는데, 한인의 하와이 이민을 장려했다. 존스는 한인 감리교회가 Punchbowl Street로 옮긴 1906년 8월에 호놀룰루를 방문했다.

이 신문은 그렇게 자주 발간되었던 것 같지 않다. 표지에 따르면 창간호가 1907년 10월에 발간됐는데, 제3호가 1908년 3월에 나왔기 때문이다(표지에는 1908이라는 표기 없이 3월 27일이라고 되어있다).

이 신문이 발행된 장소에 대한 언급은 없다. 당시 한글 식자기의 가격과 희소성을 고려할 때 카우아이의 한인들이 한글 식자기를 소유하고 『자신보』를 찍어내지는 않았을 것으로 보인다. 또 당시의 해상우편의 느린 속도를 감안하면, 원고가 한국에 보내어져 인쇄되었을 것 같지도 않다. 그렇기 때문에 『자신보』가 호놀룰루의 포와한인교보사에 보내져 인쇄되었지 않았나 추측할 수 있다.

『합성신보』(1907년 10월~1909년 1월 : 현존본 없음)

1907년 하와이 제도에는 총 24개의 한인 단체가 있었는데, 한인들 간의 상부상조, 권리증진, 그리고 조국에 대한 애국심 배양이라는 공통의 목표를 가지고 있었다. 한국이 일본에 넘어가리라는 공포가 확산되자 조국의 독립을 위해 단결이 필요하다는 공감대가 형성되었고 1907년 9월, 24개 단체의 대표들이 호놀룰루에 모여 한인합성협회의 조직을 위한 기본 합의사항에 동의했다. 이것이 하와이 제도에 만들어진 한인단체총연합회의 시초였다. 설립 직후 협회는 하와이 여러 섬에 47개의 지부를 설치했고 총회원수는 1,051명을 헤아리게 되었다. 그리고 곧 『합성신보』라는 신문을 발간하기 시작했다.

『합성신보』는 주간지로 1907년 10월 22일부터 1909년 1월 25일까지 모두 30여호에 걸쳐 매주 발행되다가[30] 1909년 3월 『신한국보』로 제호가 바뀌었다. 김원용에 따르면 강영승과 홍순기가 식자공이었으며 편집인은(전에 카우아이의 마카벨리에서 『자신보』를 발간했던) 홍종

30) "총 60호가 발행되었다"는 김원용의 지적은 잘못되었다. 김원용, 앞의 책, 268쪽.

표였다.[31)]

지금까지 발견된『합성신보』는 없지만 대한제국의『관보』에 따르면『합성신보』는 한국으로 정기적으로 보내졌다.[32)] 1905년 을사보호조약 이후 한국을 지배했던 일본은 1908년 4월 20일과 1909년 2월 3일 사이에 적어도 여덟 차례에 걸쳐『합성신보』를 압수했다. 이는 1908년 4월 20일, 외국에서 발행되는 한인 신문과 한국 내에서 외국인이 발간하는 신문들에 대한 압수가 신문법 34조에 의해 합법화되었기 때문이다. 1908년 5월 7일자『관보』에 블라디보스톡의『해조신문』, 샌프란시스코의『공립신보』와 함께『합성신보』(1호 14번)에 대한 첫 번째 압수 보도가 실렸다. 이 보도에 의하면『합성신보』의 발행인들은 다음과 같다.

박일삼 제1권 14호(1908년 5월 7일, 2쪽)
홍종표 제1권 21호부터 28호(1908년 6월 24일, 96쪽)
고석주 제1권 29호(1909년 1월 29일, 7쪽)부터 31호(1909년 2월 3일, 7쪽)

『전흥협회보』(1908년 5월∼1909년 2월 : 현존본 없음)

『전흥협회보』는 1908년 5월 23일부터 10개월간 전흥협회에 의해 매달 목판으로 발간되었으며 편집인은 박일삼이었다.[33)]

전흥협회는 1907년 9월 3일 대한제국을 되살리기 위해 일하며, 협회원의 교육 기회를 제공하기 위해 설립되었는데, 대부분 한인 성공회교

---

31) 김원용, 앞의 책, 268쪽. 한편 김형찬과 Patterson은 편집인이 김성권이었다고 적었다.(Hyung-Chan Kim and Wayne Patterson, p.14)

32) 차근배가「포와한교 신문사략고」,『신문학보』, 1981, 66쪽에서 총독부의『관보』에 압수 기사가 나왔다고 한 것은 잘못된 것이다. 일본 통감부는 기관지를 1910년 1월 14일부터 1910년 8월 27일까지 발간했는데, 대한제국 정부의『관보』와 구분하기 위해 그 제호를『공보』라 했다.

33) 김원용, 앞의 책, 261∼262쪽.

회와 연관된 사람들이었다. 이 단체는 1907년 10월 다른 한인 단체들이 한인합성협회를 결성할 때는 가담하지 않기로 결정했다가 결국 1910년 4월 대한인국민회로 병합되었다.[34)]

『신한국보』(1908년 10월~1913년 7월 : 영인본 현존)

1908년 10월 하와이의 한인합성협회와 샌프란시스코의 공립협회 대표들은 호놀룰루에서 다른 지역 지도자들과 모여 두 단체를 대한인국민회(하와이에서는 주로 국민회라 지칭했다)로 합치기로 합의했다. 국민회 총회는 하와이와 북미 두 지부를 두었다. 하와이 국민회는 『합성신보』의 발간을 맡고 동시에 『전흥협회보』를 흡수해서, 한글 제호로는 『신한국보』, 영어로는 *United Korean News of the Hapsong Sinbo*라는 제목이 적힌 주간신문을 간행했다. 『신한국보』는 1913년 7월말까지 계속 발간되다가 『국민보』로 제호를 바꾸었다. 발행인과 편집인은 다음과 같았다.

1909년 2월 12일~1909년 4월 14일 : 발행인 겸 편집인 홍종표
1909년 4월 20일~1909년 4월 27일 : 임시 발행, 편집인 한재명
1909년 5월 4일~1909년 7월 6일 : 발행인 이내수, 편집인 홍종표
1909년 7월 13일~1910년 2월 15일 : 발행인 한재명, 편집인 홍종표
1910년 2월 22일~1910년 3월 1일 : 발행인 겸 편집인 홍종표
1910년 3월 8일~1910년 8월 16일 : 발행인 박상하, 편집인 노재호
1910년 8월 23일~1911년 1월 3일 : 발행인 겸 편집인 노재호

『신한국보』 역시 한국에서 압수되었다. 대한제국이 발간한 『관보』

---

34) Arthur L. Gardner, *The Koreans in Hawaii : An Annotated Bibliography* (Honolulu : Social Science Research Institute, University of Hawaii, 1970), p.13.

1909년 3월 29일자에는 『신한국보』 창간호와 2호가 압수되었다고 기록돼 있다.[35] 그로부터 1909년 12월 27일까지 21개호가 더 압수되었다.

다행히도 250호 대부분이 현존하고 있다. 찾을 수 없는 호수는 1909년 11월 23일에서 1910년 2월 5일 사이와 1911년 1월 10일부터 1913년 8월 6일 사이에 발행된 것이다. 원본은 하와이 대학교(마노아 캠퍼스) 해밀턴 도서관의 하와이 컬렉션에 소장돼 있다. 1997년 한국의 독립기념관에서 절반 크기로 영인본을 출판했다.

『독립신문』(1911년 7월 1일～? : 현존본 없음)

『독립신문』은 1911년 7월 상업용 주간지로 발행되었지만 재정적 어려움을 겪었다. 짧은 기간 동안만 출간되었다. 편집인은 노재호였다.[36]

『국민보』(1913년 8월 13일～1968년 12월 25일 ; 재판본 있는 기간 1913년 7월 30일～1914년 8월 1일, 그리고 1936년 12월 30일～1963년 12월 25일)

1913년 8월 13일부터 『신한국보』의 제호가 『국민보』로, 영어 제호가 Korean National Herald로 바뀌었다. 국민보라는 제호는 박용만의 붓글씨체였다.[37] 제목을 바꾼 이유는 샌프란시스코의 대한국민회의 북미지부가 발간하는 『신한민보』와의 혼동을 막기 위해서였다. 제목은 『국

---

35) 홍선표는 압수 소식이 일본 통감부의 『관보』에 나왔다고 잘못 썼다.(「신한국보와 국민보 해제」, 『신한국보와 국민보 영인본』, 한국 독립기념관, 1997, ix) 일본 통감부의 기관지는 『공보』였고 대한제국의 기관지는 『관보』였다. 조선총독부도 1910년부터 1945년까지 『관보』를 발행했다. 대한제국의 관보에는 몇 부가 압수되었는지는 쓰지 않았고 압수된 신문 제목과 발행 장소 그리고 발행인 이름만 밝혔다.

36) 김원용, 앞의 책, 260쪽.

37) 정두옥, 앞의 책, 51쪽.

민보』로 바뀌었으나, 발행호수는 『신한국보』를 이었다.

김원용에 따르면, 1913년 8월 13일부터 1914년 8월 1일까지 첫 100호의 편집인은 박용만이었다.[38] 박용만이 이후 편집인은 이승만 박사, 유상기, 승용환, 안시협, 김영기, 최창덕, 김헨리, 박상하, 김원용, 황인환, 정두옥, 백일규, 이운경 등이었다.

재판본에 발행인과 편집인이 다음과 같이 나열되어 있다.

1936년 12월 30일 : 발행 조병요, 편집 황인환
1937년 1월 13일~1945년 1월 24일 : 발행 조병요, 편집 김현구(헨리)
1945년 2월 14일~1946년 12월 25일 : 발행 안원규, 편집 유진석
1947년 1월 9일~1949년 2월 9일 : 발행 조병요, 편집 백일규
1949년 2월 16일~1950년 1월 11일 : 발행 및 편집 서상순
1950년 1월 18일~1951년 1월 25일 : 발행 서상순, 편집 김현구
1951년 2월 7일~1952년 1월 30일 : 발행 및 편집 조병요
1952년 2월 6일~1954년 2월 3일 : 발행 김현구, 편집 이운경
1954년 2월 10일~1959년 2월 4일 : 발행 임성우·이윤호, 편집 이운경
1959년 2월 11일~1961년 12월 6일 : 발행 박관두·김조, 편집 이운경
1961년 12월 13일~1963년 12월 25일 : 발행 김영래, 편집 김홍주
1964년 1월~? : 발행 및 편집 John Whan Chang

1941년 1월 21일부터 1944년 2월 2일까지 북미지역의 모든 한인 단체들의 연합운동을 장려하기 위해서 『국민보』와 『태평양주보』가 합본으로 간행되었다. 이 합본된 첫 호의 제호는 *The Korean Pacific Weekly-Korean National Herald* (1941년 1월 21일)였다. 1941년 1월 28일부터는 *The Korean National Herald-Pacific Weekly*로 제호가 바뀌었다. 4월 10일에 북미한인총연합회의 대표들이 호놀룰루에 모여 동지회와 하와이 대한인국민회의 대표들과 함께 정치적 상황에 관해

38) 김원용, 앞의 책, 269쪽.

논의하고 4월 20일에 해외한족대회를 개최했다. 대표들은 한국위원회연합을 창설하고 망명중인 한국 임시정부에 독립자금을 지원하기로 결정했다. 모금액의 2/3을 임시정부에, 그리고 나머지는 워싱턴의 한국 대표단에 보내 외교 활동을 보조하도록 했다. 한국위원회연합의 형성이 입증하는 한인들의 단결은 1943년 9월 이승만 박사 주도하의 동지회가 연합에서 떨어져 나감으로써 금이 가기 시작했다. 그 결과 『국민보』와 『태평양주보』의 합본 발간도 중지되었다.

1944년 2월 9일부터 『국민보』의 형식은 협동 이전 간행 형식으로 되돌아갔다. 그러나 영어판은 한인 2세와 한국어를 모르는 다른 외교관들을 위해 1945년 1월 31일까지 유지되었다. 영어 제호인 *Korean National Herald*는 1963년 1월 17일부터 *Kook Min Bo*로 바뀌었다.

『국민보』의 발행부수는 알려져 있지 않으나, 발간 초에 구독자가 1,000명 이상이었을 것으로 보인다. 이 추측은 1910년 인구조사에 기록된 하와이 제도 거주 한인이 4,533명이었으며, 국민회가 유일한 사회정치 조직으로써 조국의 국권이 빼앗긴 상황에서 하와이 한인들에게 준정부적인 지도력을 발휘한 것에 근거한다. 세 번째 요인으로 당시 다른 한글 신문이 없었다는 점이다. 1937년 10월 『국민보』는 1,000부를 발행했고 『한인태평양주보』와 합본으로 발행됐을 때는 발행부수가 2,000부로 증가했다. 합본 기간이 끝난 뒤 발행부수는 1,000부로 줄어들었다. 하와이에 한인들이 이주한 지 약 40년이 되는 1945년부터 이민자 수의 감소와 함께 발행부수가 계속 줄어들었다. 1945년 9월 25일 『국민보』는 185부 발행되었다.

1963년 12월 25일 발행인겸 편집인으로 John Whan Chang의 임명 소식을 보면 『국민보』는 계속 발간된 것으로 보이며, 1968년 12월 25일까지 존속했다.[39] 그러나 1963년 12월 25일 이후에 발행된 것은 발견되지 않았다. 1969년 1월, 국민회는 이 신문 대신 한글과 영어로 된

39) Gardner, p.30.

『국민회뉴스』를 발간하기 시작했다.[40]

『태평양잡지』(1913년 9월~1930년 12월 : 다섯 호 현존)

이승만 박사는 개인 사업으로 1913년 9월 30일 월간 『태평양잡지』를 창간했으며, 이 잡지는 1921년에 동지회가 조직되면서 기관지가 되었고 UCLA에 다섯 호가 보존되어 있다.[41] 보관분은 1923년 7월호와 9월호, 1924년 4월호, 1930년 3월호와 5월호이다. 이 잡지들은 8.5×11 인치 용지를 반으로 접은 잡지 형태를 띠고 있다. 발행면수는 28쪽부터 52쪽까지 다양했다.

1923년 7월호 (제5권 5호)는 Waialae Road 3320번지에서 발행되었다.[42]

편집인 : 김영우
인쇄 : 유인화
구독료 : 1년에 2달러 50센트, 한부에 25센트

1923년 9월호(제5권 7호) : Waialae Road 3320번지에서 발행
편집인/경영 : 김성기
사진화보 : (1) 1923년 7월 15일 한인기독학원의 준공식[43] (2)서울에서 한인기독학원과 배재학교의 야구 경기에 앞서 기도를 드리는 이상재[44] (3) 한인기독학원의 음악단

40) Gardner, p.30.
41) Hei Sop Chin Archival Collection, Collection #367, Box 3, Folder 6.
42) 이 주소는 남녀공학 초등학교인 한인기독학원의 주소이며, 이승만 박사가 1918년 설립했다.
43) 와이알라에의 땅을 판 뒤, 이승만 박사는 1921년 말 칼리히에 35에이커의 땅을 사서 1923년 새 건물을 지었다.
44) 한인기독학원의 학생들이 1923년 7월 한국으로 기금모금 여행을 했다.

1924년 4월호(제6권 4호)는 Palolo Heights 1521번지에서 발행되었다. 동지회가 소유로 명시돼 있고 "주주 없음"이라는 공고와 함께 적혀 있다. 편집/운영은 송필만, 인쇄담당은 유인화였다.

1930년 3월호(제2시리즈, 1권 1호)와 5월호(제2시리즈, 제1권 3호)는 밀러 스트릿 1306번지에서 발행되었다.

구독료 : 1년에 3달러, 1부에 30센트

회장 : 이승만, 편집 : 김현구, 운영 : 김광재, 회계 : 박주범, 경영감독 : 박내선, 인쇄 : 박병언

1924년 4월 28일 전면 공고에 따르면, 『태평양잡지』는 700부가 인쇄되었다.[45] 700부 가운데 680부가 하와이를 비롯하여 전세계의 한국인들에게 배포되었다. 배포 지역은 하와이 450부, 본국 130부, 쿠바와 멕시코 30부, 상해, 남경, 북경, 만주를 포함한 중국 50부, 영국과 독일에 30부였다. 이 공고에는 해외에 배부된 『태평양잡지』의 구독료를 요구할 수 없는 이유를 설명하고 있다. 그러므로 하와이의 300여 명의 구독자와 미본토 구독자들만이 구독료를 내야했다. 더욱이 동지회 회원 1,000명 가운데 대략 110명이 잡지발간을 위해 매달 특별 찬조금을 냈다.[46] 그러하여 잡지의 총 수입은 월 100달러였고 비용은 112달러 50센트였다.

발행이 중단되는 일이 잦았으나, 『태평양잡지』는 1930년 12월 13일 『태평양주보』가 이를 대신할 때까지 7년간 간행되었다.

『한인공보』(1917년 2월 20일~1917년 6월 : 현존본 없음)

『한인공보』는 1917년 2월 20일에 창간되었다. 사장은 이희경(女), 대표・회계는 송헌주, 그리고 발행・편집은 장식희였다.[47]

45) Hei Sop Chin Archival Collection, Collection #367, Box 3, Folder 5.

46) 동지회는 이승만 박사에 의해 공식적으로 1921년 결성되었다.

『한인공보』는 주간지로 문순익 등을 포함한 28인으로 이루어진 공동회의 기관지였다. 『한인공보』는 1917년 6월 재정 악화로 70호를 끝으로 폐간되었다.[48] 폐간에 즈음한 공고에 따르면, 『한인공보』는 하와이에 독립적인 조직이 부재한 가운데 자주적이고 공정한 토론의 장을 제공하기 위해서 출간되었다고 했다. 발행비용은 공동회의 회원들이 부담했다. 회원들은 스스로 발행을 계속할 형편이 되지 않아, 본래의 이념에 따라 발행을 계속할 개인이나 조직이 있다면 기꺼이 양도하는 도움을 주겠다고 밝혔다.

『태평양시사』(1918년 11월~1927년 3월 : 현존본 없음)

박용만은 1914년 8월에 국민회가 출판하던 『국민보』의 편집인 자리를 사임했다. 1915년에 박용만은 국민회 활동 참여도 중단한 채, 대조선국민군단이라 불리는 준군사적 조직에 전념했다. 그는 또한 국민회에 대한 대안으로 (칼리히)연합회를 조직했다.

『태평양시사』의 출간은 1918년 11월 28일 연합회의 후원 하에 시작되었고, 수 개월후 박용만의 또 다른 조직인 대조선독립단으로 넘겨졌다.[49] 대조선독립단은 1919년 3월 1일 한국에서의 삼일만세운동 이후 형성되었는데, 일본식민통치에 맞서 직접적 군사행동을 취할 것을 선전했다. 1919년부터 박용만은 시베리아와 중국에서 장기간 체류하였지만, 『태평양시사』는 1927년 3월 15일까지 계속 발행되었다. 박용만은 1928년 중국에서 암살되었는데, 그의 암살로 추종자들의 입지가 약해져 결국 1935년 독립단은 국민회로 흡수되었다.[50]

『태평양시사』는 처음에는 손으로 쓰여졌으나, 1920년 12월 4일부터

---

47) 『신한민보』, 1917년 3월 15일, 3쪽.
48) 『신한민보』, 1917년 6월 28일, 3쪽.
49) 김원용, 앞의 책, 271쪽.
50) Gardner, p.56.

는 식자인쇄를 이용했다. 편집인은 박용만, 조용하, 함삼여, 이상호, 황인환 등이었다. 식자공은 허용, 김한경, 정국선이었다.[51]

『한인기독교보』(1919?~1930? 1940? : 3개호 현존)와
『한인교보』(1946년 5월~? : 3개 호 현존)

김원용은 한인기독교회가 1930년까지 일 년에 한두 번 소식지인 『한인기독교보』를 발간했다고 했다. 반면 Gardner는 『한인기독교보』는 대략 제2차 세계대전 발발까지 한인기독교회가 부정기적으로, 일 년에 서너 번, 출간하던 한글신문이었을 것이라고 했다.[52]

1924년 11월호와 1925년 3월호 각 1부씩 UCLA에 보관되어 있다.[53] 하와이 대학의 한국학센터에 영어 제호인 *Korean Christian Herald*가 적혀 있는 『한인기독교보』 1부(1940년 8월 20일자 제12권 2호)가 소장되어 있다. 이들 잡지들은 모두 5.75×8.5인치 크기에 24쪽에서 30쪽으로 구성되어 있다.

1924년 11월호와 1925년 3월호 : North School Street 622번지에서 출판
영어 속표지
편집장 : 민찬호 목사
구독료 : 1년에 1달러

1940년 8월호 : Liliha Street 1832번지에서 출간, 새 교회가 있던 자리였다.
겉표지에는 영어와 한글 제호가 모두 적혀 있다(영어 속표지는 없다).

---

51) 김원용, 앞의 책, 271쪽.
52) 김원용, 위의 책, 57쪽 ; Gardner, p.19.
53) Hei Sop Chin Archival Collection, Collection #367, Box 6, Folder 2.

편집인 : 장붕 목사
발행인 : 김광재
태평양주보사에서 인쇄

각 호는 사설, 제반 소식, 주간 성경 강의, 교회 소식 등을 담고 있었다. 교회 소식란을 통해 한인 교회가 여러 곳에 있었음을 알 수 있는데, 오아후 섬에는 와이알루아, 와히아와, 모쿨레이아와, 호놀룰루, 카우아이 섬에는 하칼라우, 마우이섬의 파파로아, 그리고 하와이 섬에는 북 코나, 코할라, 하칼라우, 힐로, 하비 캠프 5와 하비 캠프 9에 있었다. 이 지명들이 실제 교회 이름인지 아니면 한인이 집중적으로 살던 지역 이름인지는 좀더 확인해봐야 한다. 이를테면, 캠프 5와 9는 교회 신도들이 살던 지명일 수도 있다.

1924년 11월호 마지막 면(30쪽) 교회소식란 끝에 쓰인 "주자가 업서 미완"이라는 문장은 흥미롭다.

교회지 없이 몇 년이 지난 뒤, 한인기독교회는 1946년 5월 9일 『한인교보』를 발간해 하와이와 본토의 한인 기독교인들에게 소식을 전했다. 1946년 5월 5일, 5월 22일, 그리고 6월 5일호들은 하와이대학교 한국학센터에 보관돼 있다.

『한인교보』는 격주로 발행되었으며, 필사본을 8.5×11인치 크기로 인쇄했다. 창간호는 3면으로 이루어졌고, 『북미시보』와 민씨와 최씨라는 두 사람에 대한 비판을 담고 있다. 이 두 인물은 1946년 2월 26일자 『북미시보』에 원고를 썼던 것이 확실해 보이는데, 그 신문은 미본토 동지회에서 발행하는 것이었다. 교회 임원 및 교인 명단과 교회 회계 분기 보고서도 기재되어 있다.

이 소식지는 무료였지만 우편료를 지불해야 했다. Liliha Street 1832번지에서 발간되었는데, 편집인은 밝혀져 있지 않다.

1946년 5월 22일자는 두 면으로 발행됐다. 사설제목은 「교회에 믿음을」이었고 어머니날 소식, 힐로와 카우아이 홍수 피해자를 위한 기금 모금($450), 청소년회관에 대한 청사진 등도 실려 있었다. 또한, 교회의 회계보고서도 포함되었다.

3호인 1946년 6월 5일자도 역시 두 면으로 발행됐다. 사설제목은 「성령을 부활시키자」였고, 교인 소식과 집회 공고, 성경강의, 회계 보고서 등이 들어 있다. 삼신산인(필명)이 가사를 붙인 "건국가"의 1절이 "미국 국가의 가락에 맞춰 부를 것"이라는 기록과 함께 게재되었다. 2절과 3절은 다음 호에 실릴 것이었다.

발견된 것은 이뿐이므로, 이 소식지가 계속되었는지 또 얼마나 오랫동안 지속됐는지 알 수가 없다.

『한미보』(1920 5월~1921년 9월 : 현존본 없음)

『한미보』는 상업적인 목적으로 1920년 5월부터 매주 발행되었고 16개월 동안 계속되었다. 발행인 겸 편집인은 승용환으로, 『국민보』의 편집인 시절 이승만 박사와 불화가 있었던 사람이었다. 승용환은 개인의 간섭이 미치지 않는 자유롭고 독립적인 신문이 되기를 바랬지만, 결국 이 박사가 『한미보』를 사들였다.[54)]

『힐로시사』(1924~1929 : 현존본 없음)

『힐로시사』는 힐로에서 매주 발행되었다. 확대 계획과 인쇄기 확보 문제로 간행이 중단되기도 했지만, 1929년까지 지속되었다.[55)]

『단산시보』(1925년 5월 23일~? : 10개 호 존재)

『단산시보』는 호놀룰루에서 1925년 5월 12일부터 매달 두 번씩 10

---

54) 김원용, 앞의 책, 271쪽.

55) 『신한민보』, 1923. 5. 17 ; 1924. 11. 13 ; 1929. 5. 2.

개월간 간행되었다. 편집인은 강영효였다. 김원용은 『단산시보』가 발행되는 동안 이 신문이 둘로 양분된 한인사회에서 중립을 지켰다고 전한다.[56]

UCLA에 보관돼 있는 1~5호, 7~10호 그리고 13호(1925년 5월 2일~10월 14일)를 조사하여 이 신문에 관한 추가 정보를 얻을 수 있다.[57] "단산"은 호놀룰루를 중국인들이 부르는 이름이었다.[58] 그러나 또한 한국의 국가 형성 신화에 따르면 한국인의 시조인 단군이 하늘에서 내려와 도착했던 백두산의 다른 이름이기도 하다. 창간호의 사설「단산 및 단족의 소래」에서 한국인을 단족이라 불렀으며 단산이라는 제호를 쓰는 이유를 설명하였다.

각 호는 12×18인치의 크기로 4면으로 구성되었다. 이들은 한글과 한문을 혼용하여 필사한 뒤 등사되었다. 제10호(1925년 7월 29일)는 총 네 면을 영어로 기록했다. 13호(1925년 10월 14일)는 'Ignoble Peace'라는 제목의 영어 사설을 게재했다.

1부에 5센트씩이었는데, 구독료에 대한 언급은 없다. 제2호(1925년 5월 30일)에 따르면, 중단해 달라는 요청만 없다면 네 개호까지 홍보 차원에서 독자에게 무료로 우송될 것이라 적혀 있다.

발행부수나 재정 상황이 어땠는지 알 수 없으나, 제3호(1925년 6월 6일)에 10달러에 달하는 특별 기금을 낸 열 두 명의 한인(이름과 액수가 나열되어 있다)이 있었다고 적혀 있다.

창간호에는 이 신문이 당분간 부정기적으로 발행될 것이라는 공고가 있다. 그러나 제2호는 매주 토요일 발행된다고 알렸다. 신문은 제10호까지 매주 간행되었다. 제13호의 날짜가 1925년 10월 14일인 것으로

56) 김원용, 앞의 책, 261쪽.
57) Hei Sop Chin Archival Collection, Collection #367, Box 11, Folder 1.
58) 1903년부터 1907년까지 중국어 주간지인 『단산신파오(檀山新報)』가 있었다. H.M. Lai, "The Chinese Community Press in Hawaii", draft (University of Hawaii, June 19, 1988, Hamilton Library, Hawaiian Collection), p.8.

미루어보아, 제11호부터는 한 달에 한 번 발행된 것으로 보인다.

각 호는 사설에 해당하는 기사, 임시정부 소식, 임시정부의 공고 내용, 하와이 한인 소식, 하와이 일반적 뉴스, 국제 소식, 그리고 공익 광고 등을 실었다. 제3호에 발행인은 한인사회의 반가운 반응 때문에 중단 없이 발행되는 데 대한 스스로의 놀라움을 표시했다. 위에 언급한 특별 기부금은 한인사회의 반응을 알려준다. 환영 광고를 실은 세 기업도 있었다(샌프란시스코의 신한민보사, 아알라 여관, 그리고 정원명의 가구점) 제4호부터 신문은 고정 광고란이 포함돼 있다.

발행인은 여러 호에 걸쳐 상해 임시정부의 정통성에 관해 이야기했다. 또한 상해 정부가 유일한 합법적 정부인가에 대해 분쟁 중인 두 정치 집단의 의견을 공정하게 전달하려 애썼음을 알 수 있다.

『동지별보』(1930년 10월 8일~1930년 12월 12일 : 재판본 현존)[59)]

이 간행물의 목적은 창간호에 아래와 같이 명시되어 있다. (1) 한인들에게 한국 정치의 모습이 바뀌고 있음을 알리기 위해, 그리고 (2) 조직적인 민족주의 운동을 계승하기 위해서이다. 총 4면으로 구성된 창간호의 제호는 한자로 쓰여졌으나, 본문은 위에서 아래로 읽는 식의 한글 표기였다. 『별보』는 국민회 내에서 이승만 박사를 가장 열렬히 지지하는 사람들이 이승만 박사에게 정치적 재정적 지원의 독립적 기반을 마련해주기 위해 1921년 7월 구성한 동지회의 회원들에게 무료로 우송되었다. 창간호의 기부자는 박상하와 한인기독교회의 다섯 지도자들(백현낙, 김광현, 최태진, 조석진, 민한옥)이었다.

두 번째호는 1930년 10월 15일자로 8.5×11인치 크기를 접어 13면 이상으로(현존하는 것이 13쪽까지 있고 몇개의 면이 소실되었다) 구성되

---

59) 국가보훈처, 『미주한인 민족운동자료』 4, 1998, 168~206쪽.

었다. 여기서 이승만 박사는 동지회가 창립 1년 안에 독립 운동을 시작하려 했던 원래 계획과 달리 그때까지 시작하지 못한 이유를 설명했다. 다른 필자는 김윤구와 이은구였다.

나머지 현존하는 『동지별보』의 호수가 매겨져있지 않으나, 발행일이 각각 1930년 10월 22일, 11월 14일, 12월 6일, 12월 30일로 적혀 있다. 모두 13에서 14면으로 구성되었다. 10월 22일자에는 동지회의 주소가 Kuakini Street 121번지로 돼있다. 또한 동지회 중앙위원회의 김원용을 김광재로 교체했으며, 박상하가 회계(?)로 선출되었다고 적고 있다. 여러 곳에서 언급된 내용으로, 동지회 회원들이 민간 세금과 월회비, 연회비, 그리고 잡지(태평양잡지) 구독료를 냈음을 알 수 있다.

『동지별보』는 월간 『태평양잡지』가 폐간되고 주간 『태평양주보』로 계승되는 동안 동지회 회원들에 의해 따로 제작되거나 혹은 호외로 발간되었던 것으로 보인다.

『태평양주보』(1930년 12월～1970년 2월 : 여러 호 현존)

『태평양주보』는 여러 호가 UCLA, 하와이 대학, 한국 독립기념관 등 세 곳에 보관되어 있다.

UCLA 소장본은 1930년 12월부터 1933년 1월 사이의 18개 호이며, 한국 독립기념관은 1943년 12월 24일자 1부를 보유하고 있다.[60] 하와이 대학 해밀턴 도서관의 하와이 컬렉션은 1944년 2월 19일부터 1944년 4월 29일까지 총 11개 호를 소장하고 있다.

하와이 대학 한국학연구소가 가장 여러 호를 보유하고 있는데, 1938년 1월 22일부터 1941년 12월 6일까지, 1946년 1월 5일부터 1월 26일까지의 4개 호, 1948년 1월 31일자, 1949년 7월 9일부터 12월까지 10개 호, 1950년 1월 7일부터 12월 28일까지의 거의 모든 호, 1951년 1월 4

60) Hei Sop Chin Archival Collection, Collection #367, Box 3, Folder 5.

일부터 8월 31일까지의 14개 호, 1953년 11월 20일자와 12월 25일자, 1954년 1월 8일, 1월 15일, 8월 6일, 12월 24일자, 1955년 2월 18일부터 12월 23일 사이의 대부분 일자, 1956년 1월 6일부터 12월 21일까지의 대부분, 그리고 1957년부터 1970년 2월 6일까지 대부분을 보관하고 있다.

『태평양주보』는 동지회의 기관지로, 1930년에서 1946년까지는 잡지 형식으로, 그리고 그 뒤 1970년 2월 8일까지는 신문 형식으로 발행되었다. 1970년경 동지회원은 100명 미만으로 감소하여 신문발간을 유지하기 어렵게 되었다. 1944년 2월 19일부터 4월 29일까지는 8.5×11인치 크기에 8~11면으로 발행됐다. 어떤 호는 한글 앞표지와 영문 뒷표지로 되어 있고 어떤 호는 그 반대로 묶여 있다. 앞표지에 영어와 한글이 혼용된 것도 있다. 때로는 손으로 쓰거나 식자화된 한글 본문과 영문을 타자로 작성된 지면도 들어 있다. 24년 간 신문이 발행되는 동안 때로 식자 대신 필사된 소식지 형식이 사용되기도 했다. 식자판 신문은 4면, 필사(때로 타이핑 된 것과 섞인)된 소식지는 8×13인치 크기의 6~8면으로 구성되었다.

『태평양주보』의 편집인은 김진호, 박상하, 김이제, 이원순, 유경상(킹슬리), 남궁택,[61] 이수산[62](1944. 3~?), 안시협(헨리) 목사(1949~1950), 박진한(1951~1954), 전뮤젤(1955~1956. 10), 김장수(1956. 11~1957. 1), 최선주(1957. 2~1959. 1), 김창원(도날드)(1959. 1. 30~1970. 2. 6)이었다.

밝혀진 식자공은 김광재, 김익준, 박진한, 안복자(1955. 2. 18~?),[63]

---

61) 김원용, 앞의 책, 273쪽.

62) 수산 전 리는 1916년에 2살 난 딸과 함께 호놀룰루에 와서 남편인 유경상(Kingsley K.S. Lyu)과 합류했다. 1921년에 유경상과 이혼한 뒤 헨리 리와 재혼했는데, 헨리 리는 감리교 목사가 되어 1928년부터 1937년까지 와이알루아에서 재직했다.

63) 김원용, 앞의 책, 273쪽.

김효복(1953. 11. 20~1955. 2. 11)[64]이었다.

『공동보』(1930. 12~1931. 6 : 17개 호 재판본 현존)[65]

『공동보』는 1930년 12월부터 1931년 6월까지 약 18개월 동안 호항 한인공동회에 의해 부정기적으로 간행되었다. 회장은 박승준, 이사는 황용익이었으며, 편집인은 손창희였다.

남아있는 열일곱 호는 모두 8.5×11인치 크기의 종이에 위에서 아래로 읽는 형식이며 필사되어 있다. 지면 수는 각 호별로 다르고, 2면에서 8면까지였다. 『공동보』는 『국민보』에 실린 기사와 국민회 지지자들 사이의 논쟁을 주요 기사로 다루었다.

공동보가 몇 부 발행되어 누구에게 배부되었는지는 확인되지 않았다.

3. 결 론

하와이에 한인 이민이 시작된 후 1970년까지 20종의 한글 신문과 시사잡지들이 간행되었다. 이들 간행물 모두는 1904년부터 1930년 사이에 창간되었는데 1904년 3월 27일에 창간된 『신조신문』이 해외에서 발행된 최초의 한글 신문이었다. 『독립신문』과 『한미보』를 제외한 모든 신문이 『신조신문』처럼 상업적인 사업이라기보다는 단체 조직의 산물이었다. 그러므로 하와이의 한글 신문들은 "기관지"라 이름 붙일 수 있다. 이 단체들은 손으로 쓰는 필사본을 등사 방식으로 발간을 시작하

64) 안복자와 김효복의 직책은 편집인으로 바뀌었다. 안과 김은 미군인과 결혼하여 그 당시에 호놀룰루에 왔다. Donald C.W. Kim과의 2002년 2월 19일 전화 인터뷰.

65) 국가보훈처, 앞의 책, 229~281쪽.

여, 당시 시대상을 반영했다. 그 중에 『포와한인교보』는 1906년 5월에 이미 식자기를 이용하여 인쇄했는데, 이것은 해외에서 최초로 식자기로 만든 한글 신문 이었다.

간행물들의 수명을 살펴보면, 열두 개의 신문은 발행기간이 평균 일년 미만으로 단명했으나, 여덟 개의 신문은 발행기간이 길었다. 『국민보』(『한인합성신보』로 시작)가 60년간 발행됐으며, 『태평양주보』(『태평양잡지』로 시작)는 40년간 계속되었다. 감리교회 소식지(『포와한인교보』와 『한인교회보』에서 시작)는 41년간 발행되었고, 『한인기독교보』(후일의 『한인교보』)는 10년 이상 계속되었다.

한인단체와 언론을 연관시켜 보면, 『국민보』는 국민회의 기관지였고, 『태평양주보』는 동지회의 기관지였다가 나중에는 한인기독교회의 실질적인 교회지가 되었다. 『포와한인교보』는 감리교회의 공식 간행물이었다. 『독립신문』과 『한미보』를 제외한 다른 신문들은 단체의 기관지였다. 한글 신문들이 상대적으로 적은 인구의 한인사회에서 살아남을 수 있었던 것은 신문 발행이라는 책임을 진 각 단체와 개인의 헌신적인 노력이 있었기 때문이다.

하와이의 중국인이나 일본인 언론과 비교해 볼 때,[66] 한인사회가 이들 보다 인구가 적고 하와이 총 인구의 2%를 넘은 적이 없음에도 불구하고[67] 그토록 많은 출판조직과 간행물이 많았다는 것은 흥미로운 사실이다. 한국인들이 여러 섬에 흩어져 있었고, 세상 돌아가는 소식이나 하와이와 외국에서 벌어지고 있는 일들을 한글로 알릴 필요가 있었

66) 중국어 신문은 열 가지 미만, 일본어 신문은 열두 개 미만이었다. 중국 언론에 대해서는 Lai의 논문을, 일본 언론에 대해서는 Shunzo Sakamaki, "A History of the Japanese Press in Hawaii", MA Thesis (University of Hawaii, 1928)을 참고.

67) 1910년 인구조사에 의하면, 하와이에 일본인은 79,674명, 중국인은 21,674명이 있었다. 이 숫자는 1920년 인구조사에서 각각 109,274명과 23,506명으로 늘어났는데, 이 때 한인 인구는 4,950명이었다. 1930년에는 139,631명의 일본인, 27,179명의 중국인, 그리고 6,461명의 한국인이 하와이에 있었다.

다. 그러나 한인인구는 수적으로 한글 신문 발행을 할 수 있는 조건이 못 되었는데도 20여 개 신문이 이민 역사 초기에 발행된 것이다. 그렇다면 어떻게, 왜, 무엇이 한인들로 하여금 이렇게 많은 신문들을 발행하게 했을까? 앞으로 연구조사가 있어야 하리라 믿는다.

결국, 한인사회의 두 주요 조직인 국민회와 동지회만이 회원 구독에 힘입어 오랜 기간 발행을 지속할 수 있었다. 또한, 두 주요 교인 감리교파와 독립교파인 한인기독교회가 소식지를 오랫동안 간행했다. 전반적으로 하와이 한인사회는 한편에 국민회와 감리교회, 다른 편에 동지회와 한인기독교회가 한국의 주권을 되찾으려는 이념적 투쟁을 벌였던 정치의 장(場)이었다. 이 조직들이 펴낸 신문과 잡지들은 이러한 노력을 수행하는 도구였다. 모든 신문과 잡지의 발행을 가능하게 만든 추진력은 나라를 잃어버린 민족적 정서와 주권을 되찾으려는 투쟁이 반영된 것이라 할 수 있다.

신문과 잡지 외에도, 『신한국보』, 『한인교회보』, 『태평양잡지』의 발행인은 여러 책도 발행했다. 『신한국보』는 『대동위인 안중근전』(1911), 이승만 박사의 『한국교회 핍박』(1913) 그리고 한국어 교과서(1911, 1917) 등을 출판했다. 『한인교회보』는 박은식의 『한국통사』(1917), 한인학생연합의 『계림춘추』(1918), 그리고 한국어 교과서 개정본(1923)을 냈다. 『태평양잡지』는 이승만 박사의 『독립정신』(1917)과 김영우의 『독립 혈전기』(1919)를 출판했다. 이 출판사들은 하와이 한인의 지적 활동의 중심이었음이 확실하다. 이 신문, 잡지 그리고 다른 간행물들이 초기에 하와이 한인들의 문맹퇴치에 기여했음은 의심의 여지가 없다.

한인사회의 언론을 분석하면서 주지해야 할 점은 박용만이나 이승만 박사와 같은 잘 알려진 지도자들이 호놀룰루에 도착하기 10년 전에 벌써 하와이에는 잘 알려지지 않은 많은 지도자들이 있었다는 것이다. 이들은 교회, 학교, 단체설립은 물론 신문을 발간했고, 국민회 조직 하에서 군인훈련까지도 시작했던 것이다. 이 초기 지도자들이 철저한 기반을 닦아놓았기 때문에 박용만과 이승만 박사가 하와이에 1912년말과 1913년초에 도착해 시간을 낭비하지 않고 비교적 쉽게 지도자의 역할을 수행할 수 있었던 것이다. 이 초기 지도자들은 누구이며 그들이 하와이에 이민 왔을 때 이들의 배경은 어떤 것이었을까? 초기 한인사회의 다양한 측면을 조망하고 한인사회를 좀더 잘 이해하기 위해 현존

하와이의 한글언론 (1904~1970)

	신 문	발행인*	발행 시작일	종간일	발행 간격	편집인**	현존 여부
1	신조신문	최윤백	1904. 3. 27	1905. 4.	격주간	김익성	없음
2	포와한인교보	감리교회	1904. 11.	1945. 1.	월간	윤병구, 홍한식	6부
3	시사신보(한인시사)	감리교회	1905. 6. 10	1906. 9.	격주간	윤병구, 김종한	없음
4	친목회보	에바친목회	1906. 5.	1907. 5.	월간	김성권, 김규섭	없음
5	자신보	자강회	1907. 10.	?	월간	고석주, 홍종표	1부
6	합성신보	합성협회	1907. 10.	1909. 1.	주간	홍종표	없음
7	전흥협회보	전흥협회	1908. 5.	1909. 2.	월간	박일삼	없음
8	신한국보	국민회	1908. 10.	1913. 7.	주간	홍종표, 노재호	영인본
9	독립신문	노재호	1911. 7. 1	?	주간	노재호	없음
10	국민보	국민회	1913. 8. 13	1968. 12. 5	주간	박용만, John Whan Chang	영인본
11	태평양잡지	이승만/동지회	1913. 9.	1930. 12.	월간	김영우, 헨리김	5부
12	한인공보	공동회	1927. 2. 20	1917. 6.	주간	장식희	없음
13	태평양시사	칼리히연합회	1918. 11.	1927. 3.	?	박용만, 황인환	없음
14	한인기독교보	기독교회	1919	1930?	불규칙	?	6부
15	한미보	승용환	1920. 5.	1921. 9.	주간	승용환	없음
16	힐로시사	힐로?	1924	1929	주간	?	없음
17	단산시보	강영효	1925. 5. 23	?	주간	강영효	10부
18	동지별보	동지회	1930. 10. 8	1930. 12. 12	주간	?	재인쇄
19	태평양주보	동지회	1930. 12.	1970. 2.	주간	김진호, 도날드 김	여러부
20	공동보	공동회	1930. 12	1931.6.	불규칙	손창희	재인쇄

* 발행인이나 발행단체

** 『포와한인교보』, 『국민보』, 『태평양주보』는 첫 번째와 마지막 편집인

하는 당시 한글 출판물들의 분석뿐 아니라 초기 지도자들에 대해 연구도 이루어져야 한다. 그 좋은 예가 초기 한글 간행물의 발행인과 편집인들에 관한 연구이다. 그렇게 함으로써 초기 하와이 한인 이민사회가 어떻게 짜여져 있었는지를 새로운 관점에서 볼 수 있게 될 것이다.

일제하 미국 유학 지식인의 경제인식

방 기 중*

1. 머리말

일제하 민족주의 계열의 지도적인 한국 지식인 가운데 상당수는 미국과 일본 유학생 출신이었다. 모두 그런 것은 아니지만 이들은 대개 식민지로 전락한 조국의 민족현실을 타개하고 새로운 진로를 찾고자 하는 열망을 가지고 유학의 길을 선택하였다. 이들 가운데 미국 유학생 출신 지식인들은 당시 민족주의 계열의 유력한 그룹이자 재생산기반의 하나인 기독교 사회세력의 중추를 이루고 있었고, 여러 전문 분야의 지도적 위치를 점하면서 각종 민족운동과 사회운동에 주도적인 역할을 담당하였다. 또 이들은 해방 후 남한 우익 지도층의 일각을 형성하면서 미군정 통치기구에 참여하여 미국의 대한정책을 적극 대변하고 남한 대한민국 정부수립 과정과 자본주의 국가건설 과정에 중요한 역할을 담당하였다. 이러한 점에서 이들에 대한 사상사적 검토는 일제하 한국 민족주의 사상과 해방 후 남한 국가건설사상을 이해하는 데 중요한 연구사적 의미를 지니고 있다.

본 연구는 이러한 문제의식과 관련하여 일제하 미국에 유학한 민족주의 지식인의 자본주의 경제관을 검토함으로써 일제하 한국 민족·자본주의 경제사상의 일단을 살펴보려는 것이다.[1] 주지하듯이 일제의

* 연세대학교 사학과 교수, 국사학

강점과 함께 조선은 일본 독점자본의 이식지대이자 일본의 식량공급지·상품시장으로 존재하였다. 조선인자본은 일본자본의 10%도 안 되었고, 조선농촌은 일본 금융자본에 완전 예속되었다. 여기에 농민층은 지주제와 고리대에 의해 만성적인 부채와 생활난에 신음하였다. 이것이 정치적 독립 문제와 함께 경제적 모순의 해결, 조선인의 경제자립 문제가 일제 강점기 최대의 사회현안이 된 이유였다. 이에 당시 지식인들은 어떻게 이러한 경제현실을 타개하여 조선민중의 경제적 안정과 조선인경제의 발전을 도모할 것인가에 대한 여러 유형의 진단과 방안을 강구하였고, 때로는 직접 운동에 투신하여 그것을 실천해 보고자 하였다. 그 경제현실 타개의 논리에는 당연히 지식인 자신의 정치적·사상적 입장이 반영되었고, 또한 미래의 해방된 국가에 대한 전망이 내면화되어 있었다.[2] 요컨대 본 연구는 미국 유학생 출신 민족주의 지식인 가운데 특히 1920~30년대 미국에서 경제학을 전공한 경제전문가와 귀국 후 경제자립운동에 종사한 인사를 중심으로 이러한 경제현실 타개의 논리를 살펴본 것이다.[3]

---

1) 이러한 문제의식에 입각한 기존 연구성과로서 본 연구에 크게 도움이 된 것은 다음과 같다. 방기중, 「일제하 李勳求의 農業論과 經濟自立思想」, 『역사문제연구』 1, 1996 ; 김상태, 「일제하 申興雨의 '社會福音主義'와 民族運動論」, 같은 책, 1996 ; 李秀日, 「1920~30年代 韓國의 經濟學風과 經濟研究의 動向」, 『연세경제연구』 4-2, 1997 ; 方基中, 『裵敏洙의 農村運動과 基督教思想』, 연세대학교 출판부, 1999 ; 吳鎭錫, 「일제하·미군정기 韓昇寅의 政治活動과 經濟認識」, 『연세경제연구』 8-1, 2001 ; 장규식, 『일제하 한국기독교민족주의 연구』, 혜안, 2001.

2) 金容燮, 「日帝强占期의 農業問題와 그 打開方案」·「結論」, 『韓國近現代農業史研究』, 지식산업사, 2000 ; 김성보, 「제1부 남북한 농업개혁의 역사적 배경」, 『남북한 경제구조의 기원과 전개』, 역사비평사, 2000 ; 방기중, 「농지개혁의 사상전통과 농정이념」, 『농지개혁연구』, 연세대학교 출판부, 2001.

3) 본 연구에서 주 검토대상으로 삼은 경제학 관련 전공 인사는 趙炳玉(1923년 콜롬비아대학 문학사, 1925년 박사과정 수료), 李肯鍾(1925년 콜롬비아대학 문학사), 金佑枰(1927년 콜롬비아대학 문학사), 崔淳周(1927년 뉴욕대학 상학사), 李勳求(1927년 캔사스주립대학 과학사 ; 1929년 위스콘신대학 철학박

이와 관련하여 본 연구에서 주목한 점은, 이들 민족주의 지식인·경제학자 내부에는 자본주의 세계관·사회관을 공유하면서도 조선의 경제현실을 어떻게 타개할 것인가 하는 문제를 둘러싸고 상호 경제자립의 방향을 달리하는 두 입장이 존재하고 있었다는 것이다. 본 연구에서는 이를 생산 중심의 자본주의 경제자립론과 분배 중심의 자본주의 경제자립론으로 정리하고자 하는 바, 이 두 방향의 자본주의 경제자립론의 특질을 이들 유학생이 재학한 대학의 경제학 학풍이나 사상 성향과 관련하여 검토하는 데 분석의 주안점이 있다. 물론 이러한 두 방향의 자본주의 경제자립론의 추이와 사상사적 의미를 전체적으로 설명하기 위해서는 이들 개개인의 사상 성장 과정과 실천 활동에 대한 체계적인 분석이 요구되고, 또한 대한제국의 근대화운동에 이르기까지 한국 전래의 경제사상 전통과의 연관성 등에 대한 상호 유기적인 검토가 필요하다.[4] 그러나 본 연구에서는 미국 유학생을 다룬다고 하는 소재의 특수성과 관련하여 두 방향의 자본주의 경제인식의 지적·학문적 배경을 확인하고 그것이 갖는 사상사적 의미를 정리하는 데 만족하고자 한다.

2. 유학생총회와 사상적 공감대

일제 강점 이전 30여 명에 불과하였던 미국 유학생은 3·1운동을 전후하여 급증하여 1920년대 후반 그 수가 500여 명에 달하였다.[5] 이들

사), 金度演(1926년 콜롬비아대학 문학사 ; 1931년 아메리칸대학 경제학박사), 韓昇寅(1929년 미주리주립대학 문학사 ; 1931년 콜롬비아대학 상학사) 등이고, 경제학 전공은 아니나 국내에서 경제자립운동에 종사한 裵敏洙(1933년 매코믹신학교 신학사)도 여기에 포함하였다.

4) 이 의미에 대해서는 주 2)의 金容燮, 방기중의 연구 참조.

5) 「留美學生統計表」, 『우라키』 1, 1925, 156~160쪽 ; 「留米學生統計」, 『우라

은 대부분 미국 선교회 추천이나 기독교청년회(YMCA)의 소개를 통해 도미한 기독교 신자들이었는데, 이들의 조직적 결속을 도모하면서 유학생사회의 사상적 분위기를 주도한 것은 1919년 결성된 北美朝鮮留學生總會였다.[6] 유학생총회는 국내외를 막론하고 기독교 민족주의 민족운동 세력의 인적 자원을 충원하는 주요한 배출구로서, 주도 인물은 대개 국내 기독교 민족운동단체나 재미 한인민족운동단체와 밀접히 연관되어 있었다. 이들은 많은 경우 安昌浩의 영향력 아래 있었던 평양 장로교 계열의 同友會·興士團이나 서울 감리교가 주도한 기독교청년회와 李承晩의 영향력이 큰 興業俱樂部·同志會 등 국내와 미국의 민족운동 단체와 연결되어 있었고, 이에 따라 유학생사회 내부에는 교파의 차이, 정치적 연계관계에서 오는 갈등도 존재하였다.[7]

유학생총회는 기독교와 유학생이라는 공통점을 기반으로 이러한 갈등을 해소하며 유학생 상호간의 공동체적 유대감과 사상적 연대의식을 공유하고 조직화하는 데 노력하였다. 특히 언어 장벽과 고학생활, 미국인의 인종적 편견 등에 의한 생활난과 소외감이 항상 유학생활을 힘들게 하였고, 또 이러한 가운데 유학생 중에는 민족현실을 외면한 채 보수적인 신앙관 속에서 교회생활에 안주하거나 개인주의 성향을 추구하는 경우가 적지 않았기 때문에 유학생사회에 있어서 이러한 유대감 공유는 특별히 중요한 의미를 지니고 있었다.[8] 이러한 유대감을

키』 4, 1930, 153~154쪽 ; 홍선표, 「일제하 미국유학연구」, 『國史館論叢』 96, 2001.

6) 유학생총회 연혁에 대해서는 「美州留學生及留學生會略史」, 『우라키』 1, 1925, 164~166쪽 ; 張世雲, 「米學生總會의 過去 十年을 回顧하면서」, 『우라키』 4, 1930, 5~8쪽 참조.

7) 1920년대 후반 뉴욕 유학생총회를 주도한 金度演의 회고에 의하면, 유학생사회는 이러한 반목을 극복하는 데 상호 노력하였지만 대개는 유학생총회를 적극 후원한 안창호와 흥사단을 더 선호하였다고 한다(金度演, 『나의 人生白書』, 서울 : 日新文化社, 1965, 110~116쪽).

8) 廉光燮, 「在美朝鮮學生의 現狀及將來」, 『우라키』 1, 1925, 14~19쪽 ; 金良

바탕으로 유학생총회는 자신들의 유학 목적이 "故國에 하루 속히 돌아가 나날이 파멸에 향하는 우리의 입장을 근본적으로 改造하여야 할 赴急救難의 共通한 使命"을 실천하는 데 있다는 것을 강조하면서,[9] 유학생 자신이 이 민족적 責務의 담당 주체라는 指導者意識을 갖게 하는 데 노력하였다.

유학생총회는 이와 같이 유학 목적이 민족현실을 타개하는 데 기여하는 것이라는 실천의지를 강하게 견지하면서 유학생사회의 구심점 역할을 하고 조직적 결속력을 형성해 나갔다. 특히 이들은 기독교와 자유주의 가치관에 입각한 미국적 교육이념의 세례와, 무엇보다 유학생활을 통해 충격적으로 경험하게 되는 압도적인 자본주의 생산력과 물질문명으로부터 많은 영향을 받고 있었고, 이로부터 민족현실 타개의 사상적 공감대와 이념적 방향성을 찾고자 하였다.[10] 그리하여 당시 미국의 진보주의와 보수주의 사상 조류에 대한 개인적 선호도의 차이를 보이면서도 이들은 이러한 사상적 공감대를 자신의 '主張'으로 적극 표방하였다. 곧 조선의 혼과 정신, 전통과 생활에 토대를 둔 건전한 "朝鮮的 人格"을 배양하고 "朝鮮靑年된 것"을 자랑으로 삼자는 민족적 입장을 강조하였고,[11] 진화론에 입각한 현실 자본주의 세계의 사회경제관을 옹호하여 "强者의 哲學을 건설하고 이에 의지하야 살자"고 주장하였다.[12]

요컨대 사상적 공감대의 요점은 기독교 정신과 자유주의 사상에 기초한 자본주의 이념과 민족주의 가치관의 결합에 있었다. 여기에 민족

洙, 「米國留學生 出身을 엇더케 보는가」, 『우라키』 2, 1926, 10~13쪽.

9) 金良洙, 위의 글, 15쪽.

10) 廉光燮, 「在美朝鮮學生의 現狀及將來」, 『우라키』 1, 1925, 14~19쪽 ; 「美國留學生의 美國文明에 對한 感想」, 『우라키』 3, 1928, 1~11쪽.

11) 「우라키 主張」, 『우라키』 3, 1928, 52쪽 ; 「우라키 主張」, 『우라키』 4, 1930, 104쪽. 이들은 "이는 맹목적 國粹主義的 人格도 아니오 무책임적 國際主義的 人格도 아니다"라고 하여 자유주의에 기초한 민족적 관점을 강조하였다.

12) 「우라키 主張」, 『우라키』 4, 1930, 104쪽.

운동·경제자립의 실천적 방향 설정이라는 점과 관련하여 특별히 중요한 의미를 지니는 것은 진화론적 자본주의 사회경제관이었다. 사회진화론에 입각한 자본주의근대화론은 한말 개화파·자강운동의 근대화 이념으로 수용된 이래 이미 오랜 전통을 가지고 있는 것이었고, 또한 안창호·홍사단의 준비론·실력양성론으로 상징되듯이 일제 강점 이후 민족운동의 방략이라는 차원에서도 민족주의 진영이 주도한 각종 실력양성운동의 사상적 기반이 되어온 것이었다.[13] 말하자면 유학생총회 주도층은 미국의 압도적인 자본주의 생산력과 물질문명을 직접 경험하면서 그 지적 배경으로서 자연과학 지식 및 과학사상의 발달과 함께 당시 미국 사상계에 보편화되어 있었던 진화론적 사조, 자유주의 신학과 실용주의 철학 조류 등을 접하는 가운데,[14] 자본주의 세계의 제국주의적 발전을 뒷받침해 온 이 '강자의 철학'에 대한 확신을 새롭게 재인식하고 있었다. 곧 20세기 문명시기에 있어서도 인류사회에 적용되는 기본 원리는 適者生存이었고, 適者가 되는 기본 조건은 자본주의 생산력에 기초한 政治的·經濟的·知的 "힘"이었다.[15]

---

13) 金容燮, 『增補版 韓國近代農業史硏究(下)』, 서울 : 一潮閣, 1984 ; 金容燮, 『증보판 韓國近現代農業史硏究』, 서울 : 지식산업사, 2000 ; 서중석, 「한말·일제침략하의 자본주의근대화론의 성격」, 『한국근현대의 민족문제 연구』, 서울 : 지식산업사, 1989 ; 박찬승, 『한국근대정치사상사연구』, 서울 : 역사비평사, 1992 ; 金度亨, 『大韓帝國期의 政治思想 硏究』, 서울 : 지식산업사, 1994 ; 朱鎭五, 「19세기 후반 開化 改革論의 構造과 展開」, 연세대학교 박사학위논문, 1995 ; 전복희, 『사회진화론과 국가사상』, 서울 : 한울아카데미, 1996.

14) 曺喜炎, 「進化論을 是認하여야 할가」, 『우라키』 2, 1926, 34~40쪽 ; 韓稚關, 「科學과 理想界 - 科學으로 엇은 今日의 人生觀 -」, 『우라키』 2, 1926, 40~48쪽 ; 「우라키 主張」, 『우라키』 3, 1928, 53~54쪽 ; 曺喜炎, 「人類社會가 엇더케 發展되엿는가」, 『우라키』 3, 1928, 78~79쪽 ; 李哲源, 「米國의 哲學界」, 『우라키』 4, 1930, 36~42쪽 ; 宋昌根, 「米國의 宗教界」, 『우라키』 4, 1930, 46~49쪽.

15) 1929년 유학생총회 회장을 지낸 李勳求의 다음 언급이 이 의미를 잘 반영하고 있다. "따윈의 進化論을 무조건으로 肯定할려고는 아니하지마는 이 所謂 二十世紀 文明時代에서는 生存競爭에 適者生存이라는 것은 人類社會에도

이러한 입장에서 이들은 사회주의·마르크스주의 사상에 대해서는 단호히 비판적인 입장을 취하였고,16) 다음과 같이 사회 발전과 조선문제 해결의 혁명적 코스를 부정하고 점진적 진화 발전 코스의 정당성을 강조하였다.

> 現象에 불만을 느끼고 血氣가 方正한 靑年은 지름길로 들어가 朝鮮을 理想化하려 하기 쉬운 것이다. 그러나 社會의 發展史를 잘 아는 사람은 眞正한 意味로의 革命이 없는 것을 안다. 歷史家의 눈에는 佛蘭西革命이나 露西亞革命으로 보이려니와 社會學者나 心理學者에게는 그것도 한 進化에 불과한 것이다. 우리는 뼈다귀 추렴에 참가하기 전에 이부터 나야할 것이다. 近者에 朝鮮社會에 물밀듯 들어오는 外國思想이 때와 곳을 따라 필요할 것이다. …… 우리의 緊急한 事業은 소수의 新進 思想家를 産出시키려 하는 것보다 오히려 低級이나마 필요한 敎育을 받은 民衆을 作成함에 있다. 우리의 努力은 아래서 위로 높이 솟을 것이 아니라 左右로 널리 퍼져야 할 것이다.17)

유학생총회를 주도하는 민족주의 청년 지식인들은 이러한 사상적 공감대를 바탕으로 민족적 단결과 교육진흥·산업진흥·과학진흥·농촌진흥 등 각종 문화적·경제적 실력양성운동을 민족운동의 당면과제로 논하고 이에 대한 유학생의 책무를 각성시키려 노력하였다.18)

특히 이러한 동향은 1920년대 후반 이후 조성된 두 계기에 의해 더

적용되는 原則인 듯하다. 그러면 適者되는 條件은 무엇인가? …… 나는 인류사회에 있어서는 適者되려면 「힘」이 있어야 된다고 하고 싶고, 또 이 힘은 세 가지로 大別하고자 한다. 곧 (一) 權力, (二) 富力, (三) 智力이 그것이다"(李勳求, 「權力·富力·智力」, 『新生』 1932년 6월호, 4쪽).

16) 廉光燮, 「宗敎와 人生과의 關係」, 『우라키』 2, 1926, 26~33쪽.

17) 「우라키 主張」, 『우라키』 3, 1928, 55쪽.

18) 李柄斗, 「科學의 價値」, 『우라키』 1, 1925, 93~95쪽 ; 金良洙, 앞의 글 ; 「우라키 主張」, 『우라키』 3, 1928, 53~55쪽.

욱 확산되었다. 하나는 1928년 국제선교협의회가 사회복음주의를 공식 슬로건으로 내세우고 기독교 농촌운동을 세계기독교 선교사업의 주 과제로 채택한 예루살렘국제선교대회에서 콜롬비아대학 농촌사회학 교수인 브루너(E. S. Brunner)가 조선 농촌문제의 심각성을 지적하고 조선기독교의 적극적인 농촌운동을 촉구한 것이었다.[19] 이를 계기로 장로교 농촌부가 조직되고 기독교농촌연구회가 결성되는 등 그간 YMCA의 계몽적 농촌사업에 머물렀던 국내 기독교 농촌운동이 크게 활성화되었고,[20] 유학생 사회 내에서도 조선 농촌문제에 대한 관심이 고조되었다. 다른 하나는 대공황과 함께 경제문제가 초미의 현안으로 등장하자 1930년 이승만·서재필 등 재미 민족운동 지도자들이 유학생들에게 조선인의 경제자립과 산업진흥 문제의 중요성을 환기시키고 나선 것이었다.[21] 특히 이승만은 "오늘에 있어 우리에게 간절히 필요한 것은 곧 물질적 세력을 발전하여 정신적 세력을 해방하는 데 있다"고 선언하고, 조선 경제발전의 가장 필요한 당면 과제는 우리 물산을 자작자급하고 자본을 합하여 상공업을 진흥하는 물산장려운동·산업진흥운동에 있다고 강조하였다.[22]

대공황을 전후한 시기 조선 경제문제 해결에 대한 이러한 요구는 전술한 바 유학생총회가 견지한 민족운동의 실천관과 전적으로 부합하

19) E. S. Brunner, *Rural Korea, A Preliminary Survey of Economic, Social, and Religious Conditions*(The Report of Jerusalem Meeting of the I.M.C., 1928) ; 브루너, 「農村經濟振興 運動者가 第一 必要」, 『우라키』 4, 1930, 13쪽.

20) 예루살렘국제선교대회와 이 시기 조선 기독교 농촌운동에 대해서는 閔庚培, 『韓國基督教社會運動史』, 서울 : 大韓基督教出版社, 1987, 제10, 11장 ; 장규식, 앞의 책, 192~195쪽 ; 한규무, 『일제하 한국기독교 농촌운동』, 서울 : 한국기독교역사연구소, 1997, 제1, 2장 ; 方基中, 앞의 책, 제2장 2절 참조.

21) 李承晩, 「朝鮮學生에게 告함」, 『우라키』 4, 1930, 1~2쪽 ; 徐載弼, 「朝鮮의 將來」, 같은 책, 3~4쪽.

22) 李承晩, 위와 같음.

는 것이었다. 1920년대 후반에서 1930년대 전반에 걸쳐 전개된 국내 민족주의 진영의 대표적인 경제자립운동이었던 기독교 농촌운동과 물산장려운동의 배경에는 이와 같이 미국 유학생사회나 민족운동 세력의 후원과 함께 더 직접적으로는 일부 유학생이 귀국 후 운동의 지도적 역할을 하거나 적극 참여한 사실이 밀접히 연관되어 있었다.[23]

3. 자본주의 경제자립의 두 방향

이와 같이 1920·30년대 미국 유학생 출신의 민족주의 지식인들은 진화론적 관점의 자본주의 경제이념을 견지하면서 민족운동의 당면 과제를 조선인의 경제자립·산업진흥으로 설정하고 이를 실천하고자 하였다. 그것은 곧 이들이 민족해방 이후 추구하는 국가건설의 체제적 방향이 어디에 있는가를 설명해 주는 것이었다. 그러나 이러한 사상적 공감대에도 불구하고 이들이 추구하는 자본주의 경제자립의 논리는 동일한 것이 아니었다. 그 내부에는 식민지 하 민족경제 자립의 기본 방향 설정에 대한 일정한 입장 차이가 존재하였다. 요컨대 그것은 당면 경제자립의 주안점을 생산 증대와 분배 개선 가운데 어디에 둘 것인가 하는 문제를 둘러싼 것이었다.[24] 물론 후자 입장도 기본적으로

---

23) 기독교 농촌운동의 경우 이훈구가 1931년 귀국하여 장로교·숭실전문 농촌운동의 지도적 역할을 담당하였고, 이어 1933년 귀국한 배민수가 장로교 농촌부 농촌운동을 전담하였다(방기중, 「일제하 李勳求의 農業論과 經濟自立思想」, 136~139쪽 ; 方基中, 앞의 책, 제3장 2절). 물산장려운동의 경우 유학생 출신이 운동을 주도한 것은 아니나 1930년대 전반 귀국한 김도연과 한승인이 주요 이론가로 활동하였고, 1920년대 귀국한 이긍종, 최순주, 김우평 등이 운동을 후원하였으며, 이승만과 연계되어 있는 흥업구락부 회원들이 조선물산장려회 임원으로 참여하였다(方基中, 「1920·30年代 朝鮮物産奬勵會 研究」, 『國史館論叢』 67, 1996 ; 吳鎭錫, 앞의 글 ; 方基中, 「1930년대 物産奬勵運動과 民族·資本主義 經濟思想」, 『東方學志』 115, 2002).

진화론적 자본주의 경제관에 바탕을 두고 있기 때문에 생산 증대를 중시하였고, 따라서 양자의 관계는 대립적이라기보다 상호 보완적인 성격을 가지고 있었다. 그러면서도 생산과 분배 가운데 어느 측면을 중시하는가 하는 문제는 내면적으로 자본주의 경제에 대한 인식체계나 가치관의 차이와 연결되는 것이었고, 그 기저에는 이들이 미국에서 훈련받은 상호 계통을 달리하는 자본주의 경제학의 학풍이나 경제사상의 차이가 놓여 있었다.

자본주의 경제원리의 일반 이해에 있어서나 당면 민족경제 자립을 위한 실천운동에서 생산 증대의 측면을 중시하는 입장은 경제학을 전공한 미국 유학생 다수가 지지하는 주류적 경향이었다. 그것은 1920년대 이 계통 유학생 대부분이 콜롬비아 대학에서 경제학을 수학한 점과 밀접한 관련이 있었다.[25] 콜롬비아 대학에는 당시 미국 자본주의 경제사상의 기본 추이를 대표할만한 크게 세 계통의 지도적인 경제학자들이 재직하고 있어 이 대학은 미국 경제학계에서 중요한 위치를 점하고 있었다.[26] 한 계통은 클라크(J. B. Clark)가 이끄는 한계주의 계열의 보수적 경제학풍으로, 클라크는 한계효용학파의 가치론을 생산과 분배론의 차원으로 확장시킨 한계생산력이론을 전개하여 미국의 이론경제학을 정착시키고 자유주의 경제사상을 확립하는 데 중요한 공헌을 하면

24) 주 23)에서 언급한 국내 민족경제자립운동과의 연관성 속에서 언급하면, 생산 증대를 중시한 지식인은 주로 물산장려운동 · 산업진흥운동에 참여하였고, 분배 개선을 중시한 지식인은 농촌운동에 참여하였다.

25) 주 3) 참조.

26) 당시 미국 경제사상의 추이에 대해서는 Joseph Dorfman, *The Economic Mind in American Civilization*, Vol. 3, Vol. 4 · 5 (New York : The Viking Press MCMXLIX, 1949) ; 熊谷尙夫編, 『經濟學大辭典』 Ⅲ, 東京 : 東洋經濟新報社, 1980 ; 金光洙, 『歷史學派』, 崇田大學校 출판부, 1986 ; 홍기현, 「미국 주류경제학의 발전에 대한 방법론적 평가」, 『미국사회의 지적 흐름』, 서울대학교 출판부, 1998 ; 김진방 · 홍기현, 「현대 미국의 경제사상의 제조류 : 제도주의 경제사상」, 『미국사회의 지적 흐름』, 서울대학교 출판부, 1998 등 참조.

서 오랫동안 이 대학의 경제학을 주도하였다. 다른 한 계통은 한계주의 학풍에 기초하면서도 자유경쟁과 독점자본의 입장을 대변한 클라크와 달리 공공적 관점을 강조한 온건 개혁주의 학풍으로, 클라크의 제자로서 조세문제 해결을 중심으로 사회개혁운동에 적극 참여한 셀리그만(E. R. Seligman)과 노동문제·독점문제 전공의 시거(H. R. Seager) 등이 그 대표적인 학자였다. 마지막 한 계통은 제도주의 계열의 진보적 경제학풍으로, 제도주의 학풍에 수량경제학을 접합시키면서 화폐경제의 관리·통제를 통해 국민복지 증대를 모색한 미첼(W. C. Mitchell), 앞의 클라크의 아들로서 부친과 달리 사회적·정책적 시장통제를 통해 생산과 분배문제의 해결을 모색한 신진 학자 클라크(J. M. Clark) 등이 그 중심 학자였다.[27)]

그런데 당시 콜롬비아대학에 진학한 유학생은 이 세 계통 가운데 주로 J. B. 클라크의 보수적인 한계주의 경제학에 큰 영향을 받은 가운데 이러한 관점에서 자본주의 경제원리를 이해하고 현실 경제문제를 인식하였다. 클라크는 19세기 말 노동가치설을 부정하고 개인의 욕망이 재화의 가치를 결정한다는 입장에서 자본과 노동이 생산에 기여한 만큼 분배가 결정된다는 한계생산력의 분배이론을 주장한 이래, 자본주의 사유재산제도와 자유경쟁원리에 입각한 기업의 생산활동과 자본주의 분배관계의 정당성을 강조하고 마르크스주의 경제학설을 비판함으로써 미국에 자유주의 이론경제학풍을 확립하였다. 이러한 클라크의 학설은 20세기에 접어들어 독점 단계의 자본주의 생산력의 번영을 구가하기 시작한 미국 자본주의체제와 자본가의 입장을 대변하게 되면서 부의 불공평 문제에 대한 정책적 해결보다는 자본가 본위의 분배관계의 정당성을 주장하는 보수적인 경제학풍으로 정착되었고, 또한 자유주의·개인주의 사조와 결합되어 전형적인 반공주의 입장을 보여준 경제사상이었다.

---

27) 제도주의 학풍에 대해서는 후술.

1920년대 클라크에게 지도를 받거나 그의 학설을 추종한 유학생들, 예컨대 趙炳玉·李肯鍾·金度演·金佑枰 등은 기본적으로 이러한 자본과 생산 중심적인 경제학풍에 입각하여 당시 조선경제의 현실과 민족경제 자립의 방안을 강구하였고, 또한 철저히 반마르크스주의 입장을 견지하였다.[28] 조병옥은 자유주의·개인주의 사상과 자본주의 사유재산제도와 자유경쟁원리를 대전제로 하면서 한계주의 가치이론 및 생산·분배이론에 입각하여 자본가 중심의 생산력 발전과 자본윤리·기업윤리를 바탕으로 한 자본주의 사회의 발전을 주장하였다.[29] 일제하 이 계통의 가장 대표적인 경제학자였던 이긍종은 경제적 근본 이상과 정책을 수립하는 데 자유원리에 입각한 생산(또는 생산정책)에 치중할 것인가 평등원리에 입각한 분배(또는 분배정책)에 치중할 것인가 하는 문제에 대해 "효용을 중심 개념으로 한 물질적 공리관을 근본으로 해야 한다"고 주장하면서 결론적으로 개인(자본가)의 자유를 중심으로 기업심리를 극도로 자극하여 생산활동을 철저히 보호하는 자유주의 경제관과 정책이 가장 이상적이고 위대한 힘을 가지고 있다고 강조하였다.[30]

특히 이들은 일본의 독점자본에 의해 조선경제가 완전히 파멸되는 위기에 처해 있고 조선인자본의 규모가 극히 미미한 식민지 경제조건

---

28) 특히 사상 문제와 관련해서는 당시 콜롬비아대학 경제학 교수인 러시아인 싱코비치(V. G. Simkhovitch)가 금융, 재정학, 경제학원리 등을 강의하면서 사회주의·공산주의 비판에 주력하여 유학생들의 반공적 정서 확산에 큰 영향을 주었다고 한다(趙炳玉,『나의 回顧錄』, 서울 : 語文閣, 1963, 44쪽).

29) 李秀日, 앞의 글, 180~183쪽.

30) 李肯鍾,「經濟的 自由와 平等」,『朝鮮講壇』2, 1929. 그는 평등분배는 생산의 자유를 해치고 생산의 부자유는 생산량을 감퇴시키므로 생산과 분배, 곧 자유와 평등은 본질적으로 상호 모순관계에 있다고 주장하면서, 빈익빈 부익부의 부의 불평등을 심화시키는 폐해를 인정하면서도 19세기 이래 자본주의 발전의 원동력이 된 자유경제원리와 경제정책을 위대한 힘을 가진 것으로 찬양하며 지지하였다.

속에서 민족경제가 자립하기 위해서는 분배문제도 중요하지만 무엇보다 생산 증대를 도모하는 것이 가장 시급하다고 강조하였다. 당면 조선경제의 활로를 생산 중심의 산업개발에서 찾자는 김도연의 다음과 같은 주장이 이러한 입장을 잘 반영하고 있었다.

> 우리나라 産業을 開發함이 民族의 自由와 幸福을 얻는 데 최대 急先務라고 하는 것은 누구나 다 말하는 바이다. 나는 오늘 우리 경우에서라도 産業을 어느 정도까지 개발할 可能性이 있는 줄 안다. 그러면 어떻게 산업을 개발하여야 할 것이 問題이다. 이는 今日 思潮上으로 보아서 여러 學說도 있을 것이오 따라 主張도 分岐될 줄 안다. 오늘 産業界의 問題는 生産方法에 대한 연구보다도 分配問題에 많이 注意하게 되었다. 그러나 이 두 문제가 항상 並立되어 解決될 줄 안다. 다시 우리 사회의 産業界를 볼 때에 조선사람 産業으로 이렇다 하는 生産이 없는데 어찌 分配問題가 그다지 緊急할까 하는 것이 切實히 느끼게 된다.[31]

따라서 민족경제 자립의 기본 목표는 조선인자본의 기업활동·공장건설의 촉진으로 설정되었고, 대부분 중소자본의 처지에 있는 조선인자본을 규합하여 대자본을 육성하거나 중소자본이라도 경영과 기술의 과학화·합리화를 도모하여 상품생산의 증진과 시장 경쟁력을 키우는 것이 경제자립·산업진흥의 최선의 방책으로 간주되었다.[32] 대공황기 전후한 시기 물산장려회가 주장한 민족경제 자립의 실천 방안 역시 이와 같은 것이었다.[33] 요컨대 이 계통 유학생 출신의 경제자립관은 전

31) 金度演, 「産業의 科學的 經營에 對한 考察」, 『우라키』 1, 1925, 101~102쪽.

32) 白一圭, 「朝鮮工業의 歷史的 硏究」, 『우라키』 1, 1925 ; 崔晃, 「朝鮮을 産業化하자」, 『우라키』 4, 1930 ; 李肯鍾, 「産業振興의 要素」, 『朝鮮講壇』 1, 1929 ; 金度演, 「工業發達과 企業家 邁進을 囑望함」, 『新興朝鮮』 1-1, 1933.

33) 方基中, 「1930년대 物産奬勵運動과 民族·資本主義 經濟思想」, 2002, 69~77쪽. 그러나 이것은 미국 유학생 출신이 물산장려운동의 경제관을 대표하고

형적인 자본 중심의 생산력주의를 지향하는 것으로서, 현실적으로 식민지 조건 속에서는 불가능한 것이지만 그러한 전제 위에서 일본 독점자본에 대응한 민족경제의 자본주의적 자립과 발전을 도모하였다.

한편 민족경제의 자립문제나 자본주의 경제원리의 일반 이해에 있어서 분배문제의 중요성을 강조하는 계통은 전술한 제도주의 경제학풍의 세례를 받은 지식인이었다. 위스콘신대학에서 농업경제학을 전공한 李勳求가 대표적인 인물이었다.[34] 위스콘신대학은 20세기초 이래 미국의 진보주의 학풍을 주도하고 특히 1920·30년대 전성기를 누린 제도주의 경제학의 본거지였다. 미국에 진보주의 경제학풍을 창도한 이는 미국 경제학의 개척자인 일리(R. T. Ely)였고, 이를 제도주의 학파로 발전시킨 이는 일리의 제자 커먼스(J. R. Commons)였다. 그리고 농업경제학 분야에서도 일리의 제자인 테일러(H. C. Taylor), 히바드(B. H. Hibbard) 등이 커먼스의 영향 아래 제도주의 학풍을 형성하였다.[35] 역사학파 경제학, 진화론적 역사관, 실용주의 철학, 행동주의 심리학 등 다양한 사조의 영향을 받은 이 학파는 고전학파의 자유방임주의와 마르크스주의의 사회혁명론을 모두 배격하고 국가권력에 의한 제도개혁·사회개혁 및 협동조합운동 등을 통해 독점자본주의의 폐해와 노농문제·분배문제를 해결하는 데 주력한 학파였다.[36] 특히 농업

있다거나 양자의 경제관을 동일시한다는 뜻이 아니라 생산력 중심의 자본주의 경제자립관의 동질성을 지적한 것이다. 물산장려운동에 참여한 미국 유학생 출신 지식인은 물산장려회 주도층의 일부에 지나지 않는다.

34) 이훈구의 대학 후배로서 미군정기 이훈구가 농무부장에 재직할 당시 농무차장을 맡았던 金熏 역시 이 계통의 인사라고 할 수 있고, 또 콜롬비아 대학에서 상학을 전공한 韓昇寅도 이 학풍으로부터 일정한 영향을 받은 것으로 보인다.

35) Joseph Dorfman, op. cit., Vol. 3, pp.161~164, pp.276~294 ; Henry C. and Anne Dewees Taylor, *The Story of Agricultural Economics in the United States* (Ames Iowa ; The Iowa State College Press, 1952) ; 김진방·홍기현, 앞의 글, 174~175쪽.

36) Joseph Dorfman, op. cit., Vol. 4·5, pp.211~214, pp.377~394 ; 熊谷尙夫編,

경제학 분야에서도 사적 소유권을 인정하는 한도 내에서 국가정책이나 제도 입법과 같은 의식적·합리적 통제를 통해 토지소유문제와 소작문제 등 자본주의 농업문제·농민문제를 해결할 수 있다는 소농 입장의 사회개량주의 농업정책론을 전개하고 이를 국가정책에 적극 반영하였다.37)

이훈구의 농업개혁론·경제자립론에 잘 나타나듯이, 이러한 학풍 아래 훈련을 받은 유학생의 자본주의 경제관은 자본과 생산 중심의 앞의 견해와 상당히 입장을 달리하지 않을 수 없었다. 이훈구는 자본주의 사회체제를 인정하면서도 자본주의 경제에 내재한 모순구조, 곧 소유와 분배를 둘러싼 부의 불평등문제의 해결을 중시하였다. 특히 독점자본의 농업지배와 자본주의적 지주제의 가혹한 농민수탈은 그 핵심이었다. 그리고 이러한 불공정한 소유와 분배구조가 궁극적으로는 생산력 발전을 저해하는 것으로 파악하였다. 곧 민족경제가 자립하기 위해서는 생산력 발전이 필수적이지만 그것은 분배문제의 해결과 병행되어야 한다는 것이었다. 이에 그는 일본 독점자본의 농촌침탈에 따른 소유관계의 불평등구조와 사상 유례를 찾기 힘든 가혹한 소작제도의 모순을 해결함으로써 농민층의 자립과 농업생산력 발전을 도모하는 것이 민족경제 자립에 가장 시급한 당면 과제라고 파악하였다. 조선인 자본의 축적과 상공업 발전을 반대하는 것은 아니지만 그 자본주의적 발전은 기본적으로 소농층의 자립적 안정을 전제로 하였다. 요컨대 그의 자본주의 경제자립관은 반독점의 소농주의 경제관에 기초하고 있

앞의 책, 533~539쪽 ; 金光洙, 앞의 책, 제7장. 이 학파의 중심인물로서 뉴딜정책 입안과 긴밀한 관계를 맺고 있는 커먼스는 제도주의 창시자인 베블린(T. Veblin)의 급진적 조합주의에 비해 상대적으로 온건한 개혁을 주장한 사회개량주의자였다.

37) Joseph Dorfman, op. cit., Vol. 4·5, pp.211~214 ; Henry C. and Anne Dewees Taylor, op. cit., pp.591~600, pp.824~826, pp.857~865 ; 방기중, 「일제하 李勳求의 農業論과 經濟自立思想」, 127~128쪽.

었고, 자유경쟁원리와 불가분의 관계에 있는 개인주의 사상에 대해서는 거부감을 가지고 있었다. 물론 그가 견지한 학문의 성격상 이러한 경제문제의 궁극적인 해결은 국가에 의한 제도적 농업정책을 통해 실현될 수 있었다. 그러나 식민지 조건에서 그것은 불가능하였고, 이에 대응하여 그가 선택한 차선의 실천 방안이 노자협조·계급협조 정신에 입각한 농촌운동·협동조합운동이었다.[38)]

또한 이상과 같이 경제학적 바탕 위에서 경제자립운동을 전개한 것은 아니지만 기독교 복음주의 사상에 입각한 배민수의 농촌운동 이념 역시 소유와 분배문제의 해결을 통해 농민의 경제자립을 도모한 점에서 이 계통의 경제관과 상통하고 있었다. 그는 당시 중도적 자유주의 신학을 견지한 매코믹신학교의 기독주의 학풍을 바탕으로 빈민 본위의 경제적 배분정의의 구현을 기독교 복음정신의 핵심 경제관으로 정리하였다. 그리하여 현실 자본주의의 빈곤문제·계급문제의 해결을 기독교 복음정신을 실현하는 가장 중요한 과제로 설정하고 협동조합에 기초한 '예수촌건설론'을 제창하면서 1930년대 전반 장로교 농촌운동을 주도하였다. 그는 현실의 자본주의세계를 인정하고 철저히 반공주의 입장을 취하면서도 소유와 분배의 불평등구조를 생산하는 자본주의 경제원리의 모순과 독점구조의 해결을 경제자립의 가장 핵심적인 관건으로 간주하였다.[39)]

---

38) 방기중, 위의 글, 139~144쪽. 토지경제학을 전공한 김훈의 농업문제 인식도 이훈구와 기조를 같이 하였다(金壎, 「土地經濟와 朝鮮現象略論」, 『우라키』 7, 1936). 또한 콜롬비아대학에서 상학을 전공한 한승인은 이 대학 출신의 다른 유학생과 달리 상대적으로 독점문제·분배문제의 심각성을 중시하고 노자협조 이념에 입각한 협동조합운동을 강조하였는데, 그는 전술한 바 조선 농촌문제의 심각성과 기독교 농촌운동의 긴급성을 제기하여 유학생들에게 존경을 받고 있었던 이 대학 농촌사회학 교수 브루너(E. S. Brunner)로부터 많은 영향을 받은 것으로 보인다(吳鎭錫, 앞의 글, 78~82쪽).

39) 方基中, 앞의 책, 제3장 참조.

4. 맺음말

이상과 같이 일제하 경제 분야에서 지도적인 역할을 담당한 미국 유학생 출신 민족주의 지식인의 자본주의 경제관과 그 사상적·학문적 기반을 당시 이들이 추구한 경제자립의 방향성과 관련하여 크게 두 계통으로 정리해 보았다. 이 두 계통의 경제관, 경제자립론은 모두 자본주의 현실세계를 인정하고 있었고 기독교 정신과 자유주의 사상에 바탕을 두고 민족주의 가치관과 결합되어 있다는 점에서 상호 사상적 공감대를 형성하였다. 그 연장에서 이들은 당시 민족주의 사상과 더불어 청년 지식인의 의식세계를 지배하였던 사회주의·마르크스주의 사상에 대한 비판의식을 공유하였다. 주권을 상실한 식민지 조건 속에서, 특히 일제하 조선경제구조의 특수성과 관련하여 어느 계통의 입장이든 민족해방이 전제되지 않는 한 그 경제자립의 주장은 실현성을 가질 수 없었기 때문에 당연히 양자가 지니는 사상적 차이보다 상호 공감대의 의미가 더 클 수밖에 없었다.

그렇지만 양자가 지니는 경제관의 차이의 사상사적 의미는 작은 것이 아니었다. 그것은 일제하 민족주의 지식인의 사상 지형이 그렇게 단순한 것이 아니라는 것을 보여주고 있었다. 이 차이는 자본주의 경제원리를 수용하는 입장과 가치관의 차이를 반영하는 것이었고, 또한 현실 자본주의세계와 식민지 조국의 경제현실에 대한 인식 및 그 타개 전망을 서로 달리하고 있음을 의미하였다. 생산 중심의 경제자립론은 자본 본위의 생산력 증대를 경제자립의 가장 시급한 당면 과제로 설정하였고, 분배 중심의 경제자립론은 소농 본위의 농촌구제·농업개혁을 가장 시급한 당면 과제로 인식하였다. 전자는 자본주의체제의 자유경쟁원리·시장논리를 불가피한 것으로 인정하였고 그만큼 계급문제, 부의 불균등 문제를 부차적인 것으로 인식하였다. 후자는 상대적으로 식민지 자본주의체제의 사회적·경제적 모순을 중시하고 이에 대한 통제와 조절, 계급의 협조를 통한 모순의 해결을 중시하였다.

더불어 중요한 의미를 갖는 것은 이러한 경제자립론의 차이는 단지 일제하 민족주의 지식인의 자본주의 사상 지형을 반영하는 데 그치는 것이 아니라 해방후 남한의 자본주의 국가건설·경제건설의 방향 설정과도 밀접히 연계되고 있었다는 점이다. 물론 양 계통의 지식인들은 상호 사상적 공감대 위에서 미군정에 참여하거나 또한 이승만 진영이나 한민당의 중요한 위치를 점하면서 사회주의 진영과 항쟁하고 단정노선과 자본주의 국가건설을 실현하는 데 보조를 같이하였다. 그러나 미군정기에서 정부 수립기에 걸쳐 토지개혁을 비롯한 식민지 경제구조의 청산과 민생문제의 해결, 자립경제의 건설 문제가 국가적 과제로 전면 대두되었을 때 이러한 경제관·경제자립론의 차이는 자본주의 경제정책의 방향 설정에 중요한 의미를 갖지 않을 수 없었다. 그것은 곧 자유경제원리를 중시하면서 자본축적과 생산력 증대 본위의 자본주의 경제발전을 도모할 것인가, 아니면 국가의 경제 개입과 제도적 조절을 중시하면서 서민대중과 농민층의 생활안정을 도모하는 자본주의 경제발전을 추구할 것인가 하는 문제였다. 양 계통의 지식인들은 자신의 정치적 소속과도 관련하여 이러한 과정에 직접 간접 연계되면서 남한 자본주의 경제건설 과정에 참여하고 있었던 것이다.

일제시기 미주 한인사회의 통일운동

홍 선 표*

1. 머리말

일제시기 美洲韓人은 大韓民國臨時政府와 獨立運動團體를 후원하기 위한 財政供給處로서 활동하였으며, 대외적으로 한국 독립을 위한 宣傳·外交活動에 중요한 역할을 하였다. 이러한 역할을 감당하기 위해 미주 한인들은 내부적으로 끊임없이 民族意識을 鼓吹하는 한편 民族的 力量을 결집하기 위한 노력을 부단히 전개하였다. 민족 내부의 團結과 力量結集은 독립운동을 효과적으로 전개하기 위한 것이었으므로 실제 독립운동과 밀접한 관계가 있다.

미주 한인사회는 1909년 國民會와 이를 발전시킨 大韓人國民會의 결성을 통해 비록 완전하진 않았지만 '통일'이라는 민족적 과제를 달성한 전통을 세우고 있었다. 그러나 1921년부터 미주 한인사회에 대한 大韓人國民會(이하 '國民會'로 약함)의 지도력이 상실된 이후 미주 한인사회는 침체에 빠지면서 내부 역량의 통합과 이를 통한 독립운동은 또다시 풀어야 할 宿願이 되었다.[1]

---

* 독립기념관 한국독립운동사연구소 선임연구원, 국사학

1) 해방이전까지 미주 한인사회가 내부의 단결과 통일을 위해 지속적으로 추진해 왔던 사실은 시기구분을 통해서도 나타난다. 미주지역 한국독립운동사를 시기별로 구분해 보면 크게 네 시기로 나눌 수 있다.

첫 번째 시기는 1903년부터 1909년까지의 기간이다. 이 기간은 한인들이 미

일제시기 미주 한인사회에서 민족 내부의 통일과 독립운동이라는 두 과제를 안고 추진했던 시기는 1920년대 후반부터였다. 1920년대 초기부터 분열되기 시작한 미주 한인사회는 시간이 지날수록 분열이 심화되었다. 그러나 분열이 심할수록 이에 대한 반성도 커 1920년대 후

주 이민을 시작한 이후 洞會, 自强會, 親睦會, 電興協會, 共立協會 등 각종 단체들이 결성되어 상호친목과 복리를 도모하면서 독립운동을 전개한 시기이다. 그런데 1907년 하와이 한인사회가 韓人合成協會로 결집되고 이후 1909년 2월 북미 공립협회와 결합해 國民會가 결성되면서 미주 한인사회는 하나로 통일되었다. 그 이듬해 大同保國會가 국민회에 합류함에 따라 大韓人國民會 中央總會라는 완전한 統一體가 만들어졌지만 사실 국민회의 설립으로 그동안 분산된 미주 한인사회는 비로소 통일된 독립운동이 가능하게 되었다. 즉, 이 기간은 이민 초창기의 분산된 미주 한인사회가 國民會라는 하나의 통일체로 결집해 나간 시기라 할 수 있다.

두 번째 시기는 1909년부터 1921년까지로 미주 한인사회가 大韓人國民會를 중심으로 통일된 독립운동을 전개해 나간 때이다. 이 기간동안 李承晩과 朴容萬이 하와이를 중심으로 활동기반을 마련하였고 북미에는 安昌浩가 대한인국민회 중앙총회장의 자격으로 활동하는 등 한인사회의 주요 인물이 부상하였다. 그리고 이들간의 알력과 반목도 뒤따라 한인사회가 세 사람 중심으로 사실상 재편되기도 하였다.

세 번째 시기는 1921년부터 1941년까지의 기간이다. 이 기간 미주 한인사회는 통일단체인 大韓人國民會 中央總會가 해체되어 하와이와 북미로 분리되고 미주한인의 독립운동이 전반적으로 침체에 빠졌다. 북미는 大韓人國民會 總會로, 하와이는 이승만이 주도한 大韓人하와이 僑民團과 同志會, 그리고 박용만측 세력인 大朝鮮獨立團을 중심으로 개편되어 상호 반목과 대립이 지속되었다. 이런 가운데 미주 한인사회 내부에는 독립이라는 민족적 과제를 해결하기 위해 서로 통합을 모색하려 하였다. 이에 따라 내부의 분열과 침체에 빠진 독립운동을 극복하기 위해 1930년 전후부터 미주 한인사회에는 다양한 통일론이 대두하였고 통일운동도 구체적으로 전개되었다.

네 번째 시기는 1941년 4월 海外韓族大會의 결과 在美韓族聯合委員會를 결성한 때부터 1945년 해방 때까지이다. 이 기간 미주 한인사회는 이전 시기의 다양한 통일운동의 노력이 해외한족대회를 통해 비로소 결실을 맺고 재미한족연합위원회라는 미주 한인사회 최대의 연합기관을 결성, 적극적으로 독립운동을 전개하였다. 1909년 국민회를 결성해 처음으로 통일된 힘을 발휘했던 미주지역 독립운동의 전통이 이 기간동안 되살아났다고 할 수 있다.

반부터 지속적으로 統一運動이 전개되었다.

본고는 내부분열을 극복해 가려는 한인사회의 이런 움직임에 주목해 일제시기 통일운동의 성격과 이것이 한국독립운동사에 어떤 의미를 지니고 있는지를 고찰하려 하였다.

2. 1930년대 북미 한인사회의 통일운동

1) 북미 한인사회의 통일론

미주 한인사회의 최대 통일단체인 大韓人國民會는 1921년 3월 하와이 국민회가 임시정부의 僑民團令에 의거 하와이僑民團(The Korean National Association of Hawaii)으로 재편되어 중앙총회에서 떨어져 나가면서 급격히 침체하였다. 이에 따라 1923년 1월 大韓人國民會北美地方總會 총회장 崔鎭河의 주도로 憲章을 개정해 大韓人國民會 中央總會가 폐지되었고, 大韓人國民會北美地方總會의 이름도 大韓人國民會總會(Headquarters of Korean National Association, 또는 Korean National Association in North America, 이하 '북미 국민회'로 약함)로 바뀌어 북미 중심으로 개편되었다.[2] 개편된 이후 북미 국민회는 조직을 이끌만한 뚜렷한 지도자적 인물이 없는데다 재정수입의 감소로 어려움에 빠졌다. 그런데다 1929년 10월부터 시작된 경제 대공황으로 더욱 위축되면서 자체 유지도 어려울 정도였다.[3]

---

2) 大韓人國民會 中央總會가 완전히 폐지된 것은 1922년 12월 29일부터 1923년 1월 4일까지 샌프란시스코에서 개최된 대의원회에서 대한인국민회 憲章을 개정하면서부터였다. 그러나 실제로 대한인국민회는 大韓人國民會荷哇伊地方總會가 1921년 3월 22일 하와이 僑民團으로 이름을 바꾸면서 완전히 분리되었다(「대한인국민회 총회 제14차 대의원회 입안」·「의회록」, 『新韓民報』, 1923년 1월 18일).

3) 예컨대 국민회 시카고지방회의 보고에 따르면 회원 의무금의 과중한 부담으

북미 국민회가 침체에 빠지고, 대공황으로 경제상 어려운 상태에 빠졌지만 독립운동의 열기는 식지 않았다. 미주 한인들에게 활력을 불러일으키고 새로운 단체설립에 영향을 준 것은 본국에서 발생한 광주학생운동 소식이었다. 이 소식이 미주에 퍼지자 본국의 학생운동을 후원한다는 명분으로 1930년 1월 27일 뉴욕의 韓人共同會를 비롯하여 시카고 한인공동회(1930. 2. 3.), 羅城(로스엔젤레스) 한인공동회(1930. 2. 9), 디트로이트 한인공동회(1930. 2월경), 中加州 한인공동회(1930. 3. 8) 등이 차례로 설립되었다. 이들 韓人共同會의 조직과 운영은 모두 독자적이고 개별적으로 이루어져 북미 한인사회의 분열이 심화되는 양상을 가져왔다.

북미 국민회의 침체와 한인공동회 설립으로 인한 한인사회의 분열상에 대해 북미 한인사회 내부에는 自省의 기운과 함께 다양한 統一論이 제기되었다.

(1)『新韓民報』의 統一論

1930년 각지의 공동회 설립으로 나타난 미주 한인사회의 변화에 대해『新韓民報』는 대동단결의 문제는 미주 한인사회의 懸案問題이며, 광복사업을 지금보다 대규모적으로 하기 위해 한인사회의 내부가 먼저 통일되어야 한다고 주장하였다. 그리고 현 상황에서 통일을 妨害하는 요소는 첫째, 1,700여 명밖에 안 되는 재미한인들이 북미·멕시코·쿠바 등지로 분산되어 있다는 점과, 둘째, 인도자라 자처하는 자가 너무 많은 점, 셋째, 한인들의 경제적 어려움, 넷째, 한인들의 기본상식의

로 회원에서 탈락하는 자가 증가하고 있고, 신규회원의 모집시도 이 문제로 어려움을 겪고 있다고 하였다(「만천하 인심이 국민회로 집중」,『新韓民報』, 1929년 7월 18일). 그리고 수입결산을 보면 1929년이 5,313달러이나 1930년에는 1,244달러로 급격하게 줄고 있어 국민회가 급격한 침체에 빠지고 있었음을 보여 준다(「국민회총회 대의원회 제22회 대의원회 입안」,『新韓民報』, 1930년 1월 9일, 제21회 대의회」 및 1931년 1월 22일).

부족 등을 들었다.[4]

統一의 方式에 대해 『新韓民報』는 기성단체들이 자발적으로 해체한 후 통일에 참여할 수 있을까라고 반문한 뒤, 기성단체를 그대로 두고 聯合하여 中央機關을 조직하는 방식은 비현실적인 방법이라 지적하였다.[5] 즉, 이런 방식은 중앙기관의 유지보다 자체유지를 위해 더 힘쓰게 되어 중앙기관이 유명무실해지므로, 기성단체를 그대로 두고는 통일하기도 어렵고 통일을 하더라도 유지하기 어렵다는 것이다. 과거 대한인국민회가 중앙총회 방식으로 유지되었지만 지방총회의 분열로 여지없이 무너진 것은 좋은 실례라고 하였다. 따라서 진정한 통일은 기존 단체를 해체하여 새로 큰 단체를 조직하는 破壞的 統一로 나아가야 한다고 주장하였다.[6]

⑵ 北美大韓人留學生總會의 統一論

1929년 3월 북미대한인유학생총회는 뉴욕지역 유학생이 중심이 되어 발간한 『三一申報』를 통해 單一黨의 조직과 統一의 方向을 다음과 같이 제시하였다.

1. (단일당의 : 필자 주) 範圍는 全民族을 포함.
2. 主義는 民族主義者와 社會主義者와를 섭취.
3. 主體는 노동자와 농민, 先鋒은 지식계급, 追從은 工商業者.
4. 組織은 각 단체와 協助 妥協.
5. 臨時政府를 도와 中外의 세력을 크게 신장.

---

4) 「재미한인사회 통일의 실현이 가능한가」, 『新韓民報』 1930년 4월 10일.

5) 「통일에 대하여」, 『新韓民報』 1930년 5월 29일 사설.

6) 그러나 『新韓民報』의 統一論은 국민회를 비롯한 기성단체의 해체를 전제로 한 것이기 때문에 국민회 내부에서 받아들이기 힘들었을 것으로 보인다. 때문에 북미 국민회는 1931년 1월 대의원 총회에서 통일문제를 본격 연구하여 그 해 4월 「在美韓人統一促進意見書」를 통해 통일론의 방향을 團體 中心의 聯合的이고 漸進的인 방법으로 할 것으로 정돈하였다.

6. 主張은 자못 강렬히 하여 무릇 이 운동을 반대하는 자는 우리 독립운동의 反逆者로 철저히 制裁.7)

한인학생들이 제시한 통일방안은 民族主義者와 社會主義者를 포함한 全民族의 單一黨 중심으로 통일하자는 것으로, 기성단체의 解體를 전제로 한 매우 急進的인 통일방식이었다. 이것은 중국지역에서 한인 독립운동을 효과적으로 추진하기 위해 以黨治國의 방편으로 제기된 民族唯一黨運動의 영향이 미주 유학생들에게 반영된 것으로 보인다.

이러한 통일논의가 있은 뒤 북미대한인유학생총회는 '在美韓人社會의 統一策'이라는 주제 하에 구체적인 통일방안을 마련하였다.8) 1930년 6월 6일부터 8일까지 뉴욕에서 개최된 동부지역 학생대회에서 金度演은 임시정부를 민족 최고의 기관으로 인정하여 精神的 統一을 이루고, 이를 위한 우선 과제로 구미위원부와 임정간의 法統關係를 회복시킬 것을 주장하였다. 統一의 方式에 대해 그는 自治團體는 현재 모두 解體하여 單一機關으로 만들고, 政治團體는 현존을 認證하되 민족적

---

7) 「재미한인통일촉진의견서를 읽고」, 『新韓民報』 1931년 4월 16일.

8) 북미한인유학생회 총회가 제시한 통일책의 안건은 다음과 같다.
1. 통일에 대한 근본문제 : 재미한인사회 분열의 원인
 1) 먼원인
 2) 가까운 원인
2. 재미한인사회 통일의 필요
 1) 대한 독립을 촉성하기 위해
 2) 교류 한인의 행복 증진
3. 재미한인사회 통일의 방법
 1) 혁명적 파괴운동으로 통일에
 2) 타협적 건설운동으로 통일에
 3) 중립단체와 그의 사명
4. 통일된 한인 유일당의 임무와 사업
 1) 대한 독립운동에 필요한 각종 사업의 수행, 선전, OO, 기타
 2) 교류 한인의 경제적, 교육적 발전의 원조사업.
(「통일책에 대하여」, 『新韓民報』, 1930년 5월 15일)

공동사업이 필요할 경우 각 단체의 代表를 중심으로 共同協力하는 방식을 제안하였다.[9] 이 같은 김도연의 제안에 대해 동부지역 학생대회는 토의를 거친 후 다음의 決議案을 채택하였다.

1. 북미유학생총회 동부지방대회는 상해 임시정부를 우리 민족운동의 최고기관으로 기대하고 재미 일반동포와 협동하여 정신적, 물질적으로 옹호 원조하기로 결의함.
2. 북미주 유학생으로 하여금 상해 임시정부에 인구세를 납부키로 결의함.
3. 본회는 임시정부와 구미위원부의 법통관계를 속히 회복하도록 노력하며, 구미위원부 사업의 발전을 위해 재미 일반동포의 일치적 협조를 요망함.
4. 본회는 미주 내 자치단체의 통일을 촉성키 위하여 북미유학생총회로 하여금 이 사업에 해당한 위원을 선정하여 이를 성취케 함을 결의함.
5. 본회는 재미 각 정치단체가 상설 연합위원회를 설치하고, 우리 민족적 사업을 위하여 일치 협동케 됨을 기망함.
6. 본회는 이상 결의사항을 각 지방의 대회에 제안하기로 결의함.[10]

위 결의안은 임시정부의 위상 강화를 명분 삼아 구미위원부와 임정 간의 법통관계를 회복시키려는 것으로, 미주 한인사회를 이승만과 구미위원부 중심으로 재편하려는 의도였다.

한편 1930년 6월 20일부터 22일까지 시카고에서 열린 중서부지역 학생대회에서는 통일의 방식에 대해 보다 구체안을 마련하였다. 즉 통일의 방법에는 첫째, 기성단체를 해체하고 통일하는 革命的 방법, 둘째, 해체하지 않고 中央機關을 설치한 후 聯合하는 방법, 셋째, 새로운 제3의 기관을 설치하는 방법 등이 있음을 지적하고, 미주 한인사회의

9) 「동부학생대회 성황리에 폐회」, 『新韓民報』 1930년 6월 19일.
10) 「동부학생회 년회」, 『新韓民報』 1930년 6월 19일.

통일방식은 첫번째 방식으로 나가야 함을 제시하였다. 즉 재미한인의 대표기관으로서 민족적 통합단체를 세우기 위해서는 기존단체를 解散하는 통일방식이어야 한다는 것이었다. 이를 위해 1년 간 '在美韓人社會 統一機關期成會'를 설치하되, 이승만・서재필・안창호에게 여기에 대한 贊否를 묻는 것으로 했다.11)

북미대한인유학생총회의 통일론을 정리하면 미주 한인사회의 통일을 위해 기성단체를 해체하고 새로운 통일단체를 설립해야 한다는 것이다. 새로운 통일단체란 먼저 구미위원부를 임시정부의 법통기관으로 회복시켜 정부기관인 구미위원부 중심으로 이루어져야 한다는 것으로 볼 수 있다. 이와 같은 통일론은 미주 한인사회 내 기성단체들에 대한 不信에서 비롯한 것으로, 당시 오랜 역사를 가진 북미 국민회의 입장에서 볼 때 수용하기 힘든 것이었다.

3) 大韓人國民會의 統一論

국민회는 1931년 1월 11일 제22회 대의원 총회를 통해 그동안 활발하게 논의되어온 미주 한인사회의 통일문제를 정식으로 거론한 후, 송종익・홍언・김동우・강영소 등 4인을 통일문제연구위원으로 선임하여 통일문제를 연구하도록 하였다. 그 결과 다음의 '在美韓人統一促進意見書'를 작성하였다.

1. 재미한인의 統一範圍는 미・묵・큐 3개 지역 재류동포를 포함함이 어떨까요.
2. 재미한인 통일은 일반 民衆을 主體로 함이 어떨까요.

---

11) 「중서부 제8회 류미학생대회」, 『新韓民報』 1930년 6월 26일. 이승만・서재필・안창호에 대한 학생들의 자문 결과가 이후 나타나지 않고 있어, 실제로 이 일이 이루어졌는지에 대해 의문이 남는다. 이것은 학생들이 자신들의 주장을 합리화하기 위해 독립운동계 원로들의 이름을 이용한 것이 아닌가 생각된다.

3. 기성단체와 개인 중 유지자와 및 유력자는 일체 民衆 公議에 服從하여 무론 하등의 명의·권리·주장 또는 의견을 犧牲함이 어떨까요.
4. 다수의 의견이 찬동되는 때는 正式 宣言書를 발표하고 상당한 시기와 지점을 지정하여 재미한인 전체대회를 열고 期成會를 조직함이 어떨까요.
5. 기성회에 출석하는 각 단체 대표자와 민중 대표자와 및 유지인사는 다같은 一介 代表者의 同等權利를 가짐이 어떨까요.
6. 재미한인의 통일 건설의 方式과 工作은 期成會로써 劃策하여 이를 실행함이 어떨까요.[12)]

이상의 의견서에 대해 洪焉은 설명하기를, 그 동안 학생들이 주장해온 전민족의 통일론은 분수를 모르는 일임을 지적하고 미·묵·큐지역의 재미한인만이라도 완전히 통일에 성공한다면 전민족의 統一 前途에도 影響을 끼칠 것이라 하였다.[13)] 즉 먼저 북미지역 한인들이 서로 단결하여 견고해지면 장차 하와이와의 연락은 자못 용이하게 되고 遠東과 본국까지도 서로 聯統을 꾀할 수 있게 되므로, 결국 전민족의 통일로 발전하게 될 것으로 보았다.

그런 다음 홍언은 재미한인의 統一思想은 民族主義여야 하고 社會主義는 안 된다고 하여 학생들이 주장한 민족주의자와 사회주의자와의 합력을 극력 반대했다. 그 이유를 그는 新幹會가 社會主義者와 共産主義者들에 의해 解消된 사실과, 사회주의가 민족주의자의 독립운동을 가리켜 '독립운동 같은 것은 뒤떨어진 수작이라' 언급한 사실을 들어, 사회주의가 요즘 유행하는 新思想이라 하더라도 우리에게 설득력을 주지 않는다면 이전부터 갖고 있던 민족주의만으로도 족하다고 하였다.[14)] 그리고 그는 북미·멕시코·큐바 거주의 한인들과 하와이

---

12) 「재미한인통일촉진의견서」, 『新韓民報』, 1931년 4월 9일.
13) 「재미한인통일촉진의견서를 읽고」, 『新韓民報』, 1931년 4월 16일.

거주 한인들 모두가 사상적으로 民族主義이므로 전체 미주 한인사회의 통일사상은 民族主義여야 한다고 보았다.

마지막으로 홍언은 재미한인의 통일은 民衆이 主體가 되어야 한다고 했다. 이것은 유학생들이 임시정부를 認證하는 한편 구미위원부와 임시정부와의 법통관계를 회복시켜 결국 구미위원부 중심, 즉 政府機關 中心의 統一方向을 제시한 것에 대한 反駁 論理였다. 즉 미주 한인사회의 제 단체는 民衆團體인데 민중단체의 통일도 어려운 마당에 정부기관으로의 통일까지 거론할 수 없다는 것이다.15) 그러므로 오늘 국민회의 통일방식은 기성단체의 聯合으로 이루어지되 根本精神은 지도자의 人物 中心의 통일이 아닌 순전한 민중끼리의 民衆統一이어야 한다고 했다.16)

국민회가 제안한 「재미한인통일촉진의견서」에 대한 회신 결과는 이후 언급되지 않고 있어 알 수 없으나, 하와이를 제외한 미·묵·큐 지역 중심의 통일방안과 기성단체 중심으로의 통일방안 제시는 결국 團體 중심의 聯合的이고 漸進的인 統一論에 기초한 것으로 볼 수 있다.

2) 통일운동의 전개

⑴ 美洲韓人聯合會의 結成

일제의 만주침략을 계기로 북미 한인사회에는 분열상태를 극복하고 항일운동을 위해 결집해야 한다는 여론이 일기 시작하였다. 이러한 계기는 대일항전을 위해 抗日力量 결집을 주장한 상해 임정과 상해거류 한인들에 의해 제기되었다. 이에 따라 리들리(Reedly)를 중심으로 한 中加州 한인공동회의 金廷鎭은 1931년 10월 17일 임정후원과 역량집

---

14) 「재미한인통일촉진의견서를 읽고」, 『新韓民報』, 1931년 4월 23일.
15) 「재미한인통일촉진의견서」, 『新韓民報』 1931년 4월 30일.
16) 「재미한인통일촉진의견서을 읽고」, 『新韓民報』 1931년 5월 14일.

중을 위한 在美韓僑聯合會 결성을 처음으로 제안하였다.

1. 우리도 上海韓僑聯合會와 일치 모두 去日을 선언한 임시정부를 후원할 일.
2. 우선 後援金을 수합하여 임시정부에 보내고 응원을 계속할 일.
3. 재미한인의 總力量 集中을 위하여 在美韓僑聯合會 조직을 발기할 일.[17]

이러한 제의에 대해 국민회의 총회장 白一圭와 선전부 위원들이 동조해 1931년 11월 9일 美洲韓人聯合會(The United Korean Association of America, 이하 '한인연합회'로 약함) 발기를 대외에 공포하였다.[18] 중가주 한인공동회와 북미 국민회의 발기에 대해 멕시코의 墨京自成團, 나성 한인공동회, 디트로이트 한인공동회가 참여해 한인연합회의 조직은 확대되었다. 한인연합회의 설립 목적은 '한인 전체의 역량을 집중하여 임시정부를 후원하며, 선전'하는 데 있었다.

한인연합회는 1932년 1월 22일자 임정 공문을 통해 공식 기관으로서의 認准과 아울러 미국·멕시코·쿠바 지역 동포의 人口稅 수봉업무를 부여받았다. 아울러 1933년 2월 羅城(로스엔젤레스) 동지회가 한인연합회에 참가하면서 한인연합회의 위상은 북미 한인사회를 총괄하는 機構로 부상하였다.

한인연합회는 크게 입법부와 집행부로 나뉘었으나 실질적인 업무는 집행부에서 담당하였다. 집행부의 구성은 사무장 1인, 재무 2인, 서기 1인, 선전부장 1인으로 구성되어 사무장이 모든 사무를 총괄하였다.[19]

---

17) 「중가주공동회결의안」, 『新韓民報』, 1931년 10월 22일. 김호는 당시 김정진으로 불리웠다.

18) 「미주한인연합회발기문」, 『新韓民報』, 11월 12일.

19) 미주한인연합회의 임원을 보면, 집행부 사무장 宋憲澍, 재무 白一圭·金廷鎭(金乎), 서기 한재명, 선전부장 임정구이며, 대표회 의장은 洪焉(곧 이살음으로 바뀜)으로 구성하였다(「미주한인연합회」, 『新韓民報』 1931년 12월 17일).

한인연합회의 주요 활동은 재미한인들로부터 인구세를 수봉하여 임시정부로 송부하는 것으로 설립이후 약 1년 간 인구세 수봉실적을 보면 677달러였고 이 중 675달러를 임정으로 송금하였다.[20]

그런데 연합체로서의 한인연합회는 회원 단체들간의 결속을 단단하게 유지시킬 만한 충분한 조직력을 갖지 못하였다. 또 자체 유지를 위한 예산이 없어 전담 사무실이나 전담 사무원을 둘 수 없어 회원 단체가 사무를 분담하였고, 活動根據地도 달라 집행부 내에서도 선전부는 桑港(샌프란시스코)에, 사무소는 羅城(로스엔젤레스)에 위치하여 원활히 활동하기 어려웠다.[21] 무엇보다 한인연합회의 운영을 어렵게 만든 것은 국민회가 연합회에 대해 소속감을 보이기 보다 비판적인 태도를 보인 점이었다. 그것은 국민회의 우월의식과 한인연합회의 이승만지원에 대한 불만, 한인연합회 가입절차상의 문제, 그리고 국민회 내부의 한인연합회에 대한 부정적 시각 등이 주요 요인이었다.

소속단체에 대한 강력한 지도력을 발휘할 수 없었던 한인연합회는 국민회가 1933년 4월 2일 단독으로 韓國對日戰線統一同盟 가입을 위해 탈퇴를 발표한 후 크게 위축되었다. 한인연합회는 1933년 4월 16일 中加州 리들리(Reedly)에서 국민회를 제외한 4개 단체 대표가 모여 특별대표회를 개최하였으나, 中加州 한인공동회와 羅城 한인공동회 두 단체가 한국대일전선통일동맹에 참가한다는 이유로 大韓獨立黨을 설립하면서 한인연합회는 해소되었다.[22] 그러나 이러한 大韓獨立黨도 소속 단체 회원들에게 同意를 얻지 못해 외면받으면서 설립된지 한 달도 지나지 않아 임원들만 남은 이름뿐인 단체로 전락하였다.[23]

---

20) 「미주한인연합회 제2차 통상대표회 공포서」, 『新韓民報』 1933년 2월 23일.

21) 「미주한인연합회통고」, 『新韓民報』, 1932년 4월 7일.

22) 「공동회가 독립당으로」, 『新韓民報』 1933년 4월 20일. 大韓韓獨立黨의 설립 목적은 내부의 단결과 혁명의 방법으로 한국 독립을 완성하는 것이었다.(「공동회가 독립당으로」, 『新韓民報』, 1933년 4월 20일).

23) 회장 송헌주와 서기 송창균만 남게 되었다(「대한독립당의 소식」, 『新韓民

일제의 만주침략을 계기로 임시정부를 돕고 재미한인의 역량을 집중시키기 위해 설립된 한인연합회는 북미 한인사회에 외견상 하나의 통일체로서의 위상을 가졌으나, 국민회의 탈퇴와 대한독립당의 설립 등으로 그 의미를 상실하고 말았다.

⑵ 韓國對日戰線統一同盟 加盟運動

미주한인연합회로 운영되던 북미 한인사회는 金奎植이 訪美하면서 새로운 변화를 맞이한다. 1932년 가을 중국 국민당정부는 일제의 대륙침략에 대한 국제여론을 환기하고 국제적 지원을 호소할 목적으로 민간사절단의 미국 파견을 결정했는데, 미국 사정에 정통한 김규식이 사절단의 수석전권에 임명되었다.[24] 김규식은 中韓民衆大同盟 외교부장 및 韓國對日戰線統一同盟 집행위원 자격으로 1932년 11월 중국을 출발,[25] 1933년 3월 10일 로스엔젤레스에 도착하였다.[26] 그의 訪美目的은 미주 지역 한인단체의 韓國對日戰線統一同盟(이하 '통일동맹'으로 약함)[27]으로의 가맹과 在美韓中 兩民族의 연합을 통한 中韓民衆大同盟[28] 미주지부를 결성하여 국제적인 연대를 꾀하는 일, 마지막으로 독

報』, 1933년 5월 18일).

24) 「김박사 도미」, 『新韓民報』, 1933년 3월 16일.

25) 內務省警保局, 『社會運動の狀況』 6(1934), 三一書房, 1972, 1624쪽.

26) 「김박사 도미」, 『新韓民報』, 1933년 3월 16일.

27) 韓國對日戰線統一同盟은 1932년 10월 金奎植이 상해에서 崔東旿, 李裕弼 등과 독립운동 세력의 통일문제를 협의하면서 발단이 되어, 1932년 11월 10일 韓國獨立黨(상해), 朝鮮革命黨(만주), 韓國革命黨(남경), 義烈團(남경), 韓國光復軍同志會(북경)의 5개 단체가 모여 설립되었다. 통일동맹의 趣旨는 革命力量의 總集結, 직접적인 軍事行動, 韓中聯合戰線의 形成에 두었다(姜萬吉, 『조선민족혁명당과 통일전선』, 화평사, 1991, 46~54쪽 ; 金榮範, 『한국 근대민족운동과 의열단』, 창작과 비평사, 1997, 353~364쪽 ; 韓相禱, 「1930년대 좌우익 진영의 협동전선운동」, 『대한민국임시정부의 좌우합작운동』, 한울, 1995, 60~66쪽 참조).

28) 中韓民衆大同盟은 김규식이 統一同盟을 결성할 당시부터 중국 민간 항일단

립운동을 위한 미주동포의 의연금 모집과 선전활동에 있었다.[29)]

국민회가 1933년 4월 2일 통일동맹 가입을 결의하자 나성한인공동회, 대한독립당 등 여타의 단체들도 통일동맹에 가입하였다. 뉴욕의 한인들은 김규식의 뉴욕 방문을 계기로 동년 6월 18일 뉴욕의 동지회·대한인교민단·국민회지방회 3개 단체 연합으로 통일동맹뉴욕지부를 결성하고 자체 規約과 任員을 선임하였다.[30)] 또 뉴욕 한인들은 6월 24일 중국인과 연합하여 中韓民衆大同盟 뉴욕지부를 결성했다.[31)]

김규식이 북미지역에 머무른 4개월 동안 이처럼 북미 한인사회 내 대부분의 단체가 통일동맹에 가입하였다. 또 하와이의 국민회와 동지회도 1933년 7월 22일과 10월 30일에 각각 통일동맹에 가입하였다.[32)] 이에 따라 전체 미주 한인사회는 외견상 통일동맹으로 통일된 것처럼 보였다.

통일동맹에 대한 가맹운동은 어디까지나 한국 獨立을 위한 대의에

체인 中華民衆自衛隊同盟측과 제휴를 모색하면서, 1932년 11월 14일 결성되었다. 중한민중대동맹의 結成 目的은 "중국의 失地回復과 한국의 獨立完成을 통해 진정한 自由·平等의 인류사회를 실현하는 데 있음"을 선언하고, '中韓對日聯合軍組織', 모든 '反日勢力의 聯合', '民衆反日運動의 확대'를 활동지침으로 설정하여, 통일동맹의 취지와 큰 차이가 없었는데, 이 때문에 통일동맹과 중한민중대동맹과는 긴밀한 紐帶關係를 유지하였다(韓相禱, 앞의 글, 68~70쪽 참조).

29) 「김박사의 사명」, 『新韓民報』, 1933년 5월 18일.

30) 「한국대일전선통일동맹 뉴욕지부」, 『新韓民報』, 1933년 9월 28일. 선임된 임원은 집행위원 고소암·이철원·조극·이진일·장신산 등 5인과 재무 고소암, 서기 장진산이다.

31) 위와 같음. 이 때 선임된 임원은 상무위원 오건초·사도일평·이진일, 총무부 조정영·고소암, 경제부 이양래·이진일, 선전부 이배·오영광·이걸민·이철원, 민중부 진정백·장진산 등 5부 17인이었다. 중한민중대동맹 뉴욕지부 설치를 위해 모인 한국측 대표는 고소암·이진일·이철원·남궁염·장진상 등 6인이었고, 중국측 대표는 화상총회대표 이양래를 비롯한 13개 단체 16명이었다.

32) 「대일전선통일동맹은 각 단체 대표회의로」, 『新韓民報』, 1934년 4월 5일.

동조하여 光復이라는 대목표 아래 미주한인들의 힘을 結集시킬 수 있다는 可能性을 보여주었으나, 미주 한인단체의 聯合이나 統一을 기대한 일은 아니었다. 통일동맹의 가입을 계기로 미주 한인사회는 통일운동의 산물인 연합회가 해체되고 별도의 대한독립당이 설립되는 등 분열되었다.

(3) 북미 국민회의 合同運動

1935년 3월 崔鎭河가 새로 총회장이 된 이후 북미 국민회의 내부는 차츰 정비되었다. 崔鎭河는 국민회의 당면과제를 첫째, 2세 청년을 위하여 그들에게 필요한 것을 해야할 것과, 둘째, 재미한인사회의 통일책과 발전책을 연구해야 하는 것으로 삼았다.[33] 그는 이런 자신의 생각을 실행하기 위해 1936년 5월 17일 로스엔젤레스에서 각 단체 대표자들과 간담회를 개최하여 한인사회의 발전을 위해 노인구제 · 청년교양 · 임시정부 후원을 향후 핵심과제로 설정했다.[34] 간담회에 참석한 주요인사는 국민회 인물 외에 中加州 한인공동회 · 羅城 한인공동회 · 羅城 동지회의 인물들이 다 포함되어 있었는데 사실 미서부 지역 한인대표들이 다 모인 셈이었다.[35]

간담회 참석자들은 재미한인사회의 발전을 위해 모두 하나로 뭉치는 것이 필요하다는 데 인식을 같이 하였다. 그리고 그 실현 방법으로 역사와 전통이 가장 오래된 국민회를 復興시켜 국민회 중심의 合同運動을 전개하는 것으로 결의하였다.[36] 즉 국민회를 재미한인의 共同機

---

33) 「남가주 순행 후 나의 감상」, 『新韓民報』, 1935년 9월 12일.

34) 「재미한인사회 발전책 간담회기사」, 『新韓民報』, 1936년 5월 21일.

35) 여기에 참석한 주요 인사는 중가주에서 김정진(김호) · 이살음, 북가주에서 김탁 · 홍언, 남가주에서 송헌주 · 한재명 · 안석중 · 김종림 · 임지영 · 정지영 · 윤병희 · 손승곤 · 이순기 · 송종익 · 임준기 · 한승곤 · 김성권 · 임치호 · 김병연 · 이영수 · 김창만 등 21명이었다.

36) 「대한인국민회총회 임원회의 결의안」, 『新韓民報』, 1936년 5월 28일.

關으로 인정하여 다같이 국민회의 기치 아래 충실한 會員이 되는 것이 急先務라고 생각한 것이다. 그 결과 중가주 리들리(Reedly)에서는 국민회지방회가 復設되고, 로스엔젤레스·시카고 등지를 비롯한 각지에서 합동운동 소식에 대한 축하회가 대대적으로 거행되었다.[37]

이러한 분위기 속에 국민회는 1936년 7월 4일부터 5일까지 개최한 특별대의회에서 국민회 발전방향을 결의하였다. 주요 내용은 ① 본회 憲章을 고쳐 委員制를 채용함, ② 노인구제, ③ 2세 청년을 위한 국어학교 설립, ④ 임시정부에 대한 후원, ⑤ 총회관을 로스엔젤레스에 新築하는 것 등으로[38] 이 가운데 위원제로의 개편은 능력있는 지방유력자들이 국민회로 참여할 수 있게 만들었다.

비록 국민회의 합동운동이 북미 내 모든 한인들을 국민회 회원으로 만들 만큼 완성된 것은 아니었지만 합동운동 이후 국민회의 1년 간 성적은 놀라울 정도로 부흥하였다.[39] 이를 통해 국민회는 북미 한인사회에 상당한 위상과 지도력을 회복하게 되고 이후 光復事業을 추진하는

37) 복설된 국민회 중가주지방회는 1936년 5월 31일 김정진(일명 김호)·이살음의 주도로 이루어져, 회장 진영규, 부회장 강화중, 대의원 김정진이 선임되었다(『新韓民報』, 1936년 6월 4일, 「국민회총회 기치하에 집중」; 6월 11일, 「재미한인사회 합동의 기쁜 소식」).

38) 「대한인국민회 특별대의원회」, 『新韓民報』, 1936년 7월 9일. 국민회 憲章은 1903년 3월에 채택된 이래 처음으로 개정되었고, 새 헌장은 1937년 1월 1일부터 그 효력을 발생하였다(Wayne Patterson, *The Korean Frontier in America : Immigration to Hawaii 1896-1910* (University of Hawaii Press, 1988), pp.453~454).

39) 이를 보면 다음과 같다.

- 중일대전으로 인한 임시정부의 후원과 중국 항일에 정신과 물질로 돕는 일에 재미 한인이 국민회의 기치아래 일치 행동을 취한 것.
- 총회관을 나성에 건축한 일.
- 국민회 회원이 3배로, 인구세 납부가 3배로 증가한 것과 지방회가 16곳으로 확장된 것.
- 청년부가 미·묵·큐 각지에 설립된 것(「재미한인의 정형」, 『新韓民報』, 1938년 2월 3일)

데 상당한 자신감을 갖게 되었다.

3. 하와이 한인사회의 통일운동

1) 1930년 전후의 통일운동

(1) 大韓民族統一促成會의 結成

3·1운동으로 뜨거워진 독립운동의 열기가 점차 식어가자 1920년대 미주 한인사회는 분열 양상을 보이기 시작하였다. 하와이 내 大韓人國民會荷哇伊地方總會가 1921년 3월 大韓人荷哇伊僑民團(The Korean National Association of Hawaii, 이하 '하와이교민단'으로 약함)40)으로

40) 대한인하와이僑民團(Korean National Association of Hawaii : 하와이교민단의 영문명칭은 Korean Residents' Association 또는 The Kyomindan으로 부르기도 하지만 실제로는 해소된 국민회의 영문이름을 그대로 사용하였다)은 1920년 10월 7일자로 발표한 상해 대한민국임시정부 內務部令 제4호인 "外地에 僑居하는 인민에게 自治制를 실시키 위하여 僑民團制를 공포함"을 근거로(『臨時僑民團關係法令集』, 7쪽), 1921년 3월 22일 기존의 하와이 국민회를 해소하고 설립되었다(「민목사하와이민장」, 『新韓民報』, 1921년 4월 14일). 초대 단장과 부단장은 閔燦鎬와 安元奎였다. 참고로 金元容의 『在美韓人五十年史』 157쪽에 1922년 3월 22일 하와이 교민단이 설립된 것으로 기록하고 있는 것은 誤記이다. 이것을 근거로 쓰여진 졸고, 「1930년대 재미한인의 통일운동」, 『한국독립운동사연구』 10, 1996, 197쪽 ; 「이승만의 통일운동」, 『한국독립운동사연구』 11, 1997, 263쪽의 기록도 이번 기회에 그 오류를 수정한다. 그런데 이 때 하와이 국민회가 교민단으로 바뀌어질 때 이승만의 주장과 노력에 의해 이루어졌는데 이것은 하와이 한인사회를 장악해 가려는 그의 계획에서 나온 것이었다(John K. 玄, 『國民會略史』, 고려대학교 민족문화연구소, 1986, 24쪽). 하와이 교민단은 설립목적을 "조국의 독립광복에 전력하며 교육을 장려하고 실업을 발전하며 동포의 영예를 증진케"하는 데 두었다(『대한인하와이교민단자치규정』, 1쪽). 그런데 1923년 1월 23일 하와이 교민단 이사회에서 총단장과 부단장이 구미위원부 위원장의 인준을 받아 임명되도록 하여 이승만이 사실상 하와이 교민단을 장악하였다(『대한인하와이교민단자치규

전환되어 大韓人國民會 中央總會에서 떨어져 나가면서 미주 한인사회는 북미와 하와이로 분리되었고 하와이 내부 또한 여러 세력으로 분열하였다.[41] 1920년대 하와이의 한인사회는 同志會(The Korean Nationalist Party, Dongji Hoi)[42] 및 하와이僑民團을 장악하고 있는 李承晩側 세력과 大朝鮮獨立團(The Korean National Independence League)[43]의 朴容萬側 세력이 중심을 이루었다. 두 세력은 1910년대부터 쌓여 온 악감정으로 서로 화합하기 힘든 상태였다. 이 밖에 하와이에는 두 세력에 비해 미약하였지만 점차 두 세력의 중개자 역할을

정』, 34쪽).

41) 大韓人國民會하와이地方總會가 하와이 大韓人僑民團으로 전환되어 대한인국민회를 이탈하자 大韓人國民會北美地方總會는 1922년 12월 29일부터 1923년 1월 4일까지 개최한 대의원회에서 '中央總會'를 폐지하고 대한인국민회북미지방총회의 이름도 '大韓人國民會總會'로 바꾸는 등 기존 대한인국민회의 憲章을 개정해 하와이와 완전히 分離하였다(「대한인국민회총회 제14하대의원회 입안」·「의회록」, 『新韓民報』, 1923년 1월 18일). 그런데 金元容, 『在美韓人五十年史』, 119쪽에 대한인국민회북미지방총회가 1922년 1월 대의원회에서 중앙총회를 폐지한 후 '북미대한인국민회'로 바꾸었다고 한 것은 誤記이다.

42) 同志會는 1921년 7월 21일 이승만이 閔燦鎬·安顯卿·李鍾觀 등과 더불어 호놀룰루에서 설립한 독립운동기관이다. 설립목적은 "상해의 임시정부를 옹호하며 대동단결을 도모하되 임시정부의 위신을 타락하거나 방해하려는 不忠不義한 국민이 있으면 본회가 일심하여 방어하며 상당한 방법으로 조처함"이라 하여 임정봉대에 큰 사명을 두었다. 그렇지만 이러한 임정봉대의 주장은 임정의 초대 대통령인 李承晩을 지지하기 위해 나온 것이었기 때문에 임정 그 자체를 순수하게 전적으로 옹호·지원한다는 의미는 아니었다.

43) 大朝鮮獨立團은 1919년 3월 3일 朴容萬이 호놀룰루에서 설립한 독립운동단체이다. 설립목적은 민족의 독립운동과 자유민주주의를 옹호하는 것에 두었다. 주요 활동방침은 自治나 委任統治와 같은 생각을 버리고 오직 완전한 獨立과 이를 위한 軍事行動의 실천을 주장하며, 군사주의와 민족주의를 옹호하고 공산주의와 제국주의를 배격하되, 정치혁명에 성공한 뒤에는 경제혁명을 통해 토지를 인구비례로 나누어 경영하게 하며, 국문연구를 통해 조선문화를 육성하며, 힘있는 국민을 양성하는 데 앞장서는 것으로 하였다(國家報勳處, 『대조선독립단약장』, 『美洲韓人民族運動資料』, 1999).

할만큼 영향력이 증대하는 중립 세력이 있었다.

1920년대 초기부터 하와이 한인사회가 점차 분열 상태로 확대되자 여기에 대응한 통일운동도 활발히 전개되었다. 최초 하와이 한인사회의 최초의 통일운동은 1928년 2월 16일 29명의 한인들이 모여 결성한 大韓民族統一促成會(이하 '촉성회'로 약함)로 나타난다.[44] 1928년 3월 이 단체는 166명이 연명한 「韓國民族統一促成宣言書」를 발표한 후 한민족 통일을 위한 3대 강령을 다음과 같이 제정하였다.

1. 전민족의 정신을 단결하여 운동의 전선을 일치케 함.
2. 전민족의 역량을 집중하여 대업의 擔責을 함께 지게 함.
3. 전민족 理想을 종합하여 국가의 건설을 愼微케 함.[45]

이에 따라 촉성회는 설립 목적을 "대한 민족의 통일을 촉성하여 독립운동의 단일기관을 창설함"에 두었다.[46] 그리고 이 목적을 달성할 때 촉성회를 해산할 것이라 하여 촉성회가 통일운동기구로서의 소임을 다할 것임을 밝혔다. 촉성회의 참여 인물을 보면 대조선독립단과 교민단, 그리고 중립측 인사들이 참여하여 처음부터 大同團結의 정신을 갖고 출발하였다.[47]

그러나 大韓民族統一促成會는 1928년 5월 21일 호놀룰루에서 개최

44) 「하와이」·「한민족 통일을 위하여」, 『新韓民報』, 1928년 3월 15일.
45) 「한민족통일촉성회 선언서를 讀하고」, 『新韓民報』, 1928년 5월 24일.
46) 위와 같음.
47) 대한민족통일촉성회에 참여했던 21명의 집행위원들의 인적구성을 분류해 보면, 대조선독립단측은 이복기·이원순·김윤배·이상호이고, 교민단측은 최창덕·민찬호·안원규·김영기·김유실·정인수이며, 중립측은 조용하·오운·안창호·문또라·황혜수·정원명·박상하·홍한식·안현경·정운서이다(「하와이」:「합성시대를 만난 한족통일독립당촉성회」, 『新韓民報』 1928년 5월 3일). 이러한 분류는 필자 자의로 분류한 것이 아니라 당시의 기록에 의한 것이다.

된 제1차대회 이후 뚜렷한 활동도 없이 해산되고 말았다. 주요 원인은 먼저 지나치게 명분론에 치우쳐 구체적이고 현실적인 통일운동의 방식이 결여되어 있었던 점과, 동년 10월 朴容萬의 급작스런 죽음을 계기로 촉성회에 참가한 대조선독립단 단원들이 구심점을 잃고 크게 위축된 점을 들 수 있다.

⑵ 韓人協會의 結成

1930년이 되자 하와이 한인사회는 1929년 11월 3일 본국에서 일어난 光州學生運動의 소식이 북미를 비롯한 하와이에 전파되면서 독립운동에 대한 열기가 되살아났다. 이런 열기를 계기로 1930년 1월 13일 호놀룰루에서 과거 大韓民族統一促成會에 참여했던 大朝鮮獨立團과 중립측 인사들이 통일된 독립운동을 목적으로 韓人協會를 발기하였다. 발기자들은 "臨時政府로 集中시키는 것이 곧 獨立의 情神이요 民族統一의 經路"임을 주장하는 취지서와 모든 민족운동을 임정으로 集中·統一하는 3대 강령을 발표하였다.

1. 임시정부로 중력을 期成함.
2. 운동의 方略은 최후 1인까지 분투함.
3. 獨立黨 통일을 期成함.[48]

한인협회는 1930년 2월 6일 위원장 조용하, 재무 김윤배, 서기 김진호를, 임시위원으로 최두욱, 조광원, 신국겸, 정운서, 박상하, 이상호, 강영효, 박종수, 정원명, 김이제를 각각 선임하여 조직을 갖추었다.[49] 처음 40여 명으로 출발한 한인협회는 두 달도 채 못되어 80여 명으로 확대되었다. 그러나 이승만이 동지회 중심의 통일운동을 주도함에 따

48) 「하와이」·「하와이 한인협회 조직」, 『新韓民報』, 1930년 3월 13일.
49) 위와 같음.

라 11명의 한인협회의 회원들이 동지회에 가담하였고, 교민단과 동지회간에 분쟁이 발생되면서는 대부분의 회원들이 교민단에 가입함으로써 한인협회는 해소되었다.

한인협회 결성으로 나타난 1930년대 하와이 한인사회의 통일운동 바람은 1930년 3월 9일 가와이(Kauai)島 거류 한인 150여 명이 韓人自治會를 결성하는 데 영향을 주었다. 한인자치회는 主旨를 '自治互助', '革命應援', '敎育奬勵'에 두고, 전민족의 통일을 촉진할 것과 對日抗戰을 위한 혁명군을 신속히 양성하는 데 한인협회와 그 뜻을 같이하였다.[50]

⑶ 李承晩의 統一運動

이승만은 1929년 10월부터 다음해 1월까지 북미 대륙의 여행을 마치고 하와이로 돌아온 뒤 한인사회의 통일운동에 뛰어 들었다. 당시 이승만은 북미여행을 통해 그 동안 경영상 어려움에 빠진 同志殖産會社(Dongj Investment Company 또는 Dongji Siksanhoi)에 대한 한인들의 재정지원을 기대했으나 경제 대공황의 여파로 예상했던 성과를 거두지 못하고 돌아왔다.[51] 이런 가운데 하와이 내에서 광주학생운동을 계기로 일고 있던 민족운동의 열기가 고조되고, 한인협회와 한인자치회의 결성으로 통일운동의 분위기가 일자 이승만은 그동안 침체되었던 동지회를 復興하는 동시에 동지회 중심의 統一運動에 착수하였다. 이승만은 1930년 3월부터 金鉉九를 비롯한 하와이교민단 핵심 인물들에 대해 '民衆合同'의 필요성을 인식시키고, 大朝鮮獨立團에 대해선 서로 主義와 主張이 동일하니 正義의 입장에 선다면 서로 합해질 수 있음을 주장하였다. 그리하여 이상호, 김윤배, 이원순 등 5, 6인의

---

50) 「가와도소식」, 『韓人協會公報』 제5호, 1930. 3. 20.

51) 鄭斗玉, 「在美韓人獨立運動實記」, 『한국학연구』 3 별집, 인하대학교 한국학연구소, 1991, 77~78쪽.

대조선독립단 인사들이 동지회로 입회하였다.[52] 이러한 이승만의 노력으로 동지회는 날로 부흥되고 회원도 자연 크게 증가하게 되었다.

동지회가 부흥되기 시작하자 이승만은 1930년 7월 15일부터 24일까지 하와이 호놀룰루에 同志美布代表會를 개최하여 본격적인 동지회 중심의 통일운동에 박차를 가하였다.[53] 그리하여 동지회 中央理事部를 설치하여 체제를 정비하는 등 동지회를 민족운동의 유일한 정치단체로 만들었다.

그러나 동지미포대표회의 외형적인 성과와는 달리 실제 내용면에서는 성공을 거두지 못하였다. 대회 이후 본격적인 활동을 개시해야 할 동지회가 특별한 활동을 전개하지 못하였고, 중앙이사부의 조직도 발표하지 않고 미루어오다 대회가 종결된 지 두 달이 지난 9월 26일에야 겨우 그 결과를 공포하였다.[54] 이런 내막은 그동안 이승만이 추진한 동지회 부흥운동과 통일운동에 대한 불만들이 이번 대회에서 표출하고 있었기 때문이다. 사실 이승만은 이미 동지미포대표회 이전에 한인기독교회 재산처리문제를 둘러싸고 李容稷과 마찰을 빚고 있었고, 하와이교민단 해체를 의심하고 있던 金鉉九를 비롯한 교민단원들과도 갈등을 빚고 있었다.[55] 또 동지회 '3대정강'[56]이 보다 전투적인 독립운

---

52) 『太平洋雜誌』, 1930년 5월호, 「하와이 한인합동」.

53) 『雩南李承晩文書 : (東文篇)』 12권, 「동지미포대표회회록」, 298쪽. 동지대표대회는 1924년 11월 17일부터 20일까지 호놀룰루에서 개최한 하와이 韓人代表會 이래 동지회 최대의 행사였다. 연 800여 명이 참석한 이 대회에서 결정된 주요 내용은 첫째, 동지회 憲章의 통과, 둘째, 歐美委員部와 임시정부와의 법통관계 정리, 셋째, 구미위원부의 활동후원, 넷째, 동지회 政綱의 不變, 다섯째, 동지회를 독립운동의 유일한 政治團體로 인정하는 것 등이다(『太平洋雜誌』, 1930년 9월호, 「공포서」).

54) 『太平洋잡지』, 1930년 9월호, 「공문」.

55) Dae-Sook Suh ed., *The Writings of Henry Cu Kim : Autobiography with Commentaries on Syngman Rhee, Pak Yong-man, and Chong Sun-man* (University of Hawaii Press, 1987), pp.221~229.

56) '3대 정강'의 내용은 다음과 같다.

동을 구상하고 추진하려 했던 하와이 한인들과 일부 대조선독립단 단원들에게 독립운동의 方略으로 너무 미약하다는 反感을 사고 있었다.

이러한 내부 불만들이 표출되고 있음을 감지한 이승만은 모든 사태의 원인을 김현구에게 있다고 보았다. 당시 김현구는 『國民報』 주필이자 하와이교민단의 서기 겸 재무를 맡고 있었다. 이승만은 그를 설득시키려 했으나 뜻대로 되지 않자 그의 하와이교민단 서기 겸 재무 직임을 사직시키려 하였다.[57] 이승만의 의도는 단순히 김현구만 제거한다면 불화가 하와이교민단으로까지 확대되지 않을 것으로 보았던 것이다.

그런데 김현구의 사직권고에 대해 하와이교민단측에서 강력히 비판하면서 분쟁은 이승만을 지지하는 동지회와 교민단 사이의 단체분쟁으로 확대되었다.[58] 즉, 두 단체의 분쟁은 하와이교민단의 주인이 누구인가의 문제로 법정소송까지 갔던 것이다. 막대한 비용이 소요된 법정재판의 결과 1931년 4월 16일 교민단측의 승소로 끝났다. 그러나 이번 분쟁과 소송으로 하와이 교민단과 동지회는 서로 깊은 불화만 남긴 채 하와이 한인사회는 더욱 분열하고 말았다.

이승만의 통일운동은 민족의 독립을 위해 서로 힘을 결집해야 한다는 統一意識을 심어주었지만, 오히려 분쟁으로 종식되면서 한인사회

---

1. 우리 독립선언서에 공포한바 공약3장을 실시할지니, 3·1정신을 발휘하여 끝까지 정의와 인도를 주장하여 비폭력인 희생적 행동으로 우리 대업을 성취하자.
2. 조직적 행동이 성공의 요소이니 우리는 개인 행동을 일절 버리고 단체범위 안에서 질서를 존중하며 지휘를 복종하자.
3. 경제자유가 민족의 생명이니 자작자급을 함께 도모하자.

57) 자3824, 「The Case of Korean National Association」, 5쪽, 獨立紀念館 所藏資料.

58) 이러한 분쟁 내용에 대해서는 졸고, 「이승만의 통일운동」, 『한국독립운동사연구』 11, 1997 ; 金度亨, 「1930년대 초반 하와이 한인사회의 동향」, 『한국근현대사연구』 9, 1998 참조.

의 통일이 쉽지 않은 문제임을 일깨워 주었다.

2) 1930년대 후반 하와이 한인사회의 통일운동

(1) 同志會의 聯合運動과 國民會의 復設

1930년부터 하와이 한인사회에는 김구의 서신호소를 계기로 하와이 내 일부 한인들에 의해 대한민국임시정부에 대한 후원활동이 추진되기 시작하였다. 이러한 후원활동은 하와이 한인들에게 독립운동에 대한 열기를 고조시키는 한편, 분쟁 당사자였던 동지회와 교민단에게도 침체된 조직을 정비하는 기회를 제공하였다. 먼저 동지회는 1931년 7월 萬寶山事件과 9월 일제의 만주침략으로 국제정세가 급변하자 동년 12월 14일 당면 과제이자 방침으로 임정을 공고히 하고 구미위원부 중심의 외교활동 방향을 담은 3대 議案을 결의하였다.[59] 이 같은 동지회의 활동방침은 이전에 있었던 분열과 파당을 극복하려는 것이었다.[60] 또한 동지회는 「특수한 지위와 비상한 시기에 처한 미·포·묵 동포에게 고함」이라는 글에서 국내외 한인들이 일대 단결할 것과 미국에 대

---

59) 이 때 결의된 내용은 다음과 같다.

1. 비상한 이 때에 임시정부 기반을 더욱 공고케 하기 위하여 동지회 중앙부에서 美·布·墨에 산재한 1만 명 교류민에게 인구세를 수합하여 임시정부로 납부케 한 사.
2. 양서에 산재하여 있는 1만 명 우리들은 2천 3백만을 대표한 대외기관인 구미위원부를 중심하고, 물력과 정신을 총집중하기로 중앙부 서무부에 위탁하여 운동케 한 사.
3. 在滿同胞의 구휼금을 시급히 수봉하기로 서무부에 위탁한 사.

(「사설」·「중앙부 이사회록」, 『太平洋週報』, 1931년 12월 19일).

60) 동지회는 활발한 대외활동을 계기로 대한민국임시정부를 우리 민족의 대표기관으로 인정하였지만, 임정에 대한 모든 후원활동이 구미위원부의 지휘하에 두어야 한다는 기존 입장에는 변함이 없었다. 이런 방침은 동지회가 임정의 폐지 명령에도 불구하고 앞으로 계속 구미위원부 중심으로 외교활동을 추진하겠다는 태도였다.

한 외교활동에 박차를 가할 것을 제시하였다.[61]

동지회의 구체적인 활동은 이승만의 외교활동을 통해 전개되었다. 이승만은 1931년 11월 21일 하와이를 떠나 1935년 1월 24일 다시 돌아올 때까지, 통일운동의 실패와 분쟁으로 인한 개인적인 상처를 씻으면서 워싱턴과 제네바 등지에서 활발한 외교활동을 전개하였다.[62]

활발한 대외활동은 침체된 동지회에 활기를 불러일으켰다.[63] 이런 분위기 속에 동지회 내부에서 외교활동을 각 단체별로 전개하는 것보다 協力해서 진행하는 것이 필요하다는 여론이 일어나자,[64] 동지회는 1933년부터 제 단체 聯合運動을 전개하여 동년 4월 9일 韓人聯合協議會를 조직하였다. 한인연합협의회는 설립 목적을 한국의 독립을 성취하기 위한 민중의 역량을 連絡·集中케 하며 운동의 전선을 協議하는 것에 두었고,[65] 기관보로 『협의회보』를 발간하였다.[66] 한인연합협의회

---

61) 『太平洋週報』, 1932년 3월 30일.

62) 이승만의 제네바 활동에 대해서는 方善柱, 「1930년대 재미한인의 독립운동,」 『한민족독립운동사』 8, 1990, 437~448쪽 ; 柳永益, 『이승만의 삶과 꿈』, 중앙일보사, 1996, 174~188쪽 참조. 한편 이승만은 尹奉吉義擧로 인해 일제에 의해 무고한 在上海 한인들이 체포되는 일이 발생하자 歐美委員部(The Korean Commission to America and Europe)의 이름으로 1932년 5월 4일 프랑스대사관에 공문을 보내 상해거류 한인보호에 협조해 줄 것을 요청하여, 프랑스 정부로부터 긍정적인 회신을 받아 내었다(「상해 체포한인 석방을 법국대사에 요구한 구미위원부 공문」·「상해한인 체포사건 선후책에 대한 동지회 태도」, 『太平洋週報』, 1932년 6월 1일).

63) 예컨대 동지회가 발행한 1932년 2월 19일자 「광고」를 보면 동지회 회원 200여명이 동시에 入會하는 행사를 전개하게 되었다한 것으로 보아 교민단과의 분쟁으로 침체된 동지회가 크게 부흥하고 있었음을 알 수 있다(國家報勳處, 『美洲韓人民族運動資料』, 1998, 305쪽).

64) 예컨대 최선주는 「집단운동에 일치하고 분열행동을 배격하자」라는 글에서 최근 임시정부를 추대하고 후원하기 위해 인구세와 특별의연을 거두는 일은 다행한 일이나, 이 일이 개별 단체의 분산적인 행동으로 진행됨이 무척 유감스럽다 하였다(『太平洋週報』, 1932년 6월 15일).

65) 위와 같음.

66) 「하와이」·「한인연합협의회 조직」, 『新韓民報』, 1933년 8월 10일.

에 참가한 단체는 동지회를 비롯하여 임시정부후원회, 대조선독립단, 동생회, 조미구락부, 와히아와공동회 등 6개 단체였다.[67] 구체적인 활동에 대해서는 자료미비로 알 수 없으나 설립 이후 대조선독립단이 1934년 10월 하와이 국민회와의 합류를 선언함으로써 이후 한인연합협의회도 무산된 것으로 보인다.

한인연합협의회는 하와이 교민단과의 분쟁으로 침체에 빠진 동지회가 활발한 대외활동으로 자신감을 되찾으면서 나온 聯合活動의 산물이었다. 한인연합협의회의 결성을 통해 동지회는 會勢의 발전은 물론 하와이 한인사회의 중심적인 단체로 발돋움하는 데 좋은 계기를 제공해 주었다. 아울러 광복을 위한 이런 연합활동의 경험은 하와이 한인들에게 통일의 기운을 불러일으키는 원동력으로 작용하였다.

한편 하와이교민단은 극심한 재정적인 어려움 속에서 조직 유지조차 어려울 정도였으나, 만주사변 발발을 계기로 적극적인 외교활동을 전개하였다.[68] 이런 가운데 하와이교민단은 1931년 1월부터 시작된 북

67) 「하와이」·「외교운동을 각 단체에서 따로」, 『新韓民報』 1933년 6월 29일.

68) 예컨대 1931년 10월 하와이교민단은 자체 조직과 별도로 宣傳部長 鄭斗玉, 書記 金鉉九, 財務 車申浩, 交涉委員 韓吉洙, 그 외 金元容·李容稷으로 구성한 宣傳部(The Korean National Information Bureau)를 설치하였다. 하와이교민단 선전부는 후버(Herbert Hoover) 미대통령에게 보내는 10월 28일자 공개서한을 비롯하여, 國際聯盟(The League of Nations) 議會 議長 아리스티드 브리앙(Aristide Briand)에게 보내는 11월 2일자 서신과, 중국 南京의 國民黨政府 林森에게 보낸 12월 11일자 請願書 등을 통해 일제의 만주침략 저의를 폭로하고 한국 독립운동의 지원을 요청하였다. 또 선전부는 정두옥·김현구의 이름으로 1932년 11월 14일자로 국제연맹 사무총장 에릭 드럼몬드(Eric Drummond)에게도 공한을 보내 한국의 독립과 세계평화를 위해 일제의 불법침략행위를 저지시켜 줄 것을 강력히 요청하였다(자3824, 「Open Letter from Koreans in Hawaii to Herbert Hoover(1931. 28)」; 「Open Letter from Korean National Information Bureau to Aristide Briand(1931. 11. 2)」; 「Petition to the Republic Government of China by the Koreans in Hawaii (1931. 12. 11)」; 「Letter from Korean National Information Bureau to Eric Drummond(1932. 11. 14)」, 獨立紀念館 所藏資料; 獨立運動史編纂委員會

미 지역 한인사회의 통일운동에 영향을 받으면서[69] 자체정비와 함께 국민회 재건운동을 전개하였다.[70] 먼저 하와이교민단은 1933년 1월 16일 자체 해소를 결정하고 동년 2월 1일 하와이 大韓人國民會(이하 '하와이 국민회'로 약함)를 復設시켰다. 그런 다음 하와이 국민회는 대조선독립단과의 統合運動을 전개해 1934년 10월 15일 두 단체의 통합을 성사시켰다.[71] 復設된 하와이 국민회는 외형상 안정적인 조직체를 갖게 되고 하와이 한인사회 내에서 중심적인 역할이 가능해졌다.

⑵ 제1차 統一運動

임정후원활동과 선전외교활동의 시도는 1935년부터 하와이 한인사회의 기성세대들에게 다시금 통일운동의 필요성을 제기하였다. 그리하여 그 동안 소원하게 지내던 하와이 국민회와 동지회 사이의 合同輿論이 일어났다. 두 단체의 합동문제는 1935년 10월 중개자로 나선 김성

編, 『獨立運動史資料集』 제7집, 1983, 1011~1018쪽).

69) 그 영향은 1931년 1월 11일 북미 국민회가 제시한 '재미한인통일촉진의견서'를 비롯하여 북미한인사회 내부에서 제기되던 통일운동의 분위기 때문이다. '재미한인통일촉진의견서'는 1931년 1월 11일 송종익 · 홍언 · 김동우 · 강영소 등 4인이 제시한 6개 안의 통일방안이다. 이것은 북미지역 중심의 통일, 민족주의와 민중주체에 의한 통일방향을 발표한 것으로 이후 북미지역 대한인국민회의 통일운동 지침이 되었다. 여기에 대해선 졸고, 「1930년대 재미한인의 통일운동」, 『한국독립운동사연구』 제10집, 1996, 205~206쪽 참조.

70) 당시 국민회 재건운동과 하와이 한인사회의 통일운동 여론은 정두옥이 쓴 「통일의 길을 걷자」와 「재포한인의 통일」이라는 글에서 잘 나타나 있다. 그는 이 글에서 교민단의 이름을 바꾸어 국민회를 재건할 것과, 국민회의 이름으로 하와이 한인사회를 통일할 것을 강력히 제안하였다(『國民報』, 1931년 5월 6일 · 13일).

71) 「하와이」 · 「합동축하의 성황」, 『新韓民報』, 1934년 11월 8일. 그러나 그 이후에도 여전히 대조선독립단의 이름으로 활동한 것으로 보아 독립단과 국민회의 합동이 완전하게 성사되었다고 볼 수 없다. 이를 볼 때 이번 두 단체의 통합은 단지 대조선독립단에서 떨어져 나온 일부만이 국민회로 합류하였음을 알 수 있다.

옥·최선주·趙炳堯·安昌鎬가 동지회와 국민회 대표들을 초청해 합동문제를 정식 제기하면서 이루어졌다.[72] 하지만 두 단체 사이에 쌓인 상호불신이 충분히 순화되지 않았고 통합의 방식에 대한 구체적인 의견도 교환되지 않아 별 진전을 보지 못하였다.

잠시 소강상태를 보이던 하와이 국민회와 동지회 간의 통일운동 기운은 1937년 7월 중일전쟁을 계기로 임시정부에 대한 후원을 단합된 힘으로 하자는 여론이 일어나면서 동년 8월부터 본격적으로 추진되었다. 그리하여 동년 10월 10일 두 단체는 교섭위원회의에 의해 다음의 合同決議案을 작성하였다.

1. 본 대표 등은 양 단체의 절대합동을 진행하라는 두 간부회의의 결의사명을 받아서 두 단체를 해결하기로 결정함.
2. 두 단체의 행정부는 각각 헌장에 의지하여 각 지방회 대의원, 대표원에게 공함하여 절대 합동의 찬동을 받기로 함.
3. 두 단체는 지방의원의 합동찬성보고를 받은 뒤에는 두 단체가 각각 자기 단체의 사단법인 관허장을 청원 취소하기로 결의함.
4. 이상 3조를 경과한 뒤 두 단체 간부는 각각 위원 5인씩을 선정하여 각 지방 대의원과 대표원에게 교섭하여 민중 의사에 만족한 통일단체를 성립하기로 함.[73]

그러나 하와이 국민회가 이 결의안 중 法人官許狀 취소와 관련한 조항을 수정할 것을 제의한 데 대해 동지회가 수용을 거부하면서 통일문제는 더 이상 진전되지 못하였다.

이번 통일운동을 계기로 양측은 교민단 소유권을 두고 법정소송으로까지 갔던 불편한 감정들을 해소하고 이해할 수 있는 자리를 만들었

---

72) 「국민회총임원회 : 합동문제에 대한 기정방침 불변」, 『新韓民報』, 1935년 10월 3일 ; 「하와이 : '합동문제 토의'」, 10월 31일 참조.

73) 「국민회·동지회 양단체 대표결의안」, 『國民報』, 1937년 10월 10일.

다.

⑶ 제2차 통일운동

제1차 통일운동 이후 하와이 한인사회에서는 한동안 통일문제가 제기되지 않았다. 이는 통일의 대의에 대해 아무도 반대하지 않았지만 통합의 방법이 간단하지 않음을 깨달았기 때문이다. 그렇지만 이미 광복대업을 위해 통일운동을 전개한 이상 하와이 한인사회의 통일문제는 반드시 해결해야 할 당면과제였다.

잠시 잠잠해 있던 통일운동은 김구가 미주를 비롯한 해외 한인들에게 보낸 통일역량의 강화 호소와 하와이 내 소수 한인들의 노력으로 다시 재개되었다. 이런 분위기 속에 먼저 국민회가 1938년 8월 14일자 「공함」을 동지회에 보내 통일문제 협의를 위해 공식 모임을 가질 것을 제의함으로써 통일운동은 재추진되었다. 동지회는 이번 통일논의에 중립측 인사들도 참가시킬 것을 요구하였는데 이는 이번 통일운동이 단순히 국민회와 동지회만의 통합이 아닌 하와이 한인 전체의 통일까지 염두에 두려는 의도였다. 그리하여 국민회·동지회·중립측은 8월 23일부터 시작한 합동수속회의에서 1차 통일운동 때 문제가 된 법인 관허장을 그대로 두고 합동의 진행을 쉬운 것부터 순차적으로 진행하여 다음을 결의하였다.

> 양 단체의 법인 관허장은 그대로 두고 합동하되, 이름을 公決하고 규칙을 수정하며, 임원을 公選하고, 회원의 권리와 의무를 꼭 같이 한다. 이후 어느 법인 官許狀을 취소할 필요가 있을 때는 법인 관허장을 없앨 단체의 民國 20년도(1938년) 임원의 동의하에 진행하기로 함.74)

74) 「제5차 회의」, 『國民報』, 1938년 9월 14일.

이상의 합동방안을 갖고 하와이 국민회와 동지회는 聯合議會를 개최하였다. 연합의회는 1938년 11월 18일부터 12월 7일까지 13차에 걸쳐 진행되었다.[75] 통일을 위한 연합의회는 처음엔 순조롭게 진행되었으나 회의가 후반으로 진행되면서 난관에 부딪혔다. 먼저 두 단체는 이번 회의에 참가할 수 있는 자격문제를 두고 논쟁하기 시작하였고, 그 다음 국민회·동지회의 자산보고문제와 이 문제와 결부되어 대두된 통합의 새 단체 지도자를 어떻게 선임할 것인가에 대한 선거방식의 문제였다. 이 가운데 통합 이후 탄생할 새 단체의 총회장과 부회장의 선거방식문제는 통일을 위한 핵심과제였다. 이는 새 단체의 주도권을 어느 단체에서 장악할 것인가 하는 것과 결부되어 있었다. 하와이 국민회는 회비를 낸 순수회원들만으로 투표에 참여시킬 것을 주장한 반면 동지회는 회원·비회원을 가리지 말고 하와이 모든 한인들에게 투표권을 주자고 하였다.

선거 방식을 둘러싼 두 단체의 입장 차이는 실제 회원수가 동지회에 비해 하와이 국민회가 훨씬 많았던 데 있었다.[76] 그렇지만 동지회가 단순히 현실적으로 불리한 회원수 때문에 국민회의 제안을 거부한 것으로 보이지는 않는다. 동지회는 제2차 통일운동을 재개할 때 이미 하와이 한인 전체의 대동단결을 염두에 두고 시작하였고,[77] 그러한 영향은 연합의회 제2차 회의부터 가와이 단합회와 대조선독립단에 대해 대

75) 「연합회의」, 『國民報』, 1938년 11월 23일.

76) 1938년 당시 하와이 국민회는 자체의 회원수가 463명인 데 비해 동지회 회원수를 80명에 불과한 것으로 보았다. 하와이 국민회의 이런 주장은 정확하다고는 할 수 없었으나 대체로 국민회 회원이 동지회 회원보다 많았다는 것은 사실인 것으로 보인다. 실제로 당시 동지회의 회원수는 약 300명 정도로 추정된다(「연합의회 정회」, 『國民報』, 1938년 12월 14일, 사설).

77) 「임시대표회 순서와 결의 사항」, 『太平洋週報』, 1938년 11월 26일을 보면 동지회는 국민회와의 통합운동 논의 시 가져야 할 활동방침 14개 항을 결의하였다. 그 중에 보면 동지회는 이번 통합논의가 단순히 두 단체만의 통합이 아닌 제단체의 통일로까지 확대할 것을 밝히고 있었다.

표 참가를 결정하는 데까지 미치고 있었다. 따라서 동지회는 회원수에 대해선 국민회에 비해 적을지 모르나 하와이 한인사회의 전체 통일이라는 대의명분에서 만큼은 일관된 자세를 가지고 있어서 투표자격을 모든 한인들에게 주자고 한 데는 나름의 명분이 있었다.

이처럼 선거방식을 둘러싼 두 단체의 주장은 나름대로 정당성과 대의명분이 있었지만 통합의 성사를 바로 눈앞에 둔 상황에서 끝내 합의를 도출하지 못한 것은 두 단체의 주장이 순수했다고 볼 수 없기 때문이다. 즉 그동안 양보하고 타협해 온 모든 과정이 결국 새 단체의 主導權 장악이라는 利害 앞에서 두 단체 모두 자신의 정당성만 내세움으로써 大同團結의 대의명분을 스스로 저버렸던 것이다. 이에 따라 1938년 12월 7일에 개회된 제13차 회의를 끝으로 두 단체의 통일운동은 막을 내렸다.

이번 제2차 통일운동의 성과라면 하와이 국민회와 동지회 사이에 특별한 충돌없이 종결된 것이다. 이것은 1940년대 이후 두 단체간의 聯合活動을 가능하게 해 주었다.

4. 1940년~45년, 미주 한인사회의 통일운동

1) 하와이 한인사회의 연합활동

개별적으로 활동하던 하와이 한인단체들이 연합행동을 보인 때는 1940년이 되면서부터다. 이 때가 되면 유럽에서 발생한 제2차 세계대전이 점차 확대되어 미국이 이번 전쟁에 개입하지 않을 수 없는 분위기가 형성된다. 미국 내에서는 미국이 장차 1년 이내 세계대전에 참전할 것이라는 예견이 현실화하고 있었고, 미일전쟁이 불가피하다는 여론도 고조되고 있었다.[78] 특히 하와이가 미일전쟁의 첫 발생지가 될

78) 「1년래 미국 참전을 선언」, 『太平洋週報』, 1940년 8월 3일 ; 「미일충돌이 일

지 모른다는 우려가 하와이 내에서 고조되고 있는 마당에 하와이 한인들은 이에 대처하지 않으면 안되었다.[79] 이런 상황에 1940년 10월 13일 6개의 한인단체 대표들이 결성한 것이 聯合韓人委員會(또는 '한인연합위원회'로 불리움)이다.[80]

聯合韓人委員會는 하와이에 대대적으로 설치하고 있던 미국의 국방설비사업을 적극 후원할 목적으로 조직되었다. 그러한 내용은 10월 20일 발표된 「연합한인위원선언서」에서 반영되었다.[81] 그렇지만 미국 국방에 대한 후원활동이 한국의 독립문제와 연결되어 있어서, 연합한인위원회의 궁극적인 목표는 한국의 독립과 식민지민족의 해방이었다.

연합한인위원회 결성에는 6개 단체에서 20명의 대표들이 참가하였다.[82] 10월 20일 모임에서 9개의 합의사항과 연합한인위원회의 주요 임원이 선정되었다.[83] 연합한인위원회의 조직은 관리부 · 선전부 · 구

주일내에 날 듯」, 10월 12일 참조.

79) 예컨대 동지회 외교원 이원순이 발표한 「이 때 한인은 어떻게 할까?」라는 글은 한인사회의 공동행동의 필요성을 잘 말해 주고 있었다(『太平洋週報』, 1940년 10월 12일).

80) 재미한족연합위원회편, 『해방조선』, 나성과 하와이, 1948, 149쪽.

81) 주요 내용을 보면, "현금 미국 정부의 국방에 대한 급급한 공작을 잘 이해하는 우리는 이에 분연히 일어나서, 각 단체가 유감없이 연합하고 정신을 건전하게 통일하여 우리에게 가장 적당한 방법으로써 국방에 대한 훈련을 받고 노력을 더하여, 일이 있을 때 의용적으로 헌신활동(하여) 만 가지의 한 부분일지라도 미국 정부의 요구에 상응되는 공헌이 있기를 기약하매, 우리의 사명이 결코 적지 아니함을 다시 깨달아 깊이 기뻐하노라"(「연합위원회선언서」, 『太平洋週報』, 1940년 10월 29일).

82) 「각단체 대표대회」, 『太平洋週報』, 1940년 10월 29일. 6개 단체 및 대표는 다음과 같다.
- 부인구제회(동지회) : 김순연, 손노디, 이유실
- 부인구제회(국민회) : 곽명숙, 김차순, 김매들린
- 중한민중동맹회[단] : 정두옥, 차신호, 손창희, 김영선
- 대조선독립단 : 정태영, 박성달, 현순, 이명선
- 동지회 : 손승운, 이원순, 안현경, 도진호
- 국민회 : 안원규, 김원용, 김태원, 김현구

호부 · 훈련부 · 조사부 · 재정부 등 총 6부로 구성하였고, 人選은 참가한 단체 모두에게 골고루 안배되었다.[84]

연합한인위원회의 활동은 임정의 광복군 조직을 계기로 광복군후원 활동으로 연결되었다. 그리하여 1941년 3 · 1절을 하와이 내 17개 한인 군소 단체들이 참가한 공동행사로 진행되었고, 동년 3월 13일 국민회와 동지회가 연합한 대한광복군후원금관리위원회를 조직, 연합활동이 강화되었다.

이처럼 비상시기를 당해 하와이 한인들이 일치단결한 결과 탄생한 연합한인위원회는 비록 미국의 국방원조라는 대의명분 속에 이루어진 것이었지만, 1930년대 하와이 한인들이 지속적으로 전개한 통일운동의 산물이라 할 수 있다. 연합한인위원회는 재미한족연합위원회가 결성된 1941년 5월경 해소된 것으로 보인다.[85] 재미한족연합위원회가 미국에 대한 국방원조사업을 직접 담당함으로써 연합한인위원회의 필요성이 사라졌기 때문이다.

하와이 한인사회는 1940년에 들어서면서 연합한인위원회를 조직하고 광복군후원을 공동으로 거행하는 등 연합활동을 통해 독립운동의 열기를 고조시켰다. 특별히 이번 일들을 하와이 국민회와 동지회가 공동협력하는 가운데 추진해 나간 것은, 이후 북미 국민회와 함께 해외

---

83) 위와 같음. 그런데 위의 『太平洋周報』에 위원장 이원순, 부위원장 김현구 · 현순, 서기 김원용, 재무 안원규로 기록된 사람들은 본 위원회의 관리부 임원들이다.

84) 조직 구성원들을 보면 다음과 같다.
- 관리부 : 의장 이원순, 부의장 김현구, 서기 김원용, 재무 안원규
- 선전부 : 의장 김원용, 부의장 안현경, 평의원 김영기 · 임두화 · 정두옥
- 구호부 : 의장 손노디, 부의장 심영신, 평의원 민찬호 · 임성우
- 훈련부 : 의장 조병요, 서기 차신호, 외교원 양유찬, 평의원 권도인 · 박태균
- 조사부 : 의장 김현구, 부의장 도진호, 평의원 조광원 · 현순
- 재정부 : 의장 손승운, 서기 정봉관, 회계 안원규, 평의원 최선주 · 안창호

85) 「재미한족연합위원회 하와이의사부」, 『新韓民報』, 1941년 5월 22일 참조.

한족대회를 준비하는 데 좋은 기반을 제공해 주었다.

2) 북미 국민회와 재미한족연합위원회의 결성

1930년대 후반 북미지역 한인사회는 1935년 총회장으로 선임된 崔鎭河의 노력으로 이후 국민회 중심의 합동운동이 성과를 보임에 따라 새로운 활기를 되찾았다. 특별히 중일전쟁이 발발한 이후부터 국민회는 활발한 재정모금운동과 대내외의 선전활동을 추진하는 등 적극적인 활동을 강화하였다.[86)]

이런 가운데 북미 국민회는 광복사업을 공동으로 추진할 계획을 갖고 하와이 각 단체들과 교섭하였다.[87)] 그리하여 1938년 9월 14일자로 하와이 국민회와 동지회에 공문을 보냈는데, 당시 하와이 국민회와 동지회가 상호 統合問題로 골몰하고 있었기 때문에 별다른 반응을 얻지 못하였다.[88)]

그런데 중일전쟁 이후 북미 국민회는 두 가지 목표를 갖고 있었다. 하나는 전민족의 統一團結을 이루는 것이고, 다른 하나는 북미 한인사

---

86) 「국민회 제4계 중앙집행위원회 결의안」, 『新韓民報』, 1937년 9월 9일 ; 「민족운동의 진행과 재미동포의 책임」, 9월 16일 논설 ; 「제3계 중앙집행위원회 결의안」, 1938년 9월 8일 ; 「사업성적서」, 1939년 1월 19일 ; 「중앙집행위원회의 결의안에 대하여」, 4월 13일 논설 ; 「總會公牘」, 1939년 9월 9일 및 10월 28일.

87) 이는 중앙집행위원회 결의안 제3조에 해당한다.

88) 여기에 대해서는 졸고, 「1930년대 後半 하와이 韓人의 統一運動」, 『한국독립운동사연구』 제12집, 1998 참조. 이 때 북미 국민회가 하와이측에 제의한 내용은 다음과 같다.

1. 독립운동에 관한 일체 財政은 동일한 기관에 집중할 일. 본회의 의견은 이상의 재정을 임시정부로 보내기로 하나이다.
2. 對內 宣傳은 思想의 統一을 고취할 일.
3. 對外 宣傳은 論調와 態度를 一致할 일.

(「總會公牘」, 『新韓民報』, 1938년 9월 22일)

회가 국민회 중심의 완전한 합동을 이루는 것이었다.[89] 이 두 가지 중 1938년 당시 국민회가 가장 관심을 가진 것은 후자의 문제였다. 비록 최진하의 노력으로 1935년 북미 한인사회가 겉으로는 국민회 중심으로 합동을 이룬 것으로 보였으나 완전하지는 못하였다. 이것은 중일전쟁을 계기로 북미 각 지역에서 中國後援會가 결성되었기 때문이다. 때문에 1938년도 국민회 중앙집행위원장 金乎는 국민회가 현재 형식상 단결이 완성된 것으로 보이지만 思想統一이 이루어지지 않았다고 했다.[90] 즉, 그는 먼저 국민회 당국부터 일반 회원에 이르기까지 사상이 통일되어야 국민회 내부의 충돌을 피할 수 있고 또 국민회의 역량을 집중할 수 있다고 역설하였다. 또한 『新韓民報』 1938년 11월 17일자 「호외」에서는 미국·멕시코·쿠바의 재류동포는 중일전쟁 발발이라는 비상시기에 국민회의 기치 하에 손잡고 분투해 줄 것을 요청하기도 하였다. 이로 볼 때 북미 국민회가 생각한 전민족의 통일단결의 문제는 먼저 국민회 중심의 완전한 합동노력이 선결되어야 하는 것이었다.[91)]

국민회가 지적하는 '思想統一'이란 당시 한인사회에 확산되고 있던 사회주의 성향의 사상이 보수적인 민족주의 사상으로 통일되어야 한다는 것을 의미하였다. 이것은 중국후원회 내부에 공산주의자가 있어 공산주의적 색채를 풍기고 있다는 여론이 일어나고 있었기 때문이다.[92] 중국후원회 참석자들 중에는 기존 국민회에 비판적인 安奭中·卞俊鎬·金剛·李敬善 등 신진 인물들이 참여했기 때문에 나온 현상이었다. 그리고 이들 신진인물들은 1938년 10월 중국 漢口에서 朝鮮義

89) 여기에 대해서는 중앙집행위원장 김호가 쓴 「비상시기와 우리의 할 일」, 『新韓民報』, 1938년 9월 8일 참조.

90) 위와 같음.

91) 그런데 북미 국민회가 생각한 전민족의 통일단결 방향은 임시정부 중심의 통일전선 실현이었다(「물질과 정신의 총동원」·「제안분류」, 『新韓民報』, 1938년 9월 8일 참조).

92) 「중국후원회문제로 토의」, 『新韓民報』, 1939년 1월 26일, 잡보.

勇隊가 결성되자 1939년 4월부터 朝鮮義勇隊美洲後援會(The League to Aid Korean Volunteers in China)를 새로 결성하는 등 기존 국민회가 추구하는 民族主義的이고 臨政 중심의 방향과는 다른 성향으로 경도되었다. 즉 김원봉이 이끄는 조선민족혁명당을 지원하고 후원하는 방향으로 선회하고 있었던 것이다. 그로 인해 조선의용대미주후원회는 1942년 6월부터 朝鮮民族革命黨美洲總支部(The North American Branch of the Korean National Revolutionary Party)로 개편되었다.

이로 볼 때 1940년 전후 북미 한인사회는 중국후원회와 조선의용대미주후원회의 결성으로 새로운 활기를 띤 반면 지도력을 발휘해야 할 기존의 국민회는 중심적인 역할을 다하지 못하였음을 알 수 있다. 북미 국민회의 이런 모습에 대해 黃思溶[93]은 「국민회와 회원」이라는 글에서, 비상시기에 국민회가 이전보다 가난하여 통상경비도 빚을 내고 활동도 전에 비해 심히 잔잔하니 무슨 까닭인가 하고 국민회의 분발을 요구하기도 했다.[94] 이것은 중일전쟁 발발 이후 북미 국민회가 한인들의 기대에 부응하는 활동을 전개하지 못하였음을 의미한다. 이에 따라 의식있는 북미 한인들은 국민회의 지도력에 불만을 가졌을 것이고, 여기에 중국후원회와 조선의용대후원회 등의 결성으로 한인사회에 대한 국민회의 위상은 위축되어 갔음을 알 수 있다.

이처럼 북미 국민회는 중일전쟁 이후 당면과제를 광복대업을 위한 민족적 대단결을 도모하는 것과 국민회 중심의 합동을 완성하는 것에 두고 있었지만, 후자의 문제는 중국후원회와 조선의용대후원회가 결성되면서 난관에 부딪쳤다. 민족적 대단결을 모색하려는 전자의 문제 또한 북미 국민회가 이미 1938년 9월 시국문제협의를 위해 하와이 국민회와 동지회에 공함을 보내 교섭을 시도한 적이 있었으나, 이들 하와

93) 黃思溶은 1881년 4월 27일 평북 의주에서 출생하였고 1905년 渡美하였다. 1910년 대한인국민회 북미 지방총회 총회장과 이후 중앙총회의 부회장을 역임한 이후 멕시코와 하와이의 巡行委員이자, 牧師였다.

94) 「국민회와 회원」, 『新韓民報』, 1939년 11월 23일.

이 국민회와 동지회가 상호 합동문제에 몰두하면서 별반응을 얻지 못하였다.

이런 가운데 중경 대한민국임시정부에서 전해준 광복군 창설소식은 북미 국민회가 지도력을 회복해 대외활동을 적극적으로 추진하는 데 계기를 마련해 주었다. 즉 대대적인 광복군후원금 모금활동을 비롯해 하와이의 국민회·동지회와의 공동협력을 재추진하게 된 것이다. 1940년 4월부터 추진된 북미 국민회와 하와이의 두 단체와의 교섭은 1941년 11월 합동을 위한 다음의 「결의안」을 마련하였다.

1. 현하 각 단체의 실정이 그 자체를 해소하고 單一黨을 결성하기에 준비되지 않은 까닭에, 해외 한인 전체의 공동결의로 聯合機關을 조직하고 독립운동의 모든 행사를 그 기관에 일임하기로 함.
2. 각 단체들은 연합기관의 세포기관이 되어서 독립운동에 대한 의무를 분담하되, 다만 그 자체에 관한 일에는 자의 행사하기로 함.
3. 각 단체가 이 결의안을 일치 동의하면 海外韓族大會를 열기로 함.95)

이 「결의안」을 볼 때 기존 단체를 해소하고 새로운 單一黨을 구상하는 것은 준비부족으로 불가능했고, 대신 聯合機關을 조직해 독립운동의 의무를 분담하기로 했음을 알 수 있다. 그리고 이러한 연합활동을 위해 海外韓族大會를 개최하기로 했음을 보여준다.

1941년 1월과 3월 북미 국민회는 하와이 국민회 및 동지회와의 구체적인 연합활동을 위해 韓始大·宋鍾翊·金乎 등 세 대표를 선정하였다. 그리고 이번에 개최되는 해외한족대회의 주요 의제를 임정봉대, 광복군후원, 외교운동의 전개에 두었다.

북미 국민회의 이 같은 활동방침은 이후 하와이의 국민회와 동지회에도 반영되었다. 하와이의 두 단체는 임정 중심의 대동단결과 광복대

95) 金元容, 『在美韓人五十年史』, 1959, 400쪽.

업의 촉성을 공동의제로 마련하였다.96) 그리고 이 사업의 추진을 위해 하와이의 두 단체는 전 민족을 총동원하여 정치·외교·군사의 3대 운동을 새로운 방식으로 전개하되 이를 위한 경제적인 후원방법을 강구하기로 하였다.97) 두 단체는 해외한족대회의 참가 범위와 출석 대표의 자격을 ① 대한민국임시정부를 신뢰·옹호하거나 서약하는 단체, ② 제1항에 적당한 단체에서 전권 임명하는 신임장을 휴대하고 자격심사위원의 승인을 득한 자로 규정하였다.98) 이것은 이번 해외한족대회가 북미 국민회가 제시한 세 단체 중심의 대회가 아닌 임정을 지지하는 모든 단체의 대회로 확대시키려는 의도였다.

이에 따라 해외한족대회는 하와이 호놀룰루에서 1941년 4월 19일부터 29일까지 9개 단체에서 15명의 대표가 모인 가운데 치러졌다.99)

해외한족대회에서 나온 주요 내용은 4월 29일 「해외한족대회 결의

---

96) 「해외한족전체대회」, 『太平洋週報』, 1941년 4월 5일. 이와 동일한 내용이 「3개 단체대회의 회의정서」, 『新韓民報』, 1941년 4월 10일에 보도되고 있다.

97) 위와 같음. 그 내용을 보면 다음과 같다.
1. 독립전선에 대한 전 민족의 總動員 强化와 그 指導方略.
2. 정치·외교·군사 3대운동의 現 時代的 新方略의 展開.
3. 독립운동의 강화실현에 대한 經濟的 基礎와 運動方略.

98) 위와 같음.

99) 참가한 각 단체와 대표자 명단은 다음과 같다.
·북미 국민회 대표 : 한시대, 김호, 송종익.
·동지회 대표 : 안현경, 이원순, 도진호.
·하와이 국민회 대표 : 안원규, 김현구, 김원용.
·중한민중동맹단 대표 : 차신호.
·대조선독립단 대표 : 강상호.
·한국독립당하와이총지부 대표 : 임성우.
·조선의용대미주후원회연합회 대표 : 권도인.
·하와이 대한부인구제회 대표 : 민함나, 심영신.
하와이 대한부인구제회는 국민회측(심영신)과 동지회측(민함나)으로 나누어져 있어 두 단체로 보아야 한다(「해외한족 대회준비회」, 『新韓民報』 1941년 5월 8일 참조)

안」(이하 「결의안」으로 칭함)이라는 이름으로 발표되었다. 細側과 規程을 포함하여 총 7개조로 이루어진 이 「결의안」은 그 동안 진행된 해외한족대회의 모든 회의내용을 압축하고 있었다. 「결의안」의 주요 내용은 '독립전선의 통일', '임시정부 봉대', '군사운동', '외교운동', '미국 방공작 원조', '재정방침', '재미한족연합위원회의 설치' 등 일곱 가지이다.[100)]

이상의 「결의안」 가운데 주목할 사항은 미주 한인사회를 통할할 聯合機關인 在美韓族聯合委員會(The United Korean Committee in America ; UKC, 이하 '연합회'로 약함)를 결성한 사실과 미주 한인단체의 독립운동 방향을 大韓民國臨時政府로 집중하여 독립금모금 및 선전외교의 활동을 統一된 힘으로 추진하게 만든 점이다.

在美韓族聯合委員會는 미주 한인사회의 분산된 독립운동을 한 군데로 집중시키기 위해 결성된 獨立運動機關이다. 해외한족대회에서 결의된 연합회의 설립 목적을 보면, 조국의 독립운동과 그 전선을 통일하여 항전 승리를 획득하는 동시에 동포 사회의 발전을 위해 연락협조하는데 두었다. 즉 독립전선의 통일, 임시정부의 봉대, 군사 및 외교운동의 전개, 미국방공작의 후원, 그리고 재정의 수합 등 이 모든 일을 직접 실행하기 위해 연합회가 결성되었다. 이런 연합회의 성격은 연합회가 단순히 배후에서 독립운동을 지원하는 後援團體가 아니라는 점을 의미한다.

연합회는 해외한족대회 결의안이 선포된 1941년 4월 29일 결성이 되었으나 이 날 발표는 형식상의 선언이었고, 실제 결성은 의사부와 집행부가 각각의 조직을 갖추면서다. 연합회의 조직은 해외한족대회에서 그 大綱이 결의됨에 따라, 하와이 호놀룰루(湖港)의 議事部와 북미 로스엔젤레스(羅城)의 執行部로 구성된 2원 체제의 委員制였다.

---

100) 「결의안」 세부내용에 대해서는 『해방조선』, 153~156쪽, 「해외한족대회 결의안」 참조.

연합회의 결성으로 미주 내 주요 한인단체는 모두 연합회를 중심으로 한 연합활동이 가능해졌다. 이것은 1930년 전후부터 제기된 미주 한인사회의 통일운동이 단일기구에 의한 완전한 統一體는 아니더라도 聯合에 의한 방식으로 행동의 통일을 이루었음을 의미한다. 대동단결이라는 미주 한인사회의 오랜 염원이 완전하지 않지만 聯合會의 결성으로 비로소 목표한 바를 달성했다고 볼 수 있다.

5. 맺음말 : 통일운동의 성격과 의미

일제시기 미주 지역의 통일운동은 중국지역에서 전개된 民族唯一黨運動과 統一戰線運動, 그리고 국내의 新幹會運動과는 그 성격이 매우 다르다. 우선 미주 지역의 한인단체는 獨立運動의 理念問題에 큰 차이를 보이지 않고 있다. 無政府主義를 비롯해 社會主義 思想의 영향이 비교적 적고 民族主義의 이념이 보편적으로 미주 한인사회를 지배하였다. 때문에 미주 지역에는 理念의 차이나 階級的 이해 때문에 통일운동에 영향을 준 예가 거의 없다.

다음으로 미주 지역의 통일운동에는 國內外에서 발생한 항일독립운동의 영향과 국제정세의 변화가 이 지역 통일운동의 주요 요인으로 작용하였다. 대체로 1940년 이전까지의 미주 지역 통일운동은 국내외 한인들의 항일운동의 영향이 크게 작용하였고, 그 이후부터는 국제정세의 변화에 능동적으로 대처하면서 나온 것이었다. 예컨대 1941년 결성된 연합회는 제2차 세계대전 발발 이후 나타난 국제정세의 변화에 한인들이 자발적으로 대처한 결과였다. 따라서 미주 지역의 통일운동은 단순히 大同團結만을 目標로 하지 않고 독립운동의 주요 방편으로서 추진되었다. 그러나 중국지역 통일전선운동이 중국 국민당과 공산당간의 國共合作이나 國共內戰 등 중국의 정세 변화에 대응하면서 전개된 것과는 달리 미주 지역의 통일운동은 미국과는 관련성이 없이 자의적으로 추진되었다. 이것은 미국의 대외정책이 태평양전쟁 발발 이전까지 한국문제를 전혀 고려의 대상에 포함하지 않았기 때문에 나온 현상이다.

미주 지역의 통일운동은 기존 단체를 해소하는 완전한 통일방식이 아니라 기존 단체를 그대로 둔 聯合에 의한 統一方式으로 귀착되고 있었다. 미주 한인사회가 희망했던 統一方式은 1909년 國民會를 탄생시킨 것처럼 완전한 統一體를 만드는 것이었다. 그렇지만 1930년대 후반 하와이 국민회와 동지회간의 통일운동시 기존 단체를 해소하는 것이 현실적으로 불가능함을 인식한 뒤부터 미주 한인사회의 통일방식은 聯合에 의한 公同協力으로 선회하였다. 1941년 4월 해외한족대회에서 연합체 성격의 재미한족연합위원회가 결성될 수밖에 없었던 것은 오랜 통일운동을 통해 터득한 미주 한인의 合理的이고 現實的인 代案이었다.

미주 지역의 통일운동은 특정 人物의 지도력이나 영향력에 좌우되지 않고 團體 중심에 의해 추진되었다. 비록 1930년 이승만이 동지회 중심의 통일운동을 추진하다 하와이 한인사회가 심각한 법정분쟁에 빠진 적이 있으나, 이 사건 이후 미주 한인사회의 통일운동은 특정 인물본위로 추진되지 않고 각 단체에서 선임된 대표들 간의 지속적인 대화와 타협에 의한 방식으로 전개되었다. 단체와 단체 중심으로 추진된 관계로 미주 지역의 통일운동에는 특정 인물간에 발생하는 감정적인 마찰이나 갈등이 일어나지 않았다. 1930년대 중반 이후부터 미주 한인사회의 통일운동이 지속적으로 전개되었던 것은 이런 요인이 크게 작용하였다.

단체 중심으로 전개된 통일운동이 미주 한인사회에 미친 영향은 적지 않다. 첫째, 북미 및 하와이 국민회와 동지회 등 특정 단체가 미주 한인사회의 핵심단체로 부상하게 된 점과, 둘째, 이원순·김호·한길수·한시대·안원규·전경무 등 다양한 인물들이 한인사회의 새로운 지도자적 인물로 등장하게 된 점, 셋째, 한인사회의 문제를 감정적이고 선동적인 방식이 아닌 민주적이고 합리적으로 해결하는 훈련의 장을 마련한 점 등을 들 수 있다.

따라서 일제시기 미주 한인사회의 통일운동은 근대적인 자주독립국가를 수립하기 위한 한인들의 의미있고 성숙한 고도의 政治訓練으로 평가할 수 있다.

샌프란시스코회의(1945)와 알타밀약설
-이승만의 반소·반공노선과 관련하여-

고 정 휴*

1. 머리말

1945년 4월 25일 미국 샌프란시스코에서는 전후 세계평화와 안전보장을 논의하기 위하여 50개국이 참여하는 연합국회의가 열렸다. 제2차 세계대전이 일어난 후 연합국들이 한자리에 모이기는 처음이었다. 그 동안 주로 미국·영국·소련·중국 등 3대 또는 4대 강국 중심으로 세계문제가 논의되어 왔었다. 연합국회의는 그 해 6월 26일까지 계속되었고 이를 통하여 새로 탄생될 국제연합(UN)의 헌장이 마련되었다.

미주 한인사회와 중국 국민당정부의 임시수도인 重慶에 자리잡고 있던 대한민국임시정부(이하 임정)는 연합국회의의 개최 소식에 비상한 관심을 가졌다.[1] 시기적으로 종전이 가까워졌고, 한국문제를 국제적으로 호소할 수 있는 마지막 기회가 될지도 모른다는 생각 때문이었다. 회의의 개최 장소가 미주 한인사회의 한 거점이었던 까닭에 교민

* 포항공대 인문사회학부 교수, 국사학

1) 임정 국무위원이었던 金星淑은 해방을 앞두고 “정말 전후좌우가 꽉 막혀 있을 때로 …… 이 때에 바늘구멍같은 희망의 숨구멍이 외부로부터 터져 왔어요. 바로 유엔 창립총회인 샌프란시스코회의가 열리지 않았어요?”라고 회고했다(李庭植 면담, 金學俊 편집·해설, 『혁명가들의 항일회상 : 金星淑·張建相·鄭華岩·李康勳의 독립투쟁』, 민음사, 1988, 121쪽).

들의 관심은 보다 각별했다.2)

그러나 미주 한인단체들은 샌프란시스코회의에 참가할 수 없었다. 李承晩을 단장으로 한 임정대표단도 예외는 아니었다. 태평양전쟁 발발 이후 임정 승인과 광복군에 대한 지원을 줄곧 미국정부에 요구해 왔던 이승만은 얄타밀약설을 터뜨렸다. 그 내용인 즉, 미국·영국·소련의 정상들이 얄타회의(1945. 2. 4~2. 11)에서 한반도를 소련에게 넘겨주기로 합의·서명했다는 것이었다. 개화기의 반러의식에 뿌리를 두고 있던 이승만의 반소·반공노선이3) 얄타밀약설을 통하여 극적으로 표출되었다. 그것은 미국 정부의 대소 '유화'정책에 대한 공개적인 비판이기도 했다. 샌프란시스코회의에 참가했던 연합국 대표들과 미국의 언론들은 '잊혀진 한국'의 망명정치가 이승만을 주목했다.

제2차 세계대전이 종결된 후 전시회담과 관련한 미국측의 외교문서들이 공개되면서 확인되었지만, 얄타밀약설은 사실이 아니었다. 이승만 자신도 확신을 갖고 있지 못했다. 그럼에도 그는 밀약설을 제기했는데, 여기에는 나름대로의 정치적 동기와 목적이 있었다고 보아야 한다.4) 그것을 밝히는 것이 이 논문의 주된 과제이다. 얄타밀약설에 대

---

2) 「연합국대회를 상항에 소집」, 『신한민보』, 1945년 2월 22일 ; 「상항에서 열리는 평화회의」, 『독립』, 1945년 3월 21일 ; 「기분운동에서 과학적 운동으로」, 4월 11일.

3) 이에 대해서는 方善柱, 「이승만과 위임통치안」, 『재미한인의 독립운동』, 한림대학교 아시아문화연구소, 1989, 190~195쪽 ; 고정휴, 「독립운동기 이승만의 외교노선과 제국주의」, 『역사비평』 31, 1995, 겨울, 167~173쪽.

4) 이승만의 얄타밀약설이 나오게 된 배경이나 그것의 유포 경위에 대해서는 다음의 두 논문에서 다루어진 바 있다. 李庭植, 「해방 전후의 이승만과 미국」, 『이승만연구 - 독립운동과 대한민국의 건국 - 』, 연세대학교 출판부, 2000, 415~426쪽 ; 鄭秉峻, 「이승만의 독립노선과 정부수립 운동」, 서울대학교 국사학과 박사학위논문, 2001, 102~108쪽. 그러나 이승만이 왜 그러한 밀약설을 제기했고, 그것을 통하여 얻고자 했던 정치적 목적은 무엇인지에 대한 분석은 이루어지지 않았다. 얄타밀약설의 출처와 그것의 진위 여부에 대한 검토도 소홀했다. 따라서 이승만의 선전과 언론보도의 내용들을 그대로 소개할 수밖

한 연합국 열강의 반응 및 미주 한인단체들의 태도에 대해서도 살피게 될 것이다. 이를 통하여 해방 직전 미주 한인사회와 이승만, 또 그와 미국 정부와의 관계가 어떠한 상황에 놓여 있었는가를 알 수 있다.

2. 미주 한인사회의 동향

샌프란시스코회의가 열릴 무렵 미주 한인사회에서 활동하고 있던 주요 정치단체들은 다음과 같았다. 첫째는 이승만을 위원장으로 한 '주미외교위원부'(Korean Commission, 이하 주미외교부)였다. 이것은 임정의 공식 외교기구로서 동지회의 재정지원을 받아 유지되고 있었다. 둘째는 북미 및 하와이 국민회가 이끄는 '재미한족연합위원회'(이하 한족연합회)였다. 연합회는 워싱턴에 따로 사무소를 개설하여 독자적인 대미외교를 진행시키고 있었다. 셋째는 韓吉洙를 후원하고 있던 '중한민중동맹단'(중한동맹단)이었다. 이 단체의 조직과 구성원의 성격은 아직 제대로 파악되지 않고 있다. 넷째는 '조선민족혁명당 미주지부'(이하 민혁당 미주지부)이다. 이들은 기관지인 『독립』(*The Independent*) 신문을 통하여 사회주의이념과 무장투쟁노선을 선전하고 있었다.

각 단체들은 미주 한인사회의 주도권을 장악하기 위하여 회원 확보 및 재정 확충에 노력하고 있었다. 태평양전쟁 후반기에 작성되었을 것으로 보이는 「미국과 하와이의 한인단체들」이라는 한 문건에 따르면,[5] 북미국민회는 660명, 하와이국민회는 650명, 동지회는 750명(미주 본토 100명 포함), 민혁당 미주 및 하와이지부는 100명, 중한민중동맹단은 30명 정도로 추정되었다. 동기와 목적이 다르기는 하지만, 동지회를

에 없었다. 활용된 자료에도 한계가 있었다.

5) "Korean Groupes in America and Hawaii", 독립기념관 한국독립운동사연구소 소장(자료번호1-A01376-000).

제외한 나머지 단체들은 이승만과 주미외교부에 대하여 비판적인 태도를 취하고 있었다. 특히 한길수의 경우 다른 단체들과 연대 또는 제휴하면서 이승만과 충돌하고 있었다.

미국 정부는 한인그룹들의 '공평'한 대우를 내세워[6] 은근히 미주 한인들의 분열을 조장하고 필요한 정보를 얻어냈다. 그리고는 경쟁적인 한인그룹들 가운데 어떤 그룹도 인정할 수 없다는 태도를 취했다.[7] 이승만은 노골적인 불만을 토로했다. 한때 '일본의 첩자'(a Japanese spy)였고 지금은 중국에서 활동하는 한인공산주의자들과 연결된 한길수를 어떻게 자신과 꼭같이 대우할 수 있느냐 하는 것이었다.[8] 주미외교부는 국무부가 임정을 반대하는 '한인분자들'을 이용하여 임정 승인을 거부하는 구실로 삼고 있다고 비판했다.[9]

1945년 2월 27일 워싱턴에서 활동하고 있던 주미외교부의 정한경, 중한동맹단의 한길수·정대근, 한족연합회 워싱턴 사무소의 田耕武·金元容, '고려경제사'(The Korea Ecomomic Society)의 안승화 등이 회합을 가졌다.[10] 이 자리는 한길수와 전경무의 제의에 의하여 마련되

---

6) 매트레이(James I. Matray) 지음, 구대열 옮김, 『한반도의 분단과 미국 : 미국의 대한정책, 1941~1950』, 을유문화사, 1989, 21, 38, 55쪽. 그것은 한인독립운동의 분열과 이에 따른 미국의 임정 불승인정책을 정당화시키려는 것이었다.

7) 전략첩보국(Office of Strategic Services, OSS)의 부국장으로서 이승만을 지지하고 있던 굿펠로우(Preston M. Goodfellow)는 미국의 여러 정부기관들이 각각 다른 인물을 통하여 한국문제를 다루려는 것이 문제라고 지적하면서 한국 국민을 '대변'한다고 믿어지는 이승만에 대한 '일관된 인정'만이 한인분파들을 통합시킬 수 있다고 건의한 바 있었다(Goodfellow to Major Devlin, 1943. 1. 28, 『한국독립운동사』 자료25, 국사편찬위원회, 1994, 269쪽).

8) Syngman Rhee to Oliver, 1945. 4. 4, 『대한민국사자료집』 28, 국사편찬위원회, 1996, 10~11쪽.

9) 『주미외교위원부 통신』 제23호, 1943년 2월 15일, 「소식통신」.

10) '한국사정연구소'(The Koeran Affairs Institute)의 金龍中도 초청을 받았으나, 그는 자신이 정치적 색채를 띄지 않은 조직의 대표임을 내세워 불참했다 (J. Kyuang. Dunn to UKC, 1945. 3. 2, 한국독립운동사연구소 소장, 도978

었다.[11] 한길수에 따르면, 2월 중순 자기가 잘 아는 미국정부 관리와 만나 이번 샌프란시스코회의에 한인들이 '방청인'의 자격이라도 참석할 수 있겠느냐고 물었더니, 그 관리가 워싱턴의 한인단체들이 단합하여 연명으로 국무부에 청원하면 가능할 수도 있다면서 청원서식까지 주었다고 했다. 그런데 그들이 모여 의견을 나누던 중 이승만으로부터 메시지가 왔다. 주미외교부는 임시정부의 대표기구인 만큼 연합국회의에 공식대표로서의 참가운동을 벌일 것이며 '민간단체' 대표들의 방청권 교섭운동에는 간여하지 않겠다는 내용이었다. 이로써 회합은 끝났다.[12]

이승만은 2월 23일자 임정의 훈령에 따라 '한국대표단'을 구성했다. 그 자신이 단장이었고, 金乎, 韓始大, 김원용, 전경무, 黃思容, 李薩音, 卞俊鎬, 宋憲澍, 尹炳求 등이 단원이었다. 한길수가 제외되기는 했지만, 미주 한인사회의 유력인물들을 두루 포괄하려는 의지가 엿보이는 인선이었다.[13] 3월 8일 임정은 국무회의의 결의에 의하여 그것을 추인했다.[14]

21.5/27.8). 이 편지에는 2월 26일에 모임을 가진 것으로 되어 있으나 2월 27일이 맞다.

11) J. Kyuang Dunn, Kilsoo K. Haan to Dr. Rhee(이승만), 1945. 2. 23, 한국독립운동사연구소 소장(도1044 21.5/27.9).

12) 박상렵, 「신문기자가 본 상항대회 종횡관」, 『독립』, 1945년 5월 2일(제1회). 워싱턴회에서 한인들의 회합은 3월 10일에도 있었다. 이 때에는 이원순, 전경무, 한길수, 정덕근, 이재희, 김진억, 김진홍, 홍윤식, 안승화, 한영교 등이 참석했다. 그들은 이번 샌프란시스코회의를 '최후 평화회의'의 준비계단으로 보고 지금부터라도 민족적으로 단결하여 마지막 평화회의에 대비하자는 의견을 발표했다(「와싱톤 논단」, 『독립』, 1945년 4월 11일).

13) 단원들 가운데 김호 · 김원용 · 전경무 · 한시대 등은 재미한족연합회를 이끌던 사람들이고, 변준호는 조선민족혁명당 미주지부의 중심인물 가운데 한 사람이었다. 이살음은 동지회 북미총회장이었다. 송헌주는 3 · 1운동 직후 구미위원부의 위원으로 활동하다가 해임된 후 반이승만그룹에 속했었다. 국민회 중앙총회장을 지냈던 윤병구는 배재학당 출신으로서 이승만과 가까웠다.

14) 『대한민국임시정부의정원문서』, 국회도서관, 1974, 855쪽.

그런데 한족연합회는 4월 1일 로스엔젤레스의 국민회 총회관에서 '해외한족대회'를 열고 '민중대표단'을 발족시켰다. 김호, 한시대, 전경무, 한길수, 김용성, 김병연, 박상렵 등 7인이 그 단원이었다.[15] 한족연합회를 이끌고 있던 김호·한시대·전경무 등이 이승만의 지명을 거부하고 별도의 대표단을 만들었던 것이다.[16] 대회에서는 "만일 임시정부 대표가 공식으로 참가하는 경우에는 그를 후원하고, 만일 정부대표가 참가하지 못하면 민중대표 참가를 주선하고, 만일 그것도 불가능하면 서류 제정과 기타 선전방식을 취하기로 함"이라고 결의했다.[17] 이때 한족연합회는 임정대표단이 연합국회의에 공식 참가할 수 없다는 점을 잘 알고 있었다.[18] 따라서 참석여부에 관계없이 그들도 한번 선전활동을 펼쳐 보겠다는 것이 그들의 본심이었다고 할 수 있다. 그 배경에는 이승만과 주미외교부에 대한 오랜 반감이 작용하고 있었다.[19]

이승만은 3월 8일 미국 국무부에 한국대표단의 공식 참가를 요청했다. 이에 대해 국무부는 "주최국들의 합의에 따라 1945년 3월 1일 현재

---

15) 단장은 한시대였고, 재무는 '하와이 대표'인 유진석이었다. 유진석을 포함하면, 민중대표단은 모두 8인이 된다(「해외한족대회 경과사항」, 『신한민보』, 1945년 4월 5일). 나중에 김용성이 대표단에서 빠졌다.

16) 한족연합회에서 '민중대표단'을 파견키로 결정하자 '임정대표단'은 이승만·정한경·송헌주·윤병구·리살음·류경상·황사용 등으로 재구성되었다(「상항대회에 관한 림정대표단의 보고」, 『독립』, 1945년 7월 25일).

17) 「해외한족대회 경과사항」, 『신한민보』, 1945년 4월 5일.

18) 전경무는 1945년 3월 5일자 재미한족연합위원회에 보낸 편지에서, 주권국이거나 정부로 승인받은 나라들만이 샌프란시스코회의에 참석할 수 있다는 점을 지적하면서 한국이 초청받을 가능성은 '최소한도'(of a minimum)로 보아야 한다고 말했다. 3월 31일자 한족연합회에 보낸 편지에서는 국무부에의 참가 요청이 거절당했음을 알렸다(한국독립운동사연구소 소장, 도971 21.5/27.9, 도977 21.5/27.8).

19) 한족연합회는 주미외교부가 구성한 '임정대표'에 맞서 자신들의 대표단을 '해외한인대표'라고 부르기도 했다(「한인대표단의 합동공작운동」, 『신한민보』, 1945년 5월 17일). 이것은 보기에 따라 주미외교부뿐만 아니라 임정의 대표성까지 부정하는 것으로 이해될 수 있었다.

연합국으로 공식 인정된 나라들만이 샌프란시스코회의에 초청받을 자격이 있다"고 말했다. 4월 20일 이승만은 아르헨티나 · 시리아 · 레바논 등이 국무부가 제시한 자격조건을 갖추지 못했음에도 불구하고 초청을 받은 사실을 들어 한국도 그와 같은 대우를 해 달라고 요구했다. 그러나 역시 거절당했다.[20]

한족연합회와 중한동맹단도 3월 9일 공동으로 국무부에 편지를 보내, 한국이 어떠한 자격으로든 샌프란시스코회의에 참석할 수 있도록 배려해 줄 것을 요청했다.[21] 국무부는 이것도 받아들이지 않았다. 대신 한길수와 박상렵이 『독립』신문의 '특파원' 자격으로 회의를 취재할 수 있도록 허락했다.[22] 국무부는 이러한 조치를 통하여 미주 한인사회를 달래고 한인단체 또는 개인들이 연합국회의에 참가하려는 노력을 견제하려 했던 것으로 보인다.[23]

이와 관련하여 徐載弼의 국무부와의 접촉도 눈길을 끈다.[24] 그는 3월 23일 국무장관 스테티니우스(Edward R. Stettinius)에게 편지를 보내, 자신은 한국 태생의 미국인으로서 19세기 말 이래 한 · 미간의 외교관계 수립에 적극 협력해 왔다고 밝혔다. 그리고는 말하기를, 최근

---

20) Department of State, U.S., *United States Policy Regarding Korea, 1834-1950*, 한림대학교 아시아문화연구소, 1987, 92쪽.

21) 위의 책, 275쪽의 각주 1).

22) 그 과정에 대해서는, 「신문기자가 본 상항대회 종횡관」, 『독립』 1945년 5월 2일(제1회). 나중에는 『신한민보』의 김병연, 하와이 『국민보』의 류진석, 그리고 전경무가 중국인이 발행하는 『세계일보』의 기자 자격으로 샌프란시스코회의를 취재할 수 있었다(「상항 소식」, 『독립』, 1945년 5월 23일).

23) 「박 · 한 량군을 상항회의에 보내면서」, 『독립』은 1945년 4월 25일자에 실은 백일규의 사설에서, "박군! 한군! 나는 들으니 우리 한인 중에서 대표들이 많이 출석한다지요. 누구는 암시정부 대표로, 누구는 민중대표로, 또 누구는 자칭대표로!"라고 하여 샌프란시스코회의에 참가하려는 각 단체 또 개인들의 경쟁을 다같이 비판했다. 그러면서 이번 회의에 "한국독립 문제가 정식으로 제출할 길이 만무한 즉 이 다음 평화회의로" 그것을 넘기자고 제안했다.

24) 위와 같음.

미국과 중국에 있는 한인들이 샌프란시스코회의에 그들의 대표가 참석하기를 바라고 있는데, 그들은 자기에게 단장을 맡아 달라고 했지만 아직 이에 대한 확답을 주지 않았다고 했다.[25] 그 문제에 대한 국무부의 견해를 알 수 없기 때문이라는 것이 서재필의 설명이었다. "결국 나는 미국 시민이고, 당신들의 허락 없이는 아무 일도 하지 않을 것이다." 그러니 국무부의 태도를 알려 달라고 했다.[26]

국무부는 3월 29일 답장을 보냈고,[27] 이틀 뒤 서재필은 감사 편지를 보냈다. 그는 이 편지에서 미국 내에서의 '자유운동'(free movement)에 대한 정책을 알려준 데 대하여 고마움을 표한 다음, 자신은 샌프란시스코회의에 옵서버나 '초대받지 않는 대표단'을 보내려는 한국인들의 계획에 직접 간여하지 않겠다고 말했다. 그리고 할 수만 있다면, 그들을 말리겠다고 했다.[28]

한편, 중경의 임정은 한국대표단의 참가를 성사시키기 위하여 나름대로 몇 가지 조치를 취하고 있었다. 먼저 2월 28일 독일에 대하여 선전을 포고했다. 연합국회의에 참가하기 위해서는 3월 1일 이전에 독일과 일본에 선전포고를 해야 한다는 조건 때문이었다.[29] 3월 5일의 국무회의에서는 주석 金九의 명의로 회의 주관국 원수들에게 한국대표의 참가를 요청하는 서한을 보내기로 결의하는 동시에 외무부장의 주

25) 『주미위원부통신』 111호(1945년 4월 28일)에 실린 「우리 대표단」을 보면, "서재필 박사는 신병이 허락하게 되면 대표단 고문으로 참가하겠다"는 의사를 밝힌 것으로 되어 있다. 대표단의 '단장'을 맡아달라는 부탁은 재미한족연합회에서 나왔을 가능성이 크다. 이승만을 견제하는 데는 서재필이 적격이었기 때문이다.

26) Philip Jaisohn to Stettinius Jr., 1945. 3. 23, *Records of the Department of State Relating to Internal Affairs of Korea, 1945-1949*(마이크로 필름) LM 80, R1, #500.00/3-2345.

27) 이 편지는 위의 문서철에서 빠져 있다.

28) Philip Jaisohn to E. R. Dickover(Chief, Division of Japanese Affairs), 1945. 3. 31, 앞의 마이크로 필름, LM80, R 1, #500.00/3-3145.

29) 『대한민국임시정부의정원문서』, 398, 818쪽.

관 하에 별도의 '대연합국회의준비위원회'를 설치키로 했다. 3월 8일에는 부주석 金奎植과 외무부장 趙素昻을 샌프란시스코에 직접 파견키로 했다. 같은 날 국무회의에서는 프랑스 임시정부와 '사실상의 관계'가 성립되었다고 보고 외교대표를 교환키로 결정했다.[30] 임정의 국제적 지위를 제고하려는 노력의 일환이었다. 3월 25일에는 기자회견을 갖고 연합국들에게 한국이 45번째의 출석국이 될 수 있도록 해 줄 것과 임정의 국제적 지위에 대한 전향적 고려를 당부했다.[31]

중국 국민당정부는 연합국회의에 참석하려는 임정의 노력을 지지했다. 蔣介石은 외무부에 이 일을 미국에 건의하라고 지시하는 한편, 재정부에는 중국외교관들에 대한 대우에 준하여 한국대표 3인의 미국 왕래경비 및 활동비로 1,543달러를 임정에 지원토록 했다. 그러나 중경의 미국대사관은 한국대표들의 비자발급을 고의로 늦춤으로써 그들이 회의에 참석할 수 없도록 만들었다.[32]

한 연구에 따르면, 미국은 샌프란시스코회의에서 신탁통치 문제를 논의할 예정이었는데 한국이 그 대상에 포함되어 있었기 때문에 임정이나 미주 한인단체들의 참가 요청을 거부했다고 한다.[33] 실제로 신탁통치는 회의의 주요 의제 가운데 하나였다. 그 대상지역으로는 ① 제1차 세계대전 당시의 위임통치령, ② 이번 전쟁에서 추축국들로부터 분리될 영토, ③ 식민지 보유국들이 자원하여 신탁통치 하에 두고자 하는 영토 등이 언급되었다.[34] 미주 한인사회에서는 한국에도 신탁통치

30) 위의 책, 854~855쪽.

31) 胡春惠 著, 辛勝夏 譯, 『중국 안의 한국독립운동』, 단국대학교 출판부, 1978, 259~260쪽.

32) 위의 책, 282~283쪽. 임정 외무부장 趙素昻은 1945년 2월 23일 미국대사관을 방문하여 샌프란시스코에 한국대표들을 파견하고 싶다는 의사를 밝히고 협조를 요청한 바 있었다(American Embassy at Chungking, "Memorandum of conversation", 『한국독립운동사』 자료22, 국사편찬위원회, 1993, 236~237쪽).

33) 매트레이 지음, 구대열 옮김, 『한반도의 분단과 미국』, 48쪽.

34) William C. Johnstone, "The San Francisco Conference," *Pacific Affairs*, X

가 적용되는지 여부에 대하여 비상한 관심을 기울였다. 미국을 비롯한 연합국 열강은 이미 원칙적 합의를 본 바 있음에도 불구하고 공식 기자회견에서는 그것을 부인했다.[35]

3. 얄타밀약설의 제기

샌프란시스코회의에 참석하려는 노력이 좌절되자 이승만은 얄타밀약설을 제기했다. 그 내용인 즉, 미·영·소 3국의 정상들은 1945년 2월에 있었던 얄타회담에서 전후 한반도를 소련의 세력범위 안에 남겨두기로 합의했으며 이러한 합의에 따라 미국과 영국은 전쟁이 완전히 끝날 때까지 한국에 대하여 어떠한 공약도 하지 않기로 했다는 것이었다.[36]

이승만은 이런 정보가 '비밀정탐'으로부터 나왔다고만 밝혔다.[37] 그 이상의 증거는 제시되지 않았다. 그런데 그가 5월 11일자 워싱턴의 주미외교부 사무실에 보낸 편지에는 에밀 구베로우(Emile Gouvereau)라는 이름이 나온다. 이승만은 소련측의 정보를 얻기 위하여 러시아인인 그를 고용했었다고 말했다. "만일 1905년에 우리에게 구베로우가 있었다면 루즈벨트는 한국을 팔아먹을 수 없었을 것이다. 당시 우리는 세계 지도자들이 얼마나 부패했는지를 알지 못했기 때문에 속수무책이었지만, 지금 우리는 이 사실을 캐냈으므로 세계의 양심이 남아있는지 모르지만 그것이 깨어날 때까지 싸워야 한다"라고 썼다.[38]

Ⅷ-3(1945. 9), pp.220~223.

35) 「몰로토푸회견의 인상기」, 「조선독립을 절대로 찬성 : 영 외상 이든 회견의 인상기」, 「조선은 위임통치와 관계가 없다 : 미국대표단의 언명」, 『독립』, 1945년 5월 16일.

36) 「조선은 과연 또 팔리웠는가」, 『독립』, 1945년 5월 23일 사설.

37) 위와 같음.

샌프란시스코의 이승만과 워싱턴의 주미외교부는 조직적인 캠페인을 벌였다. 이승만을 측면지원하고 있던 '한미협회'(Korean-American Council)도 적극 나섰다. 주미외교부의 법률고문인 스태거스(John W. Staggers)가 먼저 트루먼(Harry S. Truman)에게 전보를 보냈고, 이어서 이승만이 편지를 보냈다. 문제의 인물인 구베로우도 상·하원의 의원들에게 긴급전문을 띄웠다. 5월 11일부터 15일까지 있었던 일들이다.

그 가운데 구베로우가 상원의원 조지(Walter F. George)에게 보낸 전문을 살펴보도록 하자.[39] 그것은 2쪽 반 분량의 전보였다. 발신일자는 5월 14일 오전 11시 13분이었다. 발신지는 샌프란시스코의 모리스(Maurice) 호텔로 되어 있는데, 이승만도 이 호텔에 투숙하고 있었다.[40] 구베로우는 '한미협회 대표'의 명의를 사용했다. 전문에는 '우리'와 '나'라는 표현이 혼용되고 있는데, 그것이 각각 누구를 가리키는 것인지가 명확치 않다. 정보의 출처를 드러내지 않으려는 의도 때문이었다고 보여진다.

구베로우에 의하여 제공된 얄타밀약설의 내용을 원문 그대로 인용하면 다음과 같다.

> "Secret Agreement singed by United States Great Britain Russia declaring Korea will remain in orbit of Soviet influence until after end of Japanese War and further declared United States and Great Britain shall make no commitments to Korea until after the

---

38) 이정식, 「해방전후의 이승만과 미국」, 424쪽.

39) Walter F. George to Mr. President(Truman), 1945. 5. 16, 앞의 마이크로필름, LM 80, R 1, #500.CC/5-1645. 이 문서철에는 구베로우가 조지에게 보낸 2통의 전보(1945년 5월 14일자와 5월 15일자)가 첨부되어 있다.

40) 이 때 이승만과 함께 샌프란시스코에 갔던 林炳稷은, "우리는 포스트·스트리트(Post Street)에 있는 모리스 호텔에 자리를 잡고 한국인 各派 指導者들을 招致하여 한국의 장래문제에 대한 회의를 개최하였다"고 회고했다(임병직, 『임병직회고록』, 여원사, 1964, 274쪽).

Japanese War has ended. All this was singed at Stalin's request in Yalta."[41)]

구베로우는 이러한 밀약이 한국의 독립을 약속했던 카이로선언과 배치되는 것이며 그 때문에 한국은 샌프란시스코회의에 참가할 수 없게 되었다고 말했다. 그런데 한국의 임시정부는 미국과 같은 정부형태에 기초하고 있으며, 26년 동안 한국민의 지지를 받아왔고, 중국과 프랑스 정부로부터 사실상의 정부로서 인정받고 있다고 했다. 따라서 한국은 완전독립이 아니면 어떠한 협정도 받아들일 수 없다고 했다. "한국은 1905년 일본에 팔렸다. 그리고 이제 러시아에게. 나는 당신이 갖고 있는 미국의 정의감에 호소한다. 부디 당신의 영향력을 행사하여 이것을 바로 잡아달라." 이러한 당부의 말로 전보는 끝났다.[42)]

구베로우는 5월 15일 조지에게 다시 전보를 보냈다. 그 안에 "당신의 친절한 답장에 감사드린다"는 말이 있는 것으로 보아, 조지는 의례적인 답장만을 보냈던 것 같다. 구베로우는 다시 한번 간곡히 호소했다. "하나님과 미국인의 정의의 이름으로, 당신은 3천만 기독교 국민이

---

41) 이승만이 구베로우를 통하여 입수했다는 '비밀각서'는 워싱턴의 주미외교부를 통하여 공개되었는데, 그 내용은 다음과 같이 번역되어 1945년 5월 23일자 『독립』신문의 사설란에 실렸다. "一, 영국과 북미합중국은 일본과의 전쟁이 끝난 뒤까지 조선을 러시아의 세력범위 안에 머물러 있을 것을 러시아와 동의하였다. 二, 더 나아가서 일본과의 전쟁이 끝날 때까지 북미합중국과 영국은 조선에게 어떠한 세약이든지 하지 않을 것에 대하여 의견이 일치되었다." 구베로우가 상원의원 조지에게 보낸 전보문의 내용과 동일한 것임을 알 수 있다.

42) 이 전문과 꼭 같은 내용이 『대한민국사자료집』 28, 23~24쪽에 실려 있다. 그런데 그 앞에 첨부된 편지(이승만의 비서인 G. R. Frye가 Oliver에게 보낸 1945년 5월 14일자)를 보면, 그 전보문을 한미협회의 간부인 윌리엄스(Jay Jerome Williams)가 기초한 것으로 되어 있다. 이것은 전보의 '발신인'인 구베로우가 가공의 인물일 가능성을 보여주고 있다. 수신인으로는 상원의원인 Owen Brewster와 Walter F. George, 그리고 하원의원 Clare E. Hoffman 등 세 사람이다.

러시아에게 팔리려는 이 위급한 순간에 그들을 구원하기 위하여 무언가를 해주시지 않겠습니까"라고.[43)]

상원의원 조지는 구베로우로부터 받은 2통의 전보를 곧바로 트루먼에게 보냈다. "나는 당신에게 이 전보들을 보내야만 한다고 생각한다. 나는 그 주제에 관하여 전보 이외에 다른 정보를 갖고 있지 못하다. 그렇지만, 그것은 당신이 주의를 기울여야만 하는 문제라고 믿는다. 내가 도울 수 있는 일이 있다면 주저하지 말고 알려달라"는 메모를 앞에 부쳤다.[44)] 조지는 구베로우가 제공한 정보의 진위에 대하여 확신을 갖지 못했던 것 같다. 따라서 그는 일단 트루먼 대통령의 주의를 환기시킴으로써 정부의 반응을 지켜보고자 했던 것이다.

일주일 뒤 국무장관 대리 그루(Joseph C. Grew)가 조지에게 답장을 보냈다. 그 내용을 간추리면 다음과 같다. "얄타밀약설은 사실무근이며 한미협회와 다른 한인단체들에게 이 점을 통보했다. 한국의 임시정부는 샌프란시스코회의에 참가할 자격을 갖추지 못했다. 중국이나 프랑스 정부가 그 정부를 사실상 승인했다는 것도 실제와는 다르다. 미국 정부의 책임있는 관리들은 카이로선언이 지켜질 것임을 거듭 확인해왔다. 한국인들이 스스로 통치할 수 있게 되면 그들은 곧 바로 독립될 것이다."[45)]

한편 이승만은 5월 13일 신문재벌 윌리엄 허스트(William Hearst)에게 편지를 보내, 확실한 근거를 갖는 '국제적 노예무역'의 비밀[얄타밀약설]이 폭로된 이상 귀하와 같은 여론의 대지도자들이 그것을 국민들에게 알려주어야만 한다고 말했다. "만일 미국 인민들이 이러한 일을 저지시키지 못한다면, 그들의 아들들은 다음 15년 내에 제3차 세계전쟁을 치르기 위하여 불려나갈 것"이라고 경고했다.[46)] 이승만은 워싱턴

43) 주 39)와 같음.
44) 위와 같음.
45) 이 편지의 사본이 위의 문서철에 수록되어 있다. 편지 밑에 G. M. MaCune의 이름이 나오는 것으로 보아, 그가 기초했던 것 같다.

의 주미외교부에도 '훈령'을 내려 그것을 공개토록 했다. 이 때가 5월 21일이었다.[47]

반소·반공적 논조를 펴고 있던 허스트 계열의 신문들, 예컨대 *Los Angeles Examiner*와 *San Francisco Examiner* 등은 이승만의 얄타밀약설을 기사화했다(3·1운동 이후 한동안 허스트 계열의 신문들은 반일적인 보도경향을 보였었고, 이승만은 이것을 적극 활용한 바 있었다).[48] *San Francisco Examiner*는 그동안 "러시아가 얄타에서 만주와 조선에 있는 공업 및 항구 조차권들과 내몽고에 세력범위를 둘 것을 약속받았다"는 소문만 있어 왔는데, 이승만이 이번에 한국에 관한 '비밀각서'를 입수함으써 그것들을 확인하게 되었다고 보도했다. 그리고 만약 그 각서가 진짜라면, 이곳에서 열리는 연합국회의에 '외교적 폭발물의 장치'가 될 것이라는 말을 덧붙였다.[49]

한편, 미주 본토 동지회의 기관지인『북미시보』에도 소련의 한반도에 대한 '적화야욕'을 비난하는 기사가 잇달아 게재되었다. 그 요지는 소련이 중국공산당 근거지인 延安에 자리잡은 '조선민족해방동맹'을 이용하여 한국에 폴란드의 루블린(Lublin) 정권과[50] 같은 괴뢰정부를

---

46) '대한민국임시정부 초대 대통령'의 이름으로 보내진 이 편지는, 1945년 5월 21일자 *Los Angeles Examiner*지에 실렸다.『독립신문』은 그것을 번역·게재했다(5월 30일,「리승만씨의 편지」). 필자는 이것을 재인용하면서 어색한 표현을 조금 바꾸었다. 이정식, 앞의 논문, 424쪽에서도 이 편지의 일부가 인용되고 있다.

47)「三거두가 조선을 팔아먹었다고 리승만씨가 공격」,『독립』, 1945년 5월 30일.

48) 고정휴,「3·1운동과 미국」,『3·1민족해방운동연구』, 청년사, 1989, 450~452쪽.

49)「리승만씨의 편지」,『독립』, 1945년 5월 30일자에서 재인용. 이승만이 입수했다는 '비밀각서'의 내용에 대해서는 주 41) 참조.

50) 루블린정권이라 함은, 1944년 6월 소련이 독일의 점령 하에 있던 폴란드에 진공하면서 동부 도시 루블린에 있던 '폴란드 공산주의위원회'를 '폴란드 민족해방위원회'(Polish National Liberation Committee)로 확대·개편함으로써 향후 폴란드에 세워질 정부로 삼고자 했던 것이다. 이러한 소련의 시도는 제2

세우려 한다는 것이었다.[51)]

4. 그 배경과 목적

이승만이 제기했던 얄타밀약설은 여러 가지 정황으로 미루어볼 때 고도의 정치적 선전술이었을 가능성이 매우 높다.

제2차 세계대전이 끝난 이듬해인 1946년부터 얄타회담에서 있었던 비밀합의에 대한 내용들이 공개되기 시작했는데, 지금까지 확인된 바로는 한반도 문제에 대한 구체적인 논의는 없었던 것으로 되어 있다. 따라서 미국·영국·소련 정상들간에 합의된 사항도 있을 수 없었다. 다만 루즈벨트와 스탈린 사이에 간단한 대화가 오갔을 뿐이다. 즉 루즈벨트가 전후 한국에 대한 연합국 열강의 신탁통치를 제의하자, 스탈린은 "한국인들이 그들 자신의 만족할 만한 정부를 세울 수 있다면 왜 신탁통치가 필요하겠느냐"고 반문했다. 그러자 루즈벨트는 "필리핀이 자치정부를 준비하는 데 약 50년이 소요되었음"을 상기시키고 "한국의 경우에는 그 기간이 20년 내지 30년일 수 있다"고 말했다. 스탈린은 이에 대하여 "그 기간이 짧으면 짧을수록 좋다"라고 논평했다.[52)]

따라서 스탈린의 제안에 따라 전후 한반도를 소련의 세력범위 안에 두기로 비밀리에 합의했다는 얄타밀약설은 사실과 다르다. 오히려 스탈린은 한국민의 '자결권'을 존중하는 태도를 취했고, 미국의 신탁통치 구상에 대해서는 마지못해 그것을 수용하되 가능하면 그 기간을 줄이

차세계대전이 일어난 후 영국 런던에 망명해 있던 폴란드 임시정부와 마찰을 빚으면서 연합국 열강간의 심각한 외교문제로 떠오르게 되었다.

51) 『북미시보』(*Korean American Times*), 1945년 6월 1일, 6월 15일, 7월 15일, 8월 1일 참조.

52) 金學俊, 「분단의 배경과 고정화 과정」, 『해방전후사의 인식』, 한길사, 1979, 67~68쪽 ; 매트레이 지음, 구대열 옮김, 『한반도의 분단과 미국』, 51~52쪽.

려고 했다. 이러한 소련측의 입장은 1945년 12월에 있었던 모스크바 3상회의에서도 확인되었다. 이 회의에서 미국은 10년 정도의 신탁통치를 제안했으나, 소련은 그것을 5년으로 줄이는 동시에 한국의 민주주의적인 임시정부가 같이 구성되어야 한다는 수정안을 내놓아 그것을 관철시켰다.[53)]

그렇다면 이승만은 누구로부터 얄타밀약설에 대한 정보를 얻었으며 또 그것은 믿을만한 것이었는가에 대하여 생각해 보아야 한다. 이승만은 밀약설을 제기할 당시 자신이 고용한 '비밀정탐원' 구베로우를 통하여 정보를 입수했다고만 밝혔었다. 샌프란시스코회의가 열릴 때 이승만을 수행했던 임병직은, "이 무렵에 공산당에서 轉向한 한 소련 사람이 구미위원부를 방문하고 한국을 소련 지배 하에 두려는 얄타비밀협정 내용에 관한 정보를 제공하여 주었다"고 회고했다.[54)] 구베로우의 신원에 대해서는 이 이상 더 밝혀지지 않고 있다.

여기서 우리는 의문을 제기하지 않을 수 없다. 연합국 열강의 수뇌회담에서 맺어진 비밀협약의 구체적 내용이 이승만 개인에게 고용된 '비밀정탐원' 또는 '공산당에서 전향한 한 소련 사람'에게 알려질 수 있었겠는가 하는 점이다. 또 그처럼 중요한 정보를 제공해 준 사람이라면, 이승만과 임병직은 나중에라도 그의 인적사항과 얄타밀약설에 대한 정보입수 경위등을 떳떳하게 공개할 수 있었다. 그런데 그들은 왜 냉전시대에 흥미있는 선전 재료가 될 수 있었던 구베로우에 대하여 자세한 이야기를 하지 않으려 했던 것일까?

얄타밀약설이 사실과 다르고 그 정보를 제공해준 구베로우의 신원마저 제대로 확인되지 않는 상황에서 우리가 관심을 가져야 할 자료

---

53) 이완범, 「한반도 신탁통치문제, 1943~46」, 박현채 외, 『해방전후사의 인식』 3, 한길사, 1987, 224~227쪽.

54) 임병직, 『임병직회고록』, 276쪽. 태평양전쟁기 주미외교부의 위원이었던 李元淳도 비슷한 이야기를 했다(이원순, 『世紀를 넘어서 : 海史 이원순 자서전』, 신태양사, 1989, 301쪽).

는, 주미외교부의 위원이자 샌프란시스코회의 개최시 임정대표단의 일원이었던 정한경이 해방 직후인 1946년에 펴낸『이승만 : 예언자와 정치가』라는 선전용 소책자이다. 이에 따르면, 정한경은 얄타밀약설이 언론에 공개된 직후 이승만을 찾아가 "당신은 그러한 고발에 대한 아무런 증거도 가지고 있지 않습니다. 그것이 사실상 근거가 없는 것으로 밝혀지게 되면, 그 결과가 두렵지 않습니까?"라고 물었다. 이 때 이승만은 다음과 같이 대답했다고 한다.

> 나는 어떤 증거도 가지고 있지 않다. 그것은 나의 관찰에 따른 신념일 뿐이다. 한국을 위하여 나는 내가 잘못 알고 있기를 바란다. 아무런 밀약도 없다면 그 결과에 대하여 기꺼이 모든 책임을 지겠다. 사실이든 아니든, 우리나라가 어떤 처지에 놓여 있는지를 명확히 알기 위하여 지금 그런 밀약설을 터뜨릴 필요가 있다. 내가 소망하는 바는 얄타협정에 서명한 나라의 수반들이 공식적으로 그것을 부정하는 것이다. 그 이상 나를 기쁘게 할 것은 없다.[55)]

요컨대 이승만은 '어떤 증거'도 없이 '신념'만으로 얄타밀약설을 제기함으로써 그에 대한 연합국 열강의 반응을 지켜보고자 했다는 것이다. 이러한 이야기는 믿을만 하다. 이승만이 해방직후 귀국하여 정치적 활동을 벌이고 있던 중요한 시점에서 정한경이 사실이 아닌 것을 선전용 책자에 기록했다고 보기는 어렵기 때문이다.

---

55) Henry Chung, *Syngman Rhee : Prophet and Statesman* (Washington D.C. : The Korean American Council, 1946), pp.2~3. 정한경은 일본의 패전 후 소련군이 쿠릴열도와 사할린 남부 및 한반도 북부를 점령한 사실과, 이듬해 1월 29일 미 국무장관 번즈(James F. Byrnes)가 얄타회담에서 비밀협정이 있었음을 시인한 것을 들어 이승만의 주장이 옳았음이 입증되었다고 말했다. 따라서 그는 이승만이 예언가적인 통찰력과 전세계의 여론에 반하여 자신의 신념을 이야기할 줄 아는 용기를 가진 진정한 정치가였다는 평가를 내렸다 (같은 책, 4쪽).

얄타밀약설이 나오게 된 배경에는 이승만의 뿌리깊은 반소·반공의식과 더불어 루즈벨트 행정부의 대소 '유화'정책이 있었다. 미국 역사상 유일한 4선 대통령인 루즈벨트는, 첫 번째 취임한 해인 1933년 11월 소련을 공식 승인했다. 러시아 혁명이 일어난지 16년 만이었다. 1941년 6월 독소전쟁이 일어난 뒤에는 무기대여법(Lend-Lease Act)에 의하여 소련에 대한 물질적 지원을 아끼지 않았다.[56] 루즈벨트는 유럽과 아시아에서 소련과의 군사적 협력관계를 공고히 함으로써 대독, 나아가 대일전쟁을 승리로 이끌고 전후에는 '4대 경찰국가'(미국·소련·영국·중국)와 새로 창설될 국제연합에 의하여 세계평화를 항구적으로 유지하려는 '대구상'을 하고 있었다. 그는 또한 세계대공황을 수습하면서 자본주의와 사회주의체제가 서로 접근하여 공존하는 세계질서가 도래할 것이라는 믿음도 갖고 있었다.[57]

한편, 이승만은 제2차 세계대전이 진행 중인 1941년 여름 뉴욕에서 출간한 *Japan Inside Out : The Challenge of Today*라는 책에서[58] 세계를 민주주의 대 전체주의의 대결 구도로 보고 나치즘, 파시즘과 더불어 공산주의를 전체주의 안에 포함시켰다. 그리고 독일·이탈리아·일본 등과 마찬가지로 소련도 파괴적이며 침략적인 국가라고 보았다. 이들은 모두 '현대의 문명한 야만인들'로서 자신들이 정복한 전국민을 포로와 노예로 만든다는 것이다. 따라서 지금은 소련이 연합국의 일원이지만, 이 전쟁이 끝나면 세계민주주의의 수호국인 미국은 소련과 충돌할 수밖에 없다는 것이 이승만의 생각이었다.[59]

---

56) 미국은 제2차 세계대전기 '무기대여법'을 통해 총 500억 달러에 해당하는 군수물자를 연합국에 지원했는데, 소련에게는 110억 달러에 달하는 1천 7백만 톤의 물량을 제공했다. 이것은 영국 다음으로 많은 것이었다(이주천, 『루즈벨트의 친소정책, 1933~1945』, 신서원, 1998, 17쪽).

57) 위의 책, 219~220, 244~252쪽.

58) 이 책은 제1공화국 시기에 『일본내막기』라는 제명으로 번역·출간된 적이 있었는데, 당시 원 번역자였던 李鍾益, 『日本軍國主義實像』, 나남, 1987으로 재출간되었다.

1941년 12월 미·일간에 전쟁이 벌어진 후 이승만은 루즈벨트의 대소 '유화'정책이 전후 한반도에 대한 소련의 지배 내지는 간섭을 용인하지나 않을까 하는 두려움을 갖게 되었다. 그는 1943년 5월 15일 루즈벨트 대통령에게 편지를 보내, 우리는 진주만 사건 이래 근 1년 반동안 세계에서 가장 오래된 망명정부인 대한민국임시정부에 대한 승인을 국무부에 촉구해 왔지만 궁색한 변명만을 들었다고 말했다. 이제 우리는 소련이 한반도에 소비에트공화국을 수립하려는 의도가 있음을 시사하는 정보들에 접하고 있다. 이승만은 그것들이 근거없는 설이기를 진정으로 바라지만, "40년 전 미국이 그렇게도 우려하고 두려워했던 극동에서의 소련의 팽창 위험이 아직 완전히 사라진 것이 아니라는 점을 명심해야 할 것"이라고 경고했다.[60]

이에 앞서 주미외교부는 통신문을 통하여 "어떤 미국 신문기자 하나가 로서아에 여러 해를 있어 스탈린씨의 신망을 받던 터인데 얼마 전에 미국에 돌아와서 선언하기를 로서아가 이 전쟁을 이긴 후에는 만주와 한국에 쏘비엣공화독립국을 세우려 한다고 각 신문에 공포하였다"라는 기사를 싣기도 했었다.[61]

샌프란시스코회의를 앞두고 이승만의 소련에 대한 경계심과 루즈벨트 행정부의 대소정책에 대한 우려는 더욱 커졌다. 그는 1945년 3월 18일 씨라큐스대학의 교수로 재직하고 있던 올리버(Robert T. Oliver)에게 편지를 보내 연합국회의에 쓸 팜플렛의 원고를 써달라고 요청했다.[62] 올리버는 승락했다. 그러자 이승만은 대충 다음과 같은 내용이

59) Syngman Rhee, *Japan Inside Out : The Challenge of Today* (New York : Fleming H. Revell Company, 1941), pp.178~179, pp.188~190/이종익 역, 『일본군국주의실상』, 229~230쪽, 241~243쪽.

60) 미국무부문서 #895.01/257, Syngman Rhee to Franklin D. Roosevelt, 1943. 5. 15. 이 문서는 『미국무성 한국관계 문서, 1940~1944』 III, 원주문화사, 1993, 422~423쪽에 실려 있다.

61) 『주미외교위원부통신』 제28호, 1943년 3월 22일.

62) Syngman Rhee to Oliver, 1945. 3. 18, 『대한민국사자료집』 28, 6쪽.

들어갔으면 좋겠다는 뜻을 피력했다.

"요셉의 형들이 요셉을 애굽에 팔아넘겼던 것처럼, 미국은 세계평화를 위한다는 명목으로 어떤 힘센 나라(a bully power)를 달래기 위하여 한국을 팔아 왔고 그때마다 미국 또한 그들의 권리를 침해받았다. 그 결과 태평양전쟁이 일어났다. 이후 우리는 미국에게 한국의 임시정부를 바로 승인해 줄 것을 요청했다. 늦어지면 한국이 공산화되기 때문이다. 그것은 미국에게도 손해이다. 최근에 시베리아의 한인공산주의자들은 하나의 위원회를 조직했으며, 중국의 한인공산주의자들도 새로운 당을 출범시키려 하고 있다. 이제 미국은 한국을 소련에게 팔아넘기려 하고 있다."[63] 그러니 이러한 진상을 미국 국민들에게 알릴 원고를 써 달라는 것이 이승만의 부탁이었다.[64]

이상에서 볼 수 있듯이 이승만의 얄타밀약설은 우연한 계기에서 나온 것이 아니었다. 그는 이미 1943년에 루즈벨트 대통령을 비롯하여 헐(Cordell Hull) 국무장관과 고스(Clarence E. Gauss) 중국주재 미국대사 등에게 소련의 한반도에 대한 '적화 야욕'에 대하여 경고한 바 있었다.[65] 그러나 그에 대한 구체적인 증거들은 제시되지 않았다. 앞서 본 주미외교부의 통신문에는 소련에서 스탈린의 신망을 받던 '어떤 미국 신문기자'가 등장하는데, 이것은 얄타밀약설을 제기할 때 비밀정탐

63) Syngman Rhee to Oliver, 1945. 4. 4, 『대한민국사자료집』 28, 9~13쪽. 이정식, 「해방전후의 이승만과 미국」, 415~416쪽에서 이 편지가 일부 인용되었다.

64) 올리버는 이승만의 아이디어와 그가 제공한 자료들에 기초하여 원고를 완성했고, 그것은 *The Case for Korea : A Paradox of United States Diplomacy* (Washington D.C. : The Korean American Council, 1945)라는 팜플렛(11면)으로 발간되었다. 이것은 약 4,000부가 인쇄되어 미국의 정부기관들과 의회 및 언론기관 등에 배포되었다(F. Rhee to Oliver, 1945. 4. 27, 『대한민국사자료집』 28, 20쪽).

65) 이에 대해서는 『미국무부 한국관계문서, 1940~1944』 Ⅲ, 164, 172, 185~186, 464, 491쪽 ; 같은 책, Ⅳ, 54, 89쪽 참조.

원이라든가 소련 공산당에서 전향한 러시아인이라는 설명과도 유사한 데가 있다. 얄타밀약설의 가장 중요한 내용은 "미국이 한반도를 소련에게 팔아 넘겼다"는 것인데, 이와 같은 이야기는 이승만이 올리버에게 쓴 1945년 4월 4일자 편지에 이미 나왔었다. 얄타밀약설이 언론에 공개되기 40일 전 쯤이었다.

이러한 과정을 주의깊게 살펴볼 때 이승만의 얄타밀약설은 사전에 계획되고 준비된 것이었다고 할 수 있다. 그것은 또 확실하고 믿을 만한 정보에 근거했던 것이 아니라, 정한경이 쓴 책에 나왔듯이 국제정세의 흐름에 대한 '관찰'에서 나온 이승만의 '신념'일 뿐이었다.

이승만이 얄타밀약설을 제기함으로써 얻고자 했던 것은 무엇일까. 크게 다음과 같은 세 가지를 생각해볼 수 있다.

1945년 2월 11일 루즈벨트, 처칠, 스탈린은 그들이 서명한 얄타회담의 성명을 발표했다.[66] 그런데 소련의 대일전 참가에 따른 「정치적 조건에 관한 협정」은 발표에서 빠졌다. 그 안에는 외몽고의 현상유지, 러일전쟁 이전 만주에 갖고 있던 러시아의 이권 회복, 사할린 반환과 쿠릴열도의 인도 등이 포함되어 있었다.[67] 미국은 중국과의 사전 협의나 양해없이 만주의 이권을 소련에게 양보했기 때문에 그것을 공개할 수 없었다. 소련의 대일전 참전에 대한 대가가 어떤 형태로든 주어졌을 터인데, 그 내용이 발표되지 않으니 언론에는 이런저런 추측성 보도들이 나오게 되었다.

이승만은 그러한 소식에 접하면서[68] 1905년 미국이 일본과 맺었던

---

66) "Report of Crimea Conference, Feburary 11, 1945," Department of State, *Toward the Peace : Documents*(Washington D. C. : U.S. Government Printing Office, 1945), pp.33~36.

67) 이러한 협정 내용은 1946년 2월 11일에야 발표되었다(金景昌, 『동양외교사』, 집문당, 1982, 864~865쪽).

68) 샌프란시스코회의가 끝난 후 '임정대표단'의 한 사람이었던 윤병구 목사는 보고회에서, "얄타 비밀조약이 있다는 데 대한 보도는 이승만 박사가 공격하기 전 몇 주일 전에 온 것인데, 그 보도가 있은지 몇 주일 후에 이 박사가 그것

'태프트-카쓰라 밀약'(Taft-Katsura Agreement)을 떠올리지 않을 수 없었다. 이번에는 미국이 소련과 뒷거래를 한 것이 아닐까 하는 의구심을 갖게 되었다. 전쟁의 종결을 앞둔 시점에서 추축국이나 중립국을 제외한 거의 모든 나라들이 참가하는 연합국회의에의 출석마저 거절당하자[69] 이승만은 얄타 회의에서 전후 한반도문제에 대한 '밀약'이 있었을 것이라는 확신을 갖게 되었다. 그런데 그것을 확인할 방법이 없었다. 이승만은 구체적인 증거는 없었지만 얄타밀약설을 언론에 흘렸다. 미국이나 소련정부의 공식적인 반응을 떠보려고 했던 것이다.[70]

다음으로, 이승만은 미국 내에 반소·반공 여론을 불러일으켜 미국정부의 대소 '유화'정책에 제동을 걸고 나아가 그것을 바꾸어 보려고 했던 것 같다. 시기적으로 그것은 매우 적절했다. 1945년에 들어서면 소련의 동유럽으로의 팽창이 가시화되면서 미국에서 반소여론이 힘을 얻고 있었고 정부 내에서도 대소정책을 전환해야 한다는 의견이 나오고 있었다.[71] 이런 가운데 스탈린과 돈독한 관계를 과시하고 있던 프랭클린 루즈벨트가 4월 12일 사망하고 소련에 대한 경계심을 갖고 있던 해리 트루먼이 대통령직을 계승했다.[72] 미국의 대소정책에 대한 전

을 가지고 떠들었다고 잘못되었다고 하니, 그 뒤에 무슨 뜻이 있는지도 모르고 조선 사람이 조선 사람을 공격하게 되니 다른 나라 사람들이 우리를 어떻게 생각하겠는가?"라고 한탄했다(「상항대회에 관한 임정대표단의 보고」, 『독립』, 1945년 7월 25일).

69) 「참가치 못한 나라 18개국」, 『신한민보』, 1945년 4월 26일.

70) '임정대표단'의 일원이었던 리살음 목사는 샌프란시스코회의가 끝난 후 교민들을 상대로 한 보고회에서, "그러나 우리 위원장 리승만 박사가 그렇게 떠들었던 덕택에 미국 국무성으로부터 조선문제를 카이로선언대로 하려는 정책은 변함없다—하는 그만한 표시를 듣게된 것이다"라고 말했다(「상항대회에 관한 림정대표단의 보고」, 『독립』, 1945년 7월 25일).

71) 이주천, 제7장 「대소강경파의 부상과 루즈벨트의 흔들리는 대소 유화정책」, 앞의 책, 260~365쪽 참조.

72) 커밍스(Bruce Cumings)는 전후 세계의 판도를 놓고 볼 때 루즈벨트는 51퍼센트의 지분에 만족하는 약삭빠른 주주였지만, 트루먼은 용감하지만 한계가

면 조정이 있을 것임이 예고되었다.[73] 이승만은 미국이 임정을 불신하고 승인하지 않은 이유가 소련을 의식한 때문이라고 짐작하고 있었다.[74] 따라서 그는 미국의 대소정책이 바뀌면 그들의 임정에 대한 태도도 달라질 것을 기대했다.

세 번째로, 소련이나 중국공산당 산하에서 활동하는 일단의 한인공산주의자들을 견제하고 임정의 연립정부 구성에도 제동을 걸려고 했던 것으로 보인다. 이승만은 폴란드의 사태에서 말해주듯 좌우합작은 곧 공산화를 의미하며 소련이 막후에서 그것을 조종하고 있다고 생각했다. 그는 또 미국이 한인단체들의 통합을 임정 승인의 전제조건으로 내세움으로써 '다수파'인 임정이 '소수파'인 공산주의자들을 껴안도록 강요하고 있는데, 이것은 한국에 또 다른 루블린정권을 만들자는 것에 다름아니라고 비난했다.[75] 이승만은 미국의 중국에 대한 국공합작 권유도 그와 같은 시각에서 바라보았다.[76] 결국 이런 모든 일들이 루즈벨트 행정부의 대소 '유화'정책에서 비롯되었다는 것이 이승만의 판단이었다.[77]

있는 잡화상 출신으로서 85퍼센트를 지녀야만 만족했다고 비유했다. 그 결과 트루먼 행정부의 대외정책은 전통적인 민족주의방식으로 기울어져 소련과의 협력보다는 대결로 나아가게 되었다고 보았다(브루스 커밍스 지음, 김자동 옮김, 『한국전쟁의 기원』, 일월서각, 1986, 181쪽).

73) 매트레이에 따르면, 트루먼은 취임 후 일주일도 되지 않아 신탁통치에 대한 루즈벨트의 입장을 포기함으로써 샌프란시스코회의에서 그것의 세부사항에 대하여 논의하지 않으려는 태도를 취하게 되었다고 한다. "이 같은 결정은 트루먼 행정부가 한반도에 대한 새로운 정책대안을 모색하는 시작을 의미했으며, 이것은 소련의 어떠한 팽창주의적 기회도 제거해 버린다는 목표를 갖는 것"이었다(『한반도의 분단과 미국』, 49쪽).

74) 이에 대해서는 Robert T. Oliver, *Syngman Rhee : The Man Behind the Myth* (New York : Dodd Mead and Company), pp.192~199 ; 로버트 올리버 지음, 황정일 옮김, 『이승만 : 신화에 가린 인물』, 건국대학교 출판부, 2002, 210~216쪽 ; 임병직, 『임병직회고록』, 257~264쪽 참조.

75) Syngman Rhee to Oliver, 1945. 4. 4, 『대한민국사자료집』 28, 11~12쪽.

76) 「이승만박사 중국정부를 공격」, 『독립』, 1945년 6월 6일.

요컨대 이승만은 얄타밀약설을 통하여 한국의 독립을 약속했던 카이로선언을 재확인하고 루즈벨트 대통령의 서거를 계기로 소련에 대한 미국의 정책변화를 유도해 내는 한편, 태평전쟁 발발 이후 꾸준히 진척되어온 임정 내의 좌우합작에 제동을 걸려고 했던 것으로 보인다.

5. 밀약설에 대한 비판

개화기의 반러의식에 뿌리를 두고 있던 이승만의 반소·반공노선은 얄타밀약설로 표출되어 세상에 널리 알려지게 되었다. 그것은 정치적 모험이었다. 자칫하면 미·소를 주축으로 한 연합국 열강과의 관계가 악화되고 민족운동진영 내부에서도 고립될 수 있었기 때문이다. 실제로 일은 그렇게 진행되는 듯이 보였다.

한족연합회가 먼저 이승만을 비판하고 나섰다. 그들은 "일개인의 가정에 기초하고 완전한 증거가 없는" 얄타밀약설에 대하여 유감을 표명하고 나아가 그것이 불행하고 무모한 일임을 지적하는 「성명서」를 발표했다.[78] 샌프란시스코회의에 참석한 각국 대표들에게는 "한국 인민은 국제회의에서 미국·영국·소련·중국의 지도를 인정하는 동시에

---

77) 이정식, 「해방전후 이승만과 미국」, 419~423쪽.

78) 「성명서」, 『신한민보』, 1945년 6월 7일 ; 「한시대씨 반쏘비엣 선전을 공격」, 『독립』, 5월 30일. 정한경은 이러한 비판 뒤에는 국무부의 은근한 사주가 있었을 것임을 암시하면서 재미한족연합회를 신랄하게 비판했다(Henry Chung, *Syngman Rhee : Prophet and Statesman*, p.3). 한길수는 한족연합회가 "이승만을 때려 눕히는 데 전력을 하였으니 외국 사람들 앞에서 조선 사람의 얼굴에 모닥불을 끼얹는 것이나 다름없는 것이다"라고 말했다. '외교관의 상식'을 벗어나는 이승만의 행동도 '부끄러운 일'이었지만, 한족연합회가 더 잘못했다는 이야기였다. 그것은 이승만을 두둔하려고 했던 것이 아니라 한족연합회에 대한 섭섭한 감정 때문이었다(「상항대회에 관한 한길수씨의 보고」, 『독립』, 7월 18일).

한국이 독립국가로 될 것에 일치하게 양해하기를” 바란다는 「비망록」을 보냈다.[79] 워싱턴에서는 ‘한국사정연구소’(Koeran Affairs Institute)의 소장 金龍中이 기자회견을 열어 영국 대사관과 미국 국무부로부터 얄타밀약설이 사실이 아니라는 ‘언명’을 받았다고 발표했다.[80]

샌프란시스코회의와 한인단체 대표들의 움직임에 대하여 집중 보도하고 있던 『독립』신문은 그 동안의 취재를 결산하는 사설에서, “이승만 박사는 얄타에서 …… ‘조선을 팔아먹었다’는 서슬이 퍼런 호통이 ‘허스트’ 계통의 신문지상으로 대서특필 보도되어 적지않은 파문과 의심을 일으키었고, 동시에 외교선을 탈선한 이 박사의 수수께끼같은 외교술이 적지않은 웃음거리가 된 것은 이번 상항대회 이면사의 한 이채라면 이채가 될 수 있을 것이다”라고 했다.[81]

중경에 있던 임정도 1945년 5월 26일자로 얄타밀약설이 사실무근이라는 성명을 발표하여 이승만과 거리를 두려고 했다.[82] 좌익계열로서 임정에 참여하여 국무위원이 되었던 金星淑은 이승만의 공공연한 반소선전에 대하여 분개했다. 해방 후 그는 이 당시를 회고하기를, “어떻든 이승만이 때문에 임정은 이제 중공[중국공산당]도 외면하게 되었고 장개석도 할 말 없게 되었어요. 장개석이로서도 임정 가지고 말하다가는 소련하고 틀리게 생겼거든. 그래서 임정이 다시는 제대로 국제적으로 발언을 하지 못하게 되었지. 그래 해방이 되었을 때 임정 간판을 들

79) 『신한민보』, 1945년 6월 14일 「비망록」. 6월 21일 「각국대표 회답」에는 중국·법국·영국·소련·캐나다의 대표단과 미국 국무부에서 보낸 감사의 편지가 소개되고 있다.

80) 얄타밀약설을 보도했던 *Los Angeles Examiner*의 워싱턴 특파원은 김용중의 기자회견에 대하여 비판적인 태도를 보였다. 그는 이 회견에 소련의 타스통신사와 미국 공산당신문의 다수기자가 참석했다고 말했다(「영미가 부인하였다고」, 『독립』, 1945년 5월 30일). 김용중의 회견은 미국 국무부와 사전 교감이 있었던 것 같다.

81) 「금후로 우리의 할 일이 무엇인가」, 『독립』, 1945년 5월 30일.

82) 이정식, 「해방전후의 이승만과 미국」, 앞의 책, 425쪽.

고 국내에 들어가려고 하니까 연합국이 안 된다고 해서 개인자격으로 들어가게 됩니다."[83] 다소 과장되기는 했지만, 이승만의 얄타밀약설이 소련과 중국공산당을 자극함으로써 임정의 국제적 지위를 향상시키려는 노력에 부정적인 영향을 끼쳤던 것만은 사실이다.

이런 가운데 미국의 국무장관 대리 그루는 6월 8일 성명을 발표하여 얄타회담에서는 전후 한국의 독립을 약속한 카이로선언에 위배되는 어떠한 비밀협정도 체결된 바 없다고 밝혔다. 아울러 한국의 임시정부는 한반도 내 어떤 곳에서도 통치권을 행사한 적이 없고 한국민을 대표하는 것으로도 볼 수 없음을 천명했다.[84]

소련측은 불쾌한 감정을 숨기지 않았다. 모스크바에서 온 전문에 따르면, "소련이 한국과 만주와 대만을 점령하려다는 것은 심히 불결한 사람의 책임지지 않는 훼방이요, 소련이 이런 마음이 있다는 것은 황당한 거짓말이다"라고 했다.[85] 샌프란시스코회의를 취재하고 있던 소

83) 이정식 면담, 김학준 편집·해설, 『혁명가들의 항일회상』, 123~124쪽. 김성숙은 이승만의 얄타밀약설을 전해 듣자 곧바로 국무위원회의 소집을 요청한 후 ① 이승만을 주미외교부 위원장에서 면직시킬 것, ② 정부는 이승만의 맹목적 행동에 대하여 미·소 정부에 적당한 해명과 사과를 할 것, ③ 정부는 해외 각지에 산재한 각종 반일혁명단체의 대표자를 소집하여 의정원을 확대·개조하고 국무위원회를 개선함으로써 임정의 대표성을 강화할 것 등 세 가지 문제를 제시했다고 한다. 이 가운데 첫 번째 문제만이 국무회의에서 통과되고 다른 문제들은 결말을 보지 못했기 때문에 김성숙은 국무위원직을 사퇴했다(같은 책, 125쪽). 그런데 임정의 공식문건 속에서 이승만을 주미외교부 위원장직에서 해임시켰다는 기록은 아직까지 발견되지 않고 있다.

84) *United States Policy Regrding Korea*, 93~94쪽. 발표문의 全文은 *The New Korea*, 1945년 6월 14일자에 실려 있다. 6월 21일자 『신한민보』에는 그 번역문이 게재되었다. 『독립』은 사설을 통하여 자신들의 견해를 밝혔다(「그루씨의 성명과 우리의 생각할 점」, 6월 13일).

85) 「재미한족연합회 대표단의 보고」, 『신한민보』, 1945년 7월 5일. '전보'는 5월 24일 모스크바에서 왔다고만 되어 있는데, 소련 정부의 공식발표라고 보기는 어렵다. 타스통신의 전언이었을 것으로 짐작된다. 샌프란시스코회의에 온 소련대표단의 단장은 몰로토프((Viacheslav M. Molotov)였는데, 이승만은 그가

련 기자는 한족연합회의 사람들에게 "당신네 나라가 정식 독립국일 것 같으면 우리는 …… 宣戰할 수 있소"라고 말했다 한다.[86] 소련측의 격앙된 분위기를 느낄 수 있다. 결국 이승만은 한국의 망명 정치인들 가운데 '가장 반동적이며 반소적인 인물'로 낙인찍혔다.[87]

영국과 중국국민당도 못마땅하기는 마찬가지였다. 영국은 얄타협정에 서명한 당사자였다. 중국국민당은 전쟁 막바지에 한국문제를 놓고 미국이나 영국 또는 소련과의 불필요한 마찰을 원하지 않고 있었다. 그런데도 이승만은 중국대표단의 단장인 宋子文을 공개적으로 비난했다.[88] 장개석은 한국대표들이 샌프란시스코회의에 참석할 수 있도록 '가능한 모든 지원'을 하라고 지시했는데,[89] 송자문이 소극적인 태도를 취한 데 대한 불만 때문이었다.[90]

귀국한 직후에 얄타밀약설을 공개했다. 미국에 있는 동안 몰로트프는 '헐리우드의 스타' 이상으로 언론의 집중적인 관심을 끌었다고 한다. 그는 귀국 직전에 가진 기자회견에서 "조선 독립문제는 어떻게 생각하는가"라는 질문을 받고 "이 문제는 고려되지 않으면 아니될 것이다. 그 때는 올 것이다"라고 대답했다. 그것이 언제냐는 질문에는 답하지 않았다고 한다(「몰로토푸 회견의 인상기」, 『독립』, 1945년 5월 9일과 16일).

86) 「재미한족연합회 대표단의 보고」, 『신한민보』, 1945년 7월 5일.

87) 해방 직후 북한에 진주한 소련군이 외무부의 비신스키와 로좁스키에게 보낸 1945년 8월 23일 「비밀전문」. 이 전문은 번역되어 『조선일보』에 공개되었다(1995년 2월 7일, 「45年 蘇軍 '李承晩'보고서」). 김성보, 「소련의 대한정책과 북한에서의 분단질서 형성, 1945~1946」, 『분단 50년과 통일시대의 과제』, 역사비평사, 1995, 58쪽.

88) 이승만은 *Los Angeles Examiner*의 워싱턴 특파원에게 "소수 공산주의자들은 얼마동안 중경 관리로서 송자문의 정치적 욕망들을 후원하여 왔던 것이니 그것은 장개석의 극단적으로 공산주의를 반대하는 것을 제어하려는 것이었다"라고 말했다(「이승만박사 중국정부를 공격」, 『독립』, 1945년 6월 6일에서 재인용).

89) Henry Chung, p.2 ; 『주미외교위원부통신』 제110・111호(1945년 3월 19일, 4월 28일).

90) "Koreans at San Francisco"(OSS, 1945. 5. 21), 『한국독립운동사』 자료22, 606쪽. 중국대표단은 주로 개인적 차원에서 그리고 비공개적으로 한국대표들

이승만이 얄타밀약설을 제기하면서 그것이 몰고올 파장과 자신에게 미칠 영향 등에 대하여 어느 정도까지 깊이 생각했는지는 알 수 없다. 한 가지 분명한 것은, 미국이 소련과의 협상을 통하여 한반도문제를 해결하려는 한 한국은 폴란드와 같은 처지에 빠지게 된다는 신념을 이승만이 갖고 있었다는 점이다. 만약 그렇게 되면, 이승만은 자신이 오랫동안 간직해 온 꿈을 접을 수밖에 없었다. 그는 독립된 한국을 미국과 같은 기독교와 민주주의에 입각한 나라로 만들려는 소망을 오랫동안 간직해 왔다.[91] 이승만 자신이 생각하는 한국의 미래와 그의 정치적 목적을 달성하기 위해서는 소련이 한반도문제에 직접 개입하는 사태만큼은 막아야 했다. 얄타밀약설은 이러한 절박한 상황인식에서 비롯된 것이었다.

6. 맺음말

샌프란시스코회의가 진행되고 있던 1945년 5월 24일 『데일리 뉴스』지의 한 기자는 이렇게 말했다. "한국은 아직도 연합국의 일원이 되지 못하였다. 그러나 한국 대표들은 세계안전대회에서 분주하다. 그들이 과거 반세기 동안 동일한 성질의 국제적 회의가 있을 때마다 바빴던 것과 같이……."[92]

사실이 그러했다. 대규모 연합국회의가 열린다는 소식에 미주 한인

에 대한 지지와 동정을 표시했다(「재미한족연합회 대표단의 보고」, 『신한민보』, 1945년 6월 28일 ; 「상항대회에 관한 임정 대표단의 보고」, 『독립』, 1945년 7월 25일).

91) 유영익, 『이승만의 삶과 꿈』, 중앙일보사, 1996, 218~221쪽.

92) 『독립』, 1945년 5월 30일 「한시대씨 반쏘비엣선전을 공격」에서 재인용. 이승만은 연합국회의에의 참석이 좌절되자 1945년 5월 26일 샌프라시스코를 떠나 워싱턴으로 향했다(「리박사 화부안착」, 『북미시보』, 1945년 6월 1일). 이로써 태평양전쟁기 이승만의 외교활동은 사실상 막을 내렸다.

사회의 주요 단체와 지도자들은 샌프란시스코에 모여 들었다. 이승만을 단장으로 한 '임정대표단', 한족연합회를 중심으로 구성된 '민중대표단', 『독립』신문의 '특파원'인 한길수·박상렵 등등. 그들은 초대받지 않은 성가신 손님이었다. 그리고 교민들로부터 거둔 돈을 써가며 서로 다투었다.[93] 전쟁의 종결을 앞둔 시점에서도 미주 한인단체들은 하나로 통합되지 못했던 것이다. 여기에는 이념이나 노선상의 차이도 있지만, 지도적 위치에 선 사람들간의 알력과 대립이 보다 크게 작용하고 있었다. 해방 후 귀국하여 정부 수립에 주도적으로 참여하려는 욕구도 없지 않았다.

이런 가운데 이승만은 얄타밀약설을 제기했다. 여러 가지 정황을 놓고 볼 때, 그것은 미리 준비되고 계획된 고도의 정치적 선전술이었다고 할 수 있다. 여기에는 몇 가지 목적이 있었다. 이승만은 무엇보다도 얄타회의에 참석했던 미·영·소 수뇌들 사이에 한반도에 대한 비밀거래가 있었던 것은 아닌지를 확인하고 싶었다. 그는 또한 미국 내에 반소·반공 여론을 불러일으켜 루즈벨트 행정부에서 추진되어 왔던 대소정책을 바꾸어보려고 했다. 시기적으로 그러한 시도는 매우 적절했다. 한편 이승만은 소련이나 중국공산당 산하에서 활동하는 일단의 한인공산주의자들을 견제하고 임정의 연립정부 구성에도 제동을 걸려고 했던 것으로 보인다. 그에게 있어 좌우합작은 곧 공산화를 의미했다.

이승만은 얄타밀약설을 통하여 자신의 반소·반공노선을 숨김없이 드러냈다. 전후 소련이 한반도문제에 개입하거나 좌우합작을 통하여 한국정부를 구성하려는 한 자신의 꿈과 포부는 수포로 돌아갈 수밖에 없다는 절박한 인식이 그 밑에 깔려 있었다. 따라서 그는 미·소간의

93) 한길수는 연합국회의가 끝난 후 '임정대표단'과 '민간대표단'이 샌프란시스코에 머물면서 써버린 돈이 약 1만 9천 달러인데, 대표단들은 민중의 피땀나는 막대한 금액을 가지고 '담박우 타령과 추태'를 보였다고 비난했다(「상항대회에 관한 한길수씨의 보고」, 『독립』, 1945년 7월 18일).

타협보다는 갈등을, 국내외 좌·우 민족운동세력들간의 통합이나 합작보다는 그것의 결렬을 희망하고 부추겼다. 전쟁이 채 끝나기도 전에 이승만은 '냉전의 포로'가 되어 있었다.

찾아보기

【ㄴ】

【ㄷ】

【ㄹ】

【ㅁ】

【ㅂ】

【ㅅ】

【ㅇ】

【ㅈ】

연세국학총서 33

미주 한인 이민 100주년 기념논집

미주 한인의 민족운동

연세대학교 국학연구원 편

2003년 6월 3일 초판 1쇄 인쇄
2003년 6월 9일 초판 1쇄 발행

펴낸이 · 오일주
펴낸곳 · 도서출판 혜안
등록번호 · 제22-471호
등록일자 · 1993년 7월 30일

㊙ 121-836 서울시 마포구 서교동 326-26번지 102호
전화 · 3141-3711~2 / 팩시밀리 · 3141-3710
E-Mail hyeanpub@hanmail.net

ISBN 89-8494-183-2 93910
값 18,000원